仙巌園(せんがんえん)
(吉野町)

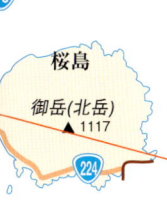

桜島
御岳(北岳)
▲1117
224

西田橋(にしだばし)(石橋記念公園内(いしばしきねんこうえん)。浜町(はま))

鹿児島城(かごしまじょう)(鶴丸城(つるまるじょう))跡(あと)
(城山町)

おもな文化財

ツルおよびその渡来地
(出水市)

知覧麓(南九州市)

神扇(ノロの道具。大島郡瀬戸内町)

龍門司坂
（姶良市加治木町）

二階堂家住宅
（肝属郡肝付町）

屋久島スギ原始林（白谷雲水峡。熊毛郡屋久島町）

おもな考古遺跡

薩摩国分寺跡(薩摩川内市)

上野原遺跡竪穴住居群(霧島市)

知覧城跡(南九州市)

耳取遺跡出土の線刻礫
（耳取のビーナス。曽於市）

（表）　（裏）

城ヶ尾遺跡出土
塞ノ神式土器（霧島市）

横瀬古墳
（曽於郡大崎町）

おもな無形民俗文化財

市来の七夕踊（七夕の日。いちき串木野市）

甑島のトシドン（大晦日。薩摩川内市）

南薩摩の十五夜行事
（旧暦8月15日）

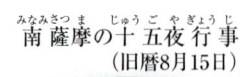

火とぼし（南さつま市）

ソラヨイ（南九州市）

田之浦山宮神社のダゴ祭り
(2月1日。志布志市)

ヒラセマンカイ

秋名のアラセツ行事
(旧暦8月の初丙の日。大島郡龍郷町)

ショチュガマ

与論の十五夜踊
(旧暦8月15日。大島郡与論町)

もくじ　赤字はコラム

県都鹿児島市

❶ 鹿児島城と城山 -- 4

天文館通り／ザビエル滞麑記念碑／造士館・演武館跡／照国神社／西郷隆盛銅像／鹿児島城(鶴丸城)跡／かごしま県民交流センター／加納久宜／私学校跡／薩摩義士碑／宝暦治水／城山／南洲翁終焉の地

❷ 上町から吉野台地へ -- 19

南洲墓地(南洲公園)／福昌寺跡／桐野利秋君誕生地／鹿児島県立吉野公園

❸ 磯街道をいく -- 24

石橋記念館／祇園洲砲台跡／甲突五石橋と岩永三五郎／春日神社／東郷墓地公園／鹿児島紡績所跡／尚古集成館／仙巌園／西郷隆盛蘇生の家

❹ 加治屋町から伊敷へ -- 40

若き薩摩の群像／鹿児島方言／維新ふるさと館／旧参勤交代道／水上坂／鹿児島の三大行事／西郷武屋敷跡(西郷公園)／田上水車館機織場跡／平田靱負銅像(平田公園)／護国神社／旧鹿児島刑務所正門(鹿児島アリーナ)／桂庵玄樹の墓／花尾神社／川田堂園供養塔群／郡山地区の文化財

❺ 谷山街道をいく -- 59

南林寺由緒墓／三方限出身名士顕彰碑／荒田八幡宮／一之宮神社／涙橋／波之平刀匠の遺跡／地頭館跡／慈眼寺跡／清泉寺磨崖仏／辺田学館跡／皇徳寺跡／錫山／新日本石油基地喜入基地

❻ 桜島 -- 76

桜洲小学校埋没跡／桜島大噴火／林芙美子文学碑と像／腹五社神社の埋没鳥居／藤崎家武家門／長門城跡

南薩摩路

❶ 鹿児島湾岸から開聞岳へ -- 84
　　今和泉島津家墓地／揖宿神社／橋牟礼川遺跡／山川港とその周辺／
　　枚聞神社／池田湖とその周辺／大通寺跡
❷ 知覧と川辺 -- 91
　　知覧の武家屋敷群／島津墓地／知覧城跡／特攻平和観音堂／清水磨
　　崖仏群／平山城跡／川辺仏壇／高田磨崖仏
❸ リアス式海岸をいく -- 99
　　松之尾遺跡／一乗院跡／日羅聖人／鑑真和上上陸記念碑／野間神社
　　／坊津
❹ 南の玄関口，吹上・加世田 ------------------------------------ 104
　　竹田神社／伊(井)尻神力坊／椿ノ原遺跡／万之瀬川下流域遺跡群／
　　金峰山／阿多貝塚／亀丸城跡(伊作城跡)／大汝牟遅神社の流鏑馬／
　　常楽院／「医王宝殿」の扁額／八幡神社と鬼丸神社のせっぺとべ

北薩摩路

❶ 国道3号線に沿って --- 116
　　徳重神社／玉山神社／鶴丸城跡／来迎寺跡墓塔群／串木野城跡／冠
　　嶽／芹ヶ野金山／甑島列島
❷ 薩摩川内市周辺 -- 129
　　新田神社／薩摩国分寺跡／泰平寺／京泊天主堂跡／久見崎軍港跡／
　　久見崎盆踊り(「想夫恋」)／長崎堤防

もくじ

❸ 阿久根から出水へ ---------- 137
阿久根港／脇本古墳群／黒之瀬戸／指江古墳群／感応寺／木之牟礼城跡／麓の武家屋敷群／出水貝塚／上場遺跡／野間の関跡
❹ 川内川をさかのぼる ---------- 149
鶴ヶ岡城跡／藤川天神／倉野磨崖仏／入来麓／山崎御仮屋跡／虎居城跡／宗功寺墓地／紫尾神社／鶴田ダム／藺牟田池／別府原古墳／永野金山(胡麻目坑)跡

姶良・伊佐路

❶ 姶良・蒲生・加治木を歩く ---------- 164
平松城跡／岩剣城跡／建昌城跡／米山薬師／山田凱旋門／蒲生八幡神社／蒲生城跡／加治木郷土館／南浦文之の墓／龍門司坂

❷ 隼人の里 ---------- 175
隼人塚／鹿児島神宮／鹿児島神宮ゆかりの祭事／富隈城跡／上野原遺跡／薩摩義士の墓／大隅国分寺跡／舞鶴城跡／国分のたばこ／台明寺跡／福山酢の町／廻城跡／嘉例川駅／霧島神宮／坂本龍馬の湯治旅行

❸ 伊佐路 ---------- 188
山ヶ野金山／稲葉崎の供養塔群／永山地下式板石積石室墓群／箱崎神社／忠元神社／郡山八幡神社／焼酎／曽木の滝

大隅路

❶ 桜島から鹿児島湾を南下して ---------- 200
海潟／垂水島津家墓地／勝軍地蔵／垂水島津家と新城島津家

❷ 鹿児島湾岸から内陸部へ ---------- 204
鶴羽城跡／波之上神社

❸ 鹿屋市街地から笠野原台地・串良川流域へ ---------- 208
鹿屋城跡／鹿屋市のおもな古代遺跡／土持堀／万八千神社／山宮神社

❹ 大隅半島中央部を北へ -- 215
　　中津神社／加世田城跡
❺ 曽於北部を南へ -- 217
　　熊野神社／住吉神社／熊野神社の鬼追い／岩川八幡神社／岩川八幡神社の弥五郎どん祭り／投谷八幡神社
❻ 志布志湾を西へ -- 223
　　宝満寺跡／志布志城跡／新大隅開発計画と志布志湾／大慈寺／山宮神社／野井倉開田記念碑／都萬神社／大隅半島初の異形鉄器／横瀬古墳
❼ 肝属東部から中央部へ -- 230
　　唐仁古墳群／肝属川水系の八月踊／高山城跡／二階堂家住宅／塚崎古墳群／内之浦宇宙空間観測所／吾平山上陵／花瀬公園
❽ 鹿児島湾沿いを南へ -- 236
　　天神下の笠塔婆／川南宇都の板碑／製鉄の歴史／佐多旧薬園

薩南諸島

❶ 種子島と屋久島 -- 244
　　種子島／屋久島
❷ 三島・七島 -- 252
　　三島（竹島・硫黄島・黒島）／鹿児島の俊寛伝説／七島

❸ 奄美大島から与論島へ-- 259
　　奄美市歴史民俗資料館／奄美パーク／西郷南洲流謫地／ノロとユタ／奄美市立奄美博物館／小湊フワガネク遺跡／古仁屋港／島唄／喜界島／徳之島／沖永良部島／徳之島カムィヤキ陶器窯跡／与論島

あとがき／鹿児島県のあゆみ／地域の概観／文化財公開施設／無形民俗文化財／おもな祭り／有形民俗文化財／無形文化財／散歩便利帳／参考文献／年表／索引

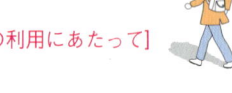

[本書の利用にあたって]

1．散歩モデルコースで使われているおもな記号は，つぎのとおりです。
　　･････････････ 電車　　　　　　═════ 地下鉄
　　───── バス　　　　　　▲▲▲▲▲▲▲▲ 車
　　------------- 徒歩　　　　　　〰〰〰〰〰 船
2．本文で使われているおもな記号は，つぎのとおりです。
　　🚶 徒歩　　🚌 バス　　🅿 駐車場あり
　　🚗 車　　　⛴ 船　　　✈ 飛行機
　〈M▶P.○○〉は，地図の該当ページを示します。
3．各項目の後ろにある丸数字は，章の地図上の丸数字に対応します。
4．本文中のおもな文化財の区別は，つぎのとおりです。
　　国指定重要文化財＝(国重文)，国指定史跡＝(国史跡)，国指定天然記念物＝(国天然)，国指定名勝＝(国名勝)，国指定重要有形民俗文化財・国指定重要無形民俗文化財＝(国民俗)，国登録有形文化財＝(国登録)
　　都道府県もこれに準じています。
5．コラムのマークは，つぎのとおりです。
　　泊　歴史的な宿　　憩　名湯　　　　食　飲む・食べる
　　み　土産　　　　　作　作る　　　　体　体験する
　　祭　祭り　　　　　行　民俗行事　　芸　民俗芸能
　　人　人物　　　　　伝　伝説　　　　産　伝統産業
　　‼　そのほか
6．本書掲載のデータは，2013年9月末日現在のものです。今後変更になる場合もありますので，事前にお確かめください。

Kagoshimashi

県都鹿児島市

西郷隆盛(左)・大久保利通銅像

西田橋眼鏡穴からみた桜島

①天文館通り
②ザビエル滞鹿記念碑
③造士館・演武館跡
④照国神社
⑤西郷隆盛銅像
⑥鹿児島城（鶴丸城）跡
⑦かごしま県民交流センター
⑧私学校跡
⑨薩摩義士碑
⑩城山
⑪南洲翁終焉の地
⑫南洲墓地（南洲公園）

県都鹿児島市

◎鹿児島市内散歩モデルコース

西郷遺跡コース　JR鹿児島本線ほか鹿児島中央駅 5 西郷南洲翁宅地跡(共研公園) 5 西郷隆盛君・大久保利通君誕生地碑 5 西郷隆盛銅像 5 南洲墓地 5 南洲翁終焉の地 7 西郷隆盛洞窟 10 ドン広場(西南役薩軍本営跡) 5 南洲・甲東両先生座禅石 10 西郷武屋敷跡 5 JR鹿児島中央駅

天文館・城山コース　JR鹿児島中央駅 5 天文館通り 5 照国神社 1 鹿児島県立博物館 3 西郷隆盛銅像・鹿児島市立美術館 1 小松帯刀銅像・鹿児島市中央公民館 3 かごしま近代文学館・メルヘン館 5 鹿児島県歴史資料センター黎明館 1 私学校跡石塀 1 薩摩義士碑 5 城山展望台 5 JR鹿児島中央駅

上町コース　JR鹿児島本線・日豊本線鹿児島駅 5 かごしま水族館 5 石橋記念公園・石橋記念館 2 八坂神社・祇園洲公園 5 東郷墓地公園 1 多賀神社 5 南方神社 5 若宮公園 3 春日神社 3 大龍小学校 3 南洲墓地・西郷南洲顕彰館 10 福昌寺墓地 10 JR鹿児島駅

磯コース　JR鹿児島駅 3 鹿児島紡績所跡 3 尚古集成館 1 仙巌園 3 西郷隆盛蘇生の家 10 平松神社 20 鹿児島駅

吉野コース　JR鹿児島駅 5 南洲墓地 5 福昌寺墓地 15 別府晋介君誕生地碑 3 桐野利秋君誕生地碑 5 吉野薬園跡(小学校) 10 鹿児島県立吉野公園 10 南洲翁開墾地遺跡碑(寺山公園) 20 JR鹿児島駅

桜島コース　鹿児島港桜島桟橋 13 桜島港 2 桜洲小学校埋没跡 3 烏島展望所 20 林芙美子文学碑・像 10 有村溶岩展望所 10 腹五社神社の埋没鳥居 25 藤崎家武家門 15 長門城跡 3 桜島港

甲突川沿いコース　JR鹿児島中央駅 3 西田橋跡碑 3 旧鹿児島刑務所正門 3 南洲・甲東両先生座禅石 5 玉里邸跡 5 桂庵玄樹の墓 5 梅ヶ淵観音像 15 JR鹿児島中央駅

水上坂コース　JR鹿児島中央駅 5 天文館通り 10 ザビエル滞麑記念碑(ザビエル公園) 5 平田靱負銅像(平田公園) 5 水上坂 10 横井野町跡 15 JR鹿児島中央駅

谷山コース　天文館電停 2 地蔵角 10 南林寺由緒墓 15 天保山砲台跡 15 荒田八幡宮 15 波之平刀匠の遺跡 10 清泉寺跡 10 慈眼寺跡 10 鹿児島市立ふるさと考古歴史館 5 谷山電停

⑬福昌寺跡
⑭桐野利秋君誕生地
⑮鹿児島県立吉野公園
⑯石橋記念館
⑰祇園洲砲台跡
⑱春日神社
⑲東郷墓地公園
⑳鹿児島紡績所跡
㉑尚古集成館
㉒仙巌園
㉓西郷隆盛蘇生の家
㉔若き薩摩の群像
㉕維新ふるさと館
㉖旧参勤交代道
㉗水上坂
㉘西郷武屋敷跡(西郷公園)
㉙田上水車館機織場跡
㉚平田靱負銅像(平田公園)
㉛護国神社
㉜旧鹿児島刑務所正門(鹿児島アリーナ)
㉝桂庵玄樹の墓
㉞花尾神社
㉟川田堂園供養塔群
㊱南林寺由緒墓
㊲三方限出身名士顕彰碑
㊳荒田八幡宮
㊴一之宮神社
㊵涙橋
㊶波之平刀匠の遺跡
㊷地頭館跡
㊸慈眼寺跡
㊹清泉寺磨崖仏
㊺辺田学館跡
㊻皇徳寺跡
㊼錫山
㊽新日本石油基地喜入基地
㊾桜洲小学校埋没跡
㊿林芙美子文学碑と像
(51)腹五社神社の埋没鳥居
(52)藤崎家武家門
(53)長門城跡

鹿児島城と城山

近世以降，島津氏が居城とした城下町の中心部。明治以後も県庁や官公署などがおかれ，商店街も発展した。

天文館通り ❶ 〈M▶P.2.5〉鹿児島市 東千石町・千日町
JR鹿児島中央駅 [市電]・[🚌天文館通] [🚶]すぐ

大正時代以後栄えた鹿児島市の中心街

　天文館通りを西へ歩くと，アーケードのつきる交差点の右手前，明視堂眼鏡店の前に天文館跡の碑がある。1779（安永8）年島津重豪は天体観測のため明時館をおき，暦をつくらせた。薩摩暦という。明時館は天文館ともいい，通りの名はこれによるが，以前は中福良通といい，一帯が上級武士の屋敷町から新興商店街へかわった大正時代に，天文館通りと名づけられた。

　天文館跡の碑から右に御春屋（藩政時代の迎賓館）交番があり，交差点を渡ってすぐ右に俊寛の碑がある。鹿ケ谷の謀議（1177年）で鬼界島（現，硫黄島）に流された僧俊寛船出の地という。今は海岸線に遠いが，古代の甲突川は新上橋付近から城山の前を流れ，この付近で海にそそぎ，河口港があったという。1898（明治31）年に埋め立てられるまで，俊寛堀とよばれる堀があり，寛政年間（1789〜1801）までは俊寛柳という老柳があったという。

天文館通り

　俊寛の碑から北へ1分，左手に大きな伽藍の西本願寺がある。浄土真宗本願寺派鹿児島別院である。明治初年の廃仏毀釈で多くの寺院が廃寺となった鹿児島では，もっとも大きな寺である。別院手前のアーケード街を東へ，右手に納屋町商店街があり，左手に山形屋デパートがある。九州で最古の歴史を誇り，県内では最大のデパートである。1916（大正5）年ルネサンス式の鉄骨鉄筋コンクリート造りとなった。始祖の源衛門は山形の紅花商人であったが，島津重豪の開化策による商人誘致策

にひかれて1773（安永2）年に鹿児島に移住し，現在地の一角に，呉服・太物店（ものだな）を開いて山形屋と称した。

市電通りで山形屋に対面する鹿児島銀行（前身は第百四十七銀行）本店の裏に，清水寺の僧月照上人遺跡の碑（げっしょうしょうにん）がある。西郷隆盛（さいごうたかもり）をたよって鹿児島入りした月照が宿泊した俵屋旅館（たわらや）の跡である。近くにある市電のいづろ電停の名は，石灯籠をイヅロとよんだ方言から転訛した名である。電停

鹿児島城跡周辺の史跡

近くの交差点の3カ所に大きな石灯籠がある。以前は1基だけであったが，2基が追加されて3基になった。南林寺（なんりんじ）（曹洞宗，廃寺）にちなむものという。石灯籠を背にして歩くと海岸に着く。かつてボサド（菩薩堂）（ぼさつどう）桟橋とよばれて，種子・屋久航路に使われていたが，その航路は鹿児島本港区にかわった。近くの石造倉庫群は，明治末から大正時代にかけて建造されたもので，鹿児島港が栄えた当時の名残りである。

ザビエル滞留記念碑（たいりゅうきねんひ） ❷

〈M ▶ P.2,5〉鹿児島市東千石町4
JR鹿児島中央駅 市電 ・ 天文館通 🚶 5分，またはカゴシマシティビュー 🚌 ザビエル公園前 🚶 すぐ

日本布教第一歩を鹿児島に記した記念碑

天文館通りを西に城山方向へ歩くと，変則五差路がある。交差して南北にのびる道が藩政時代の千石馬場（せんごくばば）である。当時は花岡島津家・伊勢（いせ）家など，家禄1000石級の家老の屋敷があったことからこの名がうまれ，参勤交代の街道であった。第二次世界大戦前までは県庁へつうじる表街道でもあったが，戦後国道3号線が平行して西に

鹿児島城と城山

ザビエル滞麑記念碑

走ったり、東の市電通りの拡張などによって主役の座をゆずった。

千石馬場を南に2分ほど歩くと、右手にザビエル教会があり、対面するザビエル公園内に、ザビエル滞麑記念碑がある。ザビエルは、1549(天文18)年鹿児島に上陸した。上陸地点は稲荷川の河口付近と考えられ、埋立地の祇園之洲町にザビエル上陸記念碑がある。鹿児島出身で日本人最初のキリスト教徒といわれるヤジローとジョアン・アントニオの3人が案内した。ときに戦国大名島津貴久は、伊集院(国分説もある)の一宇治城にいたが、キリスト教布教の許可をあたえた。日本における布教の第一歩である。ヤジローの親戚などたちまち数百人が信者になったという。1911(明治44)年石造のザビエル教会がたてられたが、1945(昭和20)年の鹿児島大空襲で焼失し、石の外壁だけが残った。

1949年、ザビエル上陸400年祭が行われ、上川島(中国)で亡くなったザビエルの遺体の一部片腕が公開されたが(1999〈平成11〉年の450年祭でも再現)、新教会が建設されると、焼け残った旧教会の石壁を利用して、中央にザビエルの胸像を配した記念碑と記念公園がつくられた。

造士館・演武館跡 ❸

〈M ▶ P.2, 5〉鹿児島市山下町4
JR鹿児島中央駅 市電・🚌 天文館通🚶5分、またはカゴシマシティビュー🚌 西郷銅像前🚶すぐ

理想は文武両道　維新の志士もここに学んだ

千石馬場の変則五差路の一角に、鹿児島中央公園がある。道路脇に1923(大正12)年にたてられたものと、背中合わせに鹿児島市第一ライオンズクラブが2000(平成12)年にたてたものとの、2つの造士館・演武館跡碑がある。

藩校造士館は島津重豪が鹿児島城二の丸前の空地を整備して、1773(安永2)年にたて、はじめは聖堂とよばれていた。孔子廟を

中心に学寮と講堂がたち並び、おもに城下士の子弟に朱子学を教えたが、斉彬の時代になると郷士の聴講も許され、また蘭学や水戸学なども学べて、明治維新の原動力の1つとなった。1992(平成4)年、中央公園地下に「セラ602」と名づけた地下駐車場が完成し、同地にあった第二次世界大戦敵味方戦亡者慰霊碑は城山の麓の探勝園跡に移され、運動公園から人工の流水や芝生の公園にかわった。

造士館に隣接して、宝山ホール(県文化センター)から名山小学校付近に演武館があった。1773年、武芸稽古所として設けられ、1786(天明6)年に演武館と改称された。弓・槍・剣・馬・射術などの武道をはじめ、5代将軍徳川綱吉の生類憐みの令がだされて姿を消した犬追物も、重豪が復活させた。鹿児島で復活した犬追物は、のちに11代将軍家斉や明治天皇にも披露された。尚古集成館に犬追物関係資料(県文化)がある。

造士館跡の碑から、道路をへだてた中原別荘前に、医学院跡の碑がある。医学院も重豪の命により創建された。中国の神皇廟をまつり、藩内の各郷に命じて設置した薬草園とあわせて、薩摩藩の医学を発展させることになった。

照国神社 ❹
099-222-1820
〈M ► P.2,5〉 鹿児島市照国町19-35 P
JR鹿児島中央駅 市電 ・🚌 天文館通🚶 8分

医学院跡の碑から城山をみると、正面に照国神社の大鳥居がみえる。1941(昭和16)年に皇紀2600年(昭和15年)を記念してたてられたものである。鹿児島大空襲で本殿は焼失したが、鳥居は残った。本殿は1958年に再建された。神社所蔵の太刀銘国宗(国宝、鹿児島県歴史資料センター黎明館寄託)は戦後行方不明であったが、1963年アメリカの愛刀家ロンプトンが発見し、無償で返還された。鎌倉時

照国神社

代中期の備前国の刀工の作である。

照国神社は島津28代の英明な藩主といわれた斉彬(照国)をまつる神社で，1863(文久3)年に勅令で照国大明神の神号がさずけられ，翌年東照宮(徳川家康)をまつっていた南泉院跡に社殿がたてられた。西南戦争で本殿と宝物は焼失したが，5年後に再建された。鹿児島市の中心部にあり，正月の初詣でや夏祭りの六月燈などには数十万人の参拝客で賑わう。2月の土・日と祭日には境内の初市も復活した。

神社の右手戊辰駐車場の隣に，鹿児島城二の丸の庭園であった探勝園跡がある。石組や池に当時の面影が残る。多くの碑があり，その1つに電信使用ノ地碑がある。碑文は1857(安政4)年に本丸と二の丸の探勝園の間で，日本ではじめて電信の実験が行われたことを伝えている。奥地に島津斉彬，弟の久光，その子忠義3体の銅像(朝倉文夫作)がある。第二次世界大戦末期に台座からはずされ，あやうく供出を免れたものである。護国神社経営の戊辰駐車場の地には，戊辰戦争戦没者の霊をまつる靖献霊社がたてられていたが，同社は鹿児島県護国神社と名称がかわり，1941年に草牟田町に移建されて，参拝所だけが残り，駐車場になった。なお西郷隆盛筆の靖献霊社の絹本横幕は，京都の霊山会に保存されている。

祭神は現在も敬愛される英明藩主島津斉彬

西郷隆盛銅像 ❺

〈M ▶ P.2, 5〉 鹿児島市城山町4
JR鹿児島中央駅 市電 ・🚌 天文館通 🚶10分，またはカゴシマシティビュー 🚌 西郷銅像前 🚶 すぐ

西郷さんと写ろう鹿児島旅行のスポット

照国神社前の交差点が，国道3号線・10号線・225号線の終点である。中央公園の一角に，三角錘に球体をのせた碑がある。ここから北へ10号線沿いに文化施設が続くので，かごしま文化ゾーンと名づけられている。左手城山側に鹿児島県立博物館・鹿児島市立美術館・かごしま近代文学館・かごしまメルヘン館・鹿児島県立図書館・鹿児島県立視聴覚センター・鹿児島県歴史資料センター黎明館などが，右手市街地側に中央公園・鹿児島市中央公民館・宝山ホール(県文化センター)・鹿児島市教育総合センター・県民交流センターなどがある。またこの道は「歴史と文化の道」ともよばれている。

照国神社参道脇の建物が県立博物館である。建物は1927(昭和2)

かごしま文化ゾーン

年に竣工,長い間県立図書館として親しまれてきたが,図書館が1980年に旧七高グランドに新築移転すると,旧館は博物館本館に転用された。正面玄関が道路に直面しているのは大正デモクラシー期に流行っていた様式の特徴だという。本館では鹿児島の自然を,海・川と湖沼・山・大地の4テーマで紹介している。なかでも,種子島で1946(昭和21)年に絶滅したウシウマの骨格(県記念)は国内唯一のものである。化石展示室は宝山ホール(県文化センター)4階にあり,恐竜やアンモナイトなどがある。プラネタリウムも併設されている。

博物館の後ろの公園に古い石造の建物がある。1883(明治16)年に興業館としてたてられたが,市制施行後は市役所に使われ,県の商工奨励館にもなった。鹿児島大空襲で内部が焼け,1951(昭和26)年に改装されて県立博物館となり,現在は考古資料館(国登録)として活用されている。石造の建物としては,磯の尚古集成館のつぎに古い。公園内に1914(大正3)年の桜島大爆発記念碑と,明治の政治家折田兼至君記念碑がある。一隅にあるクロガネモチの大樹は,記念樹である。

博物館から北の国道10号線はかつて館の馬場とよばれ,藩主がはじめて鹿児島入りするときに,城下士の士踊も行われた場所である。北へ2分,左手に市立美術館がある。この地は以前市役所があり,市役所が現在地に移転後,篤志家の寄付金で鹿児島歴史館がたてられていたが,鹿児島大空襲で焼失した。1954(昭和29)年焼け残った石造の外壁を利用して,九州最初の美術館が開館した。1985

鹿児島県立博物館考古資料館

鹿児島城と城山

西郷隆盛画像

年に現在の建物に改築され、展示も一新した。常設展の日本美術では、黒田清輝・藤島武二・和田英作ら鹿児島ゆかりの画家の作品、西洋美術ではモネ・セザンヌ・ピカソ・ダリらの作品が展示されている。また絵画だけでなく、薩摩焼、工芸・彫刻などの展示もあり、収蔵品は2000点をこえている。そのなかには木村探元の富嶽雲烟之図と、大久保利通の座右の銘「為政清明」の一幅（ともに県文化）がある。

　美術館の前庭に西郷隆盛銅像がある。西郷没後50年祭記念として計画され、鹿児島出身の彫刻家安藤照が制作し、1937（昭和12）年5月に完成した。1873（明治6）年近衛兵の習志野演習（千葉県）で、雨中に明治天皇のテントを終夜警衛した西郷の姿を念頭に制作したといい、陸軍大将の正装の像である。台座までの高さ約8m、台石に市内の河頭石と、西郷が率兵上京直前に遊猟していた根占海岸の辺田石とを配している。国道10号線を隔てた中央公民館前庭の一角に、西郷没後百年記念の碑がたてられ、そばに写真撮影用の台座があり、多くの人に利用されている。

　西郷隆盛銅像の後ろに大きな石像がある。歴史館のころは風の神とよばれていたが、現在はジメサア（持明院様）とよばれる像である。石像は白粉や眉墨・紅などで化粧され、その異様さが人目をひく。持明院とは亀寿姫のことで、島津16代義久の3女として生まれた。島津氏が豊臣秀吉に降伏すると人質として京都に送られ、のち許されて帰国したが、義久に男子がなかったので、弟義弘の子家久を亀寿に迎えて18代の当主とした。彼女は美人でもなく家庭的にも不幸だったという。いつのころからか、美しく幸せでありたいという女性の願いをこめて、鹿児島市役所の女子職員によって石像はあやしく化粧されるようになった。

　美術館横のカラー舗装の道を城山へ2分、突き当りにかごしま近

代文学館・かごしまメルヘン館がある。左の近代文学館には，海音寺潮五郎・林芙美子・椋鳩十ら鹿児島ゆかりの作家の直筆原稿や遺品などを展示，ライブラリーでは，ゆかりの作家の作品や文学雑誌などを自由に閲覧できる。約4万点の蔵書がある。右手のメルヘン館は，世界の名作童話や民話の世界を映像や人形で紹介している。

鹿児島城(鶴丸城)跡 ❻

〈M▶P.2,5〉鹿児島市城山町5-1
JR鹿児島中央駅 市電 ・市役所前 徒 5分，またはカゴシマシティビュー 巴 薩摩義士碑前 徒 すぐ

堀と石垣が400年の歴史をしのばせる

　県立博物館の横から県立図書館の前まで，歩道には刈り込まれたイヌマキの街路樹と，夜はガス灯をイメージした街灯が続き，人工の水路にコイが泳いでいる。市立美術館から北へ2分，左手の古い石垣の奥に県立図書館があり，正門奥に薩摩辞書の碑がある。ここは鹿児島城二の丸跡である。図書館には視聴覚センターも併置され，1980(昭和55)年に移転してきた。屋形造風の建物は背後の城山の景観に配慮して鹿児島城の建物をイメージしたものという。一般閲覧室のほかに児童文化室・学習室がある。蔵書数は64万冊を数え，なかでも貴重な郷土資料が豊富である。

　図書館の北隣の堀と石垣が残る本丸跡に，鹿児島県歴史資料センター黎明館がある。ここが鹿児島城本丸跡(鶴丸城跡・県史跡)である。鹿児島城は一般に鶴丸城とよばれ，背後の城山は鶴丸山または鶴嶺山とよばれていた。薩摩・大隅・日向77万石の城主島津氏が近世以後居城としたが，城は天守閣をもつ近世的な城ではなく，屋形造の居館であった。今では石垣と堀の一部を残すのみだが，大手門には青銅の擬宝珠がついた石橋がかかり，コイが泳ぐ堀に，夏はハスの花が咲く。

　島津氏がこの地を居城としたのは，18代家久が1602

鹿児島城(鶴丸城)跡

（慶長7）年に築城をはじめ，2年後に内城から移ってからである。手ぜまな敷地に藩主の居館と政庁とがおかれることになるので，一部の政庁は城外におかれていた。また25代重豪のときに二の丸も照国神社前の県立博物館付近まで広げられた。

維新後，鹿児島城には熊本鎮台第二分営がおかれていたが，1873（明治6）年12月の火事で焼失，分営も廃止され，焼け残った二の丸も西南戦争で焼失した。本丸跡にはやがて尋常中学造士館，ついで第七高等学校造士館がおかれ，いく多の英才を育てた。第二次世界大戦後は鹿児島大学文理学部となり，同学部の郡元移転後は医学部がおかれていたが，医学部も桜ヶ丘に移転して，跡地に1983（昭和58）年，鹿児島県歴史資料センター黎明館が開館した。館の建設にさきだって本丸跡の発掘調査が行われた。埋められた堀や建物の礎石，縦横に走る石の上水道管などもあらわれ，数次にわたる建て替えがあったことがわかった。

黎明館は，明治百年記念事業の1つとして建設された総合博物館である。外観は鹿児島城の屋形造をイメージした平屋建ての景観だが，内部は3階建てである。常設テーマ展示（時代を追って鹿児島の流れを概観）と部門別展示（民俗・歴史・美術工芸）・屋外展示（民家や田の神像など）の3部門からなり，ほかに，特別展示や講演会・

島津氏略系図

忠久1 ― 忠時2 ― 忠継(忠継) / 久経3 ― 忠宗4 ― 貞久5 ― 氏久6 / 師久6 ― 伊久7 / 氏久6 ― 元久7 ― 久豊8 ― 忠国9 ― 立久10 ― 忠昌11 / 友久10 ― 運久＝忠良

勝久14 ― 忠隆13 ― 忠治12 / 勝久14＝貴久15 ― 義久16 / 義弘17 ― 家久18 ― 光久19 ― 綱久 ― 綱貴 ― 吉貴21 ― 継豊22 ― 宗信23 / 重年24

重豪25 ― 斉宣26 ― 斉興27 ― 斉彬28 / 久光 ― 忠義29

学習講座などが開かれている。

おもな展示品に西郷隆盛着用の軍服があり，日本最初の陸軍大将の軍服として貴重である。大久保利通関係資料(国重文)は，西郷隆盛・木戸孝允・伊藤博文・三条実美らとの往復文書を含み，幕末維新期の研究に欠かせない貴重な資料である。そのほかにも国宝では太刀銘国宗(照国神社蔵)，県文化財では絵画の釈迦八相図，工芸の玩具コレクション，刀の銘薩州住藤原正房1口，銘主馬首一平安代，銘奥大和守平朝臣元平1口，銘一葉葵主馬首一平藤原安代，銘一葉葵紋主水正藤原正清などがある。収蔵資料は約9万7000点。また調査資料室では，昭和43(1968)年度からの45年間に旧記雑録編43巻，幕末維新編43巻の鹿児島県史料が編集・刊行，継続中で，他県に類をみない文化事業である。

かごしま県民交流センター ❼
099-221-6600

〈M▶P.2.5〉鹿児島市山下町14-50　P

JR鹿児島中央駅 市電 ・🚌市役所前🚶4分，またはカゴシマシティビュー🚌薩摩義士碑前🚶3分

県政の場から県民交流の場へ

かごしま文化ゾーンの市街地側としては，西郷銅像前に鹿児島市中央公民館(国登録)と宝山ホール(県文化センター)がある。中央公民館は1927(昭和2)年に建築され，当時は九州一の公会堂といわれた。現在も当時の外観を保っている。700余席のホールではイベントや講演会などが行われ，生涯学習の場として市民の文化活動の拠点である。宝山ホールは1500余席のホールがあり，ここでも同様の催し物がある。ホールの前庭に，城山に対面する小松帯刀像がある。小松邸は道路をはさんだ鹿児島東郵便局付近にあった。近くの交差点，西本願寺鹿児島別院の裏に鹿児島県里程原標の石柱があるのは，かつて鹿児島県庁の正面であったことによる。

宝山ホールの北に鹿児島市

鹿児島市中央公民館

鹿児島城と城山

鹿児島県政記念館

教育総合センターがあり，同じ敷地に名山小学校がある。この地は藩政時代に演武館の犬追物垣がおかれ，明治以後は最初の県庁もおかれて，明治天皇の行幸を迎えたこともある。その後鹿児島師範学校，鹿児島女子師範学校・県立第二高等女学校，第二次世界大戦後は鹿児島大学付属小学校を経て名山小学校が移転してきた。市教育総合センターには，青年会館・婦人会館・学習情報センターがおかれ，それぞれの講座や研修会が開かれて学習活動をささえている。

　名山小学校の北に合同庁舎と鹿児島地方裁判所があり，その北にかごしま県民交流センターがある。国道10号線をはさんで私学校跡の東，黎明館のはす向かいにあたる。県庁が鴨池新町に移転すると，跡地の県政記念公園に地上6階・地下2階の建物がたてられた。1階の情報提供交流サロンでは学習や研修講座などが開かれ，2階のホールでは種々の催しものも開催され，県民に憩いと研修の場を提供する施設となっている。

　この地は藩政時代，垂水・宮之城島津家など上級武士の屋敷であった。維新後は城下常備隊の練兵場となり，さらに熊本鎮台第二分営の練兵場となった。西南戦争で薩軍の大隊編制が行われた場所でもある。1894（明治27）年鹿児島尋常中学校（のちの県立鹿児島第一中学校）がたてられたが，1913（大正2）年に同校を薬師町に移転すると，跡地に県庁が移ってきた。国道沿いの西門には，残された尋常中学校時代の校門が再利用されている。

　交流センターの左手前に鹿児島県政記念館がある。旧県庁舎の正面部分を切りとって移築させ，記念館として再利用したものである。1～3階の展示室に，写真やパネルで鹿児島県政の変遷を展示している。公園の一角に加納知事頌徳碑がある。

加納久宜

コラム

鹿児島の近代化につくした殖産興業知事

　旧上総国一宮藩主であった加納久宜は、1894（明治27）年鹿児島県知事として着任、1900年9月まで6年8カ月在任した。着任当時の県政界は吏党・民党の争いが激しかったが、彼は不偏不党の立場に終始した。加納は県内をわらじ履きで巡視、農会規則を公布して農村の指導組織を整備し、耕地整理を実施して湿田を乾田化、石灰肥料の禁止、水稲の正条植え、産馬の改良、柑橘類の栽培奨励など、私財をなげうって鹿児島県の農業発展に尽力した。そのほか中等学校の新設、鹿児島港の整備などに着手し、今日の県経済・教育の基盤を築いた。

　のちに県民から殖産興業知事としたわれ、1942（昭和17）年、県議事堂前に加納知事頌徳碑がたてられたが、県庁の鴨池移転後は跡地に残された。

私学校跡 ⑧

西郷隆盛設立の私学校　石塀に残る弾痕

〈M▶P.2,5〉鹿児島市城山町6-1
JR鹿児島中央駅[市電]・[🚌]市役所前🚶7分，またはカゴシマシティビュー[🚌]薩摩義士碑前🚶1分

　黎明館と道路をはさんで北に国立病院機構鹿児島県医療センターがある。その敷地が私学校跡（県史跡）である。国道10号線沿いの石塀は道路拡張で後退したが、原形に復元された。旧門の横に私学校跡の石碑がある。藩政時代には藩の厩がおかれ、鎮台分営のころは騎兵隊がおかれていた。1873（明治6）年、明治六年の政変で政争に敗れた西郷隆盛が下野して鹿児島に帰ると、西郷を慕い官職をなげうって同調した青年子弟が多く、西郷は彼らを教育するために、県令大山綱良の協力を得て、この地に1874年6月私学校を設立した。120畳敷きの大講堂であったという。

　西南戦争で政府軍との戦いに敗れて鹿児島に帰ってきた西郷軍は、明治10（1877）年9月1日私学校を奪回して城山によった。数回にわたる政府軍との銃撃戦もあった。国道10号線沿いの石塀に残る弾痕の数がその激しさを伝えている。跡地には鹿児島県

石塀に残る弾痕（私学校跡）

鹿児島城と城山

立病院がたてられ、のち鹿児島大学附属病院となり、現在の国立病院機構鹿児島県医療センターへとかわった。

国道10号線と交差する国立病院機構鹿児島県医療センター北の道路は、藩政時代は新堀とよばれ、鹿児島城の外堀であった。明治初年に埋め立てられ、新橋通りとよばれた。病院北の堀に吉野橋、交流センター北東に新橋がかけられ、ともに「慶長十七(1612)年」銘の青銅製擬宝珠もつけられ、そばに番所もおかれた。鹿児島城下の上方限と下方限の境は、一般に『薩藩沿革地図』所収の「天保末年頃の城下絵図」に、朱書きで「自是北ヲ上ト云、南ヲ下ト云」とあることから、城前の火除地と記録所との境、つまり本丸と二の丸との境とされてきた。しかし、『三州御治世要覧』では、新橋の項に「従是北ヲ上ト云、南ヲ下ト云、御堀ニ掛ル石橋銘曰、慶長十七年二月日」と記されており、西田橋の擬宝珠と同じである。ほかに1636(寛永13)年の「薩州鹿児島衆 中屋敷御検地帳」の地名によって、新堀以南が下方限であることを確認できる。したがって新堀下流の名山堀が上町と下町との境でもあった。

薩摩義士碑 ❾

〈M▶P.2,5〉鹿児島市城山町5-1
JR鹿児島中央駅 市電・🚌市役所前🚶7分、またはカゴシマシティビュー🚌薩摩義士碑前🚶すぐ

木曽三川宝暦治水の偉業をたたえて

鹿児島城北側の堀がつきるところ、城山の北麓に、将棋の駒をたて並べたような集合碑がある。これが薩摩義士碑である。1920(大正9)年に完成した碑は、薩摩義士顕彰会が河頭石85個を集めて碑石とした。宝暦治水の総奉行であった家老平田靱負正輔の碑を高く中心として、犠牲者の84基を段状に並べてある。元帥海軍大将東郷平八郎書の「義烈泣鬼神」と刻字された常夜灯は、もと国

薩摩義士碑

宝暦治水

コラム

義士の顕彰を機に、岐阜県との交流が続く

　徳川幕府が諸大名に課したお手伝い普請の1つに、有名な宝暦の木曽川治水がある。1753（宝暦3）年12月、幕府は薩摩藩の江戸家老に奉書を下し、木曽・長良・揖斐三大河川の治水工事の手伝いを命じた。江戸からの急使をうけた藩主重年は、翌1754年正月、家老平田靱負正輔を総奉行に、大目付伊集院久東を副奉行に命じて工事にあたらせた。

　工事はもちろん、金策や資材収集にも苦労を重ね、平田以下約1000人の薩摩藩士は起工から1年余の歳月をかけて難工事を完成させた。この間、藩士の犠牲者は病気や自刃など80余人におよんだ。幕府の点検が終わると、平田は多くの犠牲者をだしたことと出費約40万両におよんだことに責任を負って自刃した。

　この悲劇は当時一般に知られることはなかったが、明治維新後にこの宝暦の治水工事跡が発掘調査され、義士として人びとに知られるようになった。

道沿いの堀の一角にあったが、今は碑の近くに移された。背後の石段をのぼると城山への登山道と合流する。

城山 ❿

〈M ▶ P.2,5〉鹿児島市城山町
JR鹿児島中央駅カゴシマシティビュー🚌城山🚶すぐ

歩いてのぼろう市の中央部に緑のオアシス

　鹿児島市街地の真ん中にある、標高107mのシラスの小高い丘が、城山（国史跡・国天然）である。市民の散歩の場としても親しまれ、早朝ジョギングに利用する人も多い。城山へのぼるにはいくつかの道がある。車なら新上橋近くの新照院からの急坂と、城山団地からものぼれる。手っとり早いのは、周遊バスのシティビューに乗れば、岩崎谷口からのぼり、トンネルをぬけると駐車場がある。バス停から2分のドン広場には中世上山城の土塁が残り、西の端に西南役薩軍本営跡の碑がある。ドン広場とは、大正時代ごろ正午を告げる大砲を鳴らしたことによる。ドン広場の反対側に城山展望台があり、桜島を正面にみて鹿児島市街地が一望できる。

　歩いてのぼるなら照国神社裏の急坂が最短距離である。探勝園跡からなだらかな登山道を歩くのもよい。近代文学館・メルヘン館横の登山道も合流する。道は桜島や市街地を右にみて、県立図書館と黎明館のうえをのぼる。途中に鹿児島城へ引いた旧上水道遺跡がある。薩摩義士碑近くの石段をのぼるとこの道に合流する。道の両

鹿児島城と城山

側に群生するクスの大木や植物群の間をぬって歩くと、約10分で展望台である。手前に「わが祖父もわが父もまた従ひきみ命の山に立ちて涙す」ときざまれた安田尚義(旧制一中の教師)の歌碑がある。

　城山は南九州の植物分布の縮図といわれる宝庫でもある。なかでもクスの原生林は、1924(大正13)年に来鹿したオーストリアのウィーン大学元総長モーリッシュの紹介で、世界的に有名になった。市内からは空襲のため枯れて幹ばかりとなった大木がみえる。

　城山には多くの記念碑がある。露国皇太子ニコライ殿下来鹿紀念碑は、大津事件で有名なロシア皇太子ニコライが、1891(明治24)年5月に軍艦で鹿児島に立ち寄った記念である。

南洲翁終焉の地 ⓫

〈M▶P.2,5〉鹿児島市城山町12-7
JR鹿児島中央駅カゴシマシティビュー🚌薩摩義士碑前🚶5分

別府晋介の介錯で50年の生涯をおえた

　城山展望台から岩崎谷へ、つづら折りの車道をくだると、左手のシラス崖に掘られた西郷隆盛洞窟と南洲翁洞中記念碑がある。西郷や私学校の幹部たちが、山頂の本陣をおりて自決直前の数日間をすごした洞穴である。現在は風化して間口3m・奥行4mであるが、西南戦争直後の記録では間口1間(約1.8m)、奥行2間(約3.6m)である。1877(明治10)年9月24日未明、政府軍総攻撃の火蓋が切られると、西郷と幹部約40人は洞窟の前に勢揃いし、岩崎谷を東のほうへ向かった。途中、道路の右側にJR鹿児島線の城山トンネルがある。旧トンネルの上部に、西郷隆盛の処世訓「敬天愛人」の文字がきざまれている。

　城山トンネルをあとにしてもう少しくだると、左手に南洲翁終焉之地碑がある。西郷は大腿部に銃弾をうけ、6・7番連合大隊長別府晋介の介錯で、波瀾に富んだ50年の生涯をおえた。

西郷隆盛洞窟

上町から吉野台地へ

古くからの城下町上町には，島津家の菩提寺福昌寺跡や西郷隆盛の墓がある南洲墓地など，有名な史跡が数多い。

南洲墓地（南洲公園） ⑫

〈M▶P.2, 19〉 鹿児島市上竜尾町2
JR鹿児島中央駅🚌吉野方面行竪馬場🚶5分，
またはカゴシマシティビュー🚌南洲公園入口
🚶5分

西郷ら薩軍将兵の墓 時宗の浄光明寺跡

　南洲翁終焉の地から北へ10分ほど歩くと，左手の丘に南洲墓地（県史跡）がある。
　浄光明寺（時宗）跡にある南洲墓地は，西南戦争で戦死した西郷隆盛以下の薩軍将兵を合葬した墓地である。1877（明治10）年9月24日，城山陥落ののち，西郷以下40人の検死がおわると，県令岩村通俊は政府軍の許可を得て遺体を引き取り，即日浄光明寺境内（現在の鳥居付近）に仮埋葬した。その後1879年に有志が城山をはじめ，鹿児島市内外に仮埋葬されていた220余人の遺骨を収容して，西郷以下とともに現在地に改葬し，あわせて参拝所をたてた。ついで1883年，九州各地に散在していた戦死者の遺骨を収集し，現在は墓碑数749基，2023人が葬られている。これらのなかには，14歳の少年や児玉実直以下の5人兄弟，庄内（山形県鶴岡市）藩士伊地知末吉・池田孝太郎の墓などがある。

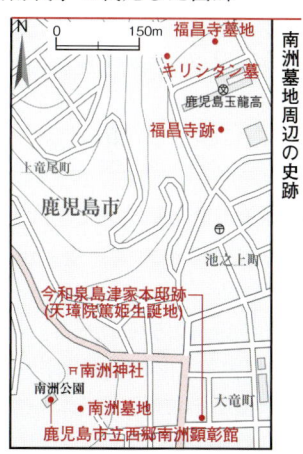

南洲墓地周辺の史跡

　参拝所は1913（大正2）年に南洲祠堂となり，1922年には南洲神社となった。毎年9月24日に例祭がある。
　墓地の南隣に鹿児島市立西郷南洲顕彰館がある。

南洲墓地

上町から吉野台地へ

1978(昭和53)年, 西郷南洲百年記念顕彰会が募金によって建設し, 市に寄付したものである。館には, 西郷の書跡10幅と座右の銘「敬天愛人」一幅(県文化)や西南戦争関係の資料などが展示されている。

福昌寺跡 ⓭

〈M ▶ P.2, 19〉鹿児島市池之上町48
JR鹿児島中央駅🚌吉野・葛山玉龍高校前🚶5分

島津家の菩提寺 薩摩藩最大の寺院

南洲墓地からくだって東へ歩くと今和泉島津家本邸跡がある。13代将軍家定の御台所となった篤姫(天璋院)の生誕地とされる。その東隣が大龍小学校である。標高約10m, この一帯の台地が縄文・古墳時代と近世の複合遺跡である大竜遺跡である。

戦国時代, 伊集院から鹿児島に移った島津貴久は, 清水城(清水中学校敷地とその裏山)にかわって, 1550(天文19)年この地に内城を築いて島津氏の本城とした。のち島津家久が鹿児島(鶴丸)城に移るまでの約50年間, 内城を中心とする城下町が形成された。

1611(慶長16)年内城跡に臨済宗大龍寺が創建され, 南浦文之が開基となった。島津貴久の大中と義久の龍伯の号からとって寺の名前としたという。文之は桂庵玄樹の学問を広めたことで知られ, 著書に『南浦文集』などがある。大龍寺は明治初年の廃仏毀釈で廃寺となり, その後大龍小学校となった。校庭には, 内城時代とされる手洗鉢と庭石が残る。校門横には1912(明治45)年にたてられた「文之和尚記念碑」(東郷平八郎書)がある。

大龍小学校から北へ歩いて約10分, 玉龍高校の敷地が明治初年の廃仏毀釈で廃寺となった島津家の菩提寺福昌寺跡(県史跡)である。

福昌寺墓地

玉龍山福昌寺は, 1394(応永元)年, 島津元久によって創建され, 宗派は曹洞宗で, 開山は伊集院氏出身の石屋真梁である。薩摩・大隅・日向3カ国の僧録所・勅願所で, 島津氏代々の保護をうけ, 薩摩藩最大の寺院として繁栄した。最盛期

には1500人余の僧がいたといわれる。1546(天文15)年忍室和尚のとき,後奈良天皇の勅願寺となり,1549年には,フランシスコ・ザビエルがしばしば訪れ,忍室と宗教論議をかわしている。

　薩摩藩の廃仏毀釈は徹底していたようで,藩主島津氏の菩提寺福昌寺を破却しただけではない。たち並ぶ島津家歴代の墓石には,法号とは別に神号が追刻されている。寺は再興されることもなく,境内の一部は墓地として昭和まで残されていたが,第二次世界大戦後,島津家累代の墓石やその他一部を残して,一般市民の墓石は移転改葬され,あとに鹿児島玉龍高校が建設された。校舎裏手の福昌寺墓地には,島津師久から斉彬までの島津家歴代の墓が並ぶ。墓地の左山手には開山石屋真梁から71世白洲までの歴代住職の墓がある。その上方にはキリシタン墓がある。1869(明治2)年長崎浦上のキリスト教徒がとらえられ,各藩に分けてあずけられた際,375人が福昌寺に収容された。鹿児島滞在中に58人が病死した彼らの墓がキリシタン墓とよばれている。また玉龍高校前バス停の近くには,鹿児島出身の洋画家である藤島武二宅跡の記念碑がある。

　玉龍高校の近くに鼓川からのぼる旧道がある。この道は大口筋とよばれ,藩政時代から吉野への道であっただけでなく,さらに白銀坂へのびて鹿児島と大隅とを結ぶ道であった。靱韆冬・催馬楽と急坂が続く。たんたどバス停から200m,S字型の急カーブのところに名越どん屋敷跡がある。『南島雑話』の著者である名越左源太の屋敷があったところで,屋敷前の急坂を人びとは「名越どんの坂」とよび,昔は石畳であったといわれる。

桐野利秋君誕生地 ⓬

〈M ▶ P.2, 22〉鹿児島市吉野町実方
JR鹿児島中央駅🚌吉野支所前行実方神社前🚶3分

西南戦争総指揮長宅地跡は公園に

　催馬楽・坂元をこえて,楫木川(稲荷川)を渡ったところが実方である。新実方橋バス停で下車すると,右手下流に旧道が一部残り,かつて鹿児島県内で最古といわれた実方太鼓橋があった。寛永年間(1624～44)から江戸中期ごろにつくられたといわれる。1993(平成5)年8月の集中豪雨で流失した。

　太鼓橋跡から旧道をのぼると,左手に別府晋介君誕生地碑(西郷菊次郎書)がある。別府は,戊辰戦争で活躍して近衛陸軍大尉にな

桐野利秋君誕生之地碑

る。西南戦争の城山決戦では西郷隆盛を介錯して自刃した。さらに坂をのぼり5分，実方神社前バス停のある新道と旧道が合流する右手に桐野利秋君誕生之地碑(島津長丸書)がある。桐野は，はじめ中村半次郎と称した。別府は従弟にあたる。のちに陸軍少将となるが，西郷とともに帰郷し，西南戦争では総指揮長となり城山で戦死した。現在宅地跡は実方公園になっている。

さらに進み大明丘入口バス停から右折すると，長さ約340mの急な坂道となる。この坂道を磔者坂とよんでいる。中世に刑場があったと伝えられる。

坂をのぼって北に進むと天神山団地北口バス停近くに駄馬落の碑がある。西郷が，寺山開墾地でとれたからいも(唐芋・サツマイモ)を馬に背負わせて鹿児島へ帰る途中，馬が道から転落して途方にくれた場所といわれる。

さらに北に進み，大石様河バス停前に帯迫鎮守神社がある。鎮守神社境内の東側に御石神社，御石様とよばれる碑がある。島津貴久の3男歳久をまつる。1587(天正15)年豊臣秀吉の島津攻めに島津は敗れ，兄義久・義弘は許されたが，秀吉に反抗的であった歳久は許されず，1592(文禄元)年に追いつめられて竜ヶ水で殺害された。仇討ちにでるものは必ずお参りすることになっていたという。

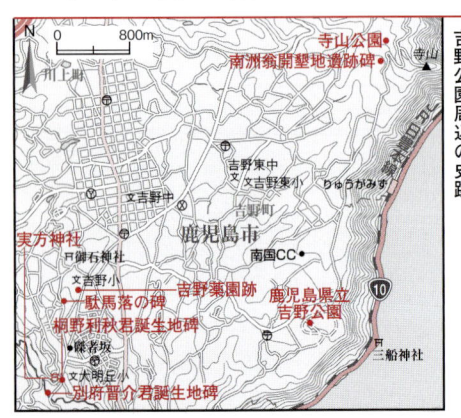

吉野公園周辺の史跡

大石様河バス停から坂道を約300m，吉野小学校の敷地は藩政時代の吉野薬園跡である。8代藩主の島津重豪が

1779(安永8)年につくらせたもので,栽培された草木の種類はボタン・シャクヤクなど130種におよぶ。校庭には御薬園跡の碑,創設当時の薬草アキニレの木がある。アキニレは駆虫・消化・鎮痛剤として効用があった。のち薬園は廃止され,跡地に1872(明治5)年,城下第12郷校がたてられた。私学校の吉野分校もおかれ,のち吉野小学校となった。

鹿児島県立吉野公園 ❶⑮
099-243-0155

〈M ▶ P.2, 22〉鹿児島市吉野町七社
JR鹿児島中央駅🚌吉野公園行終点🚶2分

サクラやツツジの名所
絶景の鹿児島湾や桜島

　バスをおりるとすぐ南に1970(昭和45)年に開園した鹿児島県立吉野公園がある。広大な敷地と鹿児島湾・桜島の眺望がすばらしい。芝生広場・庭園・子ども用遊園地などがあり,子どもから大人まで県民が楽しめる公園である。

　バス停から北上してゴルフ場をすぎると,上ノ原に鹿児島地方気象台吉野高層気象観測所がある。ここから150mほどくだったところの洞窟が石郷洞窟で,縄文時代人の穴居跡と考えられている。イギリス人医師・考古学者ニール・ゴールドマン・マンローが発見したものである。

　観測所から1.5kmほど北上すると寺山公園があり,寺山水源地の近くに西郷隆盛と教導団80余人による南洲翁開墾地遺跡碑(東郷平八郎書)がある。開墾地では甘藷(サツマイモ)やダイコンがつくられていた。左手の小高い山が牟礼ヶ岡で,藩政時代には吉野牧がおかれて名馬を産したという。また御鷹場としても有名であった。麓の東菖蒲谷には,甘藷伝来の前田利右衛門をたたえた「老農利右衛門」の碑がたっている。

鹿児島県立吉野公園

南洲翁開墾地遺跡碑

上町から吉野台地へ

磯街道をいく

島津氏の別邸がある磯に，島津斉彬がたてた洋式産業の工場群は集成館と名づけられ，維新後の殖産興業の手本となった。

石橋記念館 ⑯　〈M▶P.2, 29〉鹿児島市浜町1-3 P
099-248-6661　JR鹿児島本線・日豊本線鹿児島駅 🚶10分

風光明媚な地に鹿児島の石の文化を伝える

鹿児島市役所本館（国登録）から市電通りを北へ，鹿児島駅へ向かって歩くと，桜島桟橋電停の右側歩道に小さな赤倉の跡碑がある。1869（明治2）年に鹿児島藩が招いた英人医師ウィリアム・ウィリスのためにたてられた病院が，赤レンガ造りであったことから赤倉病院とよばれるようになった。

市役所前の大通り公園は，第二次世界大戦後の戦災復興計画で名山堀を埋め立てて造成された。冬の夜はケヤキの街路樹のイルミネーションが輝く。10号バイパスの向こうに鹿児島本港区がある。ここには北埠頭と南埠頭とがあり，種子・屋久・奄美諸島などへの離島航路と，湾内の桜島フェリー発着所がある。北埠頭にはかごしま水族館やイベント広場があり，館の正面入口からは旧港施設がみえる。

この施設は，新波止（1844～53年築造）・一丁台場（1872年築造）・遮断防波堤（1904年竣工）の3堤（国重文）からなり，鹿児島港の歴史を示す特色ある遺構である。南埠頭には愛称「ドルフィンポート」の商業施設（食堂・土産品店など）が開店して賑わいをみせている。

水族館から10号バイパスを北上すると，左手に石橋記念館がみえてくる。稲荷川手前の石橋記念公園に，甲突川の西田橋（県文化）が移設され，近くに記念館がたてられた。記念館2階からは桜島をバックに西田橋が，左手に復元された西田橋御門がみえる。

石橋記念公園の西田橋と西田橋御門

記念館には西田橋を中心に甲突五石橋や，日本と世界の石

橋の資料が，実物・模型・写真パネル・映像などで展示され，石橋の変遷を知ることができる。

西田橋の移設地は1701（元禄14）年から造成された埋立地である。鹿児島湾の埋立ては，1645（正保2）年，城の前の海岸に高さ3間半（約5.4m）・長さ500間（約900m）の石垣を築いたことにはじまる。その後1670（寛文10）年までに城の前の海に築島が築かれ，船着場となった。

元禄以後の工事は築島を左右に広げ，北は稲荷川の下流まで，運河と港に大小船の船だまりがつくられた。ここを上築地といい，南側を下築地という。上築地には，1706（宝永3）年神明社と別当寺抱真院も建立された。

1757（宝暦7）年築地にかけられた孝行橋を石橋にするため，あやつり（人形浄瑠璃）が興行されたこともあり，天保年間（1830〜44）の城下図（『薩藩沿革地図』所収）には島津山城（重富家）や島津安芸（今和泉家）の下屋敷や弁天社なども記されている。

弁天社は1773（安永2）年島津重豪が築地に移し，近くに芝居小屋もたてられ，上方から招かれた芸人たちで賑わっていた。

岩永三五郎が鹿児島ではじめてかけた永安橋（はじめ抱真橋，俗に祇園橋）は，稲荷川の下流に3連アーチの石橋であったが，1900（明治33）年鉄道敷設のため，少し上流に移されて2連に改築されていた。その後，1993（平成5）年の水害で破損したので，近代橋に改築された。石橋欄干の親柱は右岸のたもとに記念碑として残った。

祇園洲砲台跡 ⑰ 〈M ▶ P.2, 29〉鹿児島市清水町26
JR鹿児島本線・日豊本線鹿児島駅🚶12分

石橋記念公園から稲荷川の連絡橋を渡り，祇園洲公園にはいると，右手中央に西南役官軍戦没者慰霊塔がある。1877（明治10）年の西南戦争後，埋葬されていた政府軍関係者の墓は官軍墓地とよばれていたが，第二次世界大戦後の台風被害で荒廃した。1955（昭和30）年

かごしま水族館周辺の史跡

砲台は破壊されたがイギリス艦隊は退去した

磯街道をいく　25

旧薩藩砲台跡の碑

納骨堂に改装され，1977年慰霊塔へとかわった。公園の正面には4連の高麗橋がある。橋面は切石の斜布敷に復元された。

橋を渡ると正面に薩英戦争記念碑がある。碑の右手の石橋は祇園之洲町との間に移設された玉江橋である。橋面は自然石の乱敷である。甲突川でこの橋だけが新設されたので，欄干の親柱に玉江橋の銘がある。

玉江橋から海岸線を引き返すと，旧薩藩砲台跡の石碑がある。幕末の鹿児島藩には天保山・大門口・祇園之洲・沖小島など9カ所に砲台が築かれていた。祇園洲砲台は1853(嘉永6)年島津斉彬の命で築かれ，砲台10座・兵士70人がつめていた。1863(文久3)年の薩英戦争では，鹿児島湾に侵入してきたイギリス艦隊と砲戦をまじえ，集中砲火をあびて壊滅的な打撃をうけた。その後復興された砲台は，明治維新で陸軍省の管轄となり，西南戦争後に官軍墓地となっていた。旧道から公園にはいると，左手に岩永三五郎の石像があり，近くの五角形の大きな石は永安橋のアーチをささえた袴石である。

高麗橋と玉江橋が移設された左岸には，かつて河口付近の大木に船が繋留されたといい，1549(天文18)年に来日したザビエルもこの付近に上陸したと考えられる。

ザビエル上陸記念碑は人工島の祇園之洲町にある。1724(享保9)年山越えの古道にかえて海岸沿いの磯新道が開かれ，戦国時代に勧請された祇園社(八坂神社，鹿児島五社の第二)も上流から移された。

ザビエル上陸記念碑

県都鹿児島市

甲突五石橋と岩永三五郎

コラム

天保の改革の1つ 平地にかけたアーチ橋

島津重豪の命により調所広郷が担当した天保改革で、前期の財政改革に成功すると、つぎに諸役膳用途金200万両で、三都・長崎や藩内の諸役所・寺社などの修復、新田開発・河川改修など、後期改革がはじまった。その1つ、交通基盤の整備として、港湾や道路の修築と石橋架橋などがあった。事業を推進したのは調所の腹心といわれた海老原清熙である。石橋架橋のため、肥後の石工岩永三五郎が招かれたのは、1840(天保11)年ごろといわれている。

甲突川はよく氾濫し、とくに新上橋から下流は被害が大きかった。1838(天保9)年の洪水をきっかけに、甲突川の浚渫や堤防修築を行い、同時に木橋を石橋にかけかえた。三五郎は鹿児島小野村や上方限の石工たちと協力して、手始めに稲荷川にかかる永安橋・戸柱橋など5橋を石橋とした。

甲突川では1845(弘化2)年から新上橋、1846年西田橋、1847年高麗橋、1848(嘉永元)年武之橋を木橋から石橋とし、1849(嘉永2)年上流に伊敷不動堂参詣者の便利をはかって、玉江橋が新設された。なかでも西田橋は参勤交代の通路であったので、鹿児島城下の表玄関としての役割もあり、ほかの4橋より丁寧な加工がなされ、費用も諸橋の3倍をこえた。橋は初代木橋の擬宝珠(「慶長十七(1612)年」銘)もうけつがれていた。

高麗橋と武之橋は城下と川の外との交通のほか、奄美大島からの船が寄港する山川港へ続き、西田橋と新上橋は九州道に続く重要な橋であった。4橋の欄干の親柱に橋名はないが、新設の玉江橋は島津斉興がたてた別邸玉江お茶屋にちなんで、橋名がきざまれている。

天保年間(1830〜44)に稲荷川の諸橋が石橋になり、川底が浚渫され土砂が海岸に積まれると、祇園洲とよばれるようになった。

春日神社 ⑱ 〈M▶P.2, 29〉鹿児島市春日町4
JR鹿児島本線・日豊本線鹿児島駅🚶15分、または🚌国分方面行春日町🚶1分

鹿児島五社のうち長谷場興氏が勧請した

祇園洲公園から国道10号線にでて、右へ進むと左手に南方神社(旧諏訪社、鹿児島五社の第一)がある。藩政時代に藩主がよく詣でた神社である。少し引き返して右折すると左手に清水小学校がある。校門前の桐野利秋居宅跡の空地は、駐車場がわりに利用されている。

小学校角の交差点の向かい側に仁王堂の水とよばれる湧水がある。かつて清水中学校付近にあった大乗院(廃寺、のち鹿児島市長田町

森有禮子生誕地記念碑

に最大乗院として復興)の正門であった仁王堂にちなむ名で，名水とされ清水町の名のおこりとなった。現在も市の水道水に利用されている。そばの小さな祠には石の菩薩像がまつられている。まっすぐ道を進めば一つ橋へと続き，その上流に稲荷神社(鹿児島五社の第三)がある。

仁王堂水を左折すると黒葛原橋にでる。橋の手前の学校敷地に伊東祐亨元帥誕生地の碑がある。伊東は日清戦争に連合艦隊司令長官として黄海海戦に参加，日露戦争では大本営幕僚長として活躍した。子爵の祐麿は次兄である。

黒葛原橋を渡ると右手に若宮公園がある。公園に，1993(平成5)年8月6日(8.6水害)の大洪水で，流失した石橋の大乗院橋が2分の1の大きさに復元されている。隣に若宮神社(鹿児島五社の第五)がある。若宮神社のはす向かいの大龍小学校は，島津貴久が居城とした内城の跡である。校庭の一角には大龍寺之遺跡碑と文之和尚記念碑がある。

東へ約300m，国道10号線とまじわる左手に春日神社(鹿児島五社の第四)がある。東福寺城を築いた長谷場直純が奈良の春日神社を勧請したもので，当時の船着き場付近に建立したものという。境内に薩藩水軍港跡の碑がある。内城時代の軍港は稲荷川河口にあったが，1657(明暦3)年甲突川下流左岸に移された。武之橋下流の船魂神社はその名残りである。神社の隣に森有禮子生誕地記念碑がある。森有礼は1865(慶応元)年の薩藩留学生としてイギリスに留学，アメリカを経て帰国すると外交官として活躍した。第1次伊藤博文内閣の文部大臣として学校令を定め，近代日本の教育制度の基礎を確立したが，1889(明治22)年大日本帝国憲法発布の朝，自宅で暴漢におそわれて暗殺された。

東郷墓地公園 ⑲　〈M ▶ P.2, 29〉鹿児島市清水町32
JR鹿児島本線・日豊本線鹿児島駅 🚶15分

祇園洲公園から多賀山公園へのぼると，登り口に薩摩焼の窯元慶

東郷元帥の銅像

田窯がある。さらにのぼると駐車場の左手前に肝属兼重卿奮戦之跡碑がある。南北朝時代，北朝方の島津貞久に対抗して東福寺城によった兼重をたたえた碑である。奥の一段高いところに東郷平八郎元帥の墓がある。東郷は1934(昭和9)年に没し，国葬で東京の多磨霊園に葬られたが，薩英戦争の激戦をみおろすこの地に遺髪が埋葬された。

東郷は1848(嘉永元)年鹿児島城下，下加治屋町郷中に生まれた。17歳のとき薩英戦争に参加。その後薩摩藩の海軍に志願し，戊辰戦争では軍艦春日の砲手として活躍した。維新後はイギリスに留学を命じられ，日清戦争では豊島沖海戦で清国艦隊を撃破し，黄海海戦でも活躍した。日露戦争では連合艦隊司令長官として，日本海海戦でロシアのバルチック艦隊を壊滅させ，国の内外で名声をあげた。東郷の命日5月30日には墓前祭もよおされる。

薩英戦争の場をみおろす丘 東郷平八郎の遺髪

付近は1935(昭和10)年，東郷墓地公園として整備された。墓地の左手，軍艦の舷梯を模してつくられたせまくて急な勾配の石段をあがると，東郷元帥の銅像(雨宮光平作)がある。銅像は岡山県の郷土館に展示されていたものを，1957年旧海軍関係者のかもめ会によって移建されたものである。

銅像の左手奥に多賀神社がある。島津義久が1579(天正7)年に近江国(滋賀県)の多賀大社を勧請したもので，多賀山の名のもととなった。神

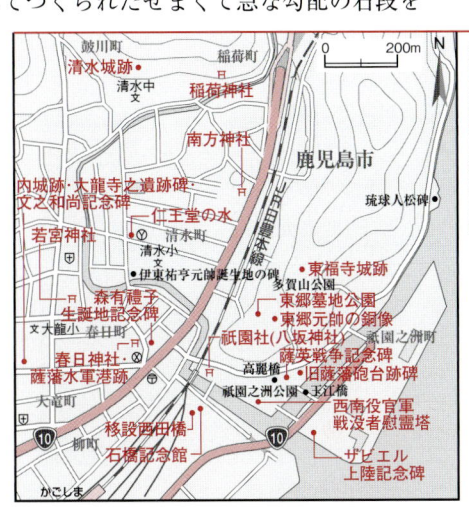

祇園之洲町周辺の史跡

磯街道をいく

社は清水町からJR日豊線の線路をこえてものぼることができる。線路脇の鳥居からつづら折りの急坂をのぼればよい。公園の北部奥に，南北朝時代に長谷場氏を倒して島津貞久が拠点とした東福寺城跡があり，1923（大正12）年に島津氏居城東福寺城跡の碑がたてられた。

　国道10号線は以前は海岸沿いの旧道（磯街道）であったが，1958（昭和33）年4月鳥越トンネルが開通して短縮された。祇園洲公園から旧道を約200m進むと，潮音館（国登録）がある。1918（大正7）年に建造された石蔵で，旧重富島津家住宅の米蔵であった。さらに約200m，右手海岸に琉球松がある。1609（慶長14）年島津家久が琉球（現，沖縄県）に出兵して以来，支配下に組み込まれた琉球は，薩摩藩へ貢納船を送ることになった。稲荷川の河口港に入港する琉球船が目印にしたので，琉球人松ともいう。第二次世界大戦後マツクイムシのため枯死したので，跡に姫松が植えられた。また1973（昭和48）年に那覇市（沖縄県）から琉球松が寄贈され，石灯籠のそばに植えられた。

　さらに磯街道を進むと，JR日豊線と交差する地点の左手に菅原神社がある。1686（貞享3）年島津光久が勧請したもので，受験シーズンになると参拝者が多い。

鹿児島紡績所跡 ⑳
099-247-3401

〈M ▶ P.2, 32〉 鹿児島市吉野町9685-15
JR鹿児島本線・日豊本線鹿児島駅🚌国分方面行異人館前🚶1分，またはカゴシマシティビュー🚌仙巌園前🚶3分

集成館再興に寄与したイギリス人技師の宿舎

　国道10号線の鳥越トンネルをぬけると，右手に鹿児島紡績所跡（国重要）に技師館がある。

　島津斉彬は早くから石河確太郎に命じて，ヨーロッパの紡績業を研究させていた。斉彬没後，石河は紡績の必要性を島

鹿児島紡績所技師館（旧異人館）

津忠義に説いた。忠義は薩英戦争後，急速に親しくなったイギリスに新納久修・五代友厚らを，留学生とともに派遣し，イギリスから紡績機械を買いいれることにした。留学生たちは長崎のグラバー商会のオースタライエン号で，1865（慶応元）年，串木野羽島港から渡英した。新納らは留学生の留学先の配置をおえると，マンチェスターやバーミンガムなどの工業地帯を視察し，プラット兄弟会社から紡績機械を買い入れた。工場の設計や機械のすえつけ，操作の指導のために外国人技師が到着し，磯に紡績工場の建設をはじめた。翌年1月には工務長ジョン・テットロウら3人の技師が機械とともに到着し，5月に工場本館が完成して操業を開始した。

イギリス人技師たちの宿舎として建設されたのが鹿児島紡績所技師館であった。木造2階建て・白ペンキ塗り・瓦屋根で，英国人技師が設計して鹿児島の大工が建築し，1867年3月に落成した。

鹿児島紡績所技師館は1884（明治17）年，鹿児島中学造士館の開設にあたって鹿児島城跡に移された。その後は第七高等学校造士館の本館となっていたが，1936（昭和11）年再びこの地に移され，第二次世界大戦の戦禍を免れた。大戦後は進駐軍の宿舎に利用されていたが，1951年鹿児島市に返還された。その後全面的な補修工事と周囲の環境整備が行われ，自由に館内を見学できるようになった。

紡績工場は尚古集成館の前面にあった。新旧両道の合流点手前の駐車場に紡績所址の碑がある。当時紡績工場には男女職工およそ200人が働き，1日10時間の就業で，1日平均180kgの綿糸を生産し，白木綿や縞木綿を織っていた。紡績所は明治以後も操業を続け，1897（明治30）年に閉鎖された。機械のうち1台の梳綿機はその後も使用され，第二次世界大戦の終戦まで現在の市立美術館の地にあったが空襲で焼失した鹿児島市歴史館に，現在では尚古集成館に展示されている。

尚古集成館 ㉑
099-247-1511

〈M▶P.2, 32〉鹿児島市吉野町9698-1 P
JR鹿児島本線・日豊本線鹿児島駅🚌国分方面行異人館前🚶5分，またはカゴシマシティビュー🚌仙巌園前🚶すぐ

鹿児島紡績所技師館を北へ，紡績所址の手前に島津斉彬がつくっ

磯街道をいく

磯珈琲館

今に残る島津家の歴史を紹介 文化財の宝庫

た造船所があった。一角に照国公(斉彬)製艦記念碑がある。近くの海岸は鹿児島市内唯一の磯海水浴場で、磯浜名物のジャンボ餅屋もある。ジャンボ餅はその名前から特大のダンゴに誤解されやすいが、白玉粉のダンゴを直火で焼いて独特のアンをかけ、竹串2本を刺した小さいダンゴ餅である。両棒(リャンバン)のリャンがなまったものだという。

尚古集成館前の磯川は吉野台地から流れでており、かつては磯工場群の動力源として水車を動かした関吉の疎水も、不用な水を磯川上流におとしていた。滝の左手うえの中腹の石切場跡に、武之橋石材の切出碑がある。

橋の手前に磯工芸館と磯珈琲館(ともに国登録)がある。工芸館は旧島津家吉野植林所、珈琲館は旧芹ケ野島津家金山鉱業事業所の建物が移築されたものである。工芸館の裏には、復活した薩摩切子の見学工場があり、製品は展示販売されている。ほかに、仙巌園内濾過池(国登録)がある。関吉の疎水溝の水を邸内で使用するための石造の浄化施設である。

橋を渡ると左手に石造の長い建物がある。これが尚古集成館(旧集成館機械工場・国重文)である。建物は1864(元治元)年に着手、翌年3月に完成した蒸気機械所で、建物の左端に蒸気機関がすえられ、中央を貫通するシャフトで動力を伝え、さまざまな機械を動かしていたらしい。建物の石材は、細工がしやすく風化に強い小野石が使われている。屋根は西洋風の合掌造である。中央の玄関部分は

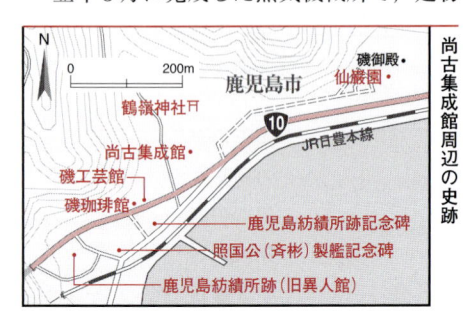

尚古集成館周辺の史跡

反射炉跡

博物館に転用された1923（大正12）年に改造されたもので，窓は嵌殺しである。

島津斉彬は，外国に対抗するためには軍艦と大砲が必要であると考え，鹿児島城内に製錬所をつくって各種の理化学実験を試み，実用化の見通しがつくと磯の工場で製作させた。反射炉をはじめ，城内で小型の炉をつくったが成功せず，磯庭内の竹林を切り開いて大反射炉を建設し，1853（嘉永6）年夏に完成した。これが集成館事業の始まりとなった。当時の日本では，1850（嘉永3）年佐賀藩に反射炉が建造されていただけであった。築造にあたっては蘭書の原図から設計したので，何度も実験したが，なかなか成功しなかった。このことを江戸にいた斉彬に知らせると，「西洋人も人なり，佐賀人も人なり，薩摩人も人なり，ますます退屈せず研究せよ」と手紙で激励した。西洋人や佐賀人にできたことが，薩摩人にできないことはない，というのが斉彬の教訓である。この言葉に激励された集成館係の役人（武士）たちは，10数回の実験を繰り返し，みごとに成功した。

薩英戦争前の集成館配置図によると，門をはいって正面に役所，左手に機械所，奥手に反射炉，背後に溶鉱炉がある。溶鉱炉では藩内産の砂鉄や岩鉄を原料として製鉄を行い，銃砲だけでなく刀剣や農具製作の材料とした。ほかに砲身に穴をあける鑽開台，弾薬の製造所・ガラス製造所・鍋釜製造所・鍛冶場などもあり，海岸近くの造船所・紡績所まで含めると，まさに一大工業団地であった。盛時には，職工や人夫が毎日1200人も働いていたという。1857（安政4）年斉彬は城内の実験所を開物館，磯の工場群を集成館と命名した。集成館は1863（文久3）年の薩英戦争でイギリス艦隊の砲撃をうけ，施設のほとんどが焼失した。しかし，薩摩藩に近代兵器の必要性を痛感させることになり，つぎの藩主忠義はただちに集成館の再建に着手した。1865（慶応元）年蒸気鉄工機械所の竣工を手はじめに，

磯街道をいく

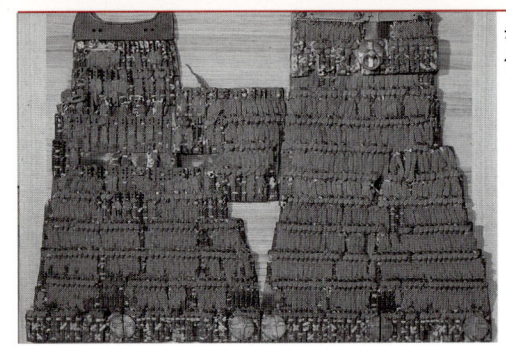

赤糸威大鎧兜・大袖・杏葉付一領

つぎつぎと工場が整備されていった。再建された集成館の配置図をみると，工場の種類や建物群は以前をはるかにしのぐものである。

1871（明治4）年の廃藩置県によって，集成館は官有となり，翌1872年陸軍省に移されて海軍製造所と改称された。西南戦争では薩軍に占領されて，武器弾薬が製造されたが，その後民間に払い下げられ，1889年再び島津家の所有となり，集成館の旧称に復した。1897年島津忠義の死去後鹿児島紡績所が閉鎖され，1915（大正4）年集成館も閉鎖された。蒸気器械所だけが倉庫として残されて，石蔵とよばれていた。1919年島津忠重は機械所を改造し，島津家の歴史を展示する博物館に転用し，1923年尚古集成館として開館した。1959（昭和34）年集成館の跡地は国史跡に指定され，2013（平成25）年には「旧集成館 附 寺山炭窯関吉疎水溝」として，隣接地の関連遺跡も含めて追加指定された。

集成館の北に島津家歴代の祖先をまつる鶴嶺神社があり，太刀備前国住雲次銘（国重文）や，赤糸威大鎧兜・大袖・杏葉付（国重文）などを所有している。

集成館の展示物のうちおもなものは，上記のほかに文禄三年島津氏分国太閤検地尺（国重文）がある。長さ45cm・幅6cmの薄いヒノキ板で，表面に1尺（約30.3cm）の長さが目盛りで示され，両端に石田三成の花押が記されている。裏面には「此寸を以 六しゃく三寸を壱間に相さため候て，五間に六十間を壱たんに 可仕 候也」と記されている。現存する唯一の太閤検地基準尺である。

木村嘉平関係資料（国重文）は，斉彬が出版事業を盛んにするため，江戸の木版師木村嘉平に西洋の活版印刷を研究させ，鉛活字の製造を命じた当時のものである。1854（安政元）年，嘉平は鋼鉄製の種字を銅製の角棒に打ち込んで母型をつくるパンチ法を試みたが，細線

部が破損したので断念。その後オランダ人から電胎法を教えられ、苦心の末1864(元治元)年に完成させた。電胎法とは、やわらかい蠟石を彫って種字をつくり、電解槽のなかの電極で銅を付着させて字母をつくり鋳型にして、鉛をそそいで活字をつくる方法である。完成したときは斉彬はすでに亡く、嘉平も体調をくずしていたので使用されることはなかった。

　銀板写真(島津斉彬像・国重文)は、写真を「父母ノ姿ヲモ百年ノ後ニ残ス貴重ノ術」と考えた斉彬が、早くから研究させていた。1857年春、斉彬はオランダから写真機材を取り寄せ、家臣に試写を命じた。彼らは数百回の試写ののち、撮影に成功した。この写真は同年9月17日鶴丸城内で撮影されたもので、斉彬は服の襟を左前にあわせてのぞんだという。日本人撮影による現存する唯一の銀板写真である。

　形削盤(国重文)は、再建された集成館の蒸気機械所で使用された工作機械である。江戸幕府の長崎製鉄所をつうじてオランダ製の工作機械を購入したものと考えられている。明治初期、工場には立削盤・形削盤など18台の工作機械があったことが確認されており、そのなかの1台である。

　そのほかのおもな展示品で、絵画の武将像(伝島津忠久画像・県文化)は、京都栂尾の高山寺に伝えられたもので、1898(明治31)年島津家にゆずられたものである。彫刻の大権現忠国像と伝島津忠昌像(ともに県文化)も室町時代の武将像として貴重なものであるが、南北朝時代の頂相との見方も強い。さきにあげた紡績機(県文化)のほかに、工芸品として茶器平野肩衝一口附目録並附属品(県文化)がある。平野肩衝は河内の国の商人平野道是が所有していた中国伝来の茶入で、のち豊臣秀吉の所有となり、1595(文禄4)年朝

形削盤

磯街道をいく

薩摩切子

鮮出兵の恩賞として島津義弘にあたえられたものである。歴史資料の島津貴久所用時雨の旗1旒ほか16旒(県文化)は，初代島津忠久が雨中に誕生したことにちなんで，雨を島津雨と称し，出陣の際，雨がふることを吉祥とした。1587(天正15)年に島津貴久がはじめて使用し，以後代々の当主もこれにならって作成した16旒である。犬追物関係資料(県文化)の犬追物装束犬射籠手・行騰(県文化)は，島津忠義が明治天皇の天覧に供したとき(1879・80年)に着用したもので，犬追物図はそのときの様子を狩野芳崖が描いたものである。英艦入港戦争図(薩英戦争絵巻・県文化)は，薩英戦争の様子を御用絵師柳田龍雲に描かせたものである。なお別人による薩英戦争絵巻は，黎明館・県立図書館・維新ふるさと館にもある。

このほか，当時砲兵隊長であった大山弥助(巌)が研究開発した山砲の弥助砲，斉彬や忠義が使った写真機，紅ガラスのカットグラス薩摩切子や薩摩焼はぜひみておきたいものである。

仙巌園 ㉒
099-247-1511
〈M▶P.2, 32〉鹿児島市吉野町磯9700-1 P
JR鹿児島本線・日豊本線鹿児島駅🚌国分方面行異人館前🚶5分，またはカゴシマシティビュー🚌仙巌園前🚶すぐ

桜島と鹿児島湾を借景に雄大な構図の庭園

尚古集成館の北隣に島津家の別邸仙巌園(国名勝)がある。江戸初期の万治年間(1658～61)に，藩主光久が別邸をつくったことにはじまる。邸内に奇岩が多く，中国竜虎山の仙巌に似ていることから

仙巌園錫門

県都鹿児島市

つけられた名である。その後吉貴が曲水の庭や孟宗竹林を設け，さらに斉興が海岸を埋め立てて拡張し，現在のような回遊式庭園として完成した。城から磯邸へは鳥越の坂道をこえて往来していたが，1724(享保9)年吉貴が祇園社の脇を海岸沿いに新道を開設した。1872(明治5)年，明治天皇の行幸に際して道幅が広げられた。国道沿いの正門は，1897年ごろ完成したものである。

観光客用の通用門をはいると，左手に反射炉跡の石組がある。斉彬が築かせ，1856(安政3)年に完成した2号炉のものと考えられている。さらに進むと右に現在の正門があるが，昔の本門はもう少しさき左手の朱塗りの錫門である。屋根は谷山の錫山産の錫で葺いてある。錫門をぬけて右におれると仙巌園の主庭園にでる。面前に鹿児島湾を隔てて桜島を借景とした雄大な構図が広がる。

左の建物が藩主の別邸で書院造の居館である。大書院・化粧間など13室がある。現在の建物は1881(明治14)年の改築。建物の前には，種子島原産のヤクタネゴヨウマツの大樹がある。庭園内には8畳敷大の笠石のうえに獅子が乗った獅子乗灯籠や，斉彬がガス灯の実験に使った鶴灯籠がある。また桜島をのぞむのにふさわしい位置に，琉球王が献上したという異国的な望嶽楼がある。床にはさまざまな唐草模様が掘られた正方形の瓦がしきつめてあり，秦の始皇帝のたてた「阿房宮」をまねたともいわれるが，中国の社寺によくみられる床瓦である。屋内に掲げられた望嶽楼の文字は，書聖王羲之の書からの集字であるという。

反射炉跡から右手の小さな丘にのぼると，猫神さまという小さな祠がある。朝鮮出兵の際，島津義弘がネコ7匹をつれていき，各隊に配属した。ネコの目の動きで時刻を知る時計の役目にしたという。7匹のネコのうち5匹は戦地で死に，2匹だけが生きて帰ったというが，これらのネコをまつったのが猫神さまである。毎年6月10日の時の記念日には，時計業者などの参詣者が多い。

園内を奥へ進み小川を渡ると曲水の庭がある。曲水の宴を行った庭園である。曲水の宴とは中国の王羲之が353年に文人を集めて行ったのが始まりとされ，おれまがった水の流れに杯を浮かべて詩をつくったり，酒を飲む遊びである。わが国でも平安時代から貴族た

曲水の庭

ちに愛好され，都や大宰府など各地に庭がつくられた。仙巌園の曲水の庭は，1702(元禄15)年ごろつくられたものと推定され，現存する庭のなかで古いものは中国の慶州にあるだけだが，磯の庭はそれよりもずっと大規模で，きわめて貴重なものだといわれる。1992(平成4)年から，毎年春先に曲水の宴が復活して行われている。

曲水の庭の近くに孟宗竹林がある。これは1736(元文元)年，島津吉貴が琉球から江南竹2株を分けてもらって植えたことにはじまる。わが国最初の孟宗竹林である。吉貴が孟宗竹を移植したのも，王羲之が曲水の宴を張った蘭亭にあった竹林をまねたものではないかという。竹林のなかにある，1837(天保8)年にたてられた仙巌別館江南竹記の石碑に，来歴が記されている。

江戸竹林の近くにみえる崖の中腹に，千尋巌ときざんだ文字がある。江戸時代末期の斉興のころ完成したという。竹林碑から千尋巌へつうじる道があるが，一般にはなかなかのぼれない。道の途中に観水舎の跡や，寛政年間(1789〜1801)にたてられた筆塚の碑，1814(文化11)年建立の集仙台の碑などがあり，またルリカケス(国天然)を飼育するゲージなどがある。登り口には新しい筆塚がある。

仙巌園から国道を北へ約1kmほど，左の山手に花倉御仮屋跡がある。斉興がつくらせた別邸だが，怪異がおこったとしてまもなく廃止され，のちに御金方，すなわち貨幣鋳造所がつくられたという。当時の石垣や石段・庭園跡などが残っているが，まだ整備されていないので見学することはできない。

西郷隆盛蘇生の家 ㉓ 〈M▶P.2〉鹿児島市吉野町花倉
JR鹿児島本線・日豊本線鹿児島駅🚌国分方面行花倉🚶3分

花倉御仮屋跡をすぎて国道10号線がJR日豊線をこえると，まも

西郷隆盛蘇生の家

なく左手の線路脇に藁葺きの小さな家がある。西郷隆盛蘇生の家である。標識が大きいのですぐにわかる。この家はもと坂下長右衛門の住居であった。大老井伊直弼の安政の大獄は、在京の尊攘派志士たちに大きな打撃をあたえた。京都清水寺の僧月照も幕吏に追われる身となり、西郷隆盛らの助力で薩摩にのがれてきた。斉彬の没後すぐのことである。藩政を後見していた斉興と藩庁は、佐幕的な立場から西郷と月照を東目送りとした。東目送りとは、罪人を大隅や日向地方に流罪にすることである。しかし実際には、途中で斬罪にすることだという。

真冬の海から西郷は蘇生し、月照は他界

1858（安政5）年11月15日、西郷と月照らは藩が用意した船に乗り、鹿児島湾へ乗りだした。御船沖まできたとき西郷は月照を招き、月明かりのなかでかすかにみえる心岳寺（平松神社）をさして、無念の死をとげた島津歳久の話をして無言の諒解を得た。西郷は月照を脇にだいて海に身を投じた。まもなく2人は発見され、岸辺の坂下長右衛門家で介抱され、西郷は幸いにも蘇生したが、月照は帰らぬ人となった。月照の墓は南洲寺にあり、三船には月照終焉之地碑がある。この船の戸障子は、西郷南洲顕彰館に展示されている。蘇生した西郷は菊池源吾と改名させられ、奄美大島へ幕府の目をおもんばかって潜居を命じられ、以後3年間大島北部の龍郷村で生活することになった。

国道10号線のもとになった海岸沿いの道は、明治時代以降に開削された。以前の道は白銀坂をこえる山道であった。心岳寺詣りにも島津別邸の磯御殿前を避けて山越えの道がとられた。西南戦争に出発した西郷隆盛以下の兵士は、磯御殿前から海岸沿いに進んだので、そのころは狭い道が存在したのだろう。この道は1881（明治14）年に県道1等に定められ、ついで1885年国道第37号に指定され、1887年から車馬のとおる近代的な道路に開発された。

磯街道をいく

④ 加治屋町から伊敷へ

旧藩時代、甲突川の西田橋は九州街道からの表玄関であった。今は、国道3号線や、新幹線が発着する玄関口となった。

若き薩摩の群像 ㉔ 〈M▶P.2, 43, 44〉 鹿児島市中央町1-1
JR鹿児島中央駅すぐ

薩摩藩英国留学生の業績を中央駅広場で紹介

　JR西鹿児島駅は、2004（平成16）年3月13日、九州新幹線の一部開通に伴い鹿児島中央駅と改称された。東口広場の交番の前に若き薩摩の群像（中村晋哉作）がある。この像は明治百年を記念して鹿児島市がたてたもので、五代友厚以下17人の薩摩藩英国留学生の像である。

　1865（慶応元）年、使節・留学生一行19人は、串木野の羽島港から密航同様の形で渡英した。彼らは上海経由で紅海へ着き、汽車やアイスクリームなども体験して、地中海を経てロンドンに着いた。留学生たちは英語を学んでロンドン大学に入学し、陸海軍についての学術・化学・医学や文学などを学んだ。五代友厚や新納久脩らは留学生とは別にイギリスからヨーロッパ各地をまわったフランスではモンブランの協力で1867（慶応3）年のパリ万国博覧会への参加を認められ、翌年家老岩下方平が郷土の特産物400余箱を送って参加、江戸幕府とは別に、日本薩摩太守政府として出品した。イギリスでは工業地帯を視察し、紡績機械一式を購入した。

　幕末の情勢が緊迫すると、留学生たちは1866年に6人が、翌年2人が帰国した。一部はフランスやアメリカで留学を続けて維新後に帰国したが、磯永彦助だけはアメリカに残り、のちにブドウ王とよばれた。帰国した留学生のうち、初代文部大臣の森有礼、初代帝国博物館長の町田久成、東京開成学校（のち東京大学）の初代学長畠山義成、北海道開拓につくした村橋直衛（久成）

若き薩摩の群像

40　県都鹿児島市

鹿児島方言

コラム

イントネーションで鹿児島弁とわかる発言者

　鹿児島方言はもっとも難解な部類に属するという。かつては，老人たちが話す言葉は県外出身者にほとんど理解されないといわれてきた。最近では学校教育やテレビの影響，さらに世代交代も進んで，老人も共通語を話し，言葉がつうじない不便さは少なくなった。それでも他県人に聞かせたくない話は方言で話せばよいという。

　一口に鹿児島方言といっても，県内全域で一様に使われるのではなく，地域によって大きな違いがある。大きく分けると，本土の薩摩方言と，離島の奄美方言に二分される。さらに薩摩方言でも地域による違いがある。たとえば「鹿児島」は，南薩のカゴイマ，北薩のカゴンマ，大隅のカゴッマなど微妙な違いがある。一般にカゴッマが正しいとされているが，Kagosimaにより近いのは，南薩のカゴイマと考えられる。

　南九州の言葉が古くから異なっていることは『風土記』でも知られているが，古代の俗語は今日の鹿児島方言には伝わらない。現在の鹿児島方言が江戸時代の言葉であるとすれば，その起源は郷村制が成立した戦国時代に求められるだろう。以後閉鎖的な社会のなかで，それぞれの地域で変化しながら発達したと考えられる。

らが知られている。

維新ふるさと館 ㉕
099-239-7700

〈M ▶ P.2, 43, 44〉鹿児島市加治屋町23-1　P
JR鹿児島中央駅 🚶 5分

明治維新のふるさとをわかりやすく紹介

　鹿児島中央駅から桜島を正面にみて，左へ市電通りを歩くと，つぎの高見橋電停の近くに樺山資紀邸跡がある。欄干に母子像がたつ高見橋を渡ると，左手に大久保利通銅像（中村晋哉作）がある。1979（昭和54）年，明治百年記念としてたてられた。橋から甲突川左岸を下流へ緑地公園を歩くと，鹿児島市の戦災復興記念碑がある。1945（昭和20）年鹿児島市はアメリカ空軍の大空襲をうけて，市街地の90％を焼失した。市は綿密な復興計画をたて，30年の年月をかけて完成した。

　さらに進むと，クスノキがしげる一段低いところに大久保利通君誕生之地碑と，脇に小さな牧野伸顕誕生の地碑がある。鹿児島市の観光案内板では「大久保利通おいたちの地」とあってまぎらわしいが，利通は甲突川対岸の高麗町で生まれ，まもなく父親の仕事の都合でここに移り住んだといわれる。幕末の城下絵図では「御厩附

加治屋町から伊敷へ　41

大久保利通画像

御借地・獅野新兵衛・弐百六坪」と記されている。その後、大久保は琉球館の役宅に住んだこともあり、1863(文久3)年6月には新築した新照院の家に移った。

大久保利通居宅跡の隣に、鹿児島市維新ふるさと館がある。明治維新に活躍した人物を輩出した加治屋町にたてられた館は、ハイテク機器を使ったシアターで、維新史のドラマをナレーションとともに再現し、観光客や市民にわかりやすく鹿児島の歴史を紹介している。ほかに、ファンタビュー・モニターテレビ・レプリカでの展示もある。館の前の伊地知正治誕生地碑は、位置としては確かではない。

維新ふるさと館から南洲通り(旧山之口馬場)を30m右手に、西郷隆盛君誕生之地碑がある。屋敷跡は公園化され、碑建立時に記念植樹されたクスの大木がしげっている。脇に西郷従道誕生の地碑もある。西郷・大久保の両誕生地碑は、加治屋町の有志たちが在京の出身者によびかけて募金でたてたもので、碑の高さ・碑文も名前と生年月日が違うだけで、まったく同じである。なおこの西郷家の屋敷は1855(安政2)年に売却され、一家は上之園の借家へ移った。

西郷誕生地碑の下流に4連アーチの石橋があった。1999(平成11)年祇園洲公園に移され、近代橋の高麗橋にかわった。橋のたもとに岩下方平宅があったが案内板はない。下流の緑

西郷隆盛君誕生之地碑

地公園に，沖縄戦で自決した牛島満大将生い立ちの地碑がある。牛島は東京で生まれ，父が病死したので少年時代を加治屋町の高見学舎ですごした。鹿児島がうんだ最後の陸軍大将である。近くの馬乗馬場に田代安定の誕生地碑もある。田代は内務省・鹿児島県・台湾総督府などに勤務し，南洋諸島の動植物・民俗調査などを行い，わが国の熱帯植物研究の先駆者となった。晩年，鹿児島高等農林学校（現，鹿児島大学農学部）の講師もつとめた。

西郷誕生地跡から南洲通りを北へ，交差点の右側歩道に吉井友実誕生地碑があるが，吉井の誕生地は対岸の高麗町である。交差点を左へ50m，元帥公爵大山巌誕生地碑と顕彰碑がある。大山は日露戦争の際満州軍総司令官となり，奉天会戦でクロパトキン率いるロシア軍を破った。大山碑近くの大久保通り（旧猫の糞筋）に，日清・日露戦争で師団長として活躍し，「ゼネラル黒木」の名で知られた黒木為楨の誕生地がある。黒木は帖佐家の3男に生まれ，黒木家の養子となった。誕生地碑は二本松通りの黒木家跡にある。

御幸通りをはさんで県立鹿児島中央高校がある。1902（明治35）年鹿児島県立高等女学校（のち第一高等女学校）がたてられ，1935（昭和10）年鉄筋コンクリート造りに改築された（本館1棟および講堂は，現在国登録）。同年秋に鹿児島・宮崎陸軍大演習では，大元帥昭和天皇の宿舎となった。玄関の庇はお立台の名残りである。校内に大本営址の碑もある。二本松通りの道路ぎわに，元帥東郷平八郎誕生地碑がある。没後，市はこの地に東郷神社を計画したが，一高女卒業生たちの移転などへの反対で実現しなかった。第二次世界大戦後の学制改革で，県立鹿児島第一中学校と合併して鶴丸高校となり，同校が薬師町の旧一

加治屋町の史跡

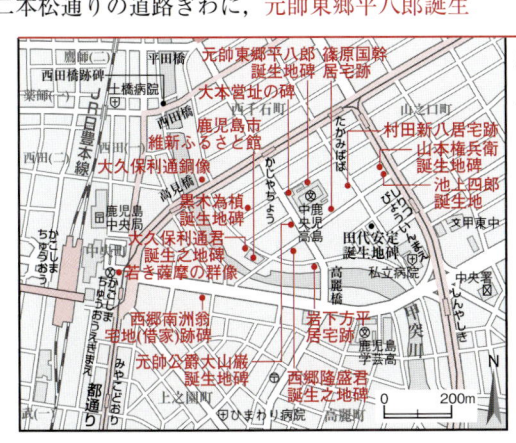

加治屋町から伊敷へ

中跡へ移転すると，新設の中央高校の校舎となった。

御幸通り体育館南に村田新八誕生地碑があるが，高橋新八が養子入りした村田十蔵家は校庭の東北隅にあたり，その辺りは高見馬場郷中であった。南洲通りの歩道に井上良馨・篠原国幹などの誕生地碑があるが，井上の誕生地は市内高麗町にあり，篠原のは居宅跡である。南洲通りが市電軌道と交差する左手の角地は，西南戦争で薩軍五番大隊長になった池上四郎の誕生地であるが碑はない。

池上家の手前が山本権兵衛の誕生地であるが，誕生地碑は市電沿いの田平病院の塀上にある。山本権兵衛は海軍兵学寮を卒業後，海軍畑を進み，わが国海軍の基礎を築いた。第2次山県有朋・第4次伊藤博文・第1次桂太郎各内閣の海軍大臣を歴任し，1913（大正2）年と1923年に内閣を組閣したが，シーメンス事件と虎ノ門事件で辞職した。

甥の英輔も海軍にはいり，日露戦争では第二艦隊参謀，のち連合艦隊司令長官にもなった。誕生地碑も並んでたてられている。市電通り向かいの新屋敷町に，北海道開拓長官となった黒田清隆の誕生地があるが，案内板はない。

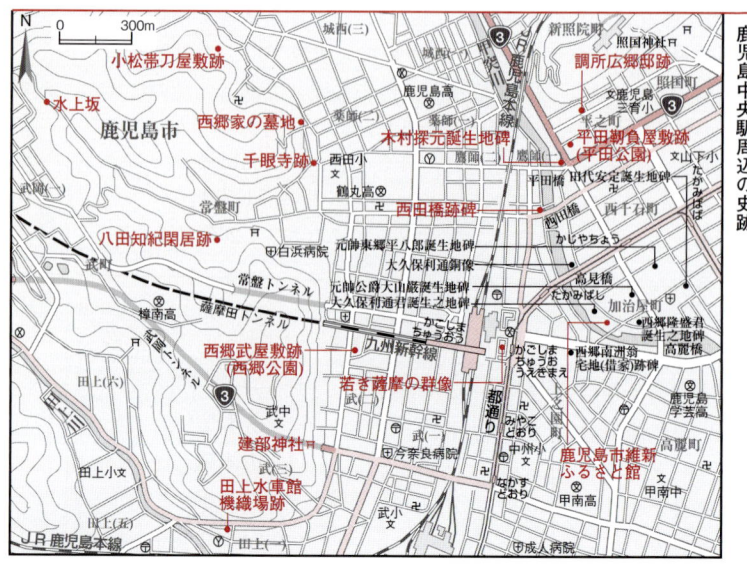

鹿児島中央駅周辺の史跡

県都鹿児島市

旧参勤交代道 ❷

〈M ► P.2, 43, 44〉鹿児島市西田1
JR鹿児島中央駅 🚌 伊敷方面行西千石 🚶 1分

鹿児島の玄関口に格調高い西田橋があった

バス停西千石で下車すると，南西の甲突川に，かつて4連アーチの石橋西田橋（県文化）があった。右岸に跡碑がある。江戸時代の参勤交代によく使われたのが九州道である。鶴丸城をでて千石馬場を西へ，甲突川にかかる橋が西田橋である。橋は城と城下町建設のころ，初代の木橋がかけられたらしい。鹿児島市ふるさと考古歴史館に唯一伝えられる青銅製の欄干の擬宝珠は，「慶長十七(1612)年」の銘があり，初代西田橋のものと考えられている。1775(安永4)年，島津重豪の城下町整備によって，橋のたもとに御門と番所がおかれていた。明治天皇行幸時に写された写真1枚が東京大学史料編纂所に残っている。番所は通行人改めの建物で，左岸下流の道路脇に番所小路の碑がある。橋は1846(弘化3)年石橋に改造された。

旧街道は西田町をとおって水上坂へと続くが，1887(明治20)年鹿児島県は川内・出水方面への国道37号線を，現在の国道3号線のもととなった伊敷方面へと移したので，水上坂への旧道は主役の座を新道へゆずった。そのため車馬の交通量もふえることなく，西田橋も数度の改造はあったが，原型をよく保つことができたのである。

水上坂 ㉗

〈M ► P.2, 44〉鹿児島市常盤町787－1
JR鹿児島中央駅 🚌 常盤線終点 🚶 10分

交通の発達で宅地化が進むシラス台地

西田橋から西田通りへ，1つ目の小路を右へまがると，明治の歌人税所篤子宅跡の碑がある。篤子は京都生まれで，鹿児島の税所篤之の後妻となった。夫の死後，鹿児島の姑とすごした地である。のち高崎正風に推されて宮内省にはいり，女官として26年間明治天皇と皇后につかえた。

藩政時代，この付近に鹿児島三町の1つ西田町があった。バス停中ノ丁にその名残りがある。農具や工芸品（民芸）を中心とする西田市は，鹿児島中央駅西口広場に移った。

城西通りの交差点をすぎて鶴丸高校の裏手，西田小学校の裏に千眼寺跡の碑がある。薩英戦争では千眼寺に薩摩藩の本陣がおかれ，大久保利通も下役でつめていた。碑は甲突川上流の石井手から取水する旧用水路の脇にある。用水路には趣向をこらした小さな石造の

加治屋町から伊敷へ

小松帯刀屋敷跡

太鼓橋が多かったが,下水溝に転用され,道路が広げられたので今はみられない。

千眼寺跡から西へ約100m,左の山手に西郷家の墓地がある。ただし,隆盛の墓はない。さらに西へ歩くと掛越バス停にでる。掛越とは,用水路を原良川にかけ渡したことにちなむ地名である。かごしま農協原良支店脇の小道をたどると,幕末維新期に活躍した家老小松帯刀屋敷跡(ここは下屋敷,本屋敷は鹿児島東郵便局付近)がある。来鹿した坂本龍馬夫妻の宿所になったというが,現在家はなく,ウメの古木が残る庭園だけである。

西田通りがおわる左側の山が桃ケ岡である。バスの終点から南へ約500m,丘の中腹に幕末の歌人八田知紀の閑居跡がある。石碑は雑木に囲まれ訪れる人は少ない。知紀の生誕地はバス停の手前右手にある。バス停から西へ約400m,右側山手に武家屋敷の旧江田邸があった。中級武士の屋敷の特色をよく伝えていた。『鹿児島のおいたち』に写真と間取り図がある。

水上坂の道は武岡団地ができて幅は広くなったが,急坂にかわりはない。江戸時代の参勤交代道で,明治以後も徒歩の旅人に使われてきた。記録によると坂のうえに御仮屋があって藩主の休憩に使われたようだが,仮屋跡は不明である。武岡団地内の尾根を走る道は,横井付近までまがりくねった旧道の面影が残る。犬迫町の北部清掃工場入口のバス停番屋下は,横井の火立番所の跡であろう。

さらに進んで台地をのぼりきったところに横井野町があった。伊集院への道はここからゆるやかな下りとなる。江戸時代は旅行者が休んだことから,茶屋町が発達したという。伊敷経由の新道開削後も徒歩の旅行者に利用されており,第二次世界大戦前までは数軒の茶店が営業していて,妙円寺詣りではうどんや蕎麦の店もでて賑わいをみせていた。参勤交代の行列は日置市伊集院の苗代川(美

鹿児島の三大行事

コラム

江戸時代に行われた青少年の心身鍛練

　妙円寺詣りは，鹿児島市から旧道（西田橋―水上橋―横井野町―苗代川）を徒歩で，約20kmの日置市徳重神社に参詣する行事である。近世の城下武士団にもっとも尊敬される武将，島津義弘の菩提寺が妙円寺である。明治初年の廃仏毀釈で徳重神社となった。義弘の遺徳をしのぶための参詣は，江戸時代は命日にも行われていたが，現在では，関ヶ原の戦いで義弘が敵中を突破した旧暦9月15日前後の日曜日に行われるようになった。

　曽我どんの傘焼きは，曽我十郎・五郎兄弟が富士の裾野の巻狩の場で，父の仇工藤祐経を討った故事にちなむ行事である。旧暦5月28日の夕方，磯海岸や甲突川の河原で，使い古しの和傘でやぐらを組み，ふんどし姿の少年たちが和傘の代用松明をもって乱舞する火の祭典であった。曽我兄弟が誤って島津忠久の天幕へまぎれこんだので，松明をあたえて工藤の天幕を教えたことにちなむという。近年和傘の入手が困難になったが，各地から好意の傘が届き，7月下旬に高見橋下流の甲突川の砂州で毎年続けられている。

　義臣伝輪読会は，赤穂浪士の討入りにちなみ，旧暦12月14日の夜に，少年たちを集めて深夜まで義臣伝を輪読する行事であった。当夜は母親から心づくしの，粟んなっとう（餅粟と黒砂糖のぜんざい）がだされることになっていたという。現在は学舎の行事の1つとして続けられている。

山）にはいり，陶工沈寿官宅背後の御仮屋で1泊する日程であった。

西郷武屋敷跡（西郷公園）㉘

〈M▶P.2, 44〉鹿児島市武2-28
JR鹿児島中央駅🚶5分

西郷隆盛が武邸の吉としてすごした屋敷跡

　鹿児島中央駅の西口からまっすぐ武岡へ向かう道がある。常盤トンネルを経て武岡ピュアタウンへつうじている。道路の左手は高架で九州新幹線のレールがのびる。トンネルの手前を左に歩くと，金竹の生垣が残る西郷公園がある。園内に西郷屋敷跡の碑や西郷隆盛・菅実秀対座の像がある。西郷隆盛が1869（明治2）年，三崎平太左衛門からゆずりうけて，上之園の借家（西郷南洲翁宅地跡）から引越し，1873年の西郷下野後西南戦争まですごした屋敷の跡である。敷地約2280m²，高縁の御殿造で部屋数も多く，庭には大きなマツの木もあったという。西南戦争で焼失後，1880年に弟の従道がもと

加治屋町から伊敷へ

西郷隆盛・菅実秀対座の像
(西郷武屋敷跡)

に復したが人手に渡り，1977(昭和52)年には取りこわされた。現在の公園は鹿児島市が屋敷の半分を買いとって整備したもので，当時の井戸跡もある。

　近くの自然遊歩道を武岡台地にのぼると，鹿児島の市街地と桜島・鹿児島湾の眺望が美しい。台地の端に西南戦争の<u>官軍砲陣跡の碑</u>がある。西郷公園から南へ3分，武幼稚園内に1778(安永7)年作の田の神像と庚申供養塔がある。さらに南へくだると武岡トンネル入口のうえに，産土神の<u>建部神社</u>がある。「永正十七(1520)年」銘の鰐口が奉納され，武の地名もこの神社によったという。

田上水車館機織場跡 ㉙

〈M ▶ P.2, 44〉鹿児島市田上町1-24
JR鹿児島中央駅🚌田上方面行田上🚶1分

水車を動力に帆船の帆布を織った紡績所

　田上バス停で下車して引き返すと，線路脇に美尾崎公園がある。園内に高さ3mの<u>水車館機織場跡</u>の碑と水路の底石や，「安政五(1858)年」ときざまれた水神碑がある。以前は田上消防分遣隊の裏にあった。

　田上水車館は永吉水車館とともに，島津斉彬がはじめた紡績事業の1つである。長崎から紡績・紡織機械を購入し，水力を利用した織場をつくった。田上では水車1台で4台の機械を動かし，職工は男子40人であった。磯に洋式紡績所ができるまで約10年間生産が続けられた。ここで織られた綿布は船の帆布をおもな目的としたので，幅が広く目も粗く織が粗い。布は黎明館と西郷南洲顕彰館に展示されている。

　田上川の右岸に田上小学校がある。校長室に西郷隆盛筆の<u>田上小学の門札</u>・西郷着用のズボン下・西郷家の机などが保存されている。田上地区の史跡としては，田上川下流の久保橋近くに水神碑と西随神がある。1806(文化3)年島津斉興の命により，新田開発のため田

「田上小学」の門札

上川の流れをかえる改修工事がなされ，下流は新川とよばれるようになった。碑は旧流との分岐点にある。西随神は第二次世界大戦後の戦災復興計画で現在地に移されたが，荒田八幡宮の四随神の1つで，かつては3年に1度の八幡境まわりが行われ，旧荒田荘の境界を示すものであった。

田上小学校近くの仏迫にある毘沙門天は，イボンカンサアともよばれ，高さ40cmの寄木造で，地区の守護神として六月燈も行われている。広木農協近くの田之神像は，1718(享保3)年ごろの作といわれている。

田上小学校から田上川の上流方向へ約5km進み，出口橋バス停を左に大峯団地をうえにあがると，鹿児島実業高校がある。三差路近くの右手の小道をたどると，西郷南洲翁野屋敷跡がある。西郷が武村の家からかよい農耕にはげんだ場所で，西郷家の抱地とよばれる開墾地であった。西南戦争中は妻の糸ら家族が避難したといい，屋敷跡には西郷が植えたというツバキやヤマモモの木があり，台明竹も生いしげっている。毎年梅雨前に，町内会で藪払いがなされている。

平田靭負銅像(平田公園) ㉚

〈M ▶ P.2, 44〉鹿児島市平野町6
JR鹿児島中央駅🚍中之平🚶3分

木曽川治水工事を成し遂げた平田靭負の屋敷跡

照国神社前から国道3号線を西南へ進み，平田橋手前の交差点で右折して伊敷方面へ向かう。橋の手前に木村探元誕生地碑と道路開削の記念碑がある。

探元は1679(延宝7)年千石馬場の甲突河畔に生まれ，25歳のとき江戸にでて，狩野探幽の子探信に師事した。再建された鹿児島城や近衛家の障壁画を描いて「美事探元」と絶賛をうけ，美事探元は後世，鹿児島での称賛の代名詞となった。鹿児島市立美術館所蔵の富嶽雲烟の図(県文化)など作品は多い。墓は小野町幸加木にあり，近くの幸加木神社は木村家の宗社である。道路開削の記念碑は，市来・米之津から熊本県境に至る路線を，従来の水上坂越えから伊敷経由に変更し，1887(明治20)年から着工した。鹿児島県における近

加治屋町から伊敷へ 49

平田靭負銅像

代的道路の着工記念碑である。

平田橋交差点の右手に平田靭負にちなむ平田公園がある。平田靭負は,幕命による宝暦の木曽川治水工事(1753〜55年)を総奉行として指揮し,完成後に多くの犠牲者をだしたことと工事費がかさんだことに責任をとって自刃した。平田家の屋敷跡に公園がつくられ,園内の平田靭負銅像(安藤士作)は1954(昭和29)年,治水200年を記念してたてられたものである。

公園の後ろの三差路の角に調所広郷邸跡の碑がある。調所は茶坊主出身であったが,島津重豪に才能を認められて財政改革の担当者に起用された。彼は三都藩債500万両の250年賦払いによる借金の整理,奄美大島三島砂糖の専売,そのほか国産品の専売強化などによって莫大な利益を得,藩政改革に成功した。しかし幕府から密貿易の嫌疑をかけられ,江戸で自害し芝の大円寺に葬られた。

公園の近くに甲突八幡社があった。神月川が新上橋付近から清滝川筋の旧路を流れていたころ,南北朝時代に島津氏が南朝方の畠山直顕と争ったとき,畠山方の多田七郎が島津方の山田弥九郎に一騎討ちを挑み,弥九郎の刀が多田の甲(袖)をついたといい,以後甲突川と書くようになった。古戦場にたてられた神社は1759(宝暦9)年,高麗町の源兵衛が洲に移され,明治以後に荒田八幡社に合祀された。

JRが高架で交差する近くの新上橋は,もと甲突五石橋の1つであったが,1993(平成5)年8月の洪水で流出した。江戸時代にはこの付近まで川舟が航行できたという。JR城山トンネルの西口に大久保利通の座右銘「為政清明」がきざまれている。トンネル近くに床次竹二郎誕生地がある。床次は,1924(大正13)年政友会が分裂すると政友本党の総裁となったが,組閣することはなかった。山上の観音堂はもと上山寺のものといわれ,鹿児島の夏祭りである六月燈の起源になったといわれる。

3号線の川沿いに新納忠之助の誕生地がある。彫刻家であった新納は第二次世界大戦中，弟子のハーバード大学付属フォッグ美術館東洋部長ラングドン・ウォーナーに日本の文化財目録と地図を送り，奈良・京都などの文化財を戦火からまもったという。川向こうの鹿児島高校の近くに，幕末の国学者で「神代山陵志」をあらわした醍醐院真柱の誕生地と，北海道屯田兵の育ての親といわれる永山武四郎の誕生地がある。近くの城西公園に薬師堂があり，薬師町の町名はこれによったという。

護国神社 ㉛
099-226-7030

〈M▶P.2.52〉鹿児島市草牟田2-60-7 Ｐ
JR鹿児島中央駅🚌伊敷方面行護国神社🚶5分

幕末から第二次世界大戦まで県内戦没者の霊をまつる

　国道3号線を北上すると，右手に草牟田墓地がある。墓地の入口に陸軍火薬庫跡の碑がある。磯の火薬庫とともに私学校徒が襲撃し，西南戦争のきっかけとなった火薬庫である。草牟田背後の城山が削りとられて城山団地が造成された。そのため，西南戦争最後の激戦地となった夏蔭城跡も破壊された。

　護国神社は戊辰戦争の戦死者の霊をまつるためにたてられた靖献霊社にはじまり，もと照国神社横にあったが，1941(昭和16)年現在地に移った。第二次世界大戦までの犠牲者7万人余の霊をまつる。護国神社の西側に鹿児島神社がある。江戸時代には宇治瀬神社とよばれ，創建の年代は不明だが，もとは鹿児島湾の神瀬にあったといい，荒ぶる神として恐れられていた。『三国名勝図会』によると，甲突川はもとはこの神社の神嘗月の祭りから，神月川とよばれたという。

　護国神社前を右折して坂道の途中，右側に誓光寺墓地がある。墓地の前に南洲・甲東両先生座禅石と碑がある。以前は背後の丸山公園にあったが，2003(平成15)年前面に座禅石公園として整備された。護国神社の手前に鹿児島工業高校

護国神社

加治屋町から伊敷へ　　51

南洲・甲東両先生座禅石

がある。校内にレンガ造りで18mの大煙突（国登録）がある。1920（大正9）年鹿児島県立工業学校機械科の工作機械を動かすスチームボイラーのため建設され、昭和初期まで使われていたという。

　護国神社バス停から別の道がまっすぐにのび、突き当りに鹿児島女子高校がある。ここは玉里邸跡である。道路は国葬道路とよばれ、1887（明治20）年島津久光の国葬のときつくられた。鹿児島工業高校の裏門塀に記念碑がある。国葬道路の黒門もそのときつくられ本門として使用されていたが、今はとざされたままである。

　玉里邸は1835（天保6）年島津斉興が玉里お茶屋を別邸とし、隠居後移り住んだ屋敷である。西南戦争で焼失したが、のちに子の久光が再建して住居とした。1945（昭和20）年の戦災で本邸は焼失し、庭園・茶室・武家屋敷だけが残った。1951年鹿児島市が買いとり、市立商業高校の女子を分離独立させ、鹿児島女子高校とした。

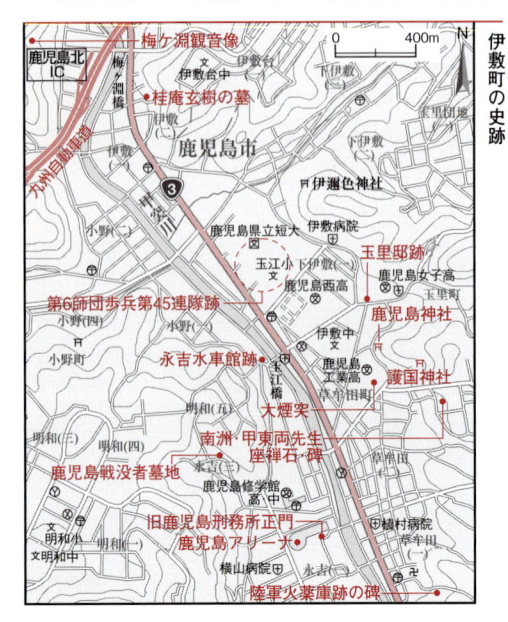

　校門をはいって校庭の左手にある書院の前庭は、東南方の小高い山を借景としており、池の中央に亀石がおかれてい

伊敷町の史跡

玉里邸書院の前庭

ることから亀の池とよばれる。池の西に自然石をみがいてつくった日時計がある。日影板はなくなったが、文字盤は六・五・四などの文字が読みとれる。今は使われることのない黒門の右手にあたる。日時計をすぎて校庭の端に小さな木製の門がある。下庭園への入口である。黒門の左手にあたる。玉砂利の小道の突き当りに、石造の灯籠があり、一説に、竿頭に天の父を意味するPTLの組み合わせ文字があることから、キリシタン灯籠とよばれる。

灯籠の横にある茶室は1879(明治12)年に再建されたもので、広さ約7.3m²の書院造である。6畳間3室と縁側からなる。学校の文化祭で茶道部が使用し、一般に公開される。茶室の前の下庭園は、鶴の池を廻る池泉回遊式庭園である。樹木におおわれて一般に知られることはなかったが、近年、名園と再評価され、年次計画で整備が進められて、2007年、旧島津氏玉里邸庭園(国名勝)として公開されるようになった。

学校の管理棟の裏に、長屋門と武家屋敷がある。長屋門は玉里邸本来の正門であったが、黒門がつくられてからは裏門になった。武家屋敷は門番や庭番の詰所であった建物である。1985(昭和60)年、校舎の新築にともなって、一部を移築して資料室として利用している。

女子高校から西へ約150m、伊敷病院の裏に直木三十五の『南国太平記』で有名な、お由羅騒動の主人公、斉興の側室由羅が住んだという家がある。一般にお由羅屋敷とよばれているが、この妙谷寺境内に側室の居宅はありえないとする説もある。

西高校前バス停から約40m坂道をのぼると、崖下に3体の阿弥陀像がある。廃寺となった妙谷寺のもので、今でも商売繁盛の利益があるといわれて参詣者が多い。妙谷寺の裏山に伴掾館があったという。968(安和元)年伴兼行が薩摩国総追捕使に任命され、翌年薩

加治屋町から伊敷へ

摩国鹿児島郡神食に下向して館を構えた場所である。のち兼行の孫薩摩守兼貞は，1036(長元9)年大隅国肝属郡弁済使に任じられ，高山に移り住み肝付氏の祖となった。同バス停から北へ300m，小道をたどると三叉路の手前に伊邇色神社入口の標柱がある。神社はさらに200mほど奥にある。神社の名は『日本三代実録』に初見。当地伊敷の地名は伊邇色がなまったものだという。

　国道3号線の玉江橋バス停の右手，玉江小学校から鹿児島県立短期大学の一帯は第6師団歩兵第45連隊跡である。当時の営門が県立短大の正門付近である。近くの商店街を栄門通り会という。歩兵第45連隊は日清戦争後の1897(明治30)年に開設され，1945年の敗戦までの約50年間，日露戦争から第二次世界大戦まで，武名高い連隊として全国に名を馳せたが，ブーゲンビル島で悲劇的な最期をとげた。

旧鹿児島刑務所正門(鹿児島アリーナ) ㉜
099-285-2244

〈M▶P.2, 52〉 鹿児島市永吉1-30-1 P
JR鹿児島中央駅🚌伊敷方面行中草牟田🚶3分

正面に、囚人もつくった鹿児島刑務所の門が残る

　中草牟田バス停から鶴尾橋を渡ると，鹿児島アリーナがある。体育関係の室内競技はもとより，芸能関係の催しもある。入口正面に石造りの旧鹿児島刑務所正門(国登録)が残されている。

　旧鹿児島刑務所は，司法省の営繕組織で各地の刑務所を設計した鹿児島出身の山下啓次郎が設計したもので，甲突川上流の肥田石を使い，囚人の労役により7年の歳月をかけて1908(明治41)年3月に完成した。旧鶴尾橋の建設にも囚人が参加したという。1985(昭和60)年刑務所が姶良郡湧水町に移転したので，建物は取りこわされ正門だけが残された。中

旧鹿児島刑務所正門

世ヨーロッパの城門を思わせるゴシック建築独特の風格を備えている。

　鹿児島アリーナから谷あいの道を約500mのぼると，鹿児島戦没者墓地がある。一般に陸軍墓地とよばれている。墓地の中央に戦没者の慰霊碑があり，右側に日露戦争で戦死した歩兵第45連隊591人の墓が整然と並んでいる。さらに，1928（昭和3）年中国でおきた済南事変以後第二次世界大戦までの戦没者が追祀された。そばに戦没者記念館もたてられ，遺影や遺品なども展示されている。

　鹿児島アリーナから川沿いに，約700m上流に玉江橋がある。旧石橋は祇園洲公園に移設された。橋の右岸変則五差路の一角に，永吉水車館跡の碑がある。田上水車館と同じく島津斉彬によってつくられ，石井手用水路の水が動力に利用された。

桂庵玄樹の墓 ㉝

〈M▶P.2, 52〉鹿児島市伊敷町仮屋253
JR鹿児島中央駅 🚌 緑ヶ丘行伊敷仮屋 🚶3分

桂庵玄樹が晩年をすごした東帰庵の跡

　玉江橋から国道3号線を北西に約1.5kmほど進むと，右手に桂庵公園入口の標柱がある。小さな公園内に，桂庵が晩年をすごした東帰庵の跡にたてられた，桂庵玄樹の墓（国史跡）がある。

　桂庵は1427（応永34）年周防国山口に生まれ，41歳のとき明に渡り7年間朱子学を学んで帰国した。はじめ肥後の菊池氏の保護をうけたが，1478（文明10）年島津忠昌の招きで鹿児島へ移った。鹿児島では磯の田之浦にあたえられた桂樹院島隠寺に住んでいたが，76歳のとき東帰庵に移った。1481年に伊地知重貞と刊行した朱子新注の「大学章句」（文明版大学）は現存しないが，1492（明応元）年に再刊した延徳版大学が現存している。漢文に返り点や送りがなをつけて，日本文に読み換えたはじめての書である。やがて桂庵の流れをくむ学者が輩出し，薩南学派とよばれるようになった。のち江戸時代初期に京学を創始した藤原惺窩へあたえた影響もみのがせない。

桂庵玄樹の墓

加治屋町から伊敷へ

国道をさらに500mほど進むと，右手に九州自動車道の入口がある。左手前の梅ケ淵橋を渡ると新村の田の神像がある。橋からまっすぐ進むと突き当りの山中に不動堂跡がある。本尊であった不動明王像(県文化)は知証大師の作と伝えられ，戦前までは鹿児島歴史館に展示されていたが，現在は南林寺町の南洲寺に不動堂も再建され明王像も安置されている。跡地には池をめぐらせた庭園と，境内入口に一対の狛犬像だけが残り，安産の神として詣でる人が多い。

　不動堂跡から上流へ約1km，左手の名突坂のうえに梅ケ淵観音像がある。名突観音ともいう。4m大の岸壁に高さ1.8mの観音像がきざまれており，商売繁盛・就職・進学・結婚などに霊験あらたかとして参詣者が多い。観音像は『伊敷村誌』によると，昔，当地の石工がきざんだものだという。さらに上流の飯山橋から約200mの地に水神碑がある。この辺りが石井手(堰)の跡である。石井手(堰)は，1806(文化3)年新田開発の際，用水路の取水口を設けるために築造されたが，1999(平成11)年までに河川改修で姿を消した。用水路は伊敷・小野・永吉・原良・武へと，甲突川右岸の山裾を流れ，約120町歩の水田をうるおしていたという。国道をもっと進み，河頭中学校をすぎて交差点を右にのぼると，皆与志小学校がある。さらに500m，左手に川路利良誕生地の碑がある。川路は東京警視庁がおかれると，初代大警視となった。この辺りからみる前方の丘陵は比志島城跡であり，現在でも空堀や土塁などが残っている。

花尾神社 ㉞
099-298-7669

〈M ▶ P.2, 57〉鹿児島市花尾町　P

JR鹿児島中央駅🚌花尾行花尾神社前🚶10分

　花尾神社前バス停をおりるとすぐに，赤い鳥居がみえる。川田川支流の花尾川沿いを歩くと右側に，丹後局の腰掛け石がある。そこからしばらくいくと右側の小高い屋敷が社家で，さらに進むと五輪塔や石塔群の墓地がある。墓地内の石の柵で囲まれたなか，中央右が島津忠久の生母丹後局の墓，左側が花尾権現の創設者永金の墓という。

　参道を進むと荘厳な権現造の社殿がある。ここが花尾神社で，江戸時代までは花尾山権現・花尾大権現・厚地山権現と称していた。社伝によれば，1218(建保6)年，島津忠久が源頼朝・丹後局・永

花尾神社

金阿闍梨の3人をまつるために創建したという。そのため代々島津氏の尊崇篤く、島津氏の祖廟ともみなされ、江戸時代には琉球使節も参詣していた。1773(安永2)年・1787(天明7)年の琉球使節の奉納した扁額も残っている。

なお花尾神社の後ろにある花尾山(540.4m)は、かつては山岳信仰の修験者の道場として利用されており、山頂には熊野神社があることから、当社も本来熊野権現をまつっていたと考えられる。

花尾神社前バス停からさらに約5kmさきに進むと、花尾かくれ念仏洞入口に達する。説明板のある入口から約20分杉木立のなかをのぼると、八畳敷ぐらいの岩穴がある。江戸時代に一向宗禁制のなか、この洞穴でひそかに法座を開き信仰をまもり続けていたという。

川田堂園供養塔群 ㉟ 〈M▶P.2, 57〉鹿児島市川田町
JR鹿児島中央駅🚌花尾行川田上🚶10分

バスは国道3号線を甲突川沿いに進んで、やがて塚田の交差点を右折し、しばらく田園地帯をいって川田上バス停に到着する。この一帯は島津荘満家院川田名で、鎌倉幕府の御家人比志島氏の庶流川田氏の支配地であった。鎌倉時代後期に一時川田氏は独立性を強めるものの、比志島氏との関係は良好で、ともに守護島津氏の被官となり、戦国時代まで当地を領有した。

川田上バス停から花尾神社のほうへ約5分歩くと道路に案内の標柱があり、左に進むと川田堂園供養塔群(県史跡)がある。この墓石群には五輪塔や供養塔があり、比志島氏の祖頼重・栄尊、川田氏の

花尾神社周辺の史跡

島津氏の祖丹後局の腰掛石もある

御家人川田氏の供養塔近くに川田城跡もある

加治屋町から伊敷へ

郡山地区の文化財

コラム

生活の中心に花尾神社がある

郡山地区の文化財には石造のものが多い。石塔では、本文中の花尾神社の墓塔群や川田氏累代墓石塔群のほかに、上常盤集落に常盤五輪塔群がある。常盤保育所裏の杉山に、百余基の五輪塔や宝塔・層塔などが立ち並ぶ。大部分は地中に埋もれていたものを掘りおこして復元したものだが、中央の大きな2基は、川田一族の中世の五輪塔と同型とされ、常盤御前の墓との伝承もある。これが地名のもととなった。

民俗資料の石像物には、1650(慶安3)年建立の有屋田の庚申供養三層塔がある。田の神像は、上園にある1736(元文元)年銘の笠冠布衣型の像と、茄子田の1753(宝暦3)年銘の神職刑立像とが古い。いずれも講中建立の銘があり、ほかに持ち回りの講中の像をいれると20余体の像がある。

民俗芸能には、花尾神社に奉納される花尾の太鼓踊りや大平の獅子舞・岩戸の疱瘡踊り、諏訪神社に奉納する西俣の八丁杵踊り、明治初年まで一之宮神社(郡元2丁目)へ奉納されていた西上の太鼓踊りなどがあり、地域の保存会の手で継承されている。

祖盛資らの名がみえる。また1297(永仁5)年、盛資が父栄尊の菩提をとむらうために造立した卒塔婆や、1365(貞治4)年の卒塔婆、鎌倉時代から南北朝時代と推定される、数十基の小五輪塔がある。

またきた道を引き返し、川田橋の上のシラス台地に、川田氏の居城である川田城(馬越城)跡があり、その対岸の大川寺(曹洞宗)跡には、川田氏累代墓石塔群がある。大川寺は川田氏の菩提寺であったが明治初年に廃寺となり、現在は川田神社となっている。

川田堂園供養塔群

⑤ 谷山街道をいく

幕末維新の偉人をうんだ町から、南へ向かう。谷山地区にも史跡が多い。

南林寺由緒墓 ㊱　〈M▶P.2, 60〉 鹿児島市南林寺町23
JR鹿児島中央駅 市電 いづろ電停 🚶15分

町中に残る史跡　江戸時代の有名人の墓

　天文館通りから、千日アーケードをぬけると、交差点の一角に地蔵角交番がある。地蔵角の地名は旧南林寺の地蔵堂に由来する。1567(弘治3)年島津貴久により創建された南林寺は、貴久の菩提寺となった。廃仏毀釈後の1870(明治3)年、敷地内に松原神社がたてられた。神社は、NTT西日本鹿児島支店の裏手にある。1877年の古地図によれば、市電軌道と国道225号線が交差する鹿児島三越デパートの角に、石灯籠があった。これがいづろの地名につながっている。また大門口も南林寺の大門があったことによる。

　マルヤガーデンズから国道225号線を700mほど進むと、左側に南洲寺(臨済宗)があり、境内に月照の墓と月照上人像がある。また不動堂の不動明王像(県文化)は、もと伊敷村にあったものである。南洲寺は1876(明治9)年臨済宗相国寺の大教正荻野独園の開基になり、月照の墓は西郷家の旧墓地から、1882年にこの地に移された。月照は京都清水寺の住職で、幕末の勤王僧として知られる。水戸藩と深い関係があったため、安政の大獄で追われ、1858(安政5)年、西郷隆盛をたよって薩摩入りしたが、島津斉彬没後で藩論がかわったため、西郷とともに鹿児島湾に入水した。西郷は蘇生し、月照は死亡した。

　南洲寺の隣に南林寺由緒墓がある。この一帯にあった南林寺墓地は、市街地化のため1919(大正8)年に廃止され、墓石の多くは草牟田・唐湊・興国寺墓地などに改葬されたが、このとき改葬されずに残った由緒ある墓を集めたものである。無縁墓を供養した万霊供養地蔵尊と、文人・武術家の墓が残っている。

月照上人像

谷山街道をいく

南林寺由緒墓

　南洲寺北東側の大門口には大門口砲台跡の碑がある。大門口砲台は1850(嘉永3)年に完成したもので，6門の大砲を備えた台場であった。1863(文久3)年の薩英戦争ではイギリス艦隊と砲火をまじえた。

　大門口から海を背にパース通りを西へ進むと，市電の軌道と交差する一角に市立甲東中学校があり，正門横に橋口五葉誕生地の碑がある。

　1880(明治13)年藩医橋口兼満の3男として生まれた五葉は，はじめ日本画を学び，上京して黒田清輝のすすめで白馬会にはいって洋画も学んだ。夏目漱石の『吾輩は猫である』の装丁を手がけてからは，森鷗外・泉鏡花・永井荷風らの作品の装丁を担当した。浮世絵の伝統をいかしな

荒田町周辺の史跡

橋口五葉の装丁『吾輩は猫である』

がらの綿密な描写は,「大正の歌麿」とよばれた。

三方限出身名士顕彰碑 ㊲

〈M ▶ P.2, 60〉鹿児島市高麗町36
JR鹿児島中央駅🚶10分

鹿児島中央駅東口広場から,大きな5本の道路が放射状に走っている。左手の道路は黄金通り,つぎの道路は市電が走る高見橋・天文館方面への道である。真ん中はクスの並木が美しいナポリ通り。1960(昭和35)年に,イタリアのナポリ市と姉妹都市の盟約を結んだときにつけられた名で,その延長は1974年オーストラリアのパース市との盟約により,パース通りと命名された。右斜めに走るのは甲南通り,右手の道路は市電が走り唐湊・郡元方面へ向かう。

ナポリ通りを歩いて2分,右側の上之園町の共研公園の入口に西郷南洲翁宅地跡の碑がある。1856(安政3)年加治屋町の屋敷から転居した場所で,1869(明治2)年に武村に移るまでの十数年間,西郷の家族が住んだ屋敷であった。

共研公園から甲南通りにでて駅を背に進むと,右側に甲南高校がある。本館校舎(国登録)は,1930(昭和5)年に建てられたものである。体育館の横,南門のそばに中原猶介宅跡の碑がある。中原は1832(天保3)年に生まれ,斉彬のもとで集成館事業に従事した。のち江川塾の塾頭にもなったが,戊辰戦争の長岡の戦いで負傷し,柏崎病院(新潟県)で没した。近くには荒田八幡宮の四随神の1つ北随神をまつる祠があり,菅原神社ともよばれている。

甲南高校前の変則五差路から二中通りを歩いて2分,甲南中学校の敷地に三方限出身名士顕彰碑がある。藩政時代,甲突川

偉人を輩出した三方限 石碑に48人の人名

三方限出身名士顕彰碑

谷山街道をいく

以北の城下士は、鹿児島城を境に上方限と下方限に二分されていた。やがて、甲突川以南の地にも武士屋敷が設けられ、上・下方限に対して三方限(現、高麗町・上之園町・上荒田町域)とよばれるようになった。幕末には約400戸の城下士の屋敷があった。加治屋町の対岸に位置するこの地区からは、西郷隆盛・大久保利通らの感化をうけて、幕末維新期に活躍した人材を輩出した。碑は1935(昭和10)年有志によって建立され、西郷・大久保をはじめ48人の氏名が記されている。なお地区内には先人の誕生地跡の碑が散在する。

変則五差路から高麗通りを進んで高麗橋を渡ると加治屋町に達する。かつてここにかかっていた石橋の高麗橋は、石橋記念公園に移設され、2車線の新しい高麗橋にかわった。橋の南側の高麗町の名は慶長年間(1596〜1615)、島津義弘が朝鮮の陶工をつれてきて一時住まわせたことに由来するという。

荒田八幡宮 ㊳ 〈M▶P.2, 60〉鹿児島市下荒田2-7 P
099-252-6744　JR鹿児島中央駅 市電 谷山行荒田八幡 大 1分

クスの大木のしげる神社　平安時代末期以来の総廟

高見馬場電停から市電の軌道に沿って南下し、甲突川にかかる武之橋を渡る。この橋の下流に五石橋の1つ、最下流に位置する武之橋がかかっていたが、1993(平成5)年8月6日の水害で流失した。

武之橋の下流、松方橋を渡ると松方公園があり、なかに松方正義誕生地跡の碑がある。松方は1881(明治14)年大蔵卿に就任し、いわゆる松方財政を主導した。1891年と1896年には内閣総理大臣になった。

甲突川右岸を東へ進み、天保山橋のたもとを南にまがると、中洲通りとの交差点の角に御船手跡の碑がある。御船手は藩船を保管する役所で、船頭・水主・船大工たちの屋敷もあった。中洲通りと国道225号の角に天保山中学校があり、その横に荒田八幡宮の東随神がある。また中学校の敷地内には、島津斉彬公御陣屋跡の碑がある。

国道を渡り右手の鹿児島市シルバー人材センターを過ぎて、左手の松林には調所広郷の像がある。さらに進むと、天保山公園がある。この付近一帯は、天保山調練場として、洋式調練や砲術などの訓練が行われた場所である。斉彬は1851(嘉永4)年から1858(安政5)年まで、この陣屋で兵士の訓練を観閲した。天保山の地名は、調所広

調所広郷の像

郷の財政改革で得た益金で、甲突川を浚渫して河川交通を整えたときでた土砂を、下流に積みあげたことからつけられたものという。当時植えられたマツの一部が残っている。松林のなかに姉妹都市の長沙市（中国湖南省）から贈られた共月亭がある。天保山公園の海岸近くに、薩英戦争の砲撃の火ぶたを切った天保山砲台跡があり、記念碑のまわりには、円形の台座の一部が残っている。公園に沿う水路にかかる太陽橋の手前に坂本龍馬夫妻像がある。1866（慶応2）年3月の夫妻の来鹿を記念したものである。

　天保山付近から南の海岸を与次郎ヶ浜とよんでいた。天保年間（1830～44）に約11haの塩田を開いた、平田与次郎にちなむ名である。1914（大正3）年の桜島大爆発のため塩田は閉鎖された。1966（昭和41）～72年にかけて、宅地開発に伴い城山後背地の山を削ってでたシラスで、水搬送工法により、与次郎ヶ浜から鴨池沖にかけての海岸が埋め立てられた。埋立地には鴨池運動公園や、市民文化ホール・かごしま熱帯植物園などのレジャー施設がある。

　武之橋に戻って市電の軌道を南下すると、2つ目の電停が荒田八幡電停である。左手にクスの大木のしげる荒田八幡宮（祭神応神天皇ほか）がある。かつての鹿児島の総廟である。勧請年代は未詳であるが、1197（建久8）年の「薩摩国図田帳」には「大隅正八幡宮御領鹿児島郡荒田荘」とあり、平安時代末までに大隅正八幡宮（現、鹿児島神宮）の荘園としての荒田荘が成立し、それに伴って荒田八幡宮が勧請さ

荒田八幡宮

谷山街道をいく

れたと考えられる。この神社は古来マムシ除けの神や安産の神としても崇敬された。社殿の右側にある田の神像は，1953(昭和28)年に高麗町から移されたものである。別名諏訪大明神ともよばれる荒田八幡宮の南随神は，市電通りと高麗本通の間，荒田二丁目の県知事公舎横にある。

　市電で南に向かうと，荒田八幡のつぎが騎射場となり，そこから鴨池地区にはいる。旧藩時代に藩主の乗馬の練習や流鏑馬・笠懸などが行われたところであった。ここに島津斉興は，1846(弘化3)年製薬局をたてて薬の製造をはじめ，また紅ガラスの製造もはじめた。電車通り沿いの鴨池福祉会館の横に紅硝子製造所跡の記念碑がある。

　鴨池地区の史跡としては，ほかに真砂町の国道225号線の郡元バス停近くに製綿紡績所跡がある。この中村紡績所は，島津斉彬が1855(安政2)年に足踏み機械4台をおいて綿布を織らせたところである。2年後には永吉・田上の本格的な紡績所ができたため閉鎖されたが，薩摩では最初の機械紡績工場であった。

　真砂本町の鴨池小学校正門横に，海軍航空隊鹿児島基地跡の碑がある。1938(昭和13)年にこの辺り一帯の遠浅の海を埋め立てて海軍の飛行場がつくられ，真珠湾攻撃のための訓練場にもなった。1943年には予科練の鍛練の場となり，第二次世界大戦の末期には特別攻撃隊の訓練基地にもなったが，空襲で破壊された。戦後は宅地化が進んだが，1957年に滑走路を修復し，第2種空港鹿児島空港として1972年まで使用された。1996(平成8)年に鹿児島県庁や鹿児島県警本部が新築移転すると，農協会館・水産会館・自治会館なども移転し，新しい都市景観がうまれている。県警本部前には市内皆与志出身の初代大警視川路利良像もたてられた。近くの鴨池港には，大隅半島の垂水市と結ぶ南海郵船のフェリーターミナルがあり，海上交通の基地でもある。

一之宮神社 ㊴　〈M ▶ P.2, 60〉鹿児島市郡元2-4-27　P (ただし境内)
099-254-0092　　JR鹿児島中央駅 市電 郡元行中郡 ⧫ 3分

　中郡電停から南へ少し歩くと，中郡小学校の隣に一之宮神社(祭神天照大神ほか)がある。1197(建久8)年の「薩摩国図田帳」には，大宰府領社として郡元社の名で記載されている。薩摩一之宮を

大永の名号板碑(一之宮神社)

称した枚聞神社(現, 揖宿郡開聞町)を勧請したともいい, 1688(貞享5)年の棟札に一之宮大明神の名前がある。一之宮神社も広大な荘園をもち, 江戸時代初期までは藩主の崇敬は篤く, 正月には藩主が参詣した。神社の鳥居をくぐるとすぐのところに大永の名号板碑(県文化)がある。幅25cm・厚さ15cm・高さ90cmの板碑には,「大永五(1525年)天□　南無阿弥陀仏　道仲禅門」ときざまれている。1525年に道仲がたてた塔婆で, 同社別当寺延命院の遺物と考えられている。

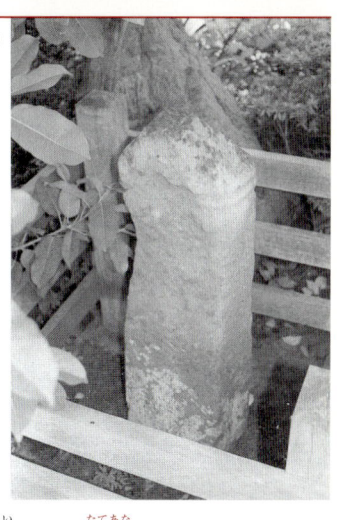

1950(昭和25)年, 神社裏手から4棟の弥生時代の竪穴住居跡(県史跡)が発掘された。戦後の鹿児島県の考古学研究発展の基礎となった遺跡である。付近の鹿児島大学郡元キャンパスや附属中学校校庭からも縄文〜平安時代の遺跡が多数みつかっており, 弥生時代の堰など水利施設が検出されている。また中郡小学校(一之宮遺跡)からは平安時代とされる厨の墨書土器も出土しており, この付近が古代の甑島郡の中心地であった可能性がある。

> 弥生時代の住居跡
> 戦国時代の名号板碑

涙橋 ⑩

〈M▶P.2, 60〉鹿児島市南郡元2-16
JR鹿児島中央駅　市電 谷山行涙橋 🚶1分

> 刑場に向かう別れの場
> 西南戦争の戦場

郡元電停から谷山方面に向かう最初の電停は涙橋であるが, 本来は新川上流の旧谷山街道にかかる小さな橋を涙橋という。藩政時代, 吉野実方にあった処刑場を, この橋のさきにあった境迫門, 今の二軒茶屋付近の谷間に移した。刑場に向かう罪人と家族がこの橋で別れたことから, 涙橋とよばれたという。

涙橋のたもとに涙橋決戦の碑がある。1877(明治10)年5月, 西南戦争で, 枕崎出身の今給黎久清の率いる軍勢が, 谷山へ侵攻しようとする政府軍とこの付近でたたかい, 激戦の末敗退した。碑は1927(昭和2)年西郷没後五十年祭でたてられた。

涙橋の近くにかつて囚人墓地があった。鹿児島刑務所で死んだ囚人を埋葬した。この墓地付近には藩政時代, 境迫門で処刑される罪

谷山街道をいく

人を収容する牢屋と，死刑執行の雑務にあたった慶賀者の屋敷（慶賀屋敷）がおかれていた。

波之平刀匠の遺跡 ㊶

〈M ▶ P.2, 66〉鹿児島市 東谷山4-2
JR鹿児島中央駅 市電 谷山行上塩屋 徒歩10分

国宝をうんだ刀匠遺跡 焼刃渡しに用いた井戸

涙橋のつぎの電停南鹿児島駅前から旧谷山街道を南へ，まもなく牛掛公園がある。1347（正平2）年，島津貞久と谷山郡司平忠高とがたたかった古戦場の跡である。この付近は紫原台地が海に迫り，海岸の隘路であった。貞久が谷山波之平辺りまで攻め込むと，忠高の弟裕玄が貞久の退路を断つため牛掛灘に陣をかためたので貞久は苦戦したが，島津軍も弟の子和泉忠直の助けを得てようやく破ることができたという。

谷山街道周辺の史跡

市電に乗り上塩屋電停で下車，西側の台地の下に波之平刀匠之遺跡の碑がある。薩摩の名刀波之平をうんだ刀匠の屋敷跡である。大和の刀匠橋口正国が平安時代中期に移り住み，波之平行安と名乗り，64代900年にわたって多くの名刀を残した。最古の刀ともいわれる笹貫が知られている。2代目の作品は重要文化財として愛知県豊田市の猿投神社に保存されている。屋敷跡に残る井戸は焼刃渡しに使われたというが，大雨や干魃時にも水量はかわらないという。波之平の記念碑は波平・笹貫・坂之上・三重野にあ

66　県都鹿児島市

波之平刀匠之遺跡の碑

る。

波之平から東に向かい、国道をこえて進むと左手に塩釜神社がある。この一帯はかつて塩屋町とよばれたことからわかるように、製塩が盛んだった地である。この神社を中心に、分社が各地に設けられた。丁字路を左折し、ラ・サール学園のグランド北側にまわると、射場前公園がある。島津斉彬の時代、大砲の試射を行った場所で、近くには火薬庫もつくられた。永田川沿いに煙硝倉跡の碑がある。

谷山電停から東に5分ほどで小松原公園に至る。かつて海岸線には美しい松林が延々とのびていたが、今は埋め立てられ、海岸線は2kmほど遠のいた。公園に残るマツの大木は、往時の面影を残している。公園の西隣には、幕末に島津久光が第2子忠済のためにたてた玉里別荘があった。

煙硝倉跡の碑

地頭館跡 ⑫

〈M ▶ P.2, 66〉鹿児島市上福元町北麓4966
JR指宿枕崎線谷山駅 ⼤ 7分

谷山麓の中心地 石垣が残る郷士屋敷跡

JR谷山駅から国道225号線を500mほど南下すると、右側に谷山小学校がある。この付近が藩政時代の谷山郷地頭館(仮屋)跡である。谷山小学校前の通りは仮屋馬場とよばれていた。幕末になると子弟を教育する稽古所がおかれ、立志館とよばれた。1871(明治4)年に外城第15郷校、1876年に谷山小学校となった。郷士たちはこの地頭館を中心に石垣をめぐらした屋敷を構え、いわゆる麓集落を形成した。今でもかろうじてその面影が残る。

国道225号線沿いの谷山中央3丁目(かつての南麓)の浄園寺の

谷山街道をいく　67

裏手に赤崎海門誕生地がある。赤崎は藩主重豪に認められて藩校造士館の教授となって朱子学を講じ、1800(寛政12)年、頼山陽とともに昌平黌の教官に抜擢され、1802(享和2)年江戸で没した。

赤崎海門誕生地から100mほどの個人住宅の敷地内には伝豊臣秀頼の墓がある。高さ約2mの宝塔である。秀頼の伝承は事実とはみなしがたいが、大坂夏の陣の直後から、秀頼は薩摩で生きているという噂が英国平戸商館長の耳に達しており、鹿児島にも数々の秀頼伝承が存在する。宝塔は南北朝期の谷山氏の供養塔ではないかと考えられる。

上松崎公民館横に、是枝柳右衛門碑がある。是枝は1817(文化14)年、松崎の町人の家に生まれ、15歳のときに大隅半島の波見ついで高山(肝付町)に移り、商売のかたわら学問を修めた。32歳で谷山に帰り、のち京都にでて尊王攘夷の志士たちとまじわり、1862(文久2)年寺田屋事件でとらえられ、流罪地の屋久島で没した。

ここから国道225号線を南へ少し歩くと、松崎の変則四差路に至る。正面の細い道が、かつての谷山街道で、交差点から100mほどで新潮見橋に至る。潮見橋は、和田川にかかる1890(明治23)年につくられた3連の石造アーチ橋で、鹿児島市内の川に残るもっとも長い石橋であったが、2006年に解体・撤去され、2008年に新潮見橋となった。

谷山駅から右手に向かい谷山伊作線の急坂をのぼる。指宿スカイラインの谷山インターを少しすぎ、右手にのぼると南部斎場がある。御所ヶ原とよばれる地である。鎌倉時代なかば以降、ともに御家人であった谷山郡司平姓谷山氏と地頭山田氏(島津氏庶家)は、谷山郡の支配をめぐってしばしば争った。1300(正安2)年にだされた裁許状(幕府の判決文)は、現存するもののなかで最長のも

征西府将軍懐良親王行在所跡の碑

のとされている。対立は南北朝時代にもちこされ、山田氏は北朝方に、谷山郡司谷山五郎隆信は南朝方に属してたたかった。征西府将軍懐良親王(後醍醐天皇の皇子)は、1342(康永元)年に海路日向から南下して谷山にはいり、身寄ヶ原に陣をしいたという。身寄ヶ原はのちに御所ヶ原とよばれるようになった。南部斎場の横に、1923(大正12)年にたてられた<u>征西府将軍懐良親王行在所跡</u>の碑がある。

御所ヶ原からみおろすと、身寄谷に身寄板碑群がある。安山岩に梵字がきざまれた供養塔である。近くの阿弥陀岡とよばれる小高い丘には、谷山五郎隆信の墓と伝えられる墓がある。石の祠のなかに碑があり、梵字がきざまれている。鎌倉時代のものとされるが、谷山氏との関係は不明である。

慈眼寺跡 ⑬ 〈M ▶ P.2, 66〉鹿児島市下福元町慈眼寺1100
JR指宿枕崎線慈眼寺駅🚶10分

JR谷山駅から国道225号線をバスで南へ約5分、和田名バス停で下車すると、左手に<u>伊佐智佐神社</u>(祭神伊弉冉尊ほか)がある。紀伊熊野権現の分社の1つとされ、和田浜久津輪崎に上陸して内陸部の玉林城に鎮座したと伝えられる。1197(建久8)年の「薩摩国図田帳」には、府領社(大宰府管轄の神社)としてみえる。

谷山駅のつぎの慈眼寺駅のホームから、北西にみえる丘陵が、<u>谷山城本城跡</u>である。本城地区公民館から堀割の山道をのぼっていくと、中段に伊勢神社がある。さらにのぼったところが本丸跡で、愛宕神社がある。周りには土塁も残る。

慈眼寺駅の南500mほどのところに、<u>慈眼寺公園</u>(県名勝)がある。坊津の一乗院、志布志の宝満寺と並び称せられる薩摩三名刹の1つ<u>慈眼寺跡</u>である。応永年間(1394〜1428)、島津久豊により再興され、1542(天文11)年に貴久によって伽藍が造営され、福昌寺

慈眼寺跡の仁王像

薩摩三名刹 緑が美しい遊歩道

谷山街道をいく

18世の代賢和尚を迎えた。福昌寺に属し，曹洞宗寺院として領内の尊崇を集めた。近世藩政の祖とされた家久は，自分の号慈眼をもって寺号に定めた。明治初年の廃仏毀釈で廃寺となり，残存する仁王像や石仏によってわずかに往古をしのぶことができる。背後の丘陵上に谷山神社がある。祭神は懐良親王，摂社に谷山隆信をまつる。

慈眼寺公園の近くに鹿児島市立ふるさと考古歴史館がある。旧石器時代から近世に至る鹿児島市の考古資料を中心に展示しており，なかでも縄文草創期の掃除山遺跡のジオラマや，縄文後期の草野貝塚関係の展示は興味深い。

清泉寺磨崖仏 ⑭ 〈M▶P.2, 66〉鹿児島市下福元町6680
JR指宿枕崎線五位野駅 🚶20分

清水のわきでる寺院 苔むした磨崖仏

鹿児島県は1960年代以降谷山の海岸を埋め立てて，谷山臨海工業地帯を造成したが，ほぼ旧海岸線に沿ってつくられた道を産業道路という。

和田名バス停から産業道路にでて鹿児島市民体育館前をすぎ2kmほど南下すると，道路の左側に神祠をまつる小島が，埋立地の岸壁の近くに残る。七ツ島の父島である。七ツ島海岸は景勝の地として訪れる人も多かったが，付属の島々は埋め立てられ，父島だけが残された。父島から南に進むと，右手の七ツ島サンライフプール裏手のシラス台地に草野貝塚がある。草野貝塚は縄文時代後期の遺跡で，約1.6mの層に指宿式・市来式など多様な土器や骨製の髪飾り，軽石製品などが出土し，県内の土器の編年に利用されるようになった。

産業道路を右折して影原交差点に向かうと，右手に大きな観音像がある。近くに清泉寺跡があり，磨崖仏などが残る。清泉寺は川辺の宝福寺(曹洞宗)の末寺で，中世から近世にかけて島津氏に崇敬され栄えてきたが，明治初年の廃仏毀釈で廃寺となった。本尊の阿弥陀如来坐像の横に南無阿弥陀仏の六字名号がきざまれている。本尊横の小阿弥陀仏には，「建長三(1251)年辛亥二月時正」の銘がある。そのほか境内には石垣や覚卍和尚以下の墓，磨崖仏・五輪塔群，島津忠良を供養した在家菩薩像，金剛力士像などが残っている。

70　県都鹿児島市

清泉寺磨崖仏

　また清泉寺跡には、島津大和守久章とその家臣たちの墓がある。久章は15代貴久の弟忠将の子孫で、18代家久の娘と結婚し新城島津家をおこした。1639(寛永16)年、19代光久の命で江戸にいったが不行跡があったため、川辺の宝福寺に禁錮され、のちに清泉寺に移されて、上意討ちによって自害した。

　五位野駅から南西方向へ徒歩20分、または鹿児島市中心部からのバス動物園線の終点で下車すると平川動物公園がある。1916(大正5)年以来市民に親しまれた鴨池動物園は、市街地の過密化によって、1972(昭和47)年この地に移転し、平川動物公園となった。1984年オーストラリアからクィーンズランドコアラが贈られた。現在では6世が生まれ、鹿児島だけでなく県外からも多くの見学者が訪れ賑わっている。

　平川動物公園から国道226号線を南下すると、JR平川駅の南西約3kmのところ、南九州市知覧町と境を接する近くに標高521mの烏帽子岳がある。谷山一の高山で、山頂に烏帽子岳神社(祭神建速須佐之男命ほか)があり、里宮は国道226号線沿いにある。天文年間(1532～55)に、この峰で修行中の長野武蔵坊が島津忠良のつくった飯綱像を本尊に勧請したという。社殿に東郷平八郎書の「烏帽子嶽神社」の扁額がある。

辺田学館跡 ㊺　〈M▶P.2, 73〉鹿児島市中山2-29
JR指宿枕崎線谷山駅　皇徳寺行中山小前　3分

文武両道の学館　歴史をきざむ従軍碑

　谷山の平野部を流れる永田川を上流に向かう。バス停中山小前でおり、小学校の裏手にまわると公民館がある。敷地が辺田学館跡である。庭に川畑半平清真の碑があり、ほかの従軍者紀念碑には薩英戦争・蛤御門の変・長州征討・戊辰戦争・台湾出兵・西南戦争・日清戦争・日露戦争・日独戦争の辺田郷従軍者名がきざまれている。

　辺田郷では、早くから武芸や学問が盛んであった。幕末の斉彬時

谷山街道をいく　　71

従軍者紀念碑(辺田学館跡)

代に設けられた辺田郷中稽古所は，1865(慶応元)年に辺田学館と改められた。このころ教育にあたっていたのが川畑清真である。1872(明治5)年，士族・平民を教育する白山小学がつくられ，1887年にこれらをあわせて中山小学校となった。

県道210号線を300mほど戻ると白山神社があり，秋祭り(豊祭)には虚無僧踊(県民俗)が奉納される。白山神社から南西に1.5kmほどの滝ノ下集落に伊集院小伝次の墓とよばれるものがある。1599(慶長4)年に，島津義弘第一の家臣で都城領主であった伊集院忠棟(幸侃)が，島津家久に伏見で殺されると，その子忠実は都城で乱をおこした(庄内の乱)。徳川家康の斡旋によって忠実は頴娃に移されたが，1602年，家久は上洛途上の日向野尻(宮崎県)で忠実を殺し，その弟小伝次を谷山で殺したという。この墓は1712(正徳2)年にたてられたものであるが，史実として小伝次は隼人の浜之市で殺され，墓は富隈城跡にあるので，この墓は別の弟の三郎五郎・千次郎兄弟のものであろうともいわれている。

皇徳寺跡 ㊻

〈M ▶ P.2,73〉鹿児島市山田町皇徳寺749
[市電]谷山 [バス]皇徳寺団地行皇徳寺公民館前 [徒歩]5分

懐良親王の菩提をとむらう藪のなかの六地蔵塔

皇徳寺公民館前でバスをおりて，永田川を渡ると皇徳寺跡がある。皇徳寺は征西府将軍懐良親王にちなむ寺で，はじめ親王は御所ヶ原に皇立寺をたてたという。『三国名勝図会』では，1383(弘和3)年親王が矢部(熊本県)で没すると，谷山忠高は親王の遺牌を皇立寺に安置したが，のち山田に移し，永谷山皇徳寺を建立したという。能登総持寺(曹洞宗)の末寺で，寺格の高い大規模な寺であったが，明治初年の廃仏毀釈で廃寺となり，仁王像と歴代の住職の墓や六地蔵塔などが残るのみである。

皇徳寺跡の裏山には，中世の山城苦辛城が築かれていた。城域は南北約1100m・東西約800mの広大なもので，標高134mの頂上部に

皇徳寺跡六地蔵塔

は300m²ほどの平坦部があり、まわりに多数の曲輪や堀切があった。出水領主島津実久の家臣平田宗秀が城主になったが、平田は1539（天文8）年、島津貴久に敗れて降伏した。現在は皇徳寺団地として宅地化されている。

皇徳寺跡から県道に戻りさらに北に進む。山田交差点にあるJA谷山山田支所に、田の神（県民俗）がある。これは1723（享保8）年に女性たちの講が造立した石造僧型立像の田の神像である。

交差点を左折し県道35号線を進むと、大川内バス停の近くに明治初年の廃仏毀釈後復興された明楽寺がある。曹洞宗の妙楽寺として創建され、1748（延享5）年に時宗寺院として再興された。創建当時のものといわれる仁王像があり、墓地には僧侶の墓など古墓や地蔵像など数多く残されている。明楽寺から徒歩3分、大川内の個人宅内に大川内観音像がある（許可を得て拝観も可能）。高さ約1mの坐像で「享保十六（1731）年辛亥二月吉日、奉造立久永仲右衛門」の銘がある。

五ヶ別府町三重野には三条小鍛冶遺跡がある。三条小鍛冶宗近は橘仲宗といわれ、摂関家につかえていたが、979（天元2）年薩摩に流され、初代波之平行安に師事して刀鍛冶となり、三重野で作刀し、のち許されて帰京したという。記念碑の北側に井戸、東側に

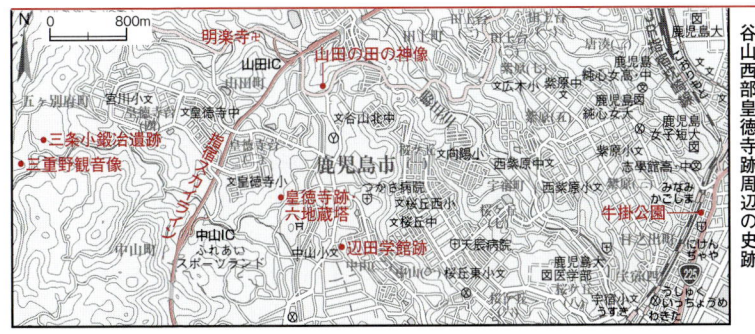

谷山西部皇徳寺跡周辺の史跡

谷山街道をいく

は石造の水漕も残っている。

　鍛冶跡から南に3分，三重野観音像がある。幅1m・高さ2m・奥行1.5mの岩穴の奥に，50cmほどの観音像の浮彫りがあり，隠れ念仏の跡とされる。薩摩藩は，一向宗(浄土真宗)を厳しく禁じたが，江戸中期ごろから阿弥陀講などがつくられ，ひそかに信仰が続けられていた。この庶民の信仰を隠れ念仏という。

錫山 ㊼

〈M▶P.2〉鹿児島市下福元町錫山
JR鹿児島中央駅🚌錫山行終点🚶3分

錫鉱発見の碑
遊女の悲哀を伝える女郎墓

　錫山は藩政時代の薩摩藩直営鉱山御物山の1つで，山ヶ野・鹿籠の金山とともに三山といわれた。1655(明暦元)年に島津家の家臣八木元信が発見したといわれ，1701(元禄14)年に藩は正式に江戸幕府の許可を得て直営とした。その後も開発や新技術の導入が続き，幕末の斉彬時代にはいわゆる十万斤時代を迎えた。鉱山奉行の管理のもとに，周囲3里8合(約16km²)を錫山山中と称し，入口には口屋(関所)をおいて取り締まりを行った。採掘をする150人ほどの山師には士族の待遇があたえられた。1830(天保元)年から1979(昭和54)年までの総生産量は，記録されているだけで2800tに達し，1979年度の産出量は84.5tで，日本第2位であったが，1988年に閉山となった。

　錫山小・中学校裏手の山中の一隅にある女郎墓は，往時の盛業をしのばせるとともに，遊女たちの悲哀を伝えている。女郎墓の少しさきの左手に手形所跡・御蔵跡がある。手形所跡とは錫山詰めの金山奉行・書役・横目・足軽などが勤務した役所で，御蔵には食糧と錫を保管した。近くに鉱山の神として大山祇神社がある。1677(延宝5)年に現在地にたてられたもので，現在の社殿は1886(明治19)年の再建という。10分ほどの西山には八木元信の墓がある。こ

錫山の女郎墓

の地区のほかの史跡としては錫鉱発見の碑, 島津貴久が休憩した御仮屋跡, 立神神社などがある。

新日本石油基地喜入基地 ⑱
0993-45-1135

〈M ▶ P.2〉鹿児島市喜入中名町2856-5
JR指宿枕崎線中名駅🚶10分

国内最大の備蓄基地 巨大原油タンクあり

　鹿児島湾と雄大な桜島を左手に眺めながら, 国道226号線を南下すると, 巨大な原油タンク群が目にはいる。この一帯は, 沖合い1.5kmまでは水深が5mほどの浅瀬で, そこから急に30～40mの水深となる。その海底地形をうまく利用して, 1967(昭和42)年, 喜入町の活性化のために日本石油基地株式会社が誘致され, 1969年6月に喜入基地が開設された。9月から操業開始, 当初は総貯油能力が130万klであったが, しだいに増加し現在では735万klの貯油能力がある。原油タンクは57基あり, そのうち16万klクラスは24基を擁する。また, 50万t級のタンカーも着岸できる。

　喜入基地の正門前から国道226号線を約500m南下すると, 左手の旧市集落に伊牟田尚平の誕生地碑がある。伊牟田は1832(天保3)年喜入領主肝付家の家臣として生まれた。はじめ長崎で蘭学を, のち江戸で儒学を学んだ。尊王攘夷運動に投じ, 1860(万延元)年アメリカ公使館通訳のヒュースケンを殺害した犯人の1人である。1867(慶応3)年西郷隆盛の密命をうけ, 益満休之助や相良総三らと江戸にくだり, 浪士を集めて市中を混乱させ, 幕府の薩摩藩邸焼打ち事件をおこした。

　さらに500mほど南下すると, 右手の麓集落に総合運動公園があり, その体育館の裏にキイレツチトリモチ(国天然)の自生地がある。キイレツチトリモチは, 1910(明治43)年に当時喜入小学校の訓導がこの地で発見し, 植物分類学者牧野富太郎によって命名された。その後吉野町磯で多数生育しているのがみつかり, 1921(大正10)年国の天然記念物に指定された。

　喜入小学校は, 喜入肝付氏の領主仮屋跡であり, 生見から2kmほど山手にはいると帖地遺跡がある。シラス直下の旧石器時代と, 縄文時代草創期～後期の大規模な遺跡である。

谷山街道をいく

⑥ 桜島

文明・安永・大正・昭和の溶岩。湯之平・有村展望所からの眺望。
噴火で埋もれた鳥居，桜島一周36km，旅の疲れは温泉露天風呂。

桜洲 小学校埋没跡 ㊾ 〈M ▶ P.2.76〉鹿児島市 桜島横山町189
鹿児島港桜島桟橋 🚢桜島港 🚶10分

大正噴火で溶岩に埋もれた桜洲小学校

桜島は周囲52km・面積80km²である。山は北岳（標高1117m）・中岳（同1060m）・南岳（同1040m）からなる火山島である。今回は1810（文化7）年6月に，伊能忠敬別隊が測量したのと同じコースで桜島を1周（約39.6km）する。

桜島港に上陸し一周道路にはいると，すぐ左の桜島ユースホステル前庭に桜洲尋常高等小学校埋没跡の碑がある。藩政期は小学校埋没地に地頭館（御仮屋）が

桜洲小学校埋没跡の碑

桜島の史跡

桜島大噴火

コラム

大爆発の歴史を今に伝える溶岩群

天平宝字8(764)年の噴火について，『続日本紀』には「埋没した民家62戸，死者80余人」とある。おそらく桜島の噴火によるはじめての被災記録であろう。以下に，代表的な噴火をとりあげる。

文明噴火(1471～78)は1471(文明3)年9月12日にはじまった。北岳の北東側山腹から火山弾・火山灰などの噴出があり，海面に突入した溶岩流の先端部は大燃崎(高免町)となった。さらに同8年9月12日にも大爆発があり，南岳山腹が噴火，流出した溶岩は岬のようにつきだした。現在の燃崎(持木町)とよばれるところである。被害状況については，「居舎埋没し人畜死亡せしこと，その数を知らず」と記録にある。燃崎の前方の沖小島や大正噴火で埋没した烏島はこのときの溶岩が湧出してできた島と考えられている。

安永噴火(1779～81)は，1779(安永8)年10月1日，桜島南部と北東部の両山腹に大爆発がおこり，噴煙と降灰で闇夜になるほどであった。10月4日ごろから翌年の10月ごろまでに，高免町浦之前沖に海底噴火や隆起がおこり，新島などの島々ができた。島津重豪の江戸幕府への届書には死者153人と記されている。

大正噴火(1914～15)は，1914(大正3)年1月13日，南岳西側の引の平沢から流出した溶岩が18日に小池・横山・赤水の集落を埋めつくし，海中の烏島を飲み込んだ。南岳東部の鍋山から流出した溶岩は，30日ごろまでに黒神・瀬戸集落を埋没して，瀬戸海峡を埋めつくし，大隅半島と陸続きになった。流出した溶岩は22億tと推定されている。

あり，周辺には桜島郷士の大半が居住していた。長門城(通称城山，別名横山城・三角城)の南面に形成された麓(横山集落)は，1914(大正3)年の大正噴火で埋没した。

　一周道路に戻り，前方の信号機を直進して旧道にはいると，右手に噴火の歴史を学べる桜島ビジターセンターがある。さらに進むと左手に烏島展望所がある。展望所の約20m下に大正噴火で埋没した烏島がある。当時の島は約500m沖合いにあった。展望所からは大正溶岩原が一望できる。狸岩・西郷岩などの奇岩をみながら東南へ約3.1km，国道224号線に合流する。国道を進み赤水町の石油店前を左折して山手へ5.8kmのぼると，標高373mの湯之平展望所に至る。東側に南岳の中腹，引の平沢がある。この山腹から流出し

た溶岩が小池・横山・赤水の3集落を飲み込み，海岸まで浸入した。南西は眼下に大正溶岩原が広がり，はるか彼方に開聞岳がみえる。国道に引き返し，桜島ドライブインをすぎると，野尻町になる。

野尻町には桜島国際火山砂防センターがある。持木町をすぎると右手に東桜島小学校があり，校庭南東隅に桜島爆発記念碑がある。碑文に「住民ハ理論ニ信頼セズ……」とあるのは，当時の鹿児島測候所が噴火予報をださなかったことに対する不信感のあらわれである。校庭からは文明溶岩流の先端部である燃崎と，溶岩がわきだしてできた沖小島が眺められる。国道を東行すると古里町である。廃校となった改新小学校東隣の神社に安永噴火に関する被災墓碑がある。安永噴火の古里村の犠牲者を記録した石碑である。

林芙美子文学碑と像 ㊿

〈M ▶ P.2, 76〉鹿児島市古里町
桜島港🚍垂水行文学碑前🚶1分

林芙美子の波乱に満ちた生涯を象徴

改新小前バス停から約1km，安永の噴火で湧出した古里温泉街がある。文学碑前バス停から左手の階段をのぼると，溶岩のなかに林芙美子文学碑と像がある。碑文の「花のいのちはみじかくて　苦しきことのみ多かりき」は，芙美子が生前に色紙などに書いてあたえた言葉である。古里は芙美子が幼少期をすごした思い出の地であり，母キクの故郷でもある。

大観橋を渡り，しばらくいくと左手に有村溶岩展望所がある。展望所への途中に，「わが前に　桜島あり　西郷と　大久保も見し　火を噴く山ぞ」という海音寺潮五郎の歌碑がある。大正溶岩原のなかには遊歩道があり，ところどころに展望東屋・退避壕がある。南岳が迫り，昭和溶岩も眺められる。

展望所前国道を東行すると桜島口である。桜島口は幅400〜500mの瀬戸海峡

林芙美子文学碑と像

に押し寄せた大正溶岩が，大隅(おおすみ)半島と接続した一帯である。日本最初の洋式帆船昇平丸(しょうへいまる)が建造された瀬戸造船所は，溶岩の下になった。

腹五社神社(はらごしゃじんじゃ)の埋没鳥居(まいぼつとりい) (51)

〈M►P.2, 76〉鹿児島市黒神(くろかみ)町
桜島港🚌白浜行乗換え黒神口行黒神中学校前🚶1分

後世に伝える大正大噴火の記念物

桜島口から県道26号線を北上すると，黒神町である。黒神中学校北隣に，腹五社神社の埋没鳥居(県天然)がある。大正噴火の火山灰・軽石などで埋もれてしまい，鳥居の上部だけが残された。また鳥居から北へ約150m，県道右側に埋没門柱(県天然)がある。頭部だけみえる石造門柱は2.5mの高さであった。いずれも噴火のすさまじさを物語っている。さらに北へ約500m，大正溶岩のうえをおおった昭和溶岩原がある。昭和溶岩は黒神集落をおそい，2000m沖の浜島まで飲み込んでしまった。

黒神小学校をすぎると高免(こうめん)町の浦之前(うらのまえ)港に着く。港から1.5km沖に安永噴火で誕生した新島(しんじま)(安永島，燃(もえ)島)が間近にみえる。往時は分校まであったが，今は4世帯5人しか住んでいない。シラスの島は年々風波で削られ小さくなっている。三上勉は雑誌『旅』に「沈みゆくシラスの新島」を悲劇の島と描いた。港の入口から100mさきのカーブに，「人畜死亡セシコト其数(そのかず)ヲ知ラズ」と書かれた文明溶岩の説明板がある。今では樹木が生い茂り，溶岩はみえない。浦之前港近くの大燃崎(おおもえざき)は，文明溶岩が海面に突入してできた岬である。

文明溶岩案内板からさらに北上すると，西園山(にしそのやま)バス停左手に安永噴火が残した園山池がある。この塩水池には珍種タケコケモドキが群生している。西園山バス停から約1.2km，安永溶岩の標柱と説明板がある。安永溶岩もまた草木におおわれてみえない。

腹五社神社の埋没鳥居

藤崎家武家門 ❷

〈M ▶ P.2, 76〉鹿児島市桜島藤野町
桜島港 🚌 桜島白浜行桜島藤野公民館前 🚶 5分

切妻の屋根をもち格式ある武家門

藤崎家武家門

高免バス停から白浜温泉センターをすぎ，桜島西道町などを経て桜島藤野バス停に至る。山手にのぼると左手に藤崎家武家門がある。切妻の屋根をもち，格式ある武家門の面影をよく残している。藤崎家には藩主がたびたび立ち寄ったという。1600（慶長5）年，関ヶ原合戦に敗れた島津義弘は，翌年藤崎邸に蟄居し，徳川家康に謹慎の意をあらわした。

桜島藤野町から桜島小池町にはいる。桜洲小前バス停近くの桜島造船所前に特攻魚雷艇倉庫がある。第二次世界大戦末期の長門城には海軍の水上特攻隊司令部があり，鹿児島湾に侵入するアメリカの軍艦に魚雷艇で体当たりする作戦がたてられた。周辺に残る洞穴は兵士の宿舎である。梅崎春生の『桜島』は，当時の戦争文学である。

長門城跡 ❸

〈M ▶ P.2, 76〉鹿児島市桜島横山町
桜島港 🚶 10分

桜島唯一の城跡 眺望は抜群

魚雷艇倉庫から桜島港のほうへ1.2km，長門城上り口がある。うえに着くと芝生の広場があり，7種類の実物大の恐竜模型があって，桜島自然恐竜公園として親しまれている。展望台からは大正溶岩群や鹿児島市街地が一望できる。桜島港に入港するフェリーから長門城を眺めると，自然の地形を利用した山城であり，地形が袴に似ていることから袴腰城ともいわれ，桜島港も以前は袴腰港とよばれていた。本丸の位置は，鹿児島気象台桜島観測所のあったところであり，大手口は横山（麓）集落に接する城山の南端にあった。平安時代末期には長田致将が築城し，元亀年間（1570～73）には島津配下の武将鎌田政近が在城した。文久3（1863）年の薩英戦争のころには鹿児島防衛のため，砲台も拡張，修築された。

Minamisatsumaji 南薩摩路

清水磨崖仏群の月輪大梵字

知覧庭園

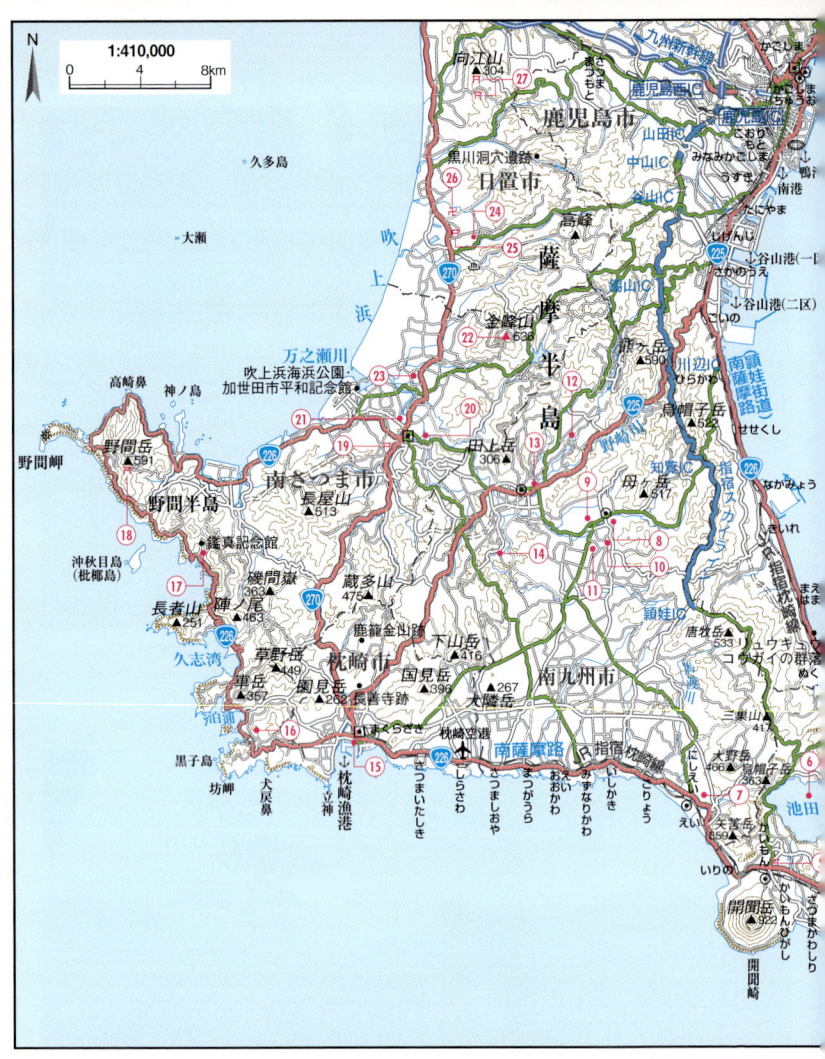

① 今和泉島津家墓地　⑦ 大通寺跡　⑬ 平山城跡　⑱ 野間神社
② 揖宿神社　⑧ 知覧の武家屋敷群　⑭ 高田磨崖仏　⑲ 竹田神社
③ 橋牟礼川遺跡　⑨ 島津墓地　⑮ 松之尾遺跡　⑳ 栫ノ原遺跡
④ 山川港　⑩ 知覧城跡　⑯ 一乗院跡　㉑ 万之瀬川下流域遺
⑤ 枚聞神社　⑪ 特攻平和観音堂　⑰ 鑑真和上上陸記念　　　跡群
⑥ 池田湖　⑫ 清水磨崖仏群　　　　碑　㉒ 金峰山

南薩摩路

◎南薩摩路散歩モデルコース

指宿〜山川コース　　JR指宿枕崎線指宿駅_25_橋牟礼川遺跡(時遊館COCCOはしむれ)_5_偕楽園跡(砂むし会館「砂楽」)_20_山川薬園跡_5_正龍寺跡_25_JR指宿駅

池田湖〜長崎鼻コース　　JR鹿児島本線ほか鹿児島中央駅から指宿スカイライン_80_池田湖_20_唐船狭_15_枚聞神社_15_開聞山自然麓公園_20_長崎鼻パーキングガーデン_20_JR指宿枕崎線山川駅

知覧〜川辺コース　　JR鹿児島中央駅_70_知覧の武家屋敷群_10_特攻平和観音堂_10_豊玉姫神社_30_平山城跡(川辺市街地)_20_清水磨崖仏群_80_JR鹿児島中央駅

坊津〜笠沙コース　　JR指宿枕崎線枕崎駅_10_松之尾遺跡_15_喜入氏累代の墓_25_一乗院跡_5_坊津歴史資料センター輝津館_5_近衛屋敷跡_15_鑑真和上上陸記念碑_15_野間神社_20_南薩鉄道記念館(旧加世田駅)

加世田〜笠沙コース　　旧加世田駅_50_竹田神社_3_六地蔵塔_3_別府城跡_5_栫ノ原遺跡_5_万之瀬川下流域遺跡群_10_旧加世田駅

吹上コース　　旧吹上駅_15_黒川洞穴遺跡_10_常楽院_5_中田尻の田の神_5_大汝牟遅神社_10_亀丸城跡(伊作城跡)_5_海蔵院_15_金峰山_10_阿多貝塚_15_旧吹上駅

㉓阿多貝塚
㉔亀丸城跡(伊作城跡)
㉕大汝牟遅神社
㉖常楽院
㉗八幡神社・鬼丸神社

❶ 鹿児島湾岸から開聞岳へ

風光明媚な鹿児島湾から開聞岳一帯にわたる南薩地区は、小京都といわれる知覧や鑑真渡来の坊津など史跡が多い。

今和泉島津家墓地 ❶

〈M ▶ P.83〉指宿市岩本麓
JR指宿枕崎線薩摩今和泉駅 🚶 10分

今和泉島津家の墓地
天璋院篤姫の実家

　薩摩今和泉駅を下車し、池田湖に向かう道路にでてほどなく山裾の墓地のほうに進むと、今和泉島津家墓地に到達する。

　南北朝時代、島津4代忠宗の子忠氏が祖となり、和泉家をおこしたが、その5代和泉直久が川辺松尾城を攻めた際に、伊集院頼久・島津久林と戦い討死したあと、嫡流がとだえ、室町時代に断絶した。その後、江戸時代の1744(延享元)年鹿児島藩主継豊は、弟忠郷に和泉家の跡をつがせ、新生今和泉家とし一所地として3562石で再興させた。のち佐多・伊佐・串良の諸郷をあわせ1万石余りの知行地となる。今和泉島津家は明治維新まで続いた。今和泉家創設により、重富・加治木・垂水家とともに島津一門四家の制が定まった。なお、江戸幕府13代将軍徳川家定の正室天璋院(篤姫)は、もともと今和泉家の出で島津忠剛の子として生まれ、のち島津斉彬の養女として大奥にはいる。墓地には初代忠郷から6代忠冬までの五輪塔や宝篋印塔、まわりには灯籠が100基余りあるが、最近は風化が進んでいる。

　薩摩今和泉駅のつぎの宮ヶ浜駅を下車し、海岸線沿いに北に500mほど進むと、海につきでた指宿城(松尾城)跡がみえる。最初の城主は、薩摩平氏の中心的存在であった頴娃忠永の子指宿忠光である。忠光を祖とする指宿氏は、島津忠久入国以来の揖宿郡司であり、鎌倉御家人としてこの地域を支配した。しかし南北朝時代指宿

今和泉島津家墓地

氏が南朝方に属し，守護島津氏と敵対してから勢威が衰え，のち島津氏により応永（1394〜1428）のころ滅ぼされる。歴代城主として阿多氏，豊州島津氏，禰寝氏，薩州島津氏，田代氏などが居城した。平山城であるが鹿児島湾に面し，海にのぞんだ堅固な中世城郭である。現在空堀や本丸跡が残っている。本丸跡に松尾崎神社があり，神社の裏には土塁も残っている。今，城域をJR指宿枕崎線がとおり，昔の面影を失いつつある。

今和泉島津家系図
忠郷—継豊弟—忠温（吉貴8男）—忠厚（重豪3男）
忠喬—忠剛（斉宣7男）—忠冬—忠敬—忠欽
隼彦—忠親—忠克

揖宿神社 ❷
0993-22-4052
〈M▶P.83〉指宿市 東方宮733
JR指宿枕崎線二月田駅 🚶15分

二月田駅から国道沿いに約10分西へ進むと，殿様湯跡に着く。島津氏の温泉別荘跡で，それまで利用していた長井温泉を，1831（天保2）年島津斉興が現在地に移したものである。当時使用していた4つの湯壺の浴場跡が残る。浴場跡前の二月田温泉は現在も営業されている。近くには，長井温泉から移された湯権現がある。温泉の効用も神仏の力によるものとして，大己貴命と少彦名命を温泉の祭神としてまつっている。社殿正面の湯権現の額は有栖川宮熾仁親王の真筆である。

「新宮サアー」の愛称 近くに殿様湯あり

殿様湯跡から川沿いにしばらくいくと明治以前，開聞新宮九社大明神社と称していたことにより新宮サアーと市民に愛称される**揖宿神社**の本殿に至る。祭神は大日霊貴命ほか8神がまつられている。現在の社殿は，1847（弘化4）年島津斉興によって建造され，花崗岩の鳥居も斉興の命により翌年対岸の大隅半島小根占郷の海岸より石を運んで，肥後の石工岩永三五郎によって建造されたという。その石は，祭神の豊玉姫が牛をきらいなので，人びとが人力で運んだと伝えられている。この話は，魚見岳近くの多羅浜から豊玉姫が牛で，

揖宿神社

鹿児島湾岸から開聞岳へ　85

妹の玉依姫は馬で枚聞神社へ鎮座したとの言い伝えから、こじつけられてうまれたものと思われる。調所広郷の銘のある手水鉢がある。なお、神社には室町時代の作品と思われる古い能面の尉面・姫面・狂言面（県文化）の3面が残っている。

橋牟礼川遺跡 ❸ 〈M▶P.83,87〉 指宿市十二町下里
JR指宿枕崎線指宿駅🚶25分

開聞岳噴火の災害遺跡「日本のポンペイ」

指宿駅から南へ約20分歩くと橋牟礼川遺跡（国史跡）がある。考古学者の浜田耕作と人類学者の長谷部言人らによって、1918（大正7）・1919年の2回、発掘調査がなされ、縄文時代と弥生時代の前後関係が、層位学的方法により確認された記念すべき遺跡である。「日本のポンペイ」ともいわれ、開聞岳噴火による災害遺跡である。また縄文後期から古代までの複合遺跡であり、二条並行線で曲線文様を幾何学的に描いた指宿式土器の標式遺跡でもある。かつてはこの遺跡を、指宿遺跡とよんだことに由来する。

この遺跡には、縄文時代から平安時代の開聞岳噴火の火山灰が堆積しており、地層も約20層からできている。とくに874（貞観16）年の噴火は『日本三代実録』に記録があり、この遺跡発掘によりその歴史的事実が証明された。遺跡北側に1996（平成8）年に開館した時遊館COCCOはしむれ（指宿市考古博物館）は、考古資料館としての役割をはたしている。

遺跡から海のほうに20分ほどいくと、砂蒸しで有名な摺ヶ浜温泉に至る。指宿は鹿児島県では霧島に並ぶ温泉保養地である。摺ヶ浜は、島津氏が1703（元禄16）年温泉別荘偕楽園を構え利用していた。第二次世界大戦後に焼失したが、明治・大正時代の小説家菊池幽芳が詠んだ「畑掘れば出湯畑に湧き、磯掘れば磯にも湧出る指宿の里」

橋牟礼川遺跡

南薩摩路

の歌碑が，現在偕楽園跡地の砂むし会館「砂楽(さらく)」にある。

指宿駅から東に10分いくと湊(みなと)の稲荷(いなり)神社にでる。そこに藩の御用商人浜崎太平次(はまざきたへいじ)の頌徳碑(とくひ)がある。家業の海運業を引きついだ8代目浜崎太平次は，幼いころより商才があり，14歳で琉球(りゅうきゅう)に渡って商品を買い入れ，大坂に転売して巨利を得たという。

のち調所広郷のもとで藩の財政改革に従事し，専売品を一手に引きうけ，薩摩藩の財政立て直しに貢献した。

浜崎家は明治維新後の10代太平次のとき没落するが，幕末の動乱期においても，薩摩藩欧州英国留学生の費用寄付や新式銃の購入など，藩財政に寄与した。

国立指宿病院前をとおって進むと，山川(やまがわ)湾が見渡せる海岸沿いに五人番所という異国船番所の跡地がある。

山川港(やまがわこう)とその周辺(しゅうへん) ❹ 〈M ▶ P.83.87〉 指宿市山川福元(ふくもと)
JR指宿枕崎線山川駅 🚶 25分

山川駅で下車し，海沿いに南に歩いて25分ほどで天然の良港山川港に至る。港は中世から利用され，江戸時代は薩摩藩の外港であった。奄美(あまみ)や琉球への貿易港として豪商浜崎太平次も利用していた。また1609(慶長(けいちょう)14)年，島津家久は樺山久高(かばやまたかひさ)を派遣軍総大将として，軍船100余艘(そう)，3000余人の兵力で琉球出兵を行うが，山川港からの出陣であった。

港から東へ400m，旧山川

鹿児島湾岸から開聞岳へ

山川薬園跡

町役場近くの旧山川小学校の跡地が、山川薬園跡(県史跡)である。1659(万治2)年に薩摩藩直営の薬草園として設置され、薬用植物の栽培につとめた。気候温暖のため、熱帯・亜熱帯地方のレイシ・リュウガン・カンランなどの薬用植物が栽培された。今はわずかに1株のリュウガンの老樹をみるだけである。

琉球出兵の出陣地　薩摩藩の外港

山裾の、海に面した墓地のなかに、正龍寺跡(臨済宗)がある。伊集院広済寺の末寺であった。正龍寺の住職は、山川港で琉球貿易の際の通訳などをつとめた。近世儒学の祖とされ京学をおこした藤原惺窩もきて、桂庵玄樹・南浦文之による「大学章句」(朱熹)に出合い、住職の学識の高さに驚き、山川港からの渡明予定を取りやめたと伝えられている。現在は寺跡の一隅に住職の墓が集められている程度で、昔日の面影は残っていない。

山川駅から国道226号線を西へ1.2km、成川遺跡の記念碑がたっている。第4次発掘調査以降、成川バイパスが完成したため、今はこの記念碑でしか遺跡の痕跡はわからない。弥生時代末期から古墳時代中期までの遺跡で、1958(昭和33)年から発掘され、348体の人骨と約300点の鉄器が発掘された。このことから、4〜6世紀当時の成川の社会は、階級社会ではなく縄文的な共同体社会と推測される。

さらに国道を進むと大成小学校である。小学校の北約2kmに鰻池がある。周囲4km・水深56mのカルデラ湖で、泉源も2ヵ所あり、鰻池周辺は現在も温泉集落になっている。西郷隆盛も当地で湯治をした。佐賀の乱で敗れた江藤新平がここを訪問し、西郷に協力を求めたが拒否された話は有名である。西郷が残したフランネル製の上着が民家に残っている。

山川駅のつぎの大山駅から長崎鼻へいく途中、浜児ヶ水の浜辺がある。1837(天保8)年米船モリソン号が、異国船打払令によって退

南薩摩路

去させられた浜辺である。モリソン号は日本人漂流民7人を送還する目的もあり，浦賀（神奈川県）沖にあらわれたが，江戸幕府が砲撃を加えたため，やむなく帰航の途中ここ浜児ヶ水沖に停泊し，漂流民を上陸させる意図があったがはたせなかった。

　薩摩半島最南端の駅西大山駅から長崎鼻に向かえば，途中，岡児ヶ水に，甘藷翁と称された前田利右衛門をまつる徳光神社（通称からいも神社）がある。利右衛門は琉球から1705（宝永2）年にサツマイモをもち帰り，村民に広く栽培をすすめ，飢餓から人びとを救った。利右衛門は琉球に再度向かう途中で遭難したが，その遺徳をたたえて村人は一寺を建立した。1879（明治12）年に徳光神社と改称された。

　岡児ヶ水南方の岬が薩摩半島最南端の長崎鼻である。岬の突端からは天気のよい日には，竹島や黒島，種子島・屋久島などが遠望でき，間近にみえる開聞岳の眺望も美しい。

　開聞町境の利永地区には利永神社がある。正月16日の神社の祭礼に，見物人や参拝者に鍋釜のススを塗りつけ厄除けにするメンドンの行事がある。

枚聞神社 ❺

〈M ▶ P.82〉指宿市開聞十町
JR指宿枕崎線開聞駅 🚶 5分

トロコニーデ型火山　薩摩国の一宮

　標高922mの開聞岳は，薩摩富士とよばれ薩摩半島最高峰である。コニーデ型火山であるが，8合目以上はトロイデ型で，トロコニーデ型火山という。古来開聞岳は，琉球・奄美への南海航路の道標であり，第二次世界大戦中知覧飛行場からとびたった特攻機の目印であった。また，山岳信仰の霊山で山伏の修行の道場でもあった。1915（大正4）年以来火山活動は停止状態である。

　開聞岳を山体とするのが枚聞神社（開聞宮，祭神大日孁貴命ほか）である。開聞宮は天災地変をしずめ，航海の安全を祈る目的で，海に面した開聞岳南麓にあった。縁起によれば708（和

枚聞神社

銅元)年の創建とされる。9世紀、開聞岳のたび重なる噴火に、朝廷は神の怒りをしずめるため封戸をあたえたり、官位をさずけるなどしている。平安時代以降、一宮制度ができると、薩摩国の一宮となった。しかし、中世には川内の新田神社と、薩摩国の一宮をめぐって争論がおこっている。中世は頴娃氏、近世には島津氏の信仰をうけて航海安全の守り神として尊崇された。

現在の本殿は、1610(慶長15)年再興されたもので、宝庫には松梅蒔絵櫛笥一合(国重文)ほか古文書・能面などがある。

池田湖とその周辺 ❻ 〈M▶P.82〉指宿市池田
JR指宿枕崎線指宿駅🚌長崎鼻行池田湖🚶すぐ

九州最大の湖 大ウナギの生息地

枚聞神社の北東2km、池田湖は、周囲15km・面積11km²の九州最大の湖である。火山の陥没によるほぼ円形に近いカルデラ湖で、水面下42mに湖底火山丘がある。豊富な水量を利用した灌漑用水路の開削が行われ、一帯の畑作地域に利用されている。湖中には体長1mをこす大ウナギが生息している。古くから神竜伝説があり、『三国名勝図会』にも竜王についての池王明神の故事が記載されている。

湖の近辺には湧水も多く、渓谷唐船峡公園では、その水を利用したそうめん流しとニジマスの養殖が有名である。さらに枚聞神社近くには、日本最古の井戸と称された「玉の井」があり、豊玉姫が使用したとの伝説が残っている。

大通寺跡 ❼ 〈M▶P.82〉南九州市頴娃町郡
JR指宿枕崎線頴娃駅🚶20分

頴娃氏の菩提寺 伊集院広済寺の末寺

頴娃駅の北東1km、集川沿いの頴娃小学校から山手に向かい、大野岳に向かう大橋の近くに、大通寺跡がある。大通寺(臨済宗)は、伴姓頴娃氏の菩提寺で、1471(文明3)年島津久豊の養子となった初代兼政によって創建された。開山は大仲和尚で、のち伊集院広済寺の末寺になった。伴姓頴娃氏は、1587(天正15)年7代久虎のとき、居城獅子城の大改築を行うが、久虎は落馬により死去し、跡をついだ8代久音のときに谷山郷山田に移封される。こののち頴娃は島津氏の直轄領になる。現在跡地には、4代兼洪夫妻・5代兼友・6代兼堅側室・7代久虎の宝篋印塔や、5代住職俊承大和尚禅師をはじめ、歴代住職の墓が残っている。

② 知覧と川辺

典型的な麓の景観地知覧には、数多くの武家屋敷と枯山水がみられる。川辺磨崖仏群に圧倒される。

知覧の武家屋敷群 ❽

〈M ▶ P.82,91〉 南九州市知覧町郡
JR鹿児島中央駅🚌知覧経由 枕崎行武家屋敷前🚶
5分

小京都の面影 薩摩独特の麓の景観

手蓑峠をおりゴルフ場を左手にみて、まもなく知覧茶発祥地、手蓑の茶畑が広がる。毎年八十八夜には豊玉姫神社に新茶を奉納している。バスはほどなく、南薩の小京都といわれる佐多氏の私領である国選定の知覧伝統的建造物群保存地区に達する。武家屋敷前バス停は、その入口にある。

知覧麓は、切石や玉石を積みあげた石垣に、イヌマキの大刈込み、瓦葺きの切妻造の武家門、ゆるやかにカーブした馬場など、旧麓の景観がよく残っている。なかには、知覧型二ツ家民家も移築されている。オモテ（客間）とナカエ（母屋）を連結した建物で、知覧独特の民家である。現在、武家屋敷地区では、唯一築山池泉式庭園の森重堅邸庭園を含めた7つの知覧麓庭園（国名勝）が公開されている。西郷恵一郎邸庭園以下の6園は、大刈込みと石組みがうまく調和した枯山水庭園である。

武家屋敷前バス停から約200m手前の麓川にかかる

西郷恵一郎邸庭園

知覧の史跡

眼鏡橋が,矢櫃橋である。後岳・木床越えで鹿児島城下との往来をする人馬や,川辺郷との往来などに利用された。橋を渡ると亀甲城跡である。亀甲城は知覧城の出城とみられ,頂上には南朝方に味方した知覧郡司知覧忠世の彰忠碑がある。麓川左岸の亀甲城跡から永久橋にかけての一帯が知覧郷政の中心であり,郷士の居住する場所で麓とよばれた。地頭館は,現在の市役所(武家屋敷前バス停の西方400m)から鹿児島地方裁判所知覧支部一帯にあった。

南九州市役所前に折田兼至の胸像がある。彼は下郡の神職の子として生まれ,東京遊学後帰郷し,自由民権運動に参加。県会議員・衆議院議員として活躍する。1897(明治30)年鹿児島政友会の成立を機に引退し,鹿児島農工銀行初代頭取に就任した。晩年も県政の発展に寄与し,民間知事と称された。県道鹿児島知覧枕崎線の開通にも大きな役割をはたした。

市役所前にかかる永久橋から街通りを進むと,左側に復元された富屋旅館がある。特攻の母として慕われた鳥浜とめが経営した旅館である。軍の指定食堂で,多くの若い特攻兵たちが,出撃するまでのひとときをすごした。好評を博した高倉健の主演映画「ホタル」にちなみ,旅館に隣接する地にホタル館が資料館として公開されている。

島津墓地 ❾

〈M ▶ P.82, 91〉南九州市知覧町郡
JR鹿児島中央駅🚌知覧行薩南工業高校前🚶5分

大規模な製鉄遺跡
佐多島津氏の菩提寺

湊橋前の薩南工業高校近くに島津墓地がある。ここは西福寺跡(曹洞宗)で,歴代知覧の城主佐多島津氏の菩提寺であった。開山は覚隠和尚で,以前は大隅半島佐多に極楽山松峯院と号し創建されていた。4代佐多親久の知覧への移封に伴い当地に移転された。藩主島津光久の5男久達が16代をついだときから私領となり,島津姓を許された。久達は城代兼留守居家老として藩の要職をつとめた。また藩主継豊の3男で18代島津久峯は,参勤交代にたびたび随従し,京都では青蓮院門跡から書道を学ぶなど,教育・文化の興隆につとめた。

法務局近くの月山寺跡にある知覧文庫(郷学肎俊館)は,久峯の蔵書が所蔵された図書館で,郷士子弟の学問所である。肎俊館には鹿

児島屋敷から天満天神を移し学問の奨励をはかり，境内周辺にサクラやカエデなどを植林し，風致林の造成を行った。なお，知覧麓の景観や庭園も久峯のころ整備された。寺跡には，初代佐多忠光の供養塔をはじめ，知覧最後の領主22代島津（佐多）久徴の墓塔や住職の石塔などが残っている。

市役所から北に約1kmで知覧町厚地に至る。さらに北東へ約2km進むと，道路沿いに厚地松山製鉄所跡の標識がある。ここは江戸時代の大規模な製鉄遺跡である。製鉄の際に送風に使った水車跡や製鉄時にでる大量の鉄屑などが残っている。また製鉄炉や鍛冶炉跡も発見された。松山遺跡以外にも知覧には，南薩の製鉄王と称された赤崎休右衛門が製鉄した池之河内製鉄遺跡（池之河内）や，永里川上流に牛苦製鉄遺跡・二つ谷製鉄遺跡（東別府）があり，それぞれ水路や水車跡が残る。

知覧城跡 ❿

⟨M ▶ P.82, 91⟩ 南九州市知覧町永里
JR鹿児島中央駅🚌知覧経由頴娃行県茶業試験場前🚶10分

東南アジア産陶器発見 佐多島津氏の居城

市役所から南に約1kmいくと知覧城跡（国史跡）がある。初代の城主は，郡司系知覧氏の祖知覧四郎忠信と伝えられる。その後，島津氏による三州統一後，足利尊氏の下文によって島津忠宗の3男，佐多忠光にあたえられ，佐多氏の居城になった。その後佐多氏の支配を離れて，15世紀初頭一時島津宗家に反抗した伊集院頼久一族の居城となったが，1420（応永27）年再び佐多氏の居城となる。以後佐多氏は守護島津氏にしたがい勢力を拡大し，16代久達より島津姓となった。シラス台地を利用した中世山城は，南北800m・東西900m，面積45万km²で，大半は大きな谷を空堀として本丸以外の城の外郭は二重の深堀

知覧城縄張図　千田嘉博氏作図による。

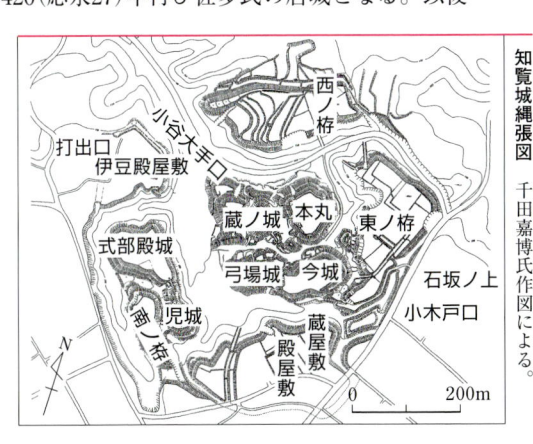

知覧と川辺

で構成されている。城は本丸・蔵之城・今城・弓場城の4つの曲輪からなっている。城跡から15世紀から16世紀にかけての中国製陶磁器や洪武通宝、東南アジアの陶器類などが発見された。

特攻平和観音堂 ⓫　　〈M▶P.82,91〉南九州市知覧町 郡17881
JR鹿児島中央駅🚌知覧経由枕崎行特攻観音前🚶5分

陸軍最前線の特攻基地毎年5月3日に慰霊祭

沖縄に近い知覧飛行場は、軍の命令により木佐貫原台地にあった鹿児島県茶業試験場跡地に、1941(昭和16)年に建設された。福岡県大刀洗町に設置されていた大刀洗陸軍飛行学校知覧分教所として発足したが、戦局悪化に伴い最前線の特攻基地となった。1945年4月より、17歳から22歳までの若者が、500kg爆弾をかかえ片道だけの燃料でとびたった。知覧基地から出撃した若者は、436人であった。現在特攻平和観音堂には、特攻兵士をまつっている。

観音堂は、特攻隊員の慰霊のため1955年に、特攻勇士銅像「とこしえに」は1974年に建立された。特攻平和観音堂の慰霊祭は、毎年5月3日に開催される。また1985年に特攻平和会館が改築され、零式戦闘機をはじめ、特攻兵士の遺影や遺書・遺品が展示されている。平和会館の横の松林には、三角兵舎が再現されて当時をしのぶことができる。半地下式の木造バラック建てで、飛行場周辺の松林に屋根だけがでてみえたので、その形から三角兵舎とよばれた。特攻隊員が出撃までの4、5日をすごした。

平和会館隣には、ミュージアム知覧があり、知覧の歴史・民俗・考古資料が展示されている。

薩南工業高校近くの三差路を左折して約500m進むと豊玉姫神社(祭神豊玉姫命ほか)がある。亀甲城麓にあったのを1610(慶長15)年に現在地に遷宮したという。昔は中宮大明神・中宮三所大明神と称していたが、1867(慶応4)年に中宮神社、さらに1870(明治3)年に現社名に改称された。宝物は30余りの神舞面や歴代領主の扁額などである。

豊玉姫神社は7月9日の六月灯に、水車カラクリ(県民俗)を奉納することでよく知られている。江戸時代よりはじまったといわれるが、何回かとだえ、1979(昭和54)年に復活した。神社前を流れる水を利用し、水車を動力として、毎年カラクリ人形の演目をかえて上

三角兵舎

演される。これまでの演目は、天岩戸開き・那須与一・京都五条橋の牛若丸と弁慶・川中島の戦い・宮本武蔵と佐々木小次郎の巌流島の戦い・桃太郎・神話海さち山さち豊玉姫の物語などである。なお2013（平成25）年は、「桃太郎と鬼ヶ島」の物語であった。

　知覧町永里地方には十五夜ソラヨイ（県民俗）の伝統行事がうけつがれている。旧暦八月十五夜に、藁や茅でつくった笠と腰蓑をまとい、「ソーラヨイ、ソーラヨイ」のかけ声で男の子たちが円陣を組み、豊作を祝う行事である。

　知覧町南別府の海岸線には、東から門之浦・松ヶ浦・東塩屋の3浦がある。1589（天正17）年11代佐多久慶の一族久福の家臣が、豊臣秀吉の倭寇禁止令にそむいて門之浦における海賊行為を働き、そのため久慶が一時河辺郷宮村に移封された。

　門之浦の海運業者仲覚兵衛は、安永年間（1772〜81）獣骨をくだいてつくる骨粉肥料を発案し、藩の特産品であった菜種や水稲などの増産に貢献した。東塩屋には骨粉を配給する藩営の山建会所があり、のち豊民館と改称された。

清水磨崖仏群 ⑫

〈M▶P.82,96〉南九州市川辺町清水
JR鹿児島中央駅🚌川辺経由枕崎行やすらぎの郷🚶30分

平安後期からの磨崖仏彦山修験者により制作

　やすらぎの郷バス停から南西へ2kmいくと万之瀬川と野崎川が合流する台地先端に松尾城跡がある。1539（天文8）年、相州家の島津忠良（日新）が、薩州家の島津実久方の鎌田政真を追いだし、あとに家臣の新納康久を入城させ三州統一の基盤を築いた城である。城麓には層塔群がある。清水小学校の東方に河辺氏屋形跡の石碑がある。島津氏が支配する前の川辺は、南薩平氏の河辺氏が領有していた。近くには仁王像と宝篋印塔や住職の墓地跡が残るだけの、河辺氏の菩提寺宝光院跡がある。

　やすらぎの郷バス停から約2km、清水の渓流沿いの断崖に清水

知覧と川辺

清水磨崖仏群の大五輪塔

磨崖仏群(県史跡)がある。通称岩屋とよばれる高さ約20m・長さ約400mの凝灰岩の岩壁に、五輪塔や宝篋印塔・板碑など約200基がきざまれている。時期は平安時代後期から明治時代までのもので、もっとも古いものが、平安時代後期とみなされる大五輪塔で、高さが約11mあり日本で最大でもある。五輪にはそれぞれ梵字がきざまれ、また五輪のまわりにも5000字の梵字群の存在が、赤外線写真によって推定されている。ほかに1264(弘長4)年の月輪大梵字もあり、現在は3つの梵字が確認されている。なお、この梵字は彦山(福岡・大分県)修験者によって制作されたという。また、1296(永仁4)年銘の3基の宝篋印塔や1473(文明5)年の板碑などがある。

　清水磨崖仏群のなかでもっとも新しいのは、1895(明治28)年、吉田順道が旧清水村の石工木原三之助にきざませた宝篋印塔と、十一面観音像・阿弥陀如来像の2体である。

　なお、この清水磨崖仏群一帯は現在岩屋公園となり、観月亭や流線プールなど市民の憩いの場となっている。公園入口近くの岩穴には清水弥陀薬師堂があり、現在は、吉田順道作の十一面観音木仏がまつられており、参詣者が多い。

清水磨崖仏群周辺の史跡

平山城跡 ⓭　〈M▶P.82,97〉南九州市川辺町平山
JR鹿児島中央駅🚌川辺経由枕崎行広瀬橋🚶15分

　バスをおりて市街地の方へ500mいき、川辺小学校の上り口をのぼると、平山城本丸跡である。シラス台地を利用した中世山城で、川辺城ともいう。『三国名勝図会』では、12世紀に河辺道房の築城

南薩平氏河辺氏居城　現在も二日市開催

96　南薩摩路

川辺仏壇

産 コラム

匠の技を受け継ぐ塗り仏壇が主流

1876(明治9)年に信仰の自由が認められると，平山の池田某が清水岩屋で修行している吉田順道にはげまされて，仏壇・仏具の製作をはじめ，川辺仏壇を商品化したという。

大正から昭和初期にかけて製造工程の分業化が進み，1936(昭和11)年に鹿児島県宗教用具協同組合が発足した。1975年には他産地にさきがけて伝統工芸品としての国の指定をうけ，全国に知られる仏壇の産地となった。

川辺仏壇の特徴は，小型の塗り仏壇(金仏壇)が主流ということである。仏壇の様式は浄土真宗向けが圧倒的である。

生産工程は7部門に分かれており，材料屋とよばれる木地(外箱)・彫刻(欄間)・金具(金具飾り)・宮殿(内部)・蒔絵(絵図を描く)の5業種でつくられ，これらの部品を仕上げ業が買いとり，組み立てて塗りをほどこし，金箔を押して仏壇ができあがる。近年は，製造工程を同一工場でするところもある。

塗り仏壇(金仏壇)

とある。南薩平氏の伊作平次郎道房が河辺氏を称して居城とした。一方『川辺名勝志』では，総州家島津師久の嫡男伊久の居城とある。その後は伊集院頼久・薩州家島津氏らが居城とした。

城内は空堀で，花見城・本城・天神城・新城の4つに分郭される。城の南麓に地頭仮屋がおかれ麓集落が形成され，近くには野町もあった。この麓と野町一帯が市街地となり，明治以降は2月2・3日に定期市が開かれ，現在も二日市として毎年賑わう。花見城からは東北に松尾城が眺められる。城内は南側に市営グランドができて，市民が利用したり散策の場とな

平山城跡周辺の史跡

知覧と川辺

97

っている。

高田磨崖仏 ⓮ 〈M ▶ P.82,97〉 南九州市川辺町高田
JR鹿児島中央駅🚌川辺経由青戸行高田🚶30分

盲僧と琵琶　仏像彫刻中心

　万之瀬川に高田川が合流する南側に川辺郷の総鎮守飯倉神社(祭神玉依姫命)がある。境内のクスノキ(県天然)は高さ25m・幹周囲16m，樹齢1200年の大クスで根元が空洞化している。

　高田川上流の石切場近くの岩壁に，高田磨崖仏がある。清水磨崖仏群が仏塔や梵字が中心であるのに対し，ここは仏像が彫刻されているのが特色である。1687(貞享4)年から1711(正徳元)年までの銘があり，制作年代がわかる。仏像は，高田の西山観音寺の住職是珊が石工久保田大右衛門に依頼し，彫らせたものである。現在も保存状態がよい。

　轟橋から国道225号線を南下し勝目麓(旧山田郷)をすぎて，中園バス停から約2.5kmいくと君野墓地があり，この一帯が大徳院長嶋寺跡(天台宗)である。大同年間(806〜810)の創建という。盲僧寺であり，江戸時代，盲僧は，近郷の名頭家をまわり，地神陀羅尼経を読経して五穀豊饒を祈願し，琵琶をかなでた。墓地近くの権現谷の山中には君野権現洞窟(県天然)がある。高さ3m・奥行40m・間口40mの岩窟である。洞内の小祠に権現をまつっていたが，明治初年の廃仏毀釈後に撤収し，以後は地元の君野氏の氏神をまつるようになった。

高田磨崖仏

南薩摩路

③ リアス式海岸をいく

リアス式海岸が発達したこの地域には、古来より海を介して多くの品々が伝わった。いわば南の玄関口であった。

松之尾遺跡 ⑮ 〈M ▶ P.82〉枕崎市汐見町・松之尾町
JR指宿枕崎線枕崎駅🚉今岳行松ノ尾🚶2分

> 古墳時代の集団墓地跡
> 喜入氏の菩提寺長善寺跡

バス停から南へ向かうと、枕崎港をみおろす高台に松之尾遺跡がある。古墳時代の集団墓地跡で、とくに、南海産の腕輪（ゴホウラ製・イモガイ製・オオツタノハ製貝輪）などが出土したことで有名である。これらはそれぞれ古墳時代の鍬形石・石釧・車輪石と同形態で、近畿地方で流行した3種類の石製腕輪と形が似ており、関連性が注目される。

枕崎は古くは鹿籠とよばれた。1306（嘉元4）年の千竈時家譲状（「千竈文書」）に「かこのむら（鹿籠の村）」がみえ、これが初見といわれている。室町期以降は島津氏が当地を掌握し、1587（天正15）年からは喜入氏が封じられ、明治まで領主であった。曹洞宗の長善寺跡は喜入氏の菩提寺で、喜入氏累代の墓がある。これらのなかには土饅頭の形態をとる墓が3基あり、鹿児島県内では珍しい。

カツオ漁の基地として知られる枕崎港の前身は、江戸時代の枕崎浦である。枕崎浦は松林が湾曲して入江を形成し、白砂青松の砂浜であった。明和（1764〜72）ごろには、鰹節づくりが盛んであった。枕崎港の始まりは、1775（安永4）年に波止めが築かれたことに求められる。大正の初期、砂浜に近代的な港が建設されると、やがて砂浜は姿を消した。

喜入氏累代の墓（長善寺跡）

リアス式海岸をいく 99

一乗院跡 ⓰

〈M ▶ P.82, 101〉南さつま市坊津町坊8964
JR指宿枕崎線枕崎駅🚌今岳行中ノ坊🚶5分

坊津に流罪、近衛信輔の屋敷跡
根来寺と関わり深い一乗院

バス停東方坊泊小学校がかつての一乗院（県史跡）の跡地である。『三国名勝図会』によれば、百済の日羅による開基と伝える。真言宗寺院で、山号を如意珠山といった。1134（長承2）年に鳥羽上皇により紀州根来寺の別院として、勅号としてあたえられたものという。1357（延文2・正平12）年成円和尚が再興し、1869（明治2）年の廃寺まで栄えた。1546（天文15）年後奈良天皇より「西海金剛峯」の勅額を得て、勅願所となった。末寺は薩摩・大隅に47カ寺、坊津には18カ寺あったといわれる。

1982（昭和57）年発掘調査が行われ、建物跡の遺構や染付などの陶磁器類が大量に出土した。遺構の一部（敷石）は坊泊小学校で見学できる。校門の脇には廃仏毀釈でこわされた仁王像が、裏手の丘には一乗院の僧侶たちの墓がある。廃仏毀釈の難をのがれた一乗院関連の文化財が、坊津歴史資料センター輝津館に保管されている。釈迦の臨終の姿を描いた絹本著色八相涅槃図（国重文）、西王母・棕梠竹・朝日・鷹などを描いた杉戸4枚（県文化）、如意珠山の扁額（県文化）、「一乗院来由記」「聖教印信文書」などを含む坊津一乗院聖教類等（県文化）、沈花牡丹文青磁瓶等がある。輝津館周辺には、番所跡、双剣石（国名勝）を遠望できる場所があり、梅崎春生文学碑・川崎市次郎翁顕彰碑などがある歴史の森が広がる。

一乗院から国道226号線にでて南に進むと、龍巌寺下バス停横に近衛屋敷跡がある。1594（文禄3）年に、豊臣秀吉の怒りを買い坊津に流罪となった、左大臣近衛信輔（信尹）の屋敷跡である。1925（大正14）年坊泊戸主会が、関白准三宮近衛信尹公謫居跡の記念碑をた

仁王像（一乗院跡）

日羅聖人

コラム

日羅の一乗院開創伝承　南薩に多い日羅伝承

　一乗院の歴史を記した1673(延宝元)年の「一乗院来由記」には、百済国の僧日羅が来朝し、坊津にやってきて一乗院を開創したという伝承が載せられている。『三国名勝図会』では、観音寺金蔵院(田布施)など南薩地方を中心に14の寺院が、日羅と関係のあった寺院としてみえる。

　観音寺(現、金峰町)に関しては、1138(保延4)年の阿多忠景の寄進状(「二階堂文書」)があり、「日羅上人建立の寺」という文言もみられ、あながち伝承ともいい切れないところがある。

　日羅に関するもっとも古い文献は『日本書紀』で、584年に百済国にあった肥後葦北国造の子日羅を日本に召し寄せ、天皇の政治顧問としていたが、同年12月に百済の使者に殺された。このとき日羅は体から光を発していたという記事がある。

　この約200年後に成立した『聖徳太子伝暦』では、『日本書紀』の記事をベースにして、聖徳太子と日羅が光を放ったという話に変化している。以後この説話は定着し、中世に聖徳太子信仰が盛んになるにしたがって、『今昔物語集』『元亨釈書』『本朝高僧伝』などに繰り返し再生産されていくことになる。

　南薩地方に残る日羅伝承であるが、もっとも古い史料は冒頭でふれた「一乗院来由記」で、ほかはすべて1843(天保14)年に成立した『三国名勝図会』にだけ記されている。したがってこの伝承を『三国名勝図会』が成立する19世紀半ばごろに求める見解もある。

てている。揮毫はのちの内閣総理大臣近衛文麿である。

鑑真和上上陸記念碑 ⑰

〈M ▶ P.82〉南さつま市坊津町秋目
JR指宿枕崎線枕崎駅🚌今岳行中ノ坊🚗30分

坊津の史跡

　坊津の海岸線は複雑に入り組んだリアス式海岸で、良港が多く、古来より交易の船が多く行き来した。坊浦から国道226号線を北に向かうと、泊浦がある。ここは近世以前から交易港として知られ、海岸には中世の貿易陶磁器の破片が散乱している。さらに北上すると、博多浦に

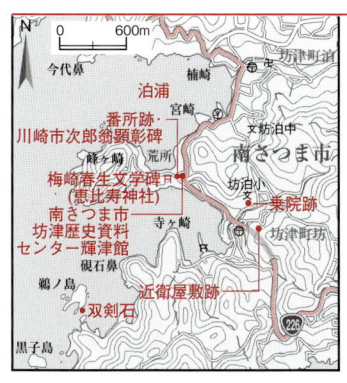

リアス式海岸をいく

鑑真和上上陸記念碑

海岸を行き交う交易船 鑑真の上陸地坊津秋目

至る。この浦は付近でも屈指の貿易港で、現在も市杵島神社・交易場跡・唐人町・唐人墓など、往時をしのばせる史跡が多い。博多浦を含む久志浦は、中世では加世田別符に属していた。

坊津の最北端秋目には、鑑真上陸にちなんで鑑真記念館がある。秋目浦は753（天平勝宝5）年12月20日に、鑑真一行がはじめて上陸した地点で、『唐大和上東征伝』では「薩摩国阿多郡秋妻屋浦」と記す。これを記念して鑑真和上上陸記念碑がたてられ、和上祭りも盆すぎにもよおされるようになった。記念館では、鑑真の生涯をパネルやジオラマなどで学ぶことができる。また記念館の駐車場横には、女島遭難者慰霊之碑・宮内平蔵之碑などがある。

鑑真大和上祭り

野間神社 ⑱　〈M▶P.82〉南さつま市笠沙町片浦4108
JR指宿枕崎線枕崎駅🚌今岳行中ノ坊🚶30分

航海安全神娘媽神 野間岳からの眺め絶景

秋目から国道226号線をさらに北上すると、笠沙にはいる。南東方向には坊津の美しいリアス式海岸が続く。ここから野間岳(591.1m)が前方にみえる。この山は海上からみると屹立してみえるので、古くから沿岸航路の目印とされてきた。江戸時代以降、中国の貿易船が長崎に来航するようになると、航海の安全神として山頂の野間神社(野間権現宮)に娘媽神がまつられるようになった。

神社の創建年代は不明であるが、戦国時代に加世田にはいった島

コラム

坊津

日本三津の1つ坊津 国指定名勝の双剣石

　坊津は古来、伊勢国安濃津(三重県津市)・筑前国博多津(福岡市)と並んで日本三津の1つとして著名である。古代では遣唐使船の寄港地・鑑真上陸地として、中・近世では貿易港としてその名が知れ渡っている。近年万之瀬川流域の発掘調査(持躰松遺跡など)が進むにつれて、南薩摩の海上交流に関する研究が進み、中世の南九州では、坊津のみが対外貿易や海上交通と関係していたという認識が改められつつあり、万之瀬川流域が対外貿易や海上交通に関与していたと考えられるようになってきた。

　これと関連して、「貞応二(1223)年」の年号が記された「廻船式目」は室町時代末期の史料と考えられ、内容から考えて鎌倉時代のものではない。なお、この式目の作成者の1人坊津の飯田備前守頌徳碑が1933(昭和8)年に坊泊小学校に建立されている。

　坊津に配流された近衛信輔(信尹)は、坊津海岸の美しい風景を「坊津八景」として和歌に詠み込んだ。その1つが屹立する2つの巨石からなる双剣石(国名勝)で、歌川(安藤)広重が風景画に描いた。

双剣石(歌川広重画『諸国六十八景』のうち「薩摩坊津」)

津忠良が深く崇敬したという。東宮の祭神は瓊瓊杵尊・鹿葦津姫命(木花開耶姫命)などである。西宮は彦火々出見命などであったが、いつのころからか、中国の海難の救助神である娘媽神・順風耳・千里眼の3体がまつられるようになった。その後台風で社殿が倒壊したので、藩主島津斉興は1830(文政13)年、東宮・西宮を1社として山頂から現在地に移建した。境内には「文政十三年」「元治二(1865)年」の年号を有する手水鉢・石灯籠などが現存する。

野間神社

リアス式海岸をいく　　103

④ 南の玄関口，吹上・加世田

近世島津氏の発祥の地伊作城をはじめとして，吹上・加世田には島津氏と関連深い史跡・神社仏閣等が数多くみられる。

竹田神社 ⑲　〈M ▶ P.82, 106〉南さつま市加世田武田17932
0993-52-2841　JR指宿枕崎線枕崎駅🚌加世田行竹田神社🚶1分

忠良の遺品伝える竹田神社
島津忠良のいろは歌

枕崎駅からバスで30分，竹田神社はもと日新寺といい，その起源は室町時代の保泉寺にさかのぼる。保泉寺は薩州家島津国久が泰翁宥仙を開山として開いた寺で，曹洞宗皇徳寺の末寺であった。1564(永禄7)年島津忠良が再興して菩提寺とした。忠良死去ののち，7世住持梅安が寺号を日新寺に改めた。1869(明治2)年廃寺となるが，1873年には社殿が造営され竹田神社となった。

島津忠良は1492(明応元)年，伊作島津家の善久の子として生まれた。幼名は菊三郎で，日新(斎)・愚谷軒・梅岳常潤などと号した。7歳ごろ，伊作海蔵院にあずけられ，名僧頼増和尚から厳格な教育をうけた。頼増から折檻を加えられたとき，手を結わえつけられたという日新柱が，日置市吹上町の伊作小学校に保存されている。

忠良は善久の死後，相州家の島津運久の養子となり，子の貴久は，のちに宗家をつぎ南九州統一の基礎を築いた。忠良は加世田に隠居し，自身の教育観をいろは歌につくって，家臣たちに示した。

常潤院はその名を忠良の法名からとった日新寺の塔頭で，跡地には仁王像と，忠良・夫人・伊(井)尻神力坊の墓，大乗妙典一千部塔などがある。なお神社境内にはほかにも，島津尚久の墓や日清・日露戦没記念碑などが多くあり，護国神社も隣接する。

竹田神社には島津忠良に関連する遺物(古文書・忠良着用の袈裟や食器・馬具など)が伝えられており，これらは現在南さつま市加世田郷土資料館で一般公開されている。7月の例祭には加世田の水車カラクリ(県民俗)が興行され，士踊(稚児踊・二才踊，県民俗)も奉納される。

六地蔵塔

南薩摩路

伊(井)尻神力坊

コラム 人

神力坊の経筒、茨城でも出土 六十六部聖伊(井)尻神力坊

　神力坊は『三国名勝図会』によれば、島津忠良の命をうけて、島津家の武運長久祈願のために、日本全国66州に法華経を奉納してまわった。その経筒には、薩摩神力と記されていた。およそ22年をかけて、66州を遍歴しおえて帰国した。ところが帰国の8年前に忠良は没していたので、忠良の後を追い、1575(天正3)年12月27日に殉死した。神力坊は僧侶の身であったため、刀死することもかなわず、高い木からとびおりて死んだという。

　神力坊が埋納したという経筒(県文化)には、「弘治元(1555)年」の年号がきざまれており、加世田市で発見された。これと同じ年代のものが、遠く茨城県の行方市でも出土しており、神力坊が六十六部聖として諸国を廻国したことを裏づけている。竹田神社には、ほかに和田助堅が1799(寛政11)年に書いた伊(井)尻神力坊図が保管されている。

伊(井)尻神力坊図

　竹田神社の北東に六地蔵塔(県史跡)がある。1538(天文7)年12月、別府城攻略のときに討死した敵味方を供養するために、忠良が1540年3月今泉寺の政誉に命じて建立させた。高さは4.5mあり、当時は毎年7月16日に施餓鬼供養が行われた。創建当時の供養塔は加世田川の洪水で流され、現在の塔は1597(慶長2)年日新寺8世の泰円守見が再建したものである。

栫ノ原遺跡 ⑳

国史跡の栫ノ原遺跡 丸鑿形石斧が出土

〈M ▶ P.82,106〉南さつま市加世田村原字栫ノ原
JR鹿児島中央駅🚌伊作・加世田行村原東🚶6分

　村原東バス停の南西、万之瀬川・大谷川・加世田川の三川が合流する左岸、標高約40mの丘陵上に栫ノ原遺跡(国史跡)がある。縄文時代草創期から中世の尾守ヶ城までを含む遺跡である。1973(昭和48)年シラス(黄色味を帯びた軽石を含んだ白い灰砂状の土)採取工事によって発見され、その後数回にわたって発掘調査が行われた。

　中世の尾守ヶ城は別府城の支城で、関連の遺構や遺物も多く発見されたが、なかでも圧巻は、縄文時代草創期の遺構と遺物で、前者

南の玄関口、吹上・加世田

加世田の史跡

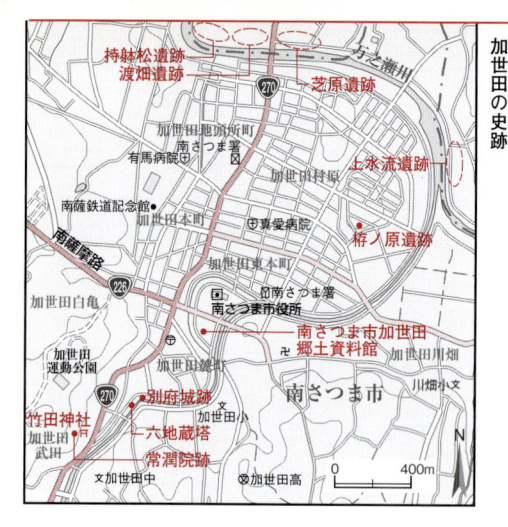

には船形配石炉,集石,連穴土壙など,後者には約2000点の隆帯文土器片や,石鏃,スクレーパー,磨製・打製石斧,磨石・石皿など多くの石器も出土している。とくに刃部が丸く調整された丸鑿形石斧は,丸木舟をつくる際,内部をくりぬくために使用された道具という考えもある。

　初期定住の様相(船形配石炉,連穴土壙などの遺構と,持ち運びに不便な石皿の出土)を示すこの遺跡は,縄文文化の成立過程を解明するうえで上野原遺跡(国分市)などとともに重要である。1997(平成9)年国史跡に指定され,遺跡公園として整備が進められている。出土遺物は南さつま市加世田郷土資料館で一般公開されている。

万之瀬川下流域遺跡群 ㉑

〈M ▶ P. 82, 106〉南さつま市金峰町宮崎持躰松ほか

JR鹿児島中央駅🚌伊作・加世田行万ノ瀬橋
🚶2分

交流語る万之瀬川の遺跡群
県民俗文化財の宮崎田の神

　国道270号線を加世田から金峰町方面へ北上し,万之瀬橋を渡ると,持躰松遺跡などがある万之瀬川下流域遺跡群がある。万之瀬川右岸の遺跡群で,上流から上水流・芝原・渡畑・持躰松遺跡と続く。標高約4mの自然堤防上に位置し,水運を利用しやすい場所に立地する。同川左岸には,宇佐弥勒寺領益山荘の故地(加世田益山)が広がる。

　万之瀬川の河川改修に伴って,1996(平成8)年から発掘調査が進められた。調査されたのは持躰松遺跡がもっとも早く,当初中世の中国製陶磁器が多く出土したので,日宋貿易の基地ではないかと話題をよんだ。その後調査が進められ,縄文時代から近世にまでおよ

芝原・渡畑・持躰松遺跡出土の陶磁器

ぶ一大遺跡群であることがあきらかになった。

なかでも中世が著名で，掘立柱建物跡・溝状遺構・畠跡・木棺墓・土坑墓・竈・方形竪穴建物跡など，多彩な遺構がみられる。遺物では，土師器・青磁・白磁・須恵器・常滑焼・備前焼・東播系須恵器・滑石製石鍋・カムィヤキ・古銭・墨書土器・湖州鏡などがあり，とくに南九州以外からもちこまれた遺物が多いことが特徴である。これらの遺物の一部は，霧島市の鹿児島県上野原縄文の森展示館で一般公開されている。

万之瀬川をさらに下流にくだると，宮崎の田の神（県民俗）がある。1732（享保17）年，宮崎の水田守護のために造立されたと思われる。僧衣立像メシゲ鍬持ち型の田の神で，朱が一部残っている。

万之瀬川河口のサンセットブリッジ付近一帯は鹿児島県立吹上浜海浜公園で，加世田バス停からは車で10分でいける。レジャー・スポーツ施設などがあり，夏は砂の祭典が開催される。万世特攻平和祈念館では，第二次世界大戦末期に砂丘地に建設された飛行場からとびたった，特攻隊員201人の遺影や遺書をみることができる。

金峰山 ㉒

〈M▶P.82,108〉南さつま市金峰町
JR鹿児島中央駅🚌伊作・加世田行下馬場🚶60分

修験道の道場金峰山 往時をしのぶ観音寺跡

金峰山は，本岳・東岳・北岳の３峰からなり，最高点は本岳の636.3mである。大野と大坂の２通りの登り口があり，九合目まで車でのぼることができる。本岳には金峰神社があり，祭神は安閑天皇で，古くは蔵王権現社といった。平安時代後半以降，山岳信仰の対象として修験道の道場となった。

蔵王権現社の別当寺が金峰山の山腹にたてられた金蔵院観音寺で，真言宗（もと天台宗か）の寺院であった。明治初年の廃仏釈で廃寺となり，現在は日枝神社となっている。1138（保延４）年の「阿多忠景寄進状案」によれば，阿多郡司忠景が祈禱料として山野荒地を

南の玄関口，吹上・加世田　107

金峰町周辺の史跡

観音寺に寄進していることがわかる。日枝神社から南西にある温泉交流の郷「いなほ館」方面へ参道をくだると、院坊や末社跡と推定される遺構がみられる。

阿多貝塚 ㉓

〈M▶P.82,108〉 南さつま市金峰町宮崎上焼田
JR鹿児島中央駅🚌伊作・加世田行🚏塘🚶2分

貝輪の中継地高橋貝塚
鮫島氏の居城貝殻崎城

南さつま市金峰町宮崎の岸元川と境川の合流地点、塘バス停のある国道270号線の西側に阿多貝塚がある。海岸から4kmほど内陸部にはいった標高約9mの台地上にあり、縄文時代前期を主体とする遺跡で、阿多Ⅴ類式土器(縄文前期後半)の標識遺跡でもある。時期の特定ができない方形の竪穴住居跡4基と甕棺墓などとともに、大量の土器・石器が出土している。当地は古くから貝殻が出土することが知られていたので、貝殻崎とよばれた。『三国名勝図会』には、この地には、14・15世紀に阿多北方地頭鮫島氏の貝殻崎城があったと記されている。2003(平成15)年3月、首相小泉純一郎(当時)の揮毫になる貝殻崎城の記念碑が建立された。

岸元川をくだり、堀川との合流地点に高橋貝塚がある。遺跡の一部は玉手神社となっている。標高約11mの台地の端にある弥生時代前期の貝塚で、稲作農耕の根づいていたことがわかる遺跡である。弥生時代前期の高橋Ⅰ

高橋貝塚(玉手神社)

108　　南薩摩路

式(前半)・高橋Ⅱ式(後半)土器の標識遺跡でもある。

　この遺跡の特徴は、石包丁・石鎌などの稲の収穫道具の出土が多いこと、底部に籾痕が付着した土器や南島系と推定される丸底の土器が出土していること、南海産のオオツタノハ製の完形腕輪、ゴホウラ製の腕輪の未成品が出土していることなどである。とくにゴホウラ製の未成品が出土したことは、当時北九州で流行していた南海産貝輪の制作地、中継地の可能性が指摘されていて興味深い。

亀丸城跡(伊作城跡) ㉔

〈M▶P.82,110〉日置市吹上町中原
JR鹿児島中央駅🚌伊作・加世田行ふもと
🚶5分

近世島津氏の発祥地忠良が学んだ海蔵院跡

　亀丸城(県史跡)は伊作城の本丸にあたり、伊作川下流右岸のシラス台地に位置し、標高73mを最高地とする山城である。亀丸城に、義久・義弘・歳久・家久誕生石、亀丸城趾之碑、女子誕生石、日新誕生地、善久・忠良・忠将・尚久誕生石などの碑がたてられ、井戸跡なども残っている。城の最盛期の規模は南北750m・東西1050m、楕円形の城域全体の面積が約50万m²あった。

　城の東から南は伊作川が、北と西側は多宝寺川が流れ、北から東側は台地に続くため箱堀がある。本丸(亀丸城)以外に、山之城・蔵之城・花見城・御仮屋城・東之城・西之城の6つの曲輪があった。

　成立は南北朝時代にさかのぼるといわれ、伊作荘地頭伊作島津氏代々の居城で、中山城とよばれていた山城が前身である。伊作島津家はのちに島津宗家をつぐことになったことから、当城は近世島津家発祥の地と考えられていた。また島津義弘は毎年伊作城へ御見舞をし、近世初頭まで鹿児島城下士が伊作城へ日夜御番をつとめた。

　史跡公園整備や県道改修工事に伴って、発掘調査が数回行われ、掘立柱建物跡・土塁、土師器・須恵器・瓦器・陶器・青磁・白

亀丸城跡の記念碑

南の玄関口、吹上・加世田

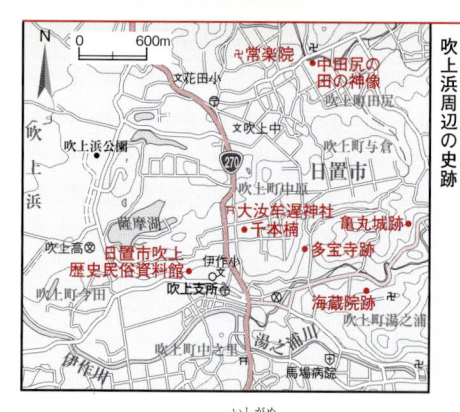

吹上浜周辺の史跡

磁・天目茶碗など多くの遺構や遺物が発見されている。

伊作城の西方には，臨済宗の多宝寺跡がある。伊作島津家の菩提寺で，伊作家代々の位牌と石塔がある。廃仏毀釈により，1869（明治2）年に廃寺となり，翌1870年に石亀神社が建立され，伊作島津氏がまつられた。

大汝牟遅神社の流鏑馬 ㉕
099-296-5950

〈M ▶ P.82,110〉日置市吹上町中原 東宮内
JR鹿児島中央駅🚌伊作・加世田行宮内🚶10分

悠久の時を示す千本楠 貴久がはじめた流鏑馬

宮内バス停から東方の東宮内にある旧郷社であった大汝牟遅神社（祭神大己貴命など）は，鎌倉の鶴岡八幡宮を勧請したとする説や，大和明神（奈良県桜井市，大神神社）を勧請したとする説がある。島津家の尊崇が篤く，古くは1444（文安元）年をはじめとする3枚の棟札がある。

流鏑馬（県民俗）は，1538（天文7）年島津忠良が，加世田城攻めの戦勝と，長子貴久が守護の職責をはたすことができるようにと祈願して，毎年奉納することをちかったことにはじまるという。参道脇には千本楠とよばれる二十数株の大クスの森があり，樹齢800年以上と推定されている。詩人野口雨情は「伊作八幡千本楠は横へ横へと寝てのびる」と詠んでいる。

常楽院 ㉖

〈M ▶ P.82,110〉日置市吹上町田尻中島
JR鹿児島本線伊集院駅🚌伊作・加世田行下田尻公民館前🚶6分

大汝牟遅神社から国道270号線を北上し，下田尻公民館前バス停

コラム「医王宝殿」の扁額

「医王宝殿」を伝える明信寺 足利義満が書いた扁額

　日置市日吉町の明信寺本堂の正面廊下のうえに、「医王宝殿」の大きな扁額が掲げてある。大きさは103cm×194cmある。額の左側には「鹿苑院殿台翰」と書かれ、足利義満が書いたものであることがわかる。

　ところで、「医王」とは薬師如来の異称であることから、浄土真宗のこの寺に本来伝わったものではないらしい。『三国名勝図会』によれば、この扁額はもともと、鶴田の黄龍山大願寺（さつま町）の薬師堂に掲げてあった。それがいつのころか、水引の泰平寺（薩摩川内市）に移り、さらに江戸時代になって、鹿児島の南泉院に掲げられていたとある。

　その後、日置島津家の菩提寺大乗寺（日置市）におさめられていた。明治初年の廃仏毀釈のあと、日置島津家の秘書をつとめていた古川直衛がもらいうけ、その子良雄が1955（昭和30）年に明信寺に寄贈したものであるという。

　廃仏毀釈が徹底的に行われた鹿児島では、明治より前の寺院が全廃された。そのため、古文書・仏像・教典など、中近世の寺院資料は非常に少ないのが現状である。そのようななかで、寺院を転々としながらも、中世以来現在まで伝わったこの「医王宝殿」の扁額は貴重な資料の1つといえる。

「医王宝殿」扁額

黒川式土器の標識遺跡 天台宗の盲僧寺常楽院

でおりると、北方に常楽院（県史跡）がある。天台宗の盲僧寺で「常楽院沿革史」によれば、島津忠久が逢坂山（滋賀県大津市）の妙音寺常楽院の住職宝山検校を伴って薩摩に下向し、建立したという。

　32世大光院は島津貴久から三州盲僧の総家督を命じられたことから、盲僧修行の中心的寺院となった。初代宝山をはじめとして歴代の住持の墓がある。10月12日の宝山の命日には、各地の僧侶たちが集まり妙音十二楽（県民俗）が演奏された。般若心経などが読誦されるなかで、「松風」「村雨」等12曲が、琵琶・太鼓・笛などで合奏される。現在は地元の保存会により演奏されている。古来寺院で演奏されていた宗教音楽の流れをくむ特色ある芸能である。

　下田尻の北東にある中田尻の田の神（県民俗）は、以前は中田尻の円徳寺下の道路脇にあったが、中田尻自治公民館入口横に1973（昭

和48)年に移転した。像の高さは96cmで,白質の粗い凝灰岩でつくられている。「奉供養享保二丁酉年(1717)正月十四日」ときざまれており,県内で5番目に古い地蔵型立像である。

　田の神像から小野川を上流へとさかのぼると,坊野上の二俣川右岸に黒川洞穴遺跡(県史跡)がある。断崖に大小2つの洞窟があり,縄文時代前期から弥生時代中期の洞穴遺跡で,住居として使われていたようである。縄文時代晩期の黒川式土器の標識遺跡として知られている。多くの土器や石器とともに,女性の人骨が出土した。南海産のイモガイ製の垂飾も出土している。

八幡神社と鬼丸神社のせっぺとべ ㉗

〈M ▶ P.82〉日置市日吉町日置
JR鹿児島本線伊集院駅🚌加世田・枕崎行宮下🚶1分

　日置市吹上町から国道270号線を北上すると,日置市日吉町にはいる。近世には吉利郷と日置郷があり,吉利郷は小松(禰寝)氏の,日置郷は日置島津氏の私領であった。幕末に活躍した家老小松帯刀は吉利の領主で,園林寺跡に墓がある。

　バス停すぐの八幡神社と鬼丸神社では,毎年6月にお田植祭りせっぺとべが行われる(八幡神社は第1日曜日,鬼丸神社は第2日曜日)。この祭りは,すでに『三国名勝図会』にもみえ,神社近くの御神田で白装束の若者たちが円陣を組んで,焼酎を飲みながら,踊って「せっぺとべの歌」をうたい力強く泥をふむ。害虫や病魔をふみつぶし,豊作を祈る予祝祭りである。

泥まみれのせっぺとべと園林寺跡の小松帯刀の墓

Kitasatsumaji 北薩摩路

臥竜梅（藤川天神）

入来麓

①徳重神社	⑳木之牟礼城跡
②玉山神社	㉑麓の武家屋敷群
③鶴丸城跡	㉒出水貝塚
④来迎寺跡墓塔群	㉓上場遺跡
⑤串木野城跡	㉔野間の関跡
⑥冠岳	㉕鶴ヶ岡城跡
⑦芹ヶ野金山	㉖藤川天神
⑧甑島列島	㉗倉野磨崖仏
⑨新田神社	㉘入来麓
⑩薩摩国分寺跡	㉙山崎御仮屋跡
⑪泰平寺	㉚虎居城跡
⑫京泊天主堂跡	㉛宗功寺墓地
⑬久見崎軍港跡	㉜紫尾神社
⑭長崎堤防	㉝鶴田ダム
⑮阿久根港	㉞蘭牟田池
⑯脇本古墳群	㉟別府原古墳
⑰黒之瀬戸	㊱永野金山(胡麻目坑)跡
⑱指江古墳群	
⑲感応寺	

◎北薩摩路散歩モデルコース

1. JR鹿児島本線ほか鹿児島中央駅 20 JR鹿児島本線伊集院駅 10 徳重神社 15 一宇治城跡 10 美山(美山陶遊館・元外相東郷茂徳記念館) 20 JR鹿児島本線串木野駅 20 羽島(薩摩藩英国留学生渡欧の地)

2. JR鹿児島本線・肥薩おれんじ鉄道川内駅 15 泰平寺 10 新田神社 1 可愛山陵 15 長崎堤防 10 久見崎軍港跡 10 京泊天主堂跡 25 JR・肥薩おれんじ鉄道川内駅

3. 肥薩おれんじ鉄道阿久根駅 20 脇本古墳群 10 黒之瀬戸大橋(万葉歌碑) 25 指江

古墳群_10_小浜崎古墳群_20_日本マンダリンセンター_60_肥薩おれんじ鉄道阿久根駅

4. 肥薩おれんじ鉄道米ノ津駅_15_野間の関跡_20_平和公園(旧出水海軍航空隊跡)_10_麓の武家屋敷群_20_ツルの渡来地(出水市ツル観察センター)_15_肥薩おれんじ鉄道高尾野駅

5. JR鹿児島本線・肥薩おれんじ鉄道川内駅_35_藤川天神_20_入来麓_30_宗功寺墓地_10_大願寺跡墓塔群_20_紫尾神社_40_鶴田ダム_40_JR・肥薩おれんじ鉄道川内駅

① 国道3号線に沿って

鹿児島三大行事の1つ妙円寺詣りが行われる徳重神社や薩摩焼きの生産地美山など，薩摩藩の関連史跡が多い。

徳重神社 ❶
099-272-3975

〈M▶P.115,117〉 日置市伊集院町徳重 P

JR鹿児島本線伊集院駅 徒歩10分

島津義弘の菩提寺
妙円寺詣りで賑わう

伊集院駅の北側，徳重の杜に徳重神社(祭神島津義弘)がある。1390(元中7)年，この地に妙円寺(曹洞宗)が創建された。開山の石屋真梁禅師は，伊集院忠国の11子で，その後1394(応永元)年，島津7代元久の請により，現在玉龍高校の地に福昌寺も開いた。元久は熱心な禅宗帰依者であり，石屋が妙円寺・福昌寺の，その兄南仲が広済寺の開山となり，領内には大いに禅宗文化が栄えた。妙円寺は島津義弘の菩提寺でもあったが，広済寺とともに明治初年の廃仏毀釈で廃寺となり，跡地に徳重神社が創建された。現在の法智山妙円寺は，1874(明治7)年に道路をはさんで徳重神社の西側に再興されたものである。

鹿児島の三大行事の1つ妙円寺詣りは，関ヶ原の戦い(1600年)で島津義弘が敵前突破に成功したことをたたえ，鹿児島城下と義弘の菩提寺妙円寺までの約20kmの道を城下士たちが往復したことに始まる行事である。藩政時代から旧暦9月14日に行われていたが，近年は10月の第4日曜日に武者行列などが行われるようになった。

徳重神社前の道路を2分ほど東に進むと，広済寺跡(臨済宗)がある。入口の左側にはくずれた仁王像がある。『伊集院由緒記』によれば，「薩州日置郡伊集院泰定山広済禅寺は，臨済宗京都五山の上，瑞龍山太平興国南禅禅寺直末派の禅刹なり。この寺往古は円勝寺と号し，同郡古城村の

徳重神社

116　北薩摩路

麓に在るなり。今また地をかえ名をかえて泰定山広済禅寺と号するなり」とある。この寺は薩摩半島随一の文教寺院となり、各地から多くの学才が集まり、大いに繁栄した。現在、広済寺跡地は墓地になっている。

　また墓地内には、第二次世界大戦時の特攻の先駆けといわれる海軍中将有馬正文の墓がある。第26航空戦隊司令官有馬正文は、1944（昭和19）年10月15日、率先して一式陸上攻撃機に乗り、敵の空母に向けて突入し戦死した。このあと、戦闘機による特攻も本格的に実行されていく。菊村到『提督有馬正文』は彼の伝記小説である。

　徳重神社近く、妙円寺団地への上り口に城山隧道がある。このトンネルに向かう一帯が、雪窓院跡である。上り口前の交差点の一隅に、2体の仁王像と島津義久の剃髪石（座禅石）が残っている。義久は豊臣秀吉に降伏する際、境内の座禅石で頭を剃り、恭順の意をあらわし、川内の泰平寺に向かったという。雪窓院は島津貴久の妻で、島津義久・義弘・歳久3兄弟の母雪窓院妙安大姉の菩提寺であったが、やはり廃仏毀釈で廃寺となった。

　JR伊集院駅をでて美山へ向かうと、まもなく妙円寺団地へ向かうトンネルがあり、そこからのぼると城山（標高144m）がある。ここが伊集院城とか、鉄丸城ともいわれる一宇治城跡である。中世、幾多の武将との攻防の歴史をもつこの山城は、神明城・伊作城・釣瓶城などの郭や空堀をもつ規模の大きい城である。島津貴久が1550（天文19）年に鹿児島に移るまでの5年間居城とし、三州領国化の拠点ともなった。現在は城山公園として、展望台（全長11.56m）やアスレチックなど遊戯施設も整備されつつあり、伊集院の町が一望できる。また、イエズス会の宣教師フランシスコ・ザビエルがこの地で貴久と会見し、布教の許可を得たとの言い伝えもあり、頂上に「島津貴久・ザビエル

徳重神社周辺の史跡

国道3号線に沿って

「島津貴久・ザビエル会見の地」碑

会見の地」碑がある。

伊集院郵便局近くにある藩の郡方書役助西郷隆盛の筆跡を残す永平橋は，1850（嘉永3）年着工し，翌年に石造の眼鏡橋として竣工された。今は西郷南洲遺墨石碑でそれとわかる程度で，昔の面影は残っていない。

JR伊集院駅より伊集院小学校のほうへ約10分歩くと，伊集院幼稚園の隣には竜泉寺墓地がある。この寺は，島津5代貞久が，1328（嘉暦3）年に建立したもので，はじめ称立寺と称していたが，3度の火災にあって竜泉寺と改めた。宗派は踊念仏を特色とする時宗である。この竜泉寺墓地の一角に有馬新七の墓がある。有馬新七は，1862（文久2）年，京都伏見の船宿寺田屋で，薩摩藩尊攘派志士が島津久光の家臣により殺害された寺田屋事件で闘死した志士である。この地に墓があるのは，もともと伊集院郷士出身であったことによる。

伊集院小学校を貫通する犬之馬場の東端に南方神社の石塔があり，その手前にかつて地頭館（地頭仮屋）本門があり，藩政時代，郷政の中心であった。麓もこの地頭館を中心に形成された。伊集院郷は当時29の村落からなり，現在の日置市伊集院町と旧松元町にあたる。このうち，直木村など6村が明治期に上伊集院村となり，さらに1960（昭和35）年の町制施行により松元町となった。それ以外の村は中伊集院村と下伊集院村となり，これも1956年に伊集院町として発足した。

南方神社は伊集院郷の惣鎮守で，古くは諏訪大明神と称され，祭礼時には藩主の代参が行われた伊集院五社の筆頭であった。なお伊集院五社とは，諏訪大明神・新宮熊野三所権現・稲荷大明神（麓）・神明宮（大田村）・九玉大明神（郡村）である。

玉山(たまやま)神社 ❷ 〈M ▶ P.115, 117〉 日置市 東 市来町美山(ひおきし ひがしいちきちょう みやま)
JR鹿児島本線伊集院駅🚌加世田(かせだ)行美山🚶15分

陶工たちの篤い尊崇 薩摩焼の生産地美山

　美山でバスをおり，串木野方面へいくと玉山神社がある。かつて文禄(ぶんろく)・慶長(けいちょう)の役に出陣した島津義弘は，朝鮮人の陶工約80人をつれ帰り，そのうち40人余りが，串木野島平(くしきのしまびら)で陶器をつくりはじめた。その後1603(慶長8)年に美山(旧苗代川(なえしろ))に移住し，島津氏の庇護(ひご)のもとで，薩摩焼を完成させた。

　望郷の念の強い美山の陶工たちは，1605年に朝鮮国の始祖とされる檀君(だんくん)の霊をまつるために，美山の小高い丘のうえに玉山神社を創建(わ)した。のち1766(明和3)年には島津氏によって，陶器神に祭神がかえられ，社殿も創建された。神社への上り口には，藩財政の建て直しを行った調所広郷(ずしょひろさと)の招魂碑(しょうこんひ)がある。広郷の施策が，いきづまっていた薩摩焼を救ったことから，1848(嘉永元)年村民によってたてられた。

　薩摩焼には白薩摩と黒薩摩があり，白薩摩は藩の御用達用で，陶土もとくに指宿(いぶすき)の成川(なりかわ)や肥後天草(あまくさ)のものを使用した。黒薩摩は庶民用で，その用途も黒じょか(焼酎を直燗するための酒器)や花瓶(かびん)・壺など実用品が多く，陶土も周辺のものを利用し市販されていた。幕末から明治時代にかけて12代沈壽官(ちんじゅかん)により透(すかし)彫りの技法がはじめられた。陶芸ブームもあり，最近は11月初旬に美山窯元祭りが開催され，美山陶遊館ではろくろ体験などができるようになった。近くの伊作田(いざくだ)では瓦(かわら)の製法が陶工により伝わり，江戸時代から明治時代初期まで農家の副業として瓦づくりが行われた。また陶工の鄭宗官(ていそうかん)は，樟脳(しょうのう)の製法を薩摩に伝えた。樟脳製造創業の碑が美山小学校近くにある。

　また美山は第二次世界大戦中の日米交渉を外相としてつとめ，さらに終戦工作

薩摩焼沈壽官窯

国道3号線に沿って　119

にあたった東郷茂徳の生誕地でもある。その生涯を紹介する元外相東郷茂徳記念館が，生家跡地にある。

鶴丸城跡 ❸

〈M ▶ P.115, 117〉 日置市東市来町長里
JR鹿児島本線東市来駅 🚶 10分

御家人市来氏の居城ザビエルも一時滞在

　市来は中世には市来院といわれて，はじめ院司大蔵氏の支配するところであったが，鎌倉時代に惟宗姓市来氏に院司職がゆずられ，その後は市来氏相伝の地となった。

　東市来駅の北方300mほどの東市来支所近く，鶴丸小学校の裏山の鶴丸城跡が，市来氏代々の居城であった。そのため鶴丸城は市来城ともいう。市来氏は南朝方の武将として守護島津氏と対立し，長い間戦いに明け暮れた。1462（寛正3）年，7代久家のときに島津立久に屈服した。その後，城は伊集院忠朗・新納康久がまもっていた。1550（天文19）年6月，フランシスコ・ザビエルが鹿児島から平戸（長崎県）にいく途中，鶴丸城にしばらく滞在し，再度同年8月平戸に向かうため，市来湊から乗船する際も12日間滞在している。このときすでにキリスト教の洗礼をうけていた康久の家老ミカエルと再会し，康久の妻や家臣17人ほどが洗礼をうけたという。1561（永禄4）年宣教師アルメイダが島津貴久に招かれ，鹿児島にいく際も当城に滞在，帰路も10日間滞在し，康久の子どもらを含め80人に洗礼をうけさせ，ミカエルを激励したという。

　なお山腹には3代時家を顕彰して，南朝忠臣市来氏顕彰碑がある。また，丹後局が建立したと伝えられる大日寺跡（真言宗）が鶴丸小学校の裏地にあり，歴代住職の墓もあった。その後，小学校拡張工事のため，墓は城跡入口に移された。

　国道3号線沿いにある湯之元温泉は，1676（延宝4）年に黒川大炊兵衛によって始められ，藩直営で御前湯・地頭湯・坊主湯・打込湯などがあった。

鶴丸城跡

来迎寺跡墓塔群 ❹

〈M ► P.115, 121〉いちき串木野市大里1197
JR鹿児島本線湯之元駅🚍川内行島内🚶25分

市来氏の菩提寺 丹後局の碑もある

　島内バス停から食品加工センターに向かって約400mのところを左折して、さらに山道をのぼっていくと標札があり、さらに100mいくと来迎寺跡墓塔群(県史跡)がある。来迎寺は中世豪族市来氏の菩提寺で、寺跡には五輪塔や石塔がたち並び、3代時家・4代氏家・5代忠家・6代家親の墓などが確認できる。

　中世、市来院を支配していた市来氏は、室町時代の7代久家のとき、島津立久に滅ぼされた。立久は長里に両親の菩提寺として龍雲寺を建立し、1473(文明5)年来迎寺領の水田3町歩と、山野畠地などを龍雲寺に寄進した。その後、龍雲寺の玄済が1548(天文17)年に末寺として来迎寺を再建し、明治初年の廃仏毀釈により廃寺となった。跡地には「文永十二(1275)年四月廿二日」銘の島津忠久の母丹後局の墓所とされる碑がある。

　市来駅から国道3号線に向かい800mほど歩き、市来農芸高校前から川上行のバスに乗り、中組バス停で下車して400m引き返した河岸に川上(市来)貝塚がある。縄文時代後期の市来式土器が出土したことで知られている。南九州に広く分布し、交易によってもたらされた土器は、北は四国、南は沖縄県にもおよんでいる。

　なお大里地区では、七夕踊(国民俗)が旧暦7月7日に行われる。島津義弘の朝鮮出兵の凱旋祝いとして踊りがはじまったといわれ、

来迎寺跡墓塔群(丹後局の墓所)

来迎寺跡墓塔群周辺の史跡

国道3号線に沿って　　121

太鼓踊を中心に，鹿・牛・虎・鶴などの張り子の踊りや，琉球王行列や大名行列などが行われる。

串木野城跡 ❺ 〈M ▶ P.115〉いちき串木野市上 名字 城ノ元・西ノ口
JR鹿児島本線串木野駅 🚶20分

別称亀ヶ城　串木野氏の居城

　串木野駅から国道3号線を南へ400mほどいき，大原町の交差点を左折して進むと串木野麓に着く。麓の中央に位置するのが串木野城跡である。串木野城は亀ヶ城ともよばれている。『三国名勝図会』に，薩摩六郎忠直の3子三郎忠道が，13世紀の初め串木野の城主になって以来，1342（康永元）年5代七郎忠秋が島津貞久に滅ぼされるまで，約120余年串木野氏の居城であった。その後は川上氏・山田氏らを経て，藩政時代は島津氏直轄領として外城となり，城の東麓に地頭館がおかれた。

　麓には長谷場純孝生誕の地がある。長谷場は，西南戦争で薩軍にしたがい負傷したが，1882（明治15）年には頭山満らと九州改進党を結成し，明治から大正にかけて政治家として活動した。立憲政友会の創設にかかわり，衆議院議長，第2次西園寺公望内閣の文部大臣もつとめた。また鹿児島本線の開通や南薩鉄道の敷設に貢献した。

　串木野城跡から東へ約600m，標高約50mの台地縁辺部から低湿地にかけてが栫城跡（現，串木野IC）である。南九州西回り自動車道建設にともない，2000（平成12）年から発掘調査が行われ，旧石器時代から近世までの複合遺跡であることがわかった。とくに，南九州ではじめて，中世から近世にかけて使用されたと考えられる石切場が確認された。陶磁器など大量の出土品のなかには，徳之島産のカムィヤキ（類須恵器）も含まれ，注目される。

　市街地には串木野新港をはじめ西薩中核工業団地，国家石油地下備蓄基地があり，地域産業の振興と港湾活動の活性化が進んでいる。現在高速船をはじめ

地頭館跡

甑島航路はすべて新港からの発着である。

国道3号線へ戻り南へ徒歩約20分,照島地区の島平は,1598(慶長3)年島津義弘が慶長の役の際,朝鮮の陶工を引きつれて上陸した地であった。当地で43人が農業をしながら陶器をつくっていたが,1600年に苗代川(美山)に移住した。壺屋に串木野窯跡があり,ここが薩摩焼の発祥地である。

窯跡から長崎鼻にでて海岸に沿っていくと照島公園にでる。奇岩・巨岩が多く,1790(寛政2)年藩主島津斉宣が清遊中に,男池の奇岩に目をとめて彫らせたと伝えられる,驪龍巌の3文字も残っている。公園内にある照島神社は江戸時代松尾大明神とよばれた。

JR串木野駅から美しい海岸線に沿って北西へ土川行きのバスで20分ほどいくと,羽島に着く。いちき串木野市の西北部羽島地区は,留学生渡欧の地である。ここから薩摩藩の英国留学生ら19人が,1865(慶応元)年3月,イギリス船オースタライエン号に便乗し旅立った。旅立ちの地は,羽島浦黎明公園として整備され,その公園に薩摩藩英国留学生の碑がある。

羽島は与謝野鉄幹に師事し,『明星』『スバル』などで活躍した孤高の歌人萬造寺斉の生誕地でもある。萬造寺は『明星』廃刊後もロマンチシズムをつらぬきとおし,薄幸の歌人として70歳の生涯を閉じた。萬造寺を顕彰する歌碑が羽島崎にあり,佐藤春夫の撰により,新村出揮毫の3首の望郷歌がきざまれている。その1つに「ふるさとや 海のひびきも 遠き世の こだまの如し 若き日思へば」がある。

旧暦2月4日に羽島崎神社の春祭りとして,太郎太郎祭り(県民俗)が行われる。豊作を祈る祈年祭と,豊漁を祈る船持ちの祭りであると同時に,5歳になった子どもの祝い行事でもある。この日に使う牛の木彫りの面の裏に「安永十(1781)年二月四日作」とあり,祭りの歴史の古さがうかがえる。

冠嶽 ❻

〈M ▶ P.115〉いちき串木野市冠嶽
JR鹿児島本線串木野駅🚍市比野行冠嶽🚶40分(展望公園から西嶽頂上まで)

冠嶽の由来は,遠くから眺めるとその形が風折烏帽子に似て,貴

国道3号線に沿って

徐福像

鎮國寺頂峯院護摩供養

山岳信仰の中心地 徐福伝説がある

人の冠を思わせるところから名づけられたとか，紀元前3世紀後半，秦の始皇帝の命令で，徐福が不老不死の仙薬を求めて当地にやってきた際に，冠をささげてその薬を求めたからともいう。

冠嶽は東嶽・中嶽・西嶽の3つの峰からなり，主峰の西嶽は海抜516mで，その東に続く中嶽と東嶽はやや低く480mである。展望公園から西嶽の頂上までは約40分でのぼれる。

3峰には東宮・中宮・西宮の熊野権現社がたてられ，冠嶽三所権現と称した。三所権現の別当寺を興隆寺（天台宗）といい，蘇我馬子が建立し，阿子丸仙人を開山としたと伝える。東嶽の東宮近くにたてられ，のち頂峯院（真言宗）となり冠嶽山鎮國寺と号した。

バス停から冠嶽神社の参道をいくと，両側に大きな仁王像と高麗狗がある。この一帯がかつての頂峯院跡である。明治初年の廃仏毀釈によって廃寺となり，跡地に冠嶽神社が創建された。開山の阿子丸仙人の名にちなんで，神社の背後に高くそびえる岩山を仙人岩という。社務所の裏からのぼっていくと，25分ほどで仙人岩頂上に着く。ここからは相対する護摩岩や宝生岩，人形岩などの奇岩が目にはいり，遠く中嶽から西嶽までが一望できる。

頂峯院はかつて薩摩における山岳信仰の中心地でもあった。現在は西嶽の中腹に再興され，徐福花冠祭や月例の回峰行などの行事

が行われている。頂峯院跡には、1992(平成4)年、中国風庭園冠嶽園が開園された。冠嶽の縮景を表現した築山や徐福像などがみられる。

また仙人岩の植物群落(県天然)には、キクシノブ・ヤッコソウの自生地がある。そのほか岩壁には、イワヒバ・ヒトツバ・ミツデウラボシなどのシダ植物も自生している。

芹ヶ野金山 ❼

〈M ▶ P.115〉いちき串木野市下名芹ヶ野
JR鹿児島本線串木野駅🚌川内行芹ヶ野🚶5分

薩摩藩直営の金山　近くに金山峠がある

串木野駅から北へ500mほどいくと、三井金属串木野鉱業所と製錬所がある。採鉱事務所はさらに北に3kmのところにある。この一帯の650万坪(2145万m²)の地が芹ヶ野金山である。鉱床は、新第三紀(約2400万年〜約170万年前)の安山岩中の石英方解石脈である。金山はもともと薩摩藩直営で1660(万治3)年に試掘され、最盛期は7000人が採掘に従事したという。その後産出量が激減し、1683(天和3)年枕崎の鹿籠金山があらたに発見されたため採掘中止となったが、元禄年間(1688〜1704)に再開。1717(享保2)年には休山とされたものの、1865(慶応元)年島津氏が三たび採掘し、全国に知られる金山となった。1906(明治39)年に三井鉱山が買いとり、第二次世界大戦後は1950(昭和25)年から神岡鉱業に経営が移り、1964年には現在の三井串木野鉱山になった。なお旧坑道を利用して、串木野ゴールドパークがトロッコ電車などを走らせ観光化したが、2003(平成15)年に閉鎖した。なお、跡地に薩摩金山蔵がオープンした。

製錬所から国道3号線を川内の方向に進むと金山峠がある。出水筋の難所の1つである。海抜80mの峠で、その峠の手前には、旧街道の名残りとして十里塚がある。塚の印として植えられたエノキは、「鹿児島下町札之辻」(現在の鹿児島東郵便局〈鹿児島市山下町〉の辺り)を起点として約40kmの地点にある。

甑島列島 ❽

〈M ▶ P.114,126〉薩摩川内市上甑町・里町・鹿島町・下甑町
串木野新港⛴1時間

カノコユリの生産地　沖瀬など奇岩絶景

串木野新港から50分の高速船フェリーで、上甑島の里港に上陸する。里町は江戸時代薩摩藩の直轄地で、地頭仮屋は里小学校の地に

国道3号線に沿って

甑島列島の史跡

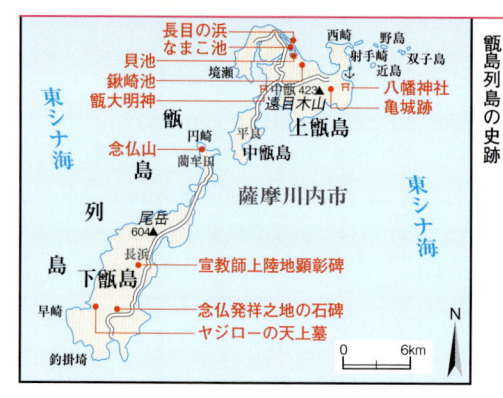

おかれた。付近は麓の古い景観を残しており、武家屋敷群をゆっくり散策することができる。集落内には八幡神社や西願寺（浄土真宗）などがあり、西願寺境内には一向宗弾圧で流刑となった出水郷土山田静治有秀の墓、天保年間(1830〜44)に、鹿児島にいく途中漂流し、亡くなった2人の琉球人墓、1609(慶長14)年の猪熊侍従事件にまきこまれてこの甑島に流された松木少将（松木宗隆）の墓などがみられる。この松木少将の子孫が、明治時代に条約改正交渉をつとめた寺島宗則（松木弘安）だといわれる。

麓から西に約200mのところに亀城跡がある。現在整備が進んで公園化し、頂上からは里町が一望できる景勝地である。トンボロ（陸繋島）もよくみえる。亀城は、中世以来甑島を支配した、鎌倉幕府御家人小川氏の代々の居城であった。小川氏は1595(文禄4)年阿多郡田布施郷（現、南さつま市金峰町）に移され、以後島津氏の直轄地になった。この城からさらに西へ200mほどさきに鶴城跡がある。鶴城は甑隼人の城であったという。

里町から中甑にいく途中に、長目の浜展望所がある。ここからの眺めはことのほか美しく、鍬崎池・貝池・なまこ池の三湖沼を形成する沿岸州が一望できる。1652(承応元年)島津光久が巡視の際に、「上甑第一の眺望な

長目の浜

り」と感動し，眺目の浜と名づけたという。

中甑に至る途中には，ヘゴ自生北限地帯(国天然)が里町橋ヶ迫にある。

上甑町の中心地が中甑である。里と同様麓の痕跡がみられる。ここには伝説上の梶原景季の墓(中野)と，楠木正行の墓(中甑)がある。上甑島と中甑島を結ぶ橋が，甑大明神橋と鹿の子大橋である。

甑大明神橋には，甑島の地名の発祥とされる大岩を神体とする甑大明神がまつられている。なお中甑港から薩摩川内市営の観光遊覧船が出航し，奇岩が多く断崖がみえる下甑島西海岸を周遊する。

下甑島は北端の鹿島町と南端の下甑町からなり，南北に細長い島である。明治の町村制施行によって下甑村から藺牟田村が分村し鹿島村ができた。かつて村人は藺牟田池にはえる藺草を，鹿島断崖から藺落浦におとして積みだしていたという。藺牟田には，1930(昭和5)年に建造された鹿島町離島住民生活センター(旧藺牟田漁業組合，国登録)がある。藺落の念仏山は隠れ念仏の跡地で，念仏発祥之地の石碑が残る。また西海岸の鹿島断崖付近はウミネコ繁殖地の南限として知られている。

下甑島は上甑島と同様，鎌倉御家人小川氏の支配をうけていたが，江戸時代薩摩藩の直轄地となり，手打に地頭館(現，下甑支所)がおかれた。昔ながらの麓集落が残り，武家屋敷の面影が残っている。手打湾には津口番所と遠見番所が，瀬々野浦にも遠見番所がおかれ，甑島近海をとおる船舶の監視にあたった。

手打から北西約4kmの片野浦は，隠れキリシタンのクロ教の伝承がある。クロとはクロス(十字架)の転訛したものという。神体は3体の仏像であり，死者があっても独特の儀式ののち，浄土真宗の僧侶が葬式をするので，隠れ念仏の一種で

甑大明神

国道3号線に沿って

トシドン

はないかとの見方もある。集落の小高い丘には，先祖墓と称する天上墓がある。一説によるとザビエルを案内して鹿児島に帰ったヤジローの墓とも伝えられる。

瀬々野浦は，沖瀬・鷹巣瀬など断崖や奇岩が多く，ことに沖瀬はその姿がナポレオンの横顔に似ていることから，ナポレオン岩ともいう。瀬々野浦からバスで甑島最高峰尾岳（604.3m）をこえ，約1時間余りで長浜に着く。1602（慶長7）年，マニラのドミニコ会宣教師モラレス一行が，上陸した地である。彼らは天主堂を設け，8年余りこの地で布教活動を行った。港の入口に宣教師上陸地顕彰碑がたっている。

カノコユリ

12月31日夜，手打や片野浦・瀬々野浦では面をかぶったトシドン（来訪神）が，子どものいる家をまわって脅したりさとしたりするトシドン（国民俗）がある。なお，最後には大きな餅を子どもたちにくれる。

甑島はカノコユリの里といわれ，夏に美しい花が咲く。花びらは白色で，内側に鮮紅色の斑点があり，鹿の子絞りを思わせる。古くから観賞用に栽培されたが，根（鱗茎）は食用にもなる。

② 薩摩川内市周辺

薩摩の国府がおかれた川内には、国分寺跡や一宮の新田神社など古代からの史跡が多い。

新田神社 ⓡ
0996-22-4722
〈M ► P.115, 130〉 薩摩川内市宮内町1935-2 P
JR鹿児島本線・肥薩おれんじ鉄道川内駅🚌 くるくるバス（東回り）新田神社⛩すぐ

古くは薩摩国の一宮 神社蔵の銅鏡は国重文

　川内駅からバスにのり直進して、国道3号線をこえ、薩摩川内市役所前をすぎて市街地を進み、川内川にかかる開戸橋を渡ると、前方に亀の形をした小高い丘があらわれる。この神亀山に瓊々杵尊ほかをまつる新田神社がある。創建の時期は、725（神亀2）年、880（元慶4）年などの諸説がありあきらかではないが、蒙古襲来後薩摩国の一宮として、古くから南九州の人びとに信仰されてきた。

　神亀山頂にある社殿は、文禄・慶長の役で朝鮮から帰った島津義弘・家久が、慶長年間（1596～1615）に造営・寄進したものである。その後歴代の薩摩藩主により造営・改修が続けられた。本殿・拝殿・舞殿・勅使殿（いずれも県文化）が一直線に並び、本殿両脇に摂社（県文化）をおき、たがいに回廊でつなぐ配置は県内唯一のものである。

　社務所の奥に宝物殿がある。宝物には「新田神社文書」（国重文、薩摩川内市川内歴史資料館に寄託）・鎌倉時代から南北朝時代の作とされる銅鏡3面（ともに国重文）をはじめ、祭礼に使われた仮面や楽器・装束、奉納された額や考古資料・美術品など貴重なものが多い。これらは1年に1度だけ御宝物虫干祭（8月7日）のときに公開される。入梅時期の日曜日に行われる御田植祭では、宮内と樋脇町倉野の奴踊・寄田町の棒踊（ともに県民俗）が奉納される。

　瓊々杵尊の陵墓とされる

新田神社

可愛山陵は神社裏手の東隣，神亀山東麓にあり，南北11m・東西10mの方形の墳丘である。この山陵は神代三山陵の1つである。

薩摩国分寺跡 ❿ 〈M ▶ P.115, 130〉薩摩川内市国分寺町大都および下台の一部 P

JR鹿児島本線・肥薩おれんじ鉄道川内駅🚌くるくるバス（西回り）歴史資料館前🚶5分

塔跡の礎石も残る史跡公園

　可愛山陵登り口から国道3号線をこえ，東北東方向に約1km進んだ辺りが薩摩国府跡で，県立川内高校の裏側一帯である。1964（昭和39）年からはじまった調査により，川内高校東側の道路を中軸とする方6町（一辺約700m）が国府域，その中央にある大園・石走島地区の方2町が政庁域と推定される。

　薩摩地方はもともと日向国に属していたが，702（大宝2）年に薩摩国として分離し，川内に国府が設置された。薩摩国に班田制が導入されたのは800（延暦19）年といわれ，隈之城の水田地帯には，坪塚・市之坪などの条里制と関連する字名が残る。

　国府跡から国道3号線を南へ進み，大小路町から国道267号線を東へ約1km，市道隈之城・高城線との交差点から北へ約200mの地に薩摩国分寺跡（国史跡）がある。創建は奈良時代末期から平安時代初期と推定される。1968年からの発掘調査によれば，国府の東側に隣接して建設され，南北約130m・東西約120mの区域に南大門・塔・金堂・講堂などの建物の存在があきらかとなった。建物の規模は他国にくらべ小さく，創建時の伽藍配置は奈良県高市郡明日香村の川原寺に類似する。1976年には諸遺構を含む1.5haの範囲が

薩摩川内市中心部の史跡

130　北薩摩路

国の史跡として追加指定をうけた。その後史跡整備事業が実施され，1985年薩摩国分寺跡史跡公園として開園した。

薩摩国分寺跡の東側に隣接し，標高4mの湿地に位置する京田遺跡は，九州新幹線鹿児島ルート建設に伴い，2000(平成12)年から発掘調査が行われた。多くの土器や木製品が出土し，弥生時代から平安時代の複合遺跡であることがわかった。発掘調査中に，鹿児島県ではじめての古代木簡(県文化)が出土した。木簡は長さ40cm・幅3cmの棒状で，四面に55文字が確認された。「嘉祥三(850)年」の銘があり，その内容から郡司が次官をつうじて在地の有力者に田地の差し押さえを告知したものであることが判明した。また，「九条三里」と記載されており，9世紀中頃，薩摩国での条里制の実施が確認された。発掘で出土した木簡などは鹿児島県立埋蔵文化財センターに保管されている。

薩摩国分寺跡から北へ約1km，中郷町鶴峯の丘陵部に鶴峯窯跡3基(1号窯・2号窯は国史跡)がある。1966(昭和41)年に発掘調査が行われ，薩摩国府・国分寺の瓦が焼かれたことが判明した。

国分寺跡から東へ徒歩2分，国道267号線沿いに薩摩川内市川内歴史資料館がある。正倉院を模した重厚な外観の建物で，川内の歴史と文化を展示するとともに，川内地方の民俗を紹介している。おもな展示品には，新田神社に伝わる古文書や，1587(天正15)年の小西行長ら奉行連署の禁制札からなる「新田神社文書」(国重文)，久見崎町の船大工樗木家に伝わった船大工樗木家関係資料(国重文)，薩摩国分寺の復元模型などがある。2004年1月，同じ敷地内に旧川内市にゆかりのある文学者の作品や資料を展示した川内まごころ文学館も開館した。

歴史資料館の裏，銀杏木川沿いには万葉の歌碑15基が設置され，歌にちなんだ植物が植えられている万葉

薩摩国分寺跡の塔心礎柱納穴(直径65cm)

の川筋散策の路（万葉の散歩道）がある。

泰平寺 ⓫
0996-22-4593
〈M ▶ P.115, 130〉薩摩川内市大小路町48-37 P
JR鹿児島本線・肥薩おれんじ鉄道川内駅🚶15分，🚌くるくるバス（東回り）泰平寺🚶すぐ

秀吉の本陣跡
塩大黒天の伝説

　川内駅から国道3号線を北に進み，太平橋を渡って約200mで右折し，約400mいくと泰平寺（真言宗）に着く。創建は708（和銅元）年といわれるが明確ではない。南北朝時代に足利尊氏の命により，全国60余州の寺に1国1基の塔婆（利生塔）がたてられた際，薩摩では泰平寺に建立された。豊臣秀吉が1587年，薩摩に侵攻したときにはその本営となり，ここで島津義久は，秀吉に恭順の意を表した。境内には，和睦を記念してたてられた和睦石や，当時の住職であった宥印法印の墓がある。また塩が不足して寺が困ったとき，甑島まででむいて塩を調達してきたという塩大黒天（木像）も伝えられる。

　泰平寺から東へ天大橋を渡って約300m，市道碇山・松崎線に沿った小高い山が碇山城跡である。記念碑によれば，1339（暦応2）年，島津5代貞久は碇山城にはいり，南北朝時代にこの地で勢力を張った渋谷氏らと交戦している。現在採石場となり，城跡の大半が失われている。

　碇山城跡から北へ約2km，天辰町皿山に平佐焼窯跡がある。近世平佐領主北郷家の家臣伊地知団右衛門が，領主の久陣に進言して天明年間（1781〜89）に磁器窯を開いたのが始まりとされる。窯跡周辺には，窯道具や磁器の破片などをみることができる。

　川内駅近くの平佐西小学校から字庵之城辺りは，かつてなだらかな丘陵地で，秀吉軍と桂忠昉が率いる島津軍とが激戦をかわした平佐城跡である。平佐から

和睦石

132　北薩摩路

東へ約1km，永利町の石神神社境内にはオガタマノキ（国天然）がある。高さ約22m・根回り約11mで，樹齢は約800年と推定される。

オガタマノキ

京泊天主堂跡 ⑫
0996-22-4593

〈M▶P.115,134〉薩摩川内市 港 町唐山
JR鹿児島本線・肥薩おれんじ鉄道川内駅 🚌 川内港行
川内市漁港前 🚶 すぐ

ドミニコ会の教会跡 大神宮の碑

　川内川河口にある川内港は，古くから交通の要衝として栄えてきた貿易港である。不定期に中国の上海と結ぶ貨客船（鑑真号）が運行されている。港の東側約1kmの京泊港は古くから商港として賑わい，江戸時代には参勤交代にも利用された。

　港の北側，火力発電所前面の南側砂丘上に，京泊天主堂跡がある。甑島での布教に失敗したドミニコ会神父らが京泊への移転を許され，1606（慶長11）年，天主堂をたてた。その後キリスト教が禁止され，1609年に神父らは長崎に追放となった。現在，大神宮と記された碑が残る。

　船間島は現在陸続きになっているが，かつては河口右岸寄りに浮かぶ周囲4kmの中島で，藩政時代は密貿易の隠れ場や避難港に利用された。丘の上にある船間島古墳は直径17mの円墳で，その竪穴式石室は小口積みで，壁面に朱が塗られている。

久見崎軍港跡 ⑬

〈M▶P.115,134〉薩摩川内市久見崎町船手前
JR鹿児島本線・肥薩おれんじ鉄道川内駅 🚌 寄田・土川方面行展示館前 🚶 3分

古くは朝鮮出兵の港 薩摩藩の軍港

　川内港から河口大橋を渡った対岸が，久見崎軍港跡である。古くから港として栄え，1597（慶長2）年の豊臣秀吉の朝鮮出兵に際して，島津義弘らは約1万の兵を率いてここを出港した。

　江戸時代，久見崎は対岸の京泊とともに水上交通の拠点となった。薩摩藩には軍港全体を管理する船手が配置されるが，久見崎にも寛

薩摩川内市周辺　133

川内港周辺の史跡

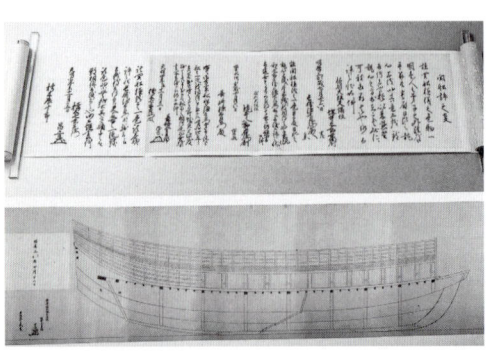

永年間(1624〜44)に船手奉行が在番し、参勤交代に用いる藩船の建造や管理、貿易の取り締まりを行った。久見崎川にかかる春日橋の周辺が造船所跡で、古い石垣の家並みがみられる本馬場には、軍港関係の武士たちが集住し、船手奉行所や藩主滞在用の御仮屋があった。

軍港跡から西へ約1km、県道寄田・土川線沿いの松林のなかに、朝鮮出兵記念碑がある。8月16日には記念碑の前で、久見崎盆踊り(「想夫恋」、県民俗)が踊られる。

久見崎の樗木家に伝わった船大工樗木家関係資料(国重文)は、藩政時代の造船

船大工樗木家関係資料

関係資料である。船の設計図や大工道具などもあり、全国的に貴重なものとされる。なかでも、1657(明暦3)年の安宅型軍船図はわが国唯一のものである。いずれも薩摩川内市川内歴史資料館に保管・展示されている。

川内川河口の南、海岸部に川内原子力発電所がある。出力89万

久見崎盆踊り(「想夫恋」) コラム

行

夫や息子を供養する哀調ただよう歌詞と音色

　1597(慶長2)年、島津義弘は1万人余りの兵を率いて、久見崎の港から朝鮮へ出陣した。当時の久見崎は島津領内で有数の軍港の1つであり、久見崎の御船手(水軍)の男たちも従軍した。翌年、豊臣秀吉の死去によって全軍引き揚げとなったが、島津勢も多くの戦死者がでた。帰還する兵士たちを迎えるために家族はこぞって海岸に集まったが、帰らぬ夫や息子に悲嘆に暮れる妻や母の姿があった。亡き人の霊を供養するために、御船手の女性たちが盆明けの旧暦7月16日(現在は8月16日)に踊りはじめたのが、その起源という。

想夫恋

kwが2基あり、九州で2番目の規模を誇る。発電所正門前の宮山池のほとりに展示館がある。ここから南へ約1km、寄田町の小比良池にはオニバス(県天然)が自生する。県内唯一の自生地で、日本の南限地である。

長崎堤防 ⑭

薩摩藩最大の干拓工事 袈裟姫伝説

〈M ▶ P.115,134〉薩摩川内市高江町長崎
JR鹿児島本線・肥薩おれんじ鉄道川内駅🚌久見崎・寄田方面行長崎堤防🚶すぐ

　久見崎から川内川を約7kmさかのぼった高江町には長崎堤防がある。1679(延宝7)年、藩主島津光久は小野仙右衛門を普請奉行に任じ、大規模な干拓工事を命じた。工事にあたり仙右衛門の一人娘袈裟姫が人柱になったと伝えられ、約8年の歳月をついやし完成した。鋸歯型の堤防は、今でも川内川の氾濫をおさえ、水田をまもっている。近くには仙右衛門をまつった小野神社があり、神社下の崖には工事完成を祈った「心」の文字がきざまれている。

　堤防から市街地方面へ約1.2km、高江町の県道脇の阿弥陀堂(長崎公民館)には阿弥陀如来坐像1軀・両脇侍像2軀(ともに県文化)がある。曹洞宗福昌寺の末、高江の弥陀山長崎寺(廃寺)に古くか

阿弥陀如来坐像・両脇侍像

ら伝わったものである。阿弥陀如来は平安時代後期の定朝様を今に伝える，県内ではもっとも古い木像仏の１つである。両脇侍像は13世紀後半の制作と推定される。

阿弥陀堂から東へ高江の峰山小学校近く，八間川河口に江之口橋がある。1848（弘化５）年，肥後の石工岩永三五郎が薩摩藩内で最後につくった石造眼鏡橋といわれる。

江之口橋からさらに東へ約800ｍ，南方神社の春祭りには太郎太郎踊り（県民俗）が奉納される。「田打」をモチーフにした豊作祈願の芸能である。登場人物はオンジョ（爺），テチョ（父），太郎らである。踊りというよりは寸劇で，田仕事や出産の様子が喜劇風に演じられる。現在は３月の第１日曜日に奉納される。

市街地から国道３号線を約15km北上すると，東シナ海をのぞむ西方海岸に着く。海岸には親子の姿に似た人形岩と名づけられた高さ10ｍ以上の奇岩がある。海辺で亡くなった母親が人形岩の父と子にあいにいく伝説が残されている。夏は多くの海水浴客で賑わう。

西方海岸から県道339号線を東へ約４km，湯田町に川内高城温泉がある。湯田川上流の山あいの秘湯で，リウマチ，神経痛などに効能がある。温泉発見の年代は不詳だが，『薩隅日地理纂考』によれば，「客舎四方に連りて，浴人絶ゆる事なし」と藩政時代から湯治客が多かったという。また，西郷隆盛も当温泉をたびたび訪れ，狩りや囲碁に興じた地でも知られる。日本の名湯百選に選ばれている。

年中行事で知られるのは川内大綱引（県民俗）である。秋分の日の前夜に市街地の大通りで行われる，勇壮で迫力に満ちた綱引きである。豊臣秀吉の朝鮮出兵に際し，領民の士気を鼓舞するためにはじめられたといわれる。

3 阿久根から出水へ

江戸時代には参勤交代の行列が出水筋をとおり，感応寺や出水麓の武家屋敷など旧跡が多い。

阿久根港 ⑮ 〈M ▶ P.115,138〉 阿久根市港町
肥薩おれんじ鉄道阿久根駅 🚶15分

琉球貿易の玄関口 漁業で栄えた港町

　阿久根市は，古代は交通の要所であったらしく英禰駅がおかれ，中世には莫禰院の院司をつとめた莫禰氏が島津氏の庇護のもと統治した。近世は薩摩藩の直轄地となり，はじめ山下村，のちに波留村（現，新町）に地頭仮屋がおかれた。

　西方海岸から国道3号線を約2km北上すると，阿久根市にはいる。さらに北へ進み，大川の国道沿いに道の駅阿久根がある。東シナ海に面し遠く甑島列島を望むことができる。館内には，阿久根の特産品が販売され，海の幸を賞味できるレストランもある。これから国道沿いに北へ続く牛之浜海岸は，海岸線が複雑に入り組み奇岩の多い景勝地である。阿久根大島を含む海岸線一帯は，阿久根県立自然公園に指定されている。1818（文政元）年，この地を旅した頼山陽は，その感動を漢詩に詠み，「山陽詩碑」が肥薩おれんじ鉄道牛ノ浜駅裏の山陽公園内にたてられている。

　阿久根駅から南へ約600m，国道沿いの阿久根市立図書館内に阿久根市立郷土資料館がある。阿久根に関する古文書や，歴史・民俗資料が展示されている。なかでも脇本古墳群（県史跡）の出土品，阿久根砲（県文化），藩の御用商人河南家の海運に関する古文書類は貴重な文化財である。阿久根砲は16世紀ごろのポルトガル砲で，真鍮その他の合金でつくられ，口径7cm・全長は3mある。1957（昭和32）年に阿久根市旧台場近くの海岸（琴平海岸）の砂浜で発見された。戦国時代の天文年間（1532〜55）には，ポルトガル・スペイ

阿久根砲

阿久根から出水へ

阿久根港周辺の史跡

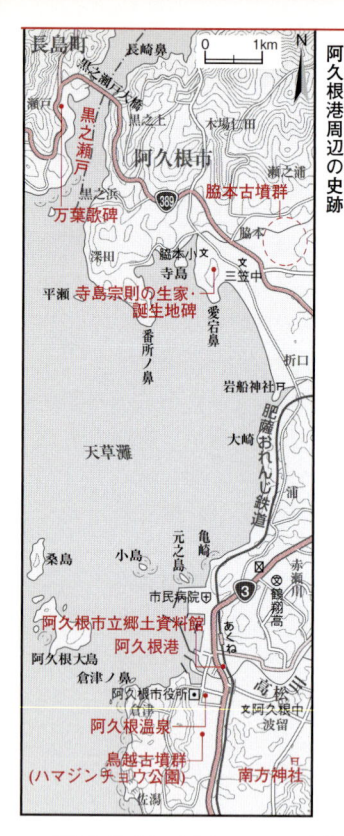

ン・中国船の来航が盛んであったようだ。

阿久根駅の西方，高松川河口部に阿久根港がある。かつては阿久根港の南，倉津ノ鼻東側の入江の倉津港が中心で，津口番所もおかれていた。

藩政時代の阿久根は，漁業とともに海運業の港町として栄えた。藩主の参勤交代や藩領外への出航地として利用され，港の周囲には町が形成された。

阿久根の藩御用商人として活躍した河南源兵衛一族は，江戸時代初期に先祖が明から帰化し，薩摩藩の唐通事をしていたが，やがて大船を建造し船主に成長，指宿湊の浜崎太平次らとともに藩の琉球貿易，江戸・大坂への砂糖・藩米の輸送などにあたり，藩財政に大きく貢献した。

大正・昭和期は長崎・甑島・牛深（熊本県牛深市）との間に定期航路が開設されて，海上交通の要地として栄えたが，第二次世界大戦後，航路はつぎつぎと閉鎖され，現在は沖合いに浮かぶ阿久根大島への航路だけとなった。

高松川河口の左岸には，1912（大正元）年医師中村静興が温泉の掘削に成功して，阿久根温泉ができた。強食塩泉で，皮膚病などに効く。近くの潟地区はかつてツルの渡来地としてその名を知られた。

市役所の南側，阿久根市民会館の北東約450m，塩鶴町に鳥越古墳群があった。都市計画事業により近くに移設・保存され，現在はハマジンチョウ公園として整備されている。調査の結果，1号墳は4世紀ごろの初期畿内型古墳の特徴をもつ，竪穴式石室であることがわかっている。公園のすぐ近く，排水溝の土手にはハマジンチョウ（県天然）が自生する。ここが九州本土の北限である。

北薩摩路

港から国道3号線へでて阿久根中学校入口交差点から山下方面へ約1.5km、波留に南方神社がある。旧暦7月28日（現在の8月下旬）の例祭当日、8年ごとに神舞（県民俗）が奉納される。江戸時代に波留村の庄屋が8年ごとに交替するのにあわせて、五穀豊穣を祈って催されたもので、地頭も臨席して観覧したという。この神舞は瓶・剣・弓などさまざまなもので祭場を清め、天岩戸を開いて天照大神を迎えるという舞いである。演目は7つあるが、毎年2つほどが仮奉納され、多くの市民で賑わう。

脇本古墳群 ⓰　〈M ▶ P.115,138〉阿久根市脇本新田ヶ丘および糸割渕
肥薩おれんじ鉄道阿久根駅🚌長島方面行三笠中学校前🚶5分

6世紀の古墳　須恵器など多数出土

阿久根駅から徒歩15分で阿久根大島行渡船場に着く。渡船場から連絡船で約10分、沖合い約2kmに浮かぶのが阿久根大島である。周囲約4kmで、すぐ北には桑島、東方には小島・元之島の小島が連なり、古くから母子島の別称がある。奇岩・奇礁、白砂青松の景勝地で、歴代薩摩藩主ほか多くの文人も訪れている。現在140頭ほどのシカが生息しているが、万治年間（1658〜61）藩主島津光久が一対のシカを放ったのが始まりという。阿久根県立自然公園の中核をなし、日本の水浴場88選に選ばれ、夏場にはキャンプや海水浴など多くの観光客で賑わう。

県道阿久根・脇本線の三笠三文字交差点近く、脇本橋之浦東には明治時代の外務卿寺島宗則の生家と誕生地碑がある。寺島ははじめ松木弘安といったが、生家前の海に浮かぶ寺島にちなみ改姓した。

国道389号線をはさんで三笠中学校の反対側、脇本の新田ヶ丘一帯が脇本古墳群（県史跡）である。新田ヶ丘1〜4号墳と、東側300m離れた糸割渕1・2号墳の総称である。1962（昭和37）年池水寛治により発見され、6世紀後半の横穴式石室をもつ高塚古墳と南九州独自の地下式板石積石室墓が併存する古墳群で、土師器・須恵器・鉄剣などが多数出土した。

黒之瀬戸 ⓱　〈M ▶ P.115,138〉阿久根市脇本黒之浜
肥薩おれんじ鉄道折口駅🚌長島行黒之浜🚶1分

折口駅からバスで15分、鹿児島県本土と長島を隔てる350m余り

阿久根から出水へ

黒之瀬戸大橋

日本三大急流の1つ「万葉集」に載る名勝

の海峡黒之瀬戸に着く。北は八代湾，南は東シナ海に連なり，干満の差による海流の速さは有名で，昔から海上交通の難所とされ，俗謡に「一じゃ玄界灘，二じゃ千々岩灘，三じゃ薩摩の黒之瀬戸」などとうたわれている。『万葉集』4500首のなかに黒之瀬戸を詠んだ歌が2首ある。その1つ，長田王の「隼人の薩摩の瀬戸を雲居なす 遠くも吾は今日見つるかも」の歌は有名である。対岸長島の瀬戸に長田王の歌が刻まれている万葉歌碑がある。

1974(昭和49)年，住民待望の黒之瀬戸大橋(全長502m)が開通し，長島町の地域開発と観光に大きな役割をはたしている。

指江古墳群 ⓲　〈M ▶ P.115, 141〉出水郡長島町指江
肥薩おれんじ鉄道折口駅🚌平尾行指江🚶10分

16世紀後半の群集墳 140をこす石室

阿久根から黒之瀬戸大橋を渡ると，対岸が長島である。古くは肥後国に属していたが，中世末に薩摩国出水郡に編入されたといわれる。2006(平成18)年3月，長島町と東町が合併し新「長島町」が誕生した。

国道389号線を北上し，唐隈で下車，バス停から900mの唐隈港に遣唐使船漂着の記念碑がある。778(宝亀9)年，帰国途中の遣唐使船が暴風雨にあい，第1船が長島に漂着し41人が救助されたという。

さらに国道389号線を進み，城川内にはいると，天草を対岸にのぞむ堂崎鼻がみえる。ここが堂崎城跡である。14世紀以来長島氏の居城であった。1565(永禄8)年，城主天草越前正のとき，薩州島津家が長島に侵攻し，以後長島は島津家の領地となった。登城口の石段は当時のままである。近くに，城主であった島津忠兼の記念碑がある。

バスを指江で下車し，指江庁舎から海岸のほうへ400mほどいくと，指江古墳群(県史跡)がある。長さ180m・幅15〜70mの海岸に，140を超す石室が発見された。竪穴式石室を有する群集墳で，副葬

品はほとんどない。古墳時代の終末期，6世紀後半に属すると考えられる。

指江庁舎をすぎ国道を1kmほどいくと，道の駅・長島ポテトハウス望陽がある。地元長島の特産物が販売されている。その丘のうえにサンセット長島(旧国民宿舎)，その横には温泉センターがあり，裏手には長島町歴史民俗資料館がある。長島の歴史・民俗・風土などを豊富な資料で紹介する。おもな展示品は，同町に数多く存在する古墳関係のもので，勾玉などの出土品が目をひく。また，口五島や徳之島など中世国家の境界領域が記載されている1306（嘉元4）年の「千竃時家処分状」などの「千竃文書」が同館に寄託されている。千竃氏はもともと平氏で，尾張国愛知郡千竃荘を領した。北条得宗の被官で，承久の乱後，薩摩国に下向して河辺郡地頭代官職・郡司職をつとめた。

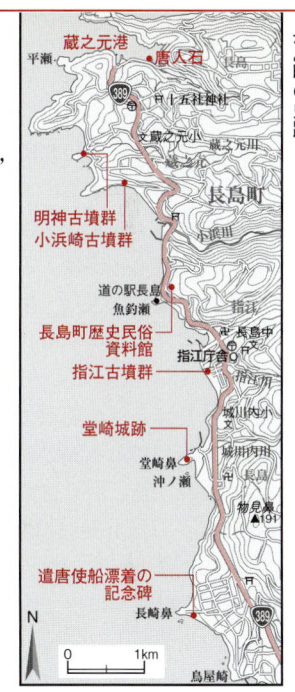

国道389号線をさらに北上，海水浴場のある小浜崎半島の丘陵に小浜崎古墳群(県史跡)がある。鬼塚古墳，白金崎古墳など6基の古墳の総称である。なかでも白金崎古墳は，勾玉などの装飾品が多数出土した古墳として有名である。小浜崎古墳群は，畿内式高塚古墳の九州西海岸での南限地域を示すものとして，重要な史跡である。

蔵之元小学校から海に向かって約800m，明神浜の雑木林に明神古墳群(県史跡)がある。指江古墳群同様，竪穴式石室を有する群集墳で，約30基の竪穴式石室が点在する。うち6基の

白金崎古墳の石室

阿久根から出水へ

発掘調査が行われ，鉄刀・鉄鏃・土師器・人骨などが出土した。古墳時代末期，6世紀後半〜7世紀の古墳と考えられ，指江古墳群と同形式である。約2.5km北側の温之浦には，3基の横穴式石室からなる温之浦古墳群がある。

　長島の北西部，蔵之元湾は長島海峡に面し深い入江になっている。そこに開けた蔵之元港は，古くから天草地方とともに貿易中継地として栄えた。現在は天草・牛深方面へのフェリーの発着場である。蔵之元湾の奥には，江戸時代外国船をつないだと伝えられる唐人石がある。

　長島町は長島とその北東にある諸浦島・伊唐島・獅子島，およびこれらに付属した大小20の島々からなる。浦底・三船などの浦が深くはいりこみ，美しいリアス式海岸を形成している。

　蔵之元港から国道389号線を瀬戸まで引き返し，県道47号線にはいりしばらく進むと，加世堂湾をのぞむ丘陵に加世堂古墳（県史跡）がある。6世紀後半につくられた，横穴式石室をもつ帆立貝型の積石塚古墳である。

　長島町役場から東へ約1km，鷹巣には日本マンダリンセンターがある。1993（平成5）年に完成した柑橘類の博物館で，品種見本園があり，ミカンの歴史などがビデオや模型などで展示してある。また，郷土資料館も併設している。

感応寺 ⑲
0996-84-2075　〈M ▶ P.115, 143〉　出水市野田町下名　P　肥薩おれんじ鉄道野田郷駅 🚶10分

島津5代の菩提寺　県指定の木造仏所蔵

　野田郷駅から国道3号線に向かって北へ約500m，八幡地区に感応寺（臨済宗）がある。参道両脇に仁王像がたつ。薩摩最古の禅寺として有名である。1194（建久5）年，島津忠久の命をうけた家臣の

感応寺の仁王像

本田貞親が，臨済宗の開祖栄西を開山として当地に創建したと伝える。島津4代忠宗は雲山を中興開山に迎えて再興，5代貞久の代まで，二十数年の歳月をついやして七堂伽藍が完成した。足利尊氏は諸山・十刹に列し，足利義満は足利家の祈禱所とするなど特別の保護を加えた。明治初年の廃仏毀釈で廃寺となったが，1880(明治13)年再興された。

本尊の十一面千手観音像一軀と脇立四天王像四軀(ともに県文化)は，近年の修復により，1445(文安2)年定朝の流れをくむ院派の院隆の作で，寄木造の像であることがわかった。また，絹本著色雲山和尚像一幅(県文化)がある。雲山は1323(元亨3)年から1344(康永3)年まで感応寺の住職として，同寺の中興に尽力した。この絵は県内最古の頂相(禅宗高僧の肖像画)で，毎年4月8日の花祭りに一般公開される。境内西側には，忠久から貞久までの島津5代の墓，五廟社がある。

野田郷駅前交差点から南へ約1kmの区間は熊陣馬場とよばれ，藩政時代野田郷上名村の郷士集落であった。石垣がたち並び石敢当(丁字路の突き当りにたてられた小石柱で，魔除けの1つ)や武家門，庚申碑がある。熊陣馬場の西側，字城内に亀井山城跡がある。

民俗芸能では，山田楽(県民俗)がある。もと，上名の若宮神社の旧暦7月8日の例祭に奉納していたが，現在は中郡の熊野神社の秋祭りに奉納される。楽とは出水地方から肥後にかけて行われる太鼓踊りのことで，出水の地頭山田昌巌がはじめたといわれ，出陣と凱旋の様子を模したものとされる。また熊野神社の田の神舞(県民俗)は，古くは秋の彼岸に，今は秋のホゼ祭りに熊陣集落から奉納される。多人数で舞う田の神舞は，北薩一帯に点々とみられ，賑やかで演劇的な芸能である。

野田郷駅周辺の史跡

木之牟礼城跡 ⑳ 〈M▶P.115, 143〉 出水市高尾野町木之牟礼
肥薩おれんじ鉄道野田郷駅 🚶30分

野田郷駅から北へ約2km，国道3号線沿いの江内に木之牟礼城

阿久根から出水へ　143

木之牟礼城跡

島津氏三州支配の拠点かつては薩摩国守護所

跡がある。標高15mくらいを最高地点とする，シラス台地東端に築かれた中世の屋形跡である。

1186（文治2）年，島津忠久は家臣本田貞親を薩摩に派遣し当城を築かせ，8月2日貞親らは城にはいり薩摩国守護所にしたという。以後島津氏三州（薩摩・大隅・日向）支配の拠点となった。現在は台地上に記念碑がたつ。

近世は高尾野郷がおかれ，柴引に麓がおかれ地頭仮屋も設けられた。麓の東には野町があり，現在高尾野支所付近の県道沿いには多くの商店街が形成されている。藩政時代から春の彼岸の中日には野町を中心に市がたち，中の市（人形市・ソバ市）とよばれ，支所付近の県道は多くの客で賑わう。

高尾野小学校から県道下水流線を北へ約1km，唐笠木に紫尾神社がある。9月23日の例祭には兵六踊（県民俗）が奉納される。これは大石兵六という武士が，鹿児島城下の吉野原でキツネを退治したという，江戸時代から伝わる話を劇風の踊りに仕立てたもので，豪快ななかにもユーモラスな雰囲気をもつ民俗芸能である。

麓の武家屋敷群 ㉑

〈M ▶ P. 115, 145〉 出水市麓町 P
肥薩おれんじ鉄道・JR新幹線出水駅 🚶 20分

県内で最大規模竹添邸など一般公開

出水市は県の北西部に位置し，北は熊本県水俣市，東は大口市，南は薩摩郡さつま町，西は阿久根市に接し，北西は八代海に面する。山地は矢筈山地と紫尾山地からなり，これら山地を水源として市の中央部を米ノ津川（広瀬川）が北西に流れる。市域は扇状地と八代海の干拓地からなる出水平野の一角を占める。

出水平野は，ツル（国天然）の越冬地として知られる。毎年10月中旬ごろから翌年3月下旬ごろまで，ナベヅル・マナヅルを中心に，約1万羽がシベリア東部や中国東北部から荒崎地区の干拓地に飛来する。ツル渡来地の荘地区には出水市ツル観察センターがあり，

北薩摩路

出水地頭御仮屋門

シーズンの11月1日〜3月31日まで開館し、間近で舞うツルの姿をみることができる。

また出水駅から北西へ約2km、米ノ津川左岸に出水市ツル博物館クレインパークいずみがある。ツルに関して、ひと・まち・自然の3つのテーマに沿った展示があり、ドームシアターではツルの飛来などを、映像と音響で疑似体験できる。

出水駅から国道328号線を南下し、米ノ津川を渡り約500m進むと、国選定の出水麓伝統的建造物群保存地区に至る。出水麓は亀ヶ城（出水城）に続く丘陵地の高屋敷地区と、平良川左岸の向江地区からなっている。高屋敷地区は1599（慶長4）年整備が開始され、約30年かけてほぼ今の形になった。藩境の要地に位置した出水麓は、藩内でもっとも古く大規模で、ほかの外城も出水にならったといわれている。

麓武家屋敷は上竪馬場・竪馬場・諏訪馬場・山崎・上山崎からなり、地頭仮屋は出水小学校の敷地にあった。出水地頭御仮屋門（現、出水小学校校門）は、江戸時代初期に島津義弘が帖佐から移させたものと伝える。

同地区は面積約60ha、約150戸からなり（保存地区の広さは43.8ha）、丸石垣や生垣・武家門、整然とした道路と屋敷の配置などは、閑静なたたずまいとともに県内で代表的な武家屋敷群である。現在、竹添邸・武宮邸、税所邸（庭のみ公開）が一般公開されている。

麓武家屋敷群から南西へ約1km、武本の西ノ口に薩州島津家の墓地と出水郷3代地頭山田昌巌の墓がある。薩州島

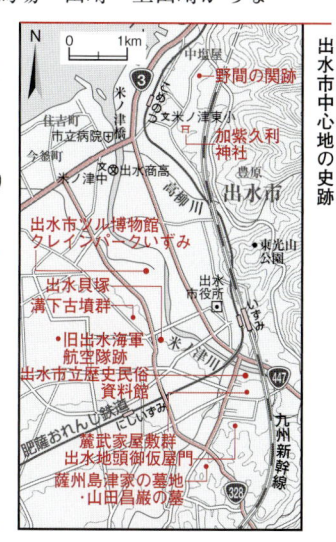

出水市中心地の史跡

阿久根から出水へ

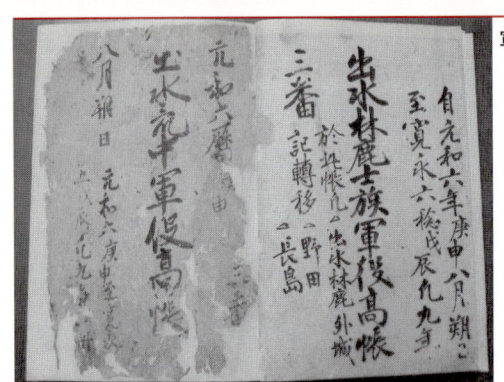

軍役高帳

津家は初代用久(島津9代忠国の弟)から7代忠辰まで約140年,出水を支配した。忠辰の朝鮮出兵時の不首尾が豊臣秀吉の勘気にふれ,領地没収となり,1593(文禄2)年に薩州家は断絶した。墓地には,歴代当主の墓,その夫人や家臣,菩提所の龍光寺歴代住職の墓がある。

　麓の武家屋敷群から北へ約500m,米ノ津川沿いの出水市立図書館内に,出水市立歴史民俗資料館がある。藩政時代の出水郷に関する多くの資料を展示・保管している。軍役高帳は,旧出水郷の御仮屋文書で郷士の所有高を示す。出水外城は1599年に発足したが,高帳は一番を欠き,1612年の二番から1867(慶応3)年の八十八番までが現存する。1620(元和6)年の三番の高帳には,他郷から移された郷士の先住地が書き込まれており貴重な史料である。そのほか,薩州島津家の6代義虎が,1577(天正5)年に愛宕神社に奉納した三十六歌仙絵扁額や,山田昌巌が1638(寛永15)年島原の乱に出陣し,帰国ののち,兒(青少年)の訓育のために創始したといわれる兒請の様子を描いた兒請絵巻などがある。

出水貝塚 ㉒

〈M ▶ P.115, 145〉 出水市中央町大崎
肥薩おれんじ鉄道・JR新幹線出水駅 🚶15分

県内初の学術調査
縄文後期の土器出土

　出水駅から国道を北に進み,市役所前交差点を左折し約10分いくと,武道館近くの台地に出水貝塚がある。縄文時代中期から後期の貝塚で,大野原洪積台地が米ノ津川沖積低地につきでたところにあり,海岸から約4kmの地点である。出水貝塚は1920(大正9)年,鹿児島県内初の学術的発掘調査が行われたことで知られる。その後,数回の調査がなされ,貝層からは縄文時代後期の市来式・出水式土器,カキ・ハマグリなどの貝殻,イノシシ・シカ・クジラなどの獣骨,人骨も5体出土した。出土品の一部は,出水市立歴史民俗資

料館に展示されている。

貝塚の北約1.2kmの文化町溝下に溝下古墳群がある。南九州独自の地下式板石積石室墓で、短甲・刀・剣・土師器・須恵器などの副葬品が出土している。

出水貝塚から北西に約3km、県道上水流出水線沿いの平和町には旧出水海軍航空隊跡がある。大野原台地の中央に、1943(昭和18)年海軍航空隊が設置された。出水基地は1945年特攻隊基地に転用され、200人をこえる隊員が出撃したが、同年米軍の空襲により壊滅的打撃をうけた。防空壕・掩体壕(飛行機の格納庫)・気象観測所などの遺構が残る。

出水市の民俗芸能に、旧暦7月1日出水麓の仮屋馬場で夏踊りの1つとして踊られていた種子島楽(県民俗)がある。今では諏訪馬場を中心に5つの集落で保存会をつくり、大きな行事のときに踊られる。出水の地頭種子島弾正伊時の遺徳をしのび、種子島に伝わる大踊りを移して踊りはじめたものといわれる。

上場遺跡 ㉓

〈M▶P.115〉出水市上大川内池之段
肥薩おれんじ鉄道・JR新幹線出水駅🚌上場高原行上場小学校前🚶5分

旧石器時代の遺跡
ナイフ形石器など出土

出水駅からバスで約1時間、国道447号線をさかのぼると、上場小学校前に旧石器時代から縄文時代の上場遺跡がある。標高約450m、安山岩台地の北から南に向かう小丘陵上に位置する。1965(昭和40)年に発見され、翌年から5次にわたる調査が行われた。遺跡からは爪形文土器、細石刃核、ナイフ形石器などが層位的に出土した。遺跡の東側2kmにある大口市日東は、黒曜石が産出することで知られている。近くにある上場高原コスモス園は、秋には約25万本のコスモスが咲き、多くの家族連れで賑わう。

野間の関跡 ㉔

〈M▶P.115,145〉出水市下鯖町2578
肥薩おれんじ鉄道米ノ津駅🚶15分

出水筋の関所
頼山陽らも足止め

米ノ津駅から国道3号線沿いに北へ約1kmいくと、野間の関跡がある。藩政時代、領内外への主要道路には、出水筋・高岡筋・大口筋の3つがあったが、このうち出水筋がもっとも重視された。野間の関の前身平松番所が設けられたのは、関ヶ原の戦い(1600年)前

阿久根から出水へ

野間の関跡

後のころである。島津義弘は、腹心の島津忠長をつかわして国境の要地をまもらせ、やがて本田政親が初代出水地頭として着任した。以後代々の地頭は国境警備がおもな任務となった。

関所では、他領民で無証文のものは入国させないのが原則であり、万一無証文のものが領内で発見されると、関所の番衆まで処罰されるほど厳しかった。1792(寛政4)年、肥後から薩摩にはいろうとした高山彦九郎が入国を許されず、約3週間出水に滞在している。このほか漢学者頼山陽もここで足止めされた。跡地には石碑がたてられ、前面に掘られた堀の跡と、古井戸が当時の面影を残している。

米ノ津駅から東へ約1kmのところに加紫久利神社(祭神天照皇大神)がある。『延喜式』式内社の1つで、9世紀後半の創建と考えられる。古来薩摩国二宮として尊崇されてきた。

島津氏が薩摩・大隅・日向の三国の守護となったとき、この加紫久利神社を薩摩の宗社とし、代々修理や補修を行ってきた。1877(明治10)年、西南戦争の兵火で社殿・宝物などを焼失したため、現社殿はその後再建されたものである。境内には2体の門守、鬼瓦、石灯籠1基が残る。

④ 川内川をさかのぼる

史と景の川内川，藤川天神の臥竜梅，入来麓伝統的建造物群保存地区，西日本最大級の鶴田ダムなどみどころが多い。

鶴ヶ岡城跡 ㉕

〈M ▶ P.115〉薩摩川内市東郷町城内
JR鹿児島本線・肥薩おれんじ鉄道川内駅🚌宮之城・藤川方面行小路🚶20分

東郷渋谷氏の鶴ヶ岡城跡 300年の歴史を誇る人形浄瑠璃

薩摩川内市大小路から国道267号線を北上して東郷町にはいると，前方に南北に長い丘陵がみえる。鎌倉時代から戦国時代まで，東郷渋谷氏が居城とした鶴ヶ岡城跡である。バス停のある小路地区は城の西麓になる。田海・樋渡両川にはさまれた3カ郷（小路・城内・鯛之口）にわたる周囲約4kmの城は，川薩地方では有数の堅城だったとされ，1587（天正15）年，豊臣秀吉が九州平定の大軍を進めてきたとき，和睦をきらう東郷の将兵が立てこもった城である。江戸時代，小路を中心に東郷麓がおかれ，西方の高城の南麓に地頭仮屋があった。かつて三ヶ郷に伝承されて現存する斧淵の東郷文弥節人形浄瑠璃（国民俗）は300年の歴史をもち，わが国でも数少ない古浄瑠璃の1つである。古い人形首など関係資料が東郷公民館や東郷温泉ゆったり館に展示されている。

鶴ヶ岡城南端から旧国道沿いに進むと，東郷町の商店街や東郷支所がある斧淵の船倉に着く。古くから川内川水運と内陸交通の要地で，江戸時代には船倉町として栄え，幕末には薩摩藩の財政再建に貢献した豪商田代家があらわれた。町の北方，東郷小学校裏手の丘から東の司野一帯にかけては，平安時代から南北朝時代に勢威をふるった大前東郷氏の斧淵城跡である。本丸跡に，古城殿の古碑が残る。

藤川天神 ㉖

〈M ▶ P.115〉薩摩川内市東郷町藤川1267 🅿
JR鹿児島本線・肥薩おれんじ鉄道川内駅🚌藤川行藤川天神🚶5分

菅原道真伝説，樹齢1000年をこえる臥竜梅

平安時代の菅原道真をまつる藤川天神は，東郷支所から県道46号線を北に約9kmさかのぼった藤川の北野にある。この地は，中世には大宰府の安楽寺領だったとされ，道真の隠棲伝説が残る。神社の第二鳥居かたわらに道真墓所と伝える一角もあり，境内の臥

川内川をさかのぼる 149

藤川天神

 竜梅の古木群（国天然）は樹齢1000年以上とされる。古来，高い社格を誇ったが，1587年豊臣秀吉の軍により社殿は全焼，宝物類はすべて失われたという。江戸時代には薩摩藩の庇護を得て，島津斉興はじめ藩主一族もよく参詣した。

 観梅の季節と重なる春の例祭日（2月25日）は昔から盛況を呈したが，今日でも学問の神をまつる神社として，新春1月から3月には参拝客が多い。

倉野磨崖仏 ㉗ 〈M ▶ P.115〉薩摩川内市樋脇町倉野木下
JR鹿児島本線・肥薩おれんじ鉄道川内駅🚌宮之城行南瀬
🚶15分

磨崖梵字群
古代の櫟野駅跡

 川内駅から県道42号線を入来方面に約11km，樋脇町の市比野温泉に着く。古来から出湯の里として知られ，脚気などの諸病にきく名湯である。江戸時代には鹿児島からの湯治客も多かった。町のシンボル丸山を正面にのぞむ道の駅遊湯館前広場には，薩摩藩主島津光久が入浴中に腰かけて四方をみわたしたと伝える，寛陽公腰掛石がおかれている。

倉野磨崖仏

 遊湯館の南方約1km，市比野川河畔一帯が昔からの温泉街である。向湯集落の三差路に櫟野（市比野）駅跡の碑がたつ。平安時代初期，薩摩国府と大隅国府を結ぶ駅がおかれたところといわれ，市比野は古代から交

通の要地であった。

　倉野は樋脇町の最北部，川内川南岸にある。市比野から塔之原・村子田を経て車で北上すると約20分，東郷の南瀬から国道267号線を右折して倉野橋を渡ると約3分で倉野に着く。バス停南瀬から南へ約1km，倉野小学校北側の小丘は入来院氏一族の倉野氏がたてた瑞泉庵跡で，丘の南側の岩肌に倉野磨崖仏がある。鎌倉時代末期の梵字や仏像・五輪塔などが10m四方にわたって彫られている。梵字群中大日如来をあらわすオーンクは，このころでは日本でただ1つのもので，この地における高度な仏教研究をうかがわせるものという。同地に伝わる倉野の奴踊（県民俗）は，古くから薩摩川内市にある新田神社の御田植祭りに1番に奉納されている。

入来麓 ㉘

〈M ▶ P.115, 152〉薩摩川内市入来町浦之名麓　P
JR鹿児島中央駅，または鹿児島本線川内駅🚌入来・宮之城行
入来支所前🚶1分

伝統的建造物群保存地区
国史跡清色城跡

　入来は，鎌倉時代から明治維新まで入来院渋谷氏の本拠地で，同家に伝わった入来院文書やその庶流寺尾家や岡元家などに伝承された文書からなる「入来文書」は，イエール大学教授朝河貫一により1929（昭和4）年に米国で英訳刊行され，封建制度研究上の重要史料として世界的に評価された。入来院氏の本拠清色城跡（国史跡）のある国選定の入来麓伝統的建造物群保存地区は，鹿児島市からバスで入来峠をこえて約1時間で着く。薩摩川内市入来支所前の旧国道を中心に玉石垣の小路が縦横に走り，中世武家門の様式を伝える茅葺門もみえる。小城下町としての景観を残す町並みは，県内でも有数の麓遺構である。入来支所裏手の小高い丘陵が，中世入来院氏が居城とした清色城跡で，江戸時代，東麓の入来小学校には同氏の領主仮屋があった。

　入来支所前バス停から北に約1km進み清色川を渡

入来麓の玉石垣

川内川をさかのぼる

入来麓の史跡

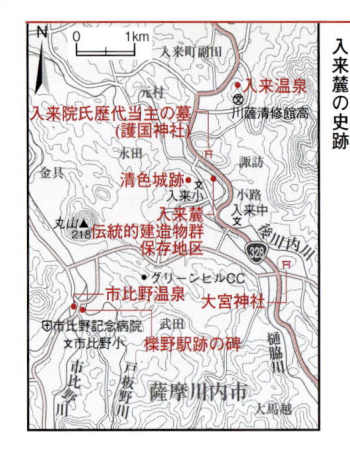

ると、すぐ右手の護国神社のうえにお石塔とよばれる入来院氏歴代当主の墓がある。この山中一帯に同氏菩提寺の寿昌寺があった。また、麓地区には江戸時代から疱瘡踊（県民俗）が伝わる。

入来支所から北に約2.5km、旧入来駅のあった鉄道記念公園前をぬけて、副田交差点を右におれると入来温泉がある。14世紀後半から記録にみえる領主直営の名泉で、江戸時代には、藩主島津光久・吉貴らが来浴するなど、湯治客が一年中多かったという。入来温泉の北隣の中組には、県内で2番目に古い1711（宝永8）年の仏像型の田の神（県民俗）がある。

入来郷の総社であった大宮神社は、入来麓の南方約2kmの国道脇にある。秋の例祭日（10月9日）には入来独特の神楽を奏し、神舞22番「十二人剣舞」などが奉納される。大宮神社から県道42号川内加治木線を東へ約3km、蒲生原バス停近くに新大橋（国登録）がある。1909（明治42）年に建造された石橋である。

山崎御仮屋跡 ㉙

〈M ▶ P.115, 153〉薩摩郡さつま町山崎
JR鹿児島中央駅または、鹿児島本線川内駅🚌宮之城行
山崎小学校前🚶1分

秀吉滞在の山崎城跡
郷村研究必須の御仮屋文書

山崎大橋を渡って、国道267号線と328号線の合流地点北側にみえる切り立った小高い丘が山崎城跡で、1587（天正15）年、島津氏を屈服させた豊臣秀吉が帰途に2泊した陣所跡である。川内川東岸沿いに南北に長くのびた城の北方幡の尾には、秀吉の千成びょうたんの馬印がたてられたと伝える。江戸時代、この南方の川内川と久富木川にはさまれた一帯に山崎麓がおかれ、山崎城跡から徒歩で入来方面へ約300m進むと、国道右手の山崎小学校の北側に山崎郷の地頭仮屋跡があり、往時をしのばせる瓦の御仮屋門が残る。同地の「山崎郷御仮屋文書」（県文化）約400冊（宮之城歴史資料センターに保管）は薩摩藩の郷村研究に欠かせない史料として知られる。町の南縁を

西流する久富木川は，1927（昭和2）年，日本で最初にカワゴケソウ（県天然）の生育が確認された川として知られる。

虎居城跡 ㉚

〈M ▶ P.115, 153〉薩摩郡さつま町宮之城屋地
JR鹿児島中央駅，または鹿児島本線川内駅🚌宮之城行屋地本町前 🚶15分

> 天然の要害をもつ虎居城 城之口に楠木神社

　川内川は，宮之城橋を少しくだった屋地で，北西方向にU字形に曲流する。この川内川に囲まれた地域から，旧県立宮之城高校にかけての一帯が，虎居城跡である。北方の松社城跡に本丸があった。平安時代末期，北薩の川内川流域一帯に大きな勢力を張った祁答院郡司大前道助の築城とされ，南北朝期には祁答院渋谷氏，戦国時代末には島津歳久・北郷時久・島津忠長らの居城となった。

　1587（天正15）年，豊臣秀吉に島津義久がくだったあとも，屈服をきらった歳久はじめ将兵たちが，帰路の秀吉に矢を射かけて立てこもった城である。歳久はのちに秀吉に自害させられたが，供養塔「金吾（歳久）さあ」が屋地公民館前にある。城之口の楠木神社は，1877（明治10）年の西南戦争の猛将で知られる辺見十郎太が，戦争直前に鹿児島の皇軍神社にまつられていた私学校党の守護神楠木正成を遷祀したものである。

　楠木神社から東に約5分，道路左手の盈進小学校は，かつての宮之城島津氏の領主仮屋跡である。15代久治が，1858（安政5）年その一角にたてた郷学盈進館からは，第二次世界大戦前，県の教育界で活躍した優秀な人材を輩出した。明治時代中ごろに盈進小学校長をつとめた長野県出身の本富安四郎の『薩摩見聞記』は，藩政時代末期から明治初めの鹿児島の郷村研究の貴重な史料

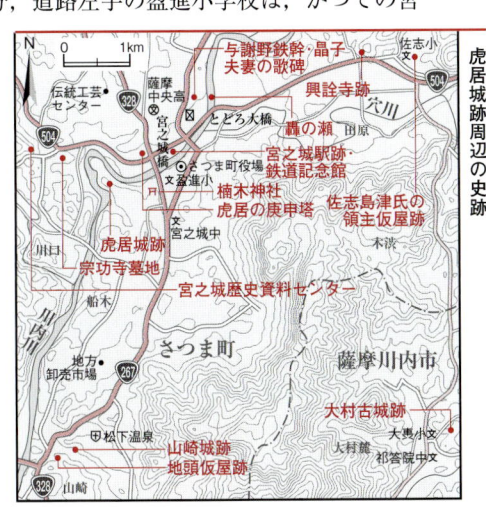

> 虎居城跡周辺の史跡

川内川をさかのぼる

として知られている。小学校前から100m東に進むと、旧国鉄時代の宮之城駅跡に至る。往時の鉄道資料を集めた鉄道記念館がある。

宗功寺墓地 ㉛

〈M ► P.115, 153〉 薩摩郡さつま町虎居
JR鹿児島中央駅，または鹿児島本線川内駅🚌宮之城方面行
虎居町🚗 3分

宗功寺墓地（県史跡）は、川内川を隔てて虎居城対岸の海老川丘陵の宗功寺公園にある。虎居町交差点から国道504号線を西進すると着く。

宗功寺は、島津忠長が慶長年間（1596～1615）にたてた宮之城島津家の菩提寺で、墓地には歴代領主をはじめ、35基の巨大な家形の墓石が残る。中央にひときわ目を引く島津久通祖先世功碑は、5代久竹（久胤）が建立した。先代久通までの歴代領主の顕彰碑である。父久通は江戸前期の薩摩藩家老で、永野・芹ヶ野の金山開発をはじめ、国分・高山ほか各地の大新田開発など、藩の産業発展に甚大な功績があった。碑文は幕府儒官林春斎の撰である。公園の一隅には、当地方の養蚕業の振興につくした菅野平十郎の頌徳碑がある。碑文は宮之城出身の明治の政治家大浦兼武の筆になる。

公園の隣には宮之城歴史資料センターがあり、質の高い歴史展示を楽しめる。また周囲には、特産の竹を基調とした公園かぐや姫の里や広域北薩公園が隣接し、宮之城伝統工芸センターでは竹細工の特産品が楽しめる。

宮之城橋を北へ渡ると道路左側に「享禄四（1531）年」銘の虎居の庚申塔がある。一石変形五輪塔で、初期庚申塔の形式を示している。

虎居から佐志方向に国道504号線を約1km進むと、轟の瀬がある。かつて轟の瀬は上流鶴田の神子轟とともに、乱立

宗功寺墓地

宮之城島津家の墓地
与謝野夫妻碑のたつ轟の瀬

154　北薩摩路

する奇岩と大きな岩盤のなかを流れおちる川内川急流の難所であったが，天保年間(1830〜44)の薩摩藩の川浚え工事で開削され，宮之城から大口の曽木の滝下まで舟運が開けた。一帯は轟の瀬公園として整備され，与謝野鉄幹・晶子夫妻の歌碑がたつ。

公園から東方約3kmにある佐志小学校は，佐志島津氏の領主仮屋跡である。東隣の佐志公民館うえの台地には，1297(永仁5)年に祁答院渋谷氏が建立し，佐志島津氏が菩提寺とした興詮寺跡がある。明治初年の廃仏毀釈の難をのがれて，現在の興詮寺に残る本堂(もと位牌堂・県文化)は，中世の建築様式を伝える貴重な遺構である。南方の田野を貫流する穴川は，1640(寛永17)年に，薩摩藩の永野金山発見の契機となる砂金が発見された川として有名である。

とどろ大橋から国道267号線にでて，北に約5km，川内川東岸に宮之城温泉(湯田温泉)がある。文政年間(1818〜30)発見の温泉で，古来豊富な湯量と泉質のよさで知られ，湯治客は多い。

紫尾神社 ㉜
0996-55-9612
〈M▶P.115,156〉薩摩郡さつま町紫尾　P
JR鹿児島中央駅，または鹿児島本線川内駅🚌宮之城行虎居町
🚌20分

初詣で賑わう紫尾神社
拝殿下から温泉湧出

祁答院渋谷氏歴代当主の墓石が残る大願寺跡墓塔群(県史跡)は，さつま町柏原の国道267号線左手，長岡原の畑地にある。大願寺は祁答院渋谷氏の菩提寺として建立され，中世は天台宗の巨刹として栄えたが，現在は開山堂と薬師堂跡が残るのみである。かつての薬師堂には室町幕府3代将軍足利義満自筆の「医王宝殿」の扁額があったが，江戸時代前期，鹿児島の南泉院に移され，今は日置市日吉町の明信寺にある。

柏原橋手前の特産品販売所自慢館前で国道を左にふれ，川内川沿いに少し進んで，県道397号線を西北に約5kmいくと，紫尾山(標高1067m)の山懐に閑静な

紫尾神社

川内川をさかのぼる

鶴田城跡周辺の史跡

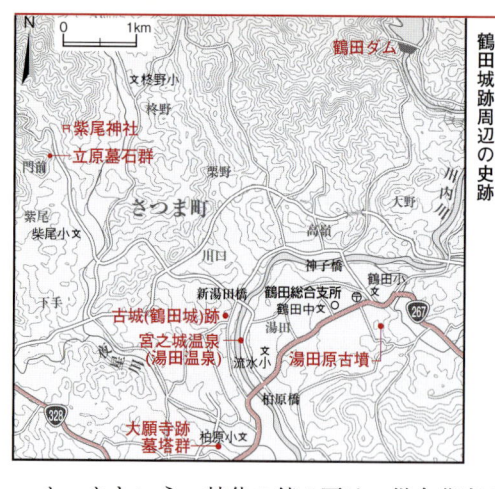

紫尾温泉街がある。その中央部に紫尾神社がある。平安時代前期の866(貞観8)年の記録にみえる古社で、幕府将軍がまつる祁答院7カ郷の総社として栄え、永野金山発見の御告げをしたことから、鉱山関係者の参拝も多かったという。神体の鏡3面は、鎌倉幕府3代将軍源実朝の奉納と伝える。

また、古くから神社拝殿下から神の湯とよばれる温泉が湧出し、一帯の施設に供給している。紫尾温泉神ノ湯(紫尾区営)、特産販売所ふれあい館、ふれあい公園などが整備されて、訪れる人は多い。

神社の南約400mの県道沿いに立原墓石群がある。中世、西国の高野山と称された神興寺(紫尾神社別当寺)の僧たちの墓である。その南井出原には、県内最古の1705(宝永2)年の田の神像がある。

鶴田ダム ㉝

〈M▶P.115,156〉 薩摩郡さつま町紫尾 P
JR鹿児島本線川内駅🚌宮之城方面行乗換え大口方面行鶴田🚌車15分

西日本で最大級のダム
大鶴田湖はヘラブナの釣場

鶴田ダム

湯田原古墳は、さつま町鶴田総合支所(旧鶴田町役場)の東南約1kmの台地の縁にある。南九州特有の地下式板石積石室墓をもつ円墳で、5世紀代の築造とされる。

支所から国道を東

に進み鶴田橋を渡ると，左手に江戸時代鶴田郷の地頭仮屋跡がある。この辺り一帯は鶴田麓であった。その東，国道北側の丘は，中世の鶴田渋谷氏の古城(鶴田城)跡である。北西の川内川左岸の絶壁のうえには，戦国時代に島津歳久が居城したと伝える梅君ヶ城(鶴ヶ城)跡がある。近くの大角には，県下で3番目に古い，1534(天文3)年の庚申塔(県文化)がある。

鶴田麓から川内川沿いに県道404号線を北に約5km進むと，鶴田ダムが雄大な姿をあらわす。1966(昭和41)年に完成した水害防止と発電をかねた，高さ117m・幅450mの西日本最大級の多目的ダムである。周辺は川薩有数のサクラ・ツツジの名所で，ダムふれあいパークなどもあり，曽木の滝まで続く大鶴湖はヘラブナの釣場である。

藺牟田池 ㉞

〈M ▶ P.115〉薩摩川内市祁答院町藺牟田
JR鹿児島本線川内駅🚌鹿児島空港行藺牟田温泉乗換え藺牟田池🚶1分

藺牟田池県立自然公園　泥炭形成植物群落の浮島

藺牟田池(県立自然公園)は，周囲約3.3kmの火口湖である。池口バス停から約2km，急坂をのぼると湖畔に着く。西から北側の沼沢部や湖面に浮かぶ大小の浮島には，ヨシ・アンペライなど多くの泥炭形成植物群落(国天然)がみられ，南国には珍しいジュンサイも浮遊し，ベッコウトンボも生息している。湖畔には民間のリゾートホテルや生態系保存資料館アクアイムなどがあり，四季をつうじて観光客が多い。

江戸時代は藺草の産地として知られ，湖岸東北の毘沙門の下には，1754(宝暦4)年に領主樺山氏が，藺牟田盆地開田のためにつくらせた用水トンネルの水門がある。盆地中央の藺牟田小学校から旧村役場一帯は，樺山氏の領主仮屋跡で，城ヶ岡下の県道405号線脇には菩提寺大翁寺跡がある。跡地に，1808(文化5)年の薩摩藩の文化

藺牟田池

川内川をさかのぼる

朋党事件で敗れて自刃した,家老樺山主税(久美)の墓石がある。

藺牟田から県道51号線を約6km北上すると,薩摩川内市の祁答院支所に着く。隣の大героに小学校は大村郷の地頭仮屋跡で,この辺りに大村麓があった。小学校後背の山が,平安時代末期に祁答院郡司大前氏が築城した大村古城跡で,中世には東郷の鶴ヶ岡城,入来の清色城などと並ぶ郡内屈指の堅城として知られたという。

支所から東に約2km,上手から県道396号線を3km北上すると,豊州島津家の領主仮屋があった黒木小学校に着く。同家出身の島津久宝は,幕末の薩摩藩主島津斉彬の家老として働いた。小学校裏手に菩提寺の永源寺跡があり,東方の常永寺裏手の竹林中には同氏ゆかりの墓石が残る。

別府原古墳 ㉟

〈M ▶ P.115〉薩摩郡さつま町永野
鹿児島空港🚌宮之城方面行薩摩総合支所前🚶30分

隼人独特の葬法
地下式板石積石室墓

さつま町求名下手の公民館敷地に,長福寺古石塔群がある。中世,この一帯に鶴田渋谷氏の菩提寺長福寺があった。また下手には,江戸時代の南方神社の祭礼や,領主巡検のときに踊られた鷹踊(県民俗)が伝わる。そのほか中津川の大念仏踊りや北方町の俵踊,中福良の疱瘡踊,また虚無僧踊や兵児踊・太鼓踊・バラ踊・棒踊など,多くの民俗芸能が伝わる。

薩摩総合支所前の国道504号線を永野方向へ約1.5km進むと別府原古墳(県史跡)がある。道路脇の下別府の古墳公園にある,扁平な川原石を円形に積んだ7基の地下式板石積石室墓は,古墳時代(5世紀末)の南九州に特徴的な墓制である。

この南東山麓にある観音滝と西南町境の永江の滝は古来景勝の地で知られる。観音滝周辺は大型レジャー公園として整備され,ガラス工芸館「薩摩の郷」や観

別府原古墳地下式板石積石室墓

音滝温泉などがある。

永野金山(胡麻目坑)跡 ㊱

〈M ► P.115〉薩摩郡さつま町永野金山
鹿児島空港🚌宮之城方面行永野🚗5分

胡麻目坑道
最盛期の金掘職人2万人

別府原古墳から県道50号線へはいり，永野の町から約3km進んだ辺りからバス停金山にかけての一帯が，かつての金山町として栄えたところである。1640(寛永17)年，宍焼谷川での砂金採取を機に，永野(古くは長野)から横川山ヶ野にかけて薩摩藩の永野金山の操業がはじまり，最盛期には金掘職人2万人を数え，江戸時代中期には産金量日本一を誇った。

明治以後は島津家が山ヶ野金山として経営し，1953(昭和28)年まで採掘は続けられた。鉱業所前バス停北側の石垣の残る地域は，鉱業館や三番滝精錬所など金山操業の中枢施設があったところである。ここから県道を東寄りに約1kmのぼると，道路左下に永野金山の基幹坑道の1つ胡麻目坑跡があり，入口には丸に十の字の島津家家紋と，坑道名が彫り込まれた石垣が残る。またすぐ近くには，坑夫がはいったとされる石造の風呂釜が残る。

永野金山(胡麻目坑)跡

Aira・Isaji

姶良・伊佐路

曽木の滝

福山酢の里

1:320,000
0 2 4km
N
熊本県
人吉市
久七峠
久七トンネル
加久藤トンネル
やたけ
堀切峠(加久藤峠)
矢岳山
739
まさき
えびの市
えびのPA
吉田
菅原神社
京町
きょうまちおんせん
JR吉都線
えびの
えびのうわえ
えびのいいの
えびのIC
宮崎自動車道
つるまる
吉松
よしまつ
魚野越
吉松PA
大日如来の田の神像
高熊山
412
焼酎資料館木樽
鳥神岡
404
伊佐市
曽木第2発電所遺構
天堂ヶ尾関白陣跡
太良城跡
姶良郡
湧水町
湯之尾
木原トンネル
くりの
栗野IC
栗野岳
1102
えびの高原
白鳥山
1363
甑岳
1301
御池
韓国岳
1700
獅子戸岳
大浪池
新燃岳
1421
宮崎県
薩摩郡
さつま町
鹿児島県
永野IC
おおすみよこがわ
横川城跡
丸岡公園
横川IC
うえむら
(林田温泉)
丸尾
硫黄谷
湯之谷
丸尾滝
千里ヶ滝
関平
高千穂河原
霧島
きりしまおんせん
矢止岳
670
溝辺PA
JR肥薩線
かれいがわ
新川
なかふくら
霧島市
鹿児島空港
ひょうきやま
漆の庚申塔
漆の田の神
姶良市
溝辺鹿児島空港IC
きりしまじんぐう
JR日豊本線
須川原
国分
ひなたやま
きたながのだ
志學館大
こくぶ
第一工業大
城山公園
加治木JCT
加治木IC
隼人西IC
はやと
ちょうさ
きんこう
かじき
滝口峠
あいら
しげとみ
別府川
網掛川
辺田小島
沖小島
隼人東IC
天降川
国分IC
検校川
亀割峠
若尊鼻
国分PA
東九州自動車道
鹿児島県立埋蔵文化財センター
敷根火薬製造所
鹿児島市
薩摩吉田IC
姶良IC
267
268
447
221
504
223
220
10
1
2
3
4
5
6
7
8
9
10
11
12
13
14
15
16
17
18
19
20
21
22
23
24
25
26
27
28

◎姶良・伊佐路散歩モデルコース

姶良〜蒲生コース　　JR日豊本線重富駅 _3_ 平松城跡 _15_ 蒲生八幡神社 _5_ 下久徳の田の神 _10_ 山田凱旋門 _10_ 島津義弘の居館跡 _5_ 宮田ヶ岡瓦窯跡 _5_ 姶良町歴史民俗資料館 _2_ JR日豊本線帖佐駅

加治木コース　　JR日豊本線加治木駅 _10_ 加治木銭鋳銭所跡の碑 _10_ 加治木郷土館 _20_ 南浦文之の墓 _20_ 龍門司坂

隼人〜国分コース　　JR日豊本線・肥薩線隼人駅 _5_ 隼人塚 _2_ 富隈城跡 _5_ 鹿児島神宮 _2_ 沢家墓碑群 _5_ 祓戸神社 _1_ 大隅国府跡 _3_ 大隅国分寺跡 _1_ 舞鶴城跡 _5_ 城山公園 _15_ 止上神社 _15_ 日枝神社 _25_ JR日豊本線国分駅

国分〜福山コース　　JR日豊本線国分駅 _25_ 福山酢の町 _3_ 宮浦神社 _5_ 島津忠将の墓 _20_ 上野原遺跡 _20_ JR国分駅

牧園〜霧島コース　　JR日豊本線・肥薩線隼人駅 _5_ 日当山温泉 _10_ 新川渓谷温泉郷 _10_ 和気神社 _15_ JR肥薩線嘉例川駅 _45_ 霧島神宮 _20_ 高千穂河原古宮跡 _25_ JR日豊本線霧島神宮駅

横川〜栗野コース　　JR肥薩線横川駅 _25_ 山ヶ野金山 _35_ 勝栗神社 _5_ 松尾(栗野)城 _10_ 稲葉崎の供養塔群 _10_ JR肥薩線栗野駅

伊佐コース　　JR肥薩線栗野駅 _20_ 箱崎神社 _15_ 忠元神社 _5_ 祁答院家住宅 _15_ 高熊山 _15_ 郡山八幡神社 _15_ 曽木第2発電所遺構 _10_ 天堂ヶ尾関白陣跡 _30_ JR栗野駅

---

①平松城跡	⑪隼人塚	㉑霧島神宮
②岩剣城跡	⑫鹿児島神宮	㉒山ヶ野金山
③建昌城跡	⑬富隈城跡	㉓稲葉崎の供養塔群
④米山薬師	⑭上野原遺跡	㉔永山地下式板石積石室墓群
⑤山田凱旋門	⑮大隅国分寺跡	
⑥蒲生八幡神社	⑯舞鶴城跡	㉕箱崎神社
⑦蒲生城跡	⑰台明寺跡	㉖忠元神社
⑧加治木郷土館	⑱福山酢の町	㉗郡山八幡神社
⑨南浦文之の墓	⑲廻城跡	㉘曽木の滝
⑩龍門司坂	⑳嘉例川駅	

① 姶良・蒲生・加治木を歩く

大隅・薩摩の国境に位置する交通の要衝で、多くの史跡に恵まれる。島津氏の三国制覇の幕開けを告げる合戦跡が多い。

平松城跡 ❶ 〈M ▶ P.162, 164〉姶良市平松5633
JR鹿児島本線・日豊本線鹿児島駅🚌蒲生行重富 麓 🚶 1分

美しい石垣と馬場
岩剣城が間近にみえる

バスは鹿児島湾の海岸線に沿って、国道10号線を北上する。左手にはシラスの急崖が続く。竜ヶ水は1993(平成5)年の八・六水害で大きな被害にあった場所である。つぎの平松バス停でおり、JR日豊本線の踏切を渡ると平松神社(祭神島津歳久)がある。歳久は島津義久・義弘の弟である。1587(天正15)年薩摩にきた豊臣秀吉に対して、宮之城領主歳久は反抗的な態度をとった。1592(文禄元)年の朝鮮出兵に際し、肥後国佐敷で梅北一揆がおこると、秀吉は歳久の関与を疑い自刃を命じた。同年7月義久の追手により、歳久一行24人はこの地で殺された。義久は7年後、ここに竜水山心岳寺を建立して菩提をとむらった。寺は明治初年の廃仏毀釈で廃寺となり、1870(明治3)年平松神社として再建された。

国道を北上し姶良町にはいる。重富バス停の近くに白金酒造の石蔵(国登録)がある。創業は1869年で、この石蔵は1877年ころまでにはつくられていたらしい。凝灰岩系の石を用いた木骨石造蔵で、今も甕仕込みの焼酎工場として使用されている。

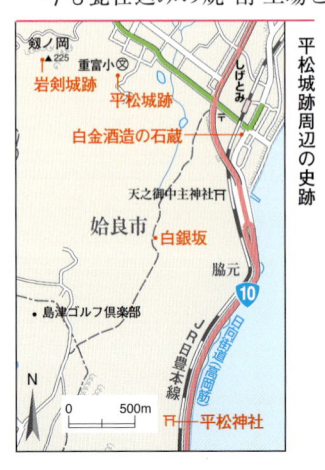

平松城跡周辺の史跡

重富駅から西へ約200mいくと大口筋白銀坂(国史跡)の上り口がある。海岸沿いの国道がとおるまで、標高差300mほどの坂道は、鹿児島城下と大口を結ぶ大口筋の難所とされた。当時をしのばせる石畳の道が2.5kmほど続き、歴史の道として整備され、建設省の「歴史国道」、文化庁の「歴史の道百選」にも選ばれている。

県道57号線を約1km北西へ進み重富麓バス停から左手にはいると、平松城跡にたつ重富小学校がある。1554

平松城跡(重富小学校)

(天文23)年島津義弘は、攻略した岩剣城に在番することになったが、城域がせまく山頂までの道が険しかったので、その麓に平松城を築いたとされる。その後、関ヶ原の戦い直後の1600(慶長5)年と、1606〜07年にかけて一時滞在した。城は周囲を高さ2〜4mの石垣で囲っている。小学校の正門(国登録)の門柱は、かつて鹿児島県庁の正門に使用されていたものである。

1737(元文2)年島津22代継豊は、弟忠紀に越前島津家を再興させた。翌年忠紀は、帖佐郷4村・吉田郷1村を合併した1万石を領することになった。越前島津氏初代忠綱が越前重富にいたことにちなみ郷名を重富とし、以後代々越前(重富)島津家は、平松城を居館とした。

岩剣城跡 ❷

〈M ▶ P.162, 164〉 姶良市脇元
JR鹿児島駅🚌蒲生行重富小学校前🚶2分

峻険きわめる城跡 島津氏激戦を制す

重富小学校の北西に、標高約220mのそびえたつ岩山がある。天文年間(1532〜55)ごろ、豪族渋谷氏の一族祁答院良重が要塞化して築いた岩剣城である。南西から東北にのびる尾根上に遺構が並び、20以上の曲輪、10本近くの空堀や土塁が残り、頂上からは帖佐・重富・加治木の平野部が一望できる。

1554(天文23)年、有力国人の蒲生範清は北薩の渋谷一族、菱苅・相良氏などと協力して、島津貴久方の加治木城主肝付兼盛を攻めた。これに対して貴久は、まず鹿児島と加治木とを分断する位置にある岩剣城を攻めた。貴久は父忠良や弟忠将、子の義久・義弘などを総動員し、同年10月激戦の末岩剣城

岩剣城跡

姶良・蒲生・加治木を歩く

をおとしたが，この戦闘で忠将軍が多量の鉄砲を使用したとされる。

建昌城跡 ❸　〈M▶P.162,167〉 姶良市西餅田建昌
JR日豊本線 帖佐駅🚶25分

> 室町中期に創建の城跡
> 縄文草創期の集落跡も

　JR帖佐駅の北北西に約2km，九州縦貫自動車道の桜島パーキングエリア背後の丘陵が，建昌城跡である。標高110mのシラス台地の先端に位置する山城である。1454(享徳3)年，島津9代忠国の弟季久・忠廉父子が築いた城で，瓜生野城とよばれた。忠廉が30年余在城し，1486(文明18)年日向の飫肥へ移封されると城は放置された。1600(慶長5)年本家島津氏の本城を建昌城に移す計画や，1615(元和元)年の建昌城の築造計画は，家臣や幕府の反対で実現しなかった。

　城域には，大小32の曲輪・空堀・土塁などが残っており，発掘調査では15世紀を中心とする遺物が多く出土した。また縄文時代草創期から早期にかけての遺構・遺物も出土しており，縄文時代の大規模な集落遺跡の可能性もある。

　九州縦貫自動車道の側道を桜島サービスエリアから400mほど東に進むと，小瀬戸遺跡の標柱がある。自動車道建設に伴い調査され，井戸跡・建物跡や瓦・緑釉陶器・墨書された土師器・須恵器などが出土した。高速道路をくぐって青葉台団地と朝日ヶ丘団地の間をぬけると，船津浄水場の近くに宮田ヶ岡瓦窯跡(国史跡)がある。この瓦窯跡は，別府川右岸の台地からのびる小丘陵をくりぬいてつくった3基の窯からなり，小瀬戸遺跡や大隅国分寺に瓦を供給した。

　船津字春花下の別府川近くの道路には，並行する長さ数百mの凹地(水田)がある。航空写真の検討などをつうじて古代官道跡の可能性が指摘されていたが，2001(平成13)年度以降の城ヶ崎遺跡の調査で，両側に側溝をもつ古代官道跡であることが確認された。

米山薬師 ❹　〈M▶P.162,167〉 姶良市鍋倉553 🅿
JR日豊本線帖佐駅🚌蒲生行米山🚶10分

> 文明年間の創建
> 仏神両祀の地

　帖佐駅より10分ほど歩くと国道10号線の帖佐バス停近くに，姶良町歴史民俗資料館がある。姶良町の文化財調査の拠点である。資料館の北西に高樋集落がある。鹿児島県の土人形を代表する帖佐人形をつくっており，高樋人形ともよばれた。大正年間(1912〜26)が最

盛期で昭和の初めごろにとだえたが、1965(昭和40)年に帖佐人形保存会によって復活された。

　別府川を渡ると鍋倉に至る。鍋倉は藩政時代に御仮屋と納屋町御蔵などがおかれ、この地方の中心地であった。米山バス停のすぐ近く御仮屋跡地にたてられた帖佐小学校西側の細い道をのぼると、稲荷神社がある。この稲荷神社や宇都公民館の敷地辺りが島津義弘の居館跡(御屋地跡・古帖佐屋敷)である。1595(文禄4)年栗野から移ってきた義弘は、1606(慶長11)年平松城に移るまでここに住んだ。東を正面とし、東側の石垣の長さは214mと推定されている。

　北西に古帖佐焼宇都窯跡がある。古帖佐焼は義弘が朝鮮から金海・芳仲らの陶工をつれ帰り、焼かせたものの1つで、茶道具が有名である。発掘調査により国内でも類例をみない、特殊な構造の窯が確認されている。

　帖佐小学校から、東へ約200mに屹立する岩丘がある。この頂上に米山薬師がある。創建は文明年間(1469～87)と伝える。島津季久の4子起宗和尚が越後の米山薬師に参籠した際、巡礼僧から薬師像をもらい、帰国して山相が似ているこの地に堂をたてて像を安置したとされる。これにちなんで米山薬師とよび、地名ともなったという。明治初年の廃仏毀釈後、すぐに大己貴の神をまつって米山神社となったが、今でも薬師あるいは米山薬師とよばれる。ホソン神サア(疱瘡の神様、天然痘除けの神)として知られており、近隣か

帖佐駅周辺の史跡

島津義弘の居館跡

始良・蒲生・加治木を歩く　　167

らの参拝者も多い。

　米山薬師から尾根を北へ1kmほど歩くと，平山城跡に着く。平山城は平安城・帖佐本城ともよばれ，弘安年間（1278〜88）に大隅正八幡宮領と平山村領家職を相伝した石清水八幡宮別当寺善法寺の了清が，石清水を分祀した新正八幡宮（現，鍋倉八幡宮）を建立し，その西寄りの場所に平山城を築城したとされている。城は標高125mのシラスの台地上にあり，中央平坦部を中心に本丸・二の丸・平安城・荒神城・鶴丸城・松尾城など14の曲輪があったという。

　了清の子孫は平山城を居城としていたが，享徳年間（1452〜55），平山武豊が島津忠国に反して敗れ，指宿に転封された。この城は，その後も数々の攻防の舞台となったが，1587（天正15）年の豊臣秀吉の破城令により，主体部は使用されなくなったらしい。

山田凱旋門 ❺

〈M▶P.162, 170〉姶良市下名1171
JR日豊本線帖佐駅🚌木場行役場前🚶すぐ

全国唯一の石造凱旋門　日露戦争の記念

　山田地区公民館の右手奥に石造りの凱旋門（国登録）がある。高さ4.71m・幅1.88m・奥行1.21mの切石積みで，上部に凱旋門の文字がきざまれている。1904（明治37）〜05年の日露戦争に，当時の山田村から従軍した人びとの無事を記念して，1906年3月に山田兵事会によって建設されたもので，現存する日露戦争時につくられた凱旋門としては，全国でもきわめて珍しく，石造としては唯一の貴重な文化財である。

山田凱旋門

　山田から県道40号線を西へ，寺師十文字から北へ200mほどのところに寺師臥竜梅がある。風水害などにより枯れてわずかに10本ほどが残る。梅林の南に寺師菅原神社（網天神社）がある。神体は石に網をぐるぐるま

き，その真ん中に御幣をたてたもので，土地の貧しい老婆が，菅原道真の体に船の綱をまきつけて追手から救ったことから，道真はお礼に梅の種子を庭にまいて立ち去り，それが梅林になったという伝説がある。

臥竜梅からさらにバスで県道446号線を8kmほど北に進む。県民の森入口バス停近くに中甑公園がある。一隅に「応永六(1399)年二月十四日」の銘をもつ甑どんの墓がある。了清から3代目の武義のものである。

臥竜梅から中甑へ約4km，北山から西に道をとると約2kmで木津志に着く。ここの城野神社は源為朝の室浄之御前をまつるものとされる。現在の社殿は1863(文久3)年に改築され，宝物には円形の青銅製古鏡11面(現存3面)，主馬首藤原朝臣一平安代銘の刀1振(県文化・鹿児島県歴史資料センター黎明館保管)がある。刀は技量を江戸幕府から賞されて茎に葵の紋一葉を切ることを許された刀工玉置安代が，1724(享保9)年に城野神社に奉納したものである。

蒲生八幡神社 ❻
0995-52-9029

〈M▶P.162,170〉姶良市蒲生町上久徳2258 P
JR日豊本線帖佐駅🚌蒲生行🚶2分

蒲生町は，近世の麓集落がよく残る。麓バス停近くに，蒲生八幡神社(祭神応神天皇ほか)が鎮座している。境内には高さ約30m・根回り約33mの日本一のクス(国特別天然)と老杉がたち並ぶ。蒲生院の総領職であった蒲生上総介舜清が，1123(保安4)年に宇佐八幡宮を勧請し創建した神社という。所蔵の秋草双雀文様銅鏡1面(国重文)は，鎌倉時代の作といわれる。

蒲生氏歴代や近隣の豪族たちの尊崇を集めたが，1557(弘治3)年の蒲生氏退去後も，当地を領した島津氏が篤く尊崇した。1618(元和4)年，島津義弘は社殿再興に協力し，若宮八幡の扁額を献じ，太刀・甲冑・宝器類を寄進したという。ながく正八幡若

蒲生の大クス

地頭仮屋の門

宮と称されていたが、本殿をはじめとする多くの施設は、1985（昭和60）年の台風で大破した。1986年から蒲生八幡神社とよばれている。

蒲生は島津氏の直轄地とされ地頭が任命された。役所を地頭仮屋とよび、現在の町役場のところにあった。1826（文政9）年にたてられた地頭仮屋の門（国登録）は、姶良市役所蒲生総合支所（旧蒲生町役場）前に保存整備されている。

『延喜式』には古代の蒲生駅の名がみえるが、近年その比定地を姶良市船津の柳ヶ迫遺跡にあてる説も示されている。

12世紀創建の神社 日本一の大クス

蒲生城跡 ❼

〈M▶P.162,170〉姶良市蒲生町久末
JR日豊本線帖佐駅🚌蒲生行終点🚶15分

蒲生総合支所の南1kmほどにある蒲生城は別名龍ヶ城とも本城ともいわれ、周囲ほぼ8kmの大規模な山城である。豊前国宇佐郡から蒲生院にくだった上総介舜清の山城といわれ、蒲生氏は代々この城に居住したという。1550（天文19）年薩摩半島を統一した島津貴久は北部へ進出をはかり、また大隅西部の雄、蒲生範清も薩摩への進出をはかっていた。1554年蒲生氏が蒲生城を補強し加治木城攻めを開始すると、貴久は総力を結集して対峙した。1557（弘治3）年に支城を攻略された蒲生氏は、蒲生城に火をかけて祁答院に退いた。

西大隅の雄蒲生氏の城 磨崖の梵字群

蒲生城の陥落により大隅地方西部はほとんど貴久の勢力下にはいった。この一連の合戦を、蒲生合戦あるいは大隅合戦とよぶ。

城跡は城山公園

となっており，大手門をのぼると，正面右側の大岩壁に1700個余りの梵字がきざまれている。不動明王などの種子（しゅじ）や五輪塔（ごりんとう）などがきざまれており，岩壁に開口する洞窟には一字一石経（いちじいっせきぎょう）が納められている。鎌倉時代中期ごろの刻字ともいわれる。

　蒲生八幡から東へ10分ほどいくと，蒲生どんの墓とよばれる蒲生一族歴代の墓石群がある。この墓石は蒲生氏の菩提寺法寿寺（ほうじゅじ）の墓地にあったが，1867（慶応3）年の大洪水で破壊され流出したものを，1939（昭和14）年史談会が法寿寺跡の現在地に移転したものである。

　県道463号線を5kmほど北へ進むと漆（うるし）地区に至る。満徳寺（まんとくじ）そばに，農作業姿神舞型の田の神（かんまい）（県民俗）がある。1718（享保3）年の作で，高さ108cmの巨石の前面に浮彫りにされており，同型の田の神像のなかではもっとも古い。そこから南にみえる愛宕山（あたごやま）の山頂には1523（大永（たいえい）3）年に造立された庚申塔（こうしんとう）（県民俗）がある。もとは愛宕山の麓にあったが，第二次世界大戦後山頂に移された。碑高105cm，後面は舟形，前面は平らに磨かれ，上部に月輪（がちりん），下端に19人の人名がきざまれている。年代の知られている県内の庚申塔でもっとも古いものである。

　漆地区から県道463号線を南下して蒲生の市街地に戻り，県道42号線を加治木方面に向かう。1.5kmほど進んだところにある蒲生高校の手前に下久徳の田の神（しもきゅうとく）（県民俗）がある。この田の神は，高さ130cm・幅70cmの自然石を舟型に彫り込み，像高80cmの田の神を浮彫りにしたもので，メシゲ（しゃもじ）と椀（わん）をもち，白と赤で化粧している。1768（明和（めいわ）5）年に庚申供養（きょう）のために造立したという。

加治木郷土館（かじききょうどかん） ❽　〈M ▶ P.162, 172〉姶良市加治木町仮屋町250 Ｐ
0995-62-2605　　　JR日豊本線加治木駅 🚶 8分

龍門司焼などを展示する歴史ある郷土館

　JR加治木駅から西へ市街地を歩き，線路をこえて北に進むと加治木高校と柁城（だじょう）小学校がある。この一帯が加治木島津家の館跡（くらいあと）である。加治木は，1595（文禄4）年の太閤検地で太閤蔵入地となり，1599（慶長4）年島津領となったが，1607年島津義弘が重富平松城（しげとみひらまつ）から加治木へ移ったとき，加治木城が荒廃していたため，この地に館（やかた）を構えたことにはじまる。1631（寛永（かんえい）8）年に加治木島津家がたてられ，その館とされた。

加治木高校の西隣に姶良市立加治木図書館と加治木郷土館がある。図書館は郷土館として1937(昭和12)年につくられた(国登録)。郷土館の展示品のなかでは，西郷隆盛筆「敬天愛人」や名山楼詩集版木(県文化)がとくに重要である。『名山楼詩集』は島津25代重豪の従弟にあたる加治木領主島津久徴の作を，長崎出身の儒学者伊藤瓊山(世粛)が校訂し，1800(寛政12)年に刊行したものである。精密に彫られた版木が61枚現存しており，また9人の清国人が序・跋などを付しており，薩摩の近世文化を知るうえで貴重な資料である。瓊山は，久徴が藩校造士館にならってつくった毓英館の創建にもかかわった。図書館から北西200mほどの愛宕神社前に毓英館跡がある。

　加治木駅から南西に400mほど，NTT加治木支店の正面に鋳銭所跡の碑がある。薩摩では戦国末から江戸初期に貨幣の不足を補うために，洪武通宝の私鋳銭をつくった。銭の裏面に「加」・「治」・「木」の1文字があるから加治木銭とよばれ，その鋳銭所辺りは銭屋町とよばれていた。朝日町の森山家住宅土蔵(国登録)は，1904(明治37)年に鋳物の倉庫として建てられた。

加治木銭

加治木駅周辺の史跡

　加治木町と隣接の姶良町には多くの窯跡がある。柂城小学校北側にある御里窯跡は，島津義弘の御庭焼で茶道具をおもに焼いたとされる。龍門滝入口バス停近くの山元窯跡は1667(寛文7)年に築かれた登窯，小山田茶碗屋公民館隣の龍門司焼古窯は元禄の初め，1690年ごろに築かれた。

木田の弥勒にある弥勒窯跡は、1786(天明6)年に龍門司焼の陶工と佐世保(平戸藩)の三川内焼の技術者たちが開いたものである。また日木山の精矛神社社務所付近にあった日木山皿山窯跡は、1860(万延元)年に苗代川(東市来町)の陶工を招いて開かれた窯である。

木田には衣冠束帯姿の坐像型の田の神(県民俗)がある。1767(明和4)年につくられたもので、神像型坐像の田の神のなかではもっとも古いものである。

南浦文之の墓 ❾

〈M ▶ P.162,172〉 姶良市加治木町反土1814
JR日豊本線加治木駅🚶20分、または🚌空港行加治木インター前🚶5分

『鉄炮記』の著者の墓安国寺の境内にたつ

九州縦貫自動車道加治木JCT建設に伴い発掘調査された干迫遺跡から、縄文時代中期の大量の遺物が出土したが、九州各地の影響をうけた土器が多かったことから、この時期にすでに各地の物資が集まる場所であったことがわかる。

JCT北側に、太平山安国寺(臨済宗)がある。安国寺は夢窓疎石のすすめにより足利尊氏が全国に建立したもので、この寺は大隅国の安国寺として創建された。もとは現在地より200mほど南西にあり、京都妙心寺(臨済宗)の末寺とされた。

安国寺境内西側の歴代住職の墓の一角に、薩南学派の継承者南浦文之の墓(国史跡)がある。文之は1555(弘治元)年日向国飫肥南郷外浦(宮崎県串間市)に生まれ、京都への留学から帰郷後、大隅国内の多くの寺の住職を歴任した。また鎌倉の建長寺の住職にもなっており、島津家久が鹿児島に大龍寺をたてるとその開山となった。著書の『鉄炮記』は種子島への鉄砲伝来の様子を伝える貴重な史料である。文之は島津義久・義弘の外交・文教の顧問でもあった。

南浦文之の墓

姶良・蒲生・加治木を歩く

龍門司坂 ⑩

〈M ▶ P.162, 172〉 姶良市加治木町木田字内 祝 儀地内
JR日豊本線加治木駅 🚌空港行加治木インター前 🚶20分

大口筋の近世街道
美しい石畳が残る

　安国寺の後背に位置する標高127mのシラス台地の先端に，加治木城跡がある。創設の年代は明確ではなく，11世紀ごろの大蔵氏か，鎌倉時代の加治木氏によって築かれたとする説がある。1527(大永7)年島津忠良が当城の伊地知重貞を攻め，1549(天文18)年には当城による肝付兼演が島津貴久にくだった。肝付氏は1595(文禄4)年の喜入移封までこの城を用いたと考えられる。城は本丸・二の丸・西の丸など7つの曲輪群からなっていた。

　貴久方の伊集院忠朗が肝付兼演を攻める際，黒川崎合戦(加治木町日木山)が行われたが，その合戦で，鉄砲が使用されたことが史料上はじめて確認できる。

　安国寺から西へ網掛川を渡り龍門滝の西をとおりさえずりの森へ向かう途中に，大口筋龍門司坂(国史跡)がある。近世の旧大口筋の一部で，1635(寛永12)年につくられ，その約100年後に石がしかれた。全長は1500m余りあったといわれるが，現在，464mが当時の石敷きを残している。1877(明治10)年には西郷隆盛の率いる薩軍がこの坂道をとおって熊本へ向かっており，文化庁選定の「歴史の道百選」に選ばれている。

龍門司坂

隼人の里

縄文時代観に転換をもたらした上野原遺跡や大隅国府，国分寺，鹿児島神宮などがあり，大隅国の中枢をなした。

隼人塚 ⓫

〈M ► P.162, 175〉霧島市隼人町内山田265-3
JR日豊本線・肥薩線隼人駅🚶10分

復元された石塔・石仏 平安末期に建立

隼人駅前の県道を左手へ，JRの踏切を渡って少し進むと，3基の石造五重塔，石造の四天王像がみえる。隼人塚（国史跡）である。建立年代については，景行・仲哀天皇の時代に討伐された熊襲の霊を慰め，災いをさけるために708（和銅元）年に建立されたとする説，720（養老4）年の隼人の乱鎮圧後，天変地異がおこり田畑が荒廃し，隼人の霊をしずめるために建立したとする説，14世紀に隼人町宇都山に移転した正国寺の跡とする説などがあった。1996（平成8）・97年の発掘調査で，隼人塚から出土した石像の台座部分に，正国寺にある石仏に共通する要素があることや，正国寺跡の石仏3体（県文化）のうち，2体の光背部分に「康治元（1142）年」の銘があることから，現在は平安時代後期創建説が有力視されている。

史跡に隣接する霧島市立隼人塚史跡館には，隼人関連の資料や発掘調査で出土した遺物などが展示されている。

隼人駅周辺の史跡

隼人塚

鹿児島神宮 ⑫　〈M▶P.162,175〉霧島市隼人町宮内2496 P
0995-42-0020　JR日豊本線・肥薩線隼人駅🚶20分

式内社から一宮へ神宝群は栄華を伝える

　隼人駅前の県道を右手に約800m，交差点を左折すると朱があざやかな大鳥居がみえる。桜並木・楠並木の表参道を進む。小さな石橋を渡り，石段をのぼると鹿児島神宮（祭神天津日高日子穂穂手見尊ほか）である。建久年間（1190～99）の植樹と伝えられる神木の大クスや，広大な境内は往時の姿をしのばせる。社伝では708（和銅元）年の創建とされる。文献上の初見は『延喜式』神名帳で，「大隅国桑原郡一座（大）鹿児島神社」とある。平安時代末には大隅正八幡宮ともいわれ，大隅国の一宮であった。平安時代末期から鎌倉時代には神威を南九州一帯に誇り，石清水八幡宮（京都府）ともつながっていた。1197（建久8）年の「大隅国建久図田帳」（土地台帳）によると，大隅国内に島津荘の1465町余につぐ約1300町の荘園を領していた。また江戸時代に700石をあたえられたことからも，格式の高さがうかがえる。現在の社殿は1756（宝暦6）年に，島津重年により再建された。

　神宮は貴重な文化財を数多く伝えている。「鹿児島神宮文書」（県文化）は，平安時代最末期から近世末期の文書22通からなる。また紺糸威鎧兜大袖付（国重文・東京国立博物館保管）は南北朝時代の作，色々威胴丸兜（肩萌黄・国重文・東京国立博物館寄託）・色々威胴丸兜大袖付（肩紫・国重文・鹿児島県歴史資料センター黎明館寄託）は室町時代末期の作とされる。相州住秋広の銘をもつ小太刀（国重文・鹿児島県歴史資料センター黎明館保管）は，1392（明徳3）年の作である。14～16世紀の中国産・タイ産陶磁器8点（いずれも県重文）については，19世紀に写しがつくられている。

　本参道から用水路沿いの右手にある霧島市立隼人歴史民俗資料館

鹿児島神宮

176　姶良・伊佐路

鹿児島神宮ゆかりの祭事

コラム

初午祭の呼び物 鈴かけ馬踊り

初午祭は、450年の歴史を誇る伝統行事である。家畜の安全・多産を祈るとともに、豊作や家内安全などを願う祭りである。毎年旧正月の18日に行われ、二十数万人の人出で賑わう県内有数の祭事。あざやかな装飾品をまとった数十頭の馬が、三味線や太鼓にあわせて踊る鈴かけ馬踊りは、祭りの最大の見どころである。

また2000（平成12）年には、66年ぶりに御浜下り祭が復活した。

720（養老4）年の隼人の乱鎮圧に、九州各地の軍団と豊前宇佐の八幡神が派遣されたが、鎮圧後に宇佐地方（大分県）で作物がとれず病気が流行したため、これを隼人の祟りとし、しずめるために放生会がはじまった。

鹿児島神宮への伝承年代は不明だが、昭和初期まで開催されていたことがわかっており、当時の資料をもとに神舞などが行われた。

の北西にある石體神社は、鹿児島神宮の旧地と伝えられ、安産・子授けの神として信仰を集めている。神宮下の神田には、宮内の田の神（県民俗）が鎮座している。1781（天明元）年につくられた高さ91cmの農作業姿神舞型の典型である。大鳥居手前右の市立宮内小学校には、平安時代に創建された神宮の別当寺弥勒院（天台宗）があったが、明治初年の廃仏毀釈で廃寺となった。中国製の青磁・白磁、タイ産の壺、中国元代の飛青磁などが出土している。また神宮周辺には、代々正八幡宮の神官をつとめた四社家（桑幡・留守・沢・最勝寺）関連の史跡が点在している。

宮内小学校正門前の参道向いが桑幡氏館跡である。発掘調査では館跡を取り囲む薬研堀、池の跡、国内外の大量の陶磁器類が出土している。なかでもベトナムの陶器類、高麗青磁、全国初の発見となる中国の飛青磁などが特筆される。ここから400m東の住宅地にある留守氏館跡からは、高さ約3mの土塁の外に深さ3mの堀が検出され、多くの土師器や国内外産の陶磁器も出土した。大鳥居から県道471号線を日当山方面に600m進み、小さな表示板から右にはいると沢家墓碑群がある。1237（嘉禎3）年の自然石塔婆、「延応元（1239）年」の年号がきざまれた三重石塔・中国産とされる薩摩塔を、梵字が彫られた49基の板碑が囲む大隅正八幡宮境内と社家跡は国史跡となった。

隼人の里

富隈城跡 ⑬ 〈M▶P.162,175〉霧島市隼人町住吉浜之市

JR日豊本線・肥薩線隼人駅🚶30分、または🚌5分

巨石を積んだ城壁 島津義久の居城

　隼人塚から東へ向い国道223号線を約2km南下すると、左手に電波塔と石垣に囲まれた小高い丘がみえる。島津義久が1595(文禄4)年に築城し、1604(慶長9)年国分新城(舞鶴城)に移るまで在城した富隈城跡である。石垣に囲まれた城域は南北250m・東西150mの長方形で、北側は30m余の小高い丘である。城の周囲に堀をめぐらし、見次地区から引き水をしていたとされるが、詳細は不明である。加藤清正が寄進したという石垣の石が南東の角にあり、丘の東側には住吉神社がある。

　義久は在城10年間に、浜之市港の修築をはじめさまざまな事業を行った。浜之市の文献上の初見は14世紀であるが、義久の富隈入城後に港の修復が行われたと考えられ、以降、琉球貿易をはじめとして近代まで重要な役割をはたした。また市場開設を奨励し定期市も開かれた。これが地名の由来になっている。

　なお、麓集落の整備も行われ、富隈城西側真孝地区に残る直線的な道筋や、犬追馬場、御厨などの小字名は、当時の状況を伝えてくれる。

上野原遺跡 ⑭ 〈M▶P.162〉霧島市国分上野原縄文の森 🅿

0995-48-5701

JR日豊本線国分駅🚌テクノパーク行上野原🚶すぐ

最古級の通年定住遺跡 整備された史跡公園

　バスは国道10号線亀割バイパスを宮崎方面に走る。途中遺跡への案内板にしたがい左折し、カーブの続く坂道をのぼると、上野原遺跡(国史跡)がある。北に霧島連山、南には桜島をのぞむ標高約250mの台地に広がる大規模な遺跡である。縄文時代から中世までの遺物は約20万点をこえるが、特筆すべきは縄文時代早期前葉(約9500年前)の遺構・遺物である。竪穴住居跡52棟のほか、燻製施設と考えられる連結土坑、石蒸し料理の施設である集石遺構など生活遺構が発見され、この地で集落が営まれ、定住

対で埋設された平栫式の壺形土器
(上野原遺跡出土)

薩摩義士の墓

コラム

謎の多い墓

　1991(平成3)年5月，地元新聞社により富隈城の東にある住吉共同墓地に，宝暦治水で切腹した薩摩義士の墓があることが報じられた。墓石の碑文には，「山元八，没年宝暦四年十一月二十一日，戒名悦岩共忻居士」とある。その後，隼人町教育委員会の調査により，三重県桑名市の海蔵寺にある平田靱負以下20人の墓中に，没年・戒名の一致する墓石があることがわかった。また住吉共同墓地には八兵衛の妻，母をはじめ一族の墓も確認された。海蔵寺の住職は，遺髪か分骨をもち帰ったものではないかと考えているようだが，なぜこの地に薩摩義士の墓があるのかなど，明確でない部分が多い。

山元八兵衛の墓

生活が行われたことを伝えている。

　広大な遺跡は上野原縄文の森として保存・活用されている。園内の展示館では，上野原遺跡で出土した遺物450点(国重文)をはじめ，県内のさまざまな時代の考古資料を展示し，園全体を活用した古代の生活体験なども行われている。屋外には9500年前の復元集落や地層観察館，住居跡を発掘当時の状態で見学できる遺跡保存館がある。

　台地を東西につらぬく道の南側では，縄文時代早期後葉(約7500年前)の遺構・遺物が発見された。なかでも，対で埋設され，完全な形で出土した平栫式土器の壺形土器(国重文)は，全国的に注目を集めた。現在ここには鹿児島県立埋蔵文化財センターもあり，県内各地の発掘調査・出土資料の整理と遺跡の報

国分駅周辺の史跡

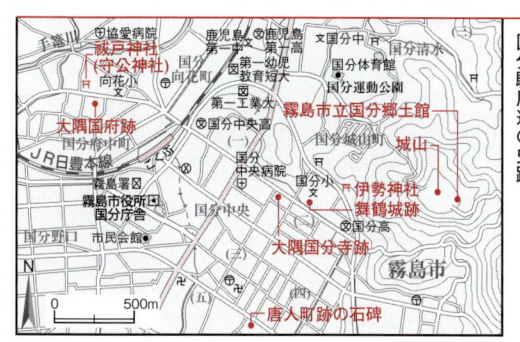

隼人の里　179

告書作成・情報発信・研究活動が行われている。

大隅国分寺跡 ⑮　〈M ▶ P.162, 179〉霧島市国分中央1-1794
JR日豊本線国分駅🚶10分

> 康治元年銘の石塔寺域は現在調査中

　薩摩・大隅両半島のほぼ中間に位置する霧島市は，かつて大隅国分寺がおかれたことに由来する。713(和銅6)年に建置された大隅国の国府は，国分駅の北西側，守公神社(現，祓戸神社)を中心とする方6町(約654m四方)に比定されている。国府跡を示す石碑が，県道471号線の反対側の住宅の一角にある。ただし，当時この地は旧天降川の氾濫原にあたるため，隼人町の真孝から住吉にかけての地域を比定する説もある。1028(長元元)年ごろには，島津荘の開発者とされる平季基が大隅国府を焼討ちする事件がおこっている。

　大隅国分寺跡(国史跡)は，JR国分駅の南東約700m，国分小学校のすぐ近くにある。「康治元(1142)年」の銘をもつ石造六重層塔や，仁王像・碑文などが残る。石塔の上2段は石質が異なり，後年補修されたものであることが判明している。数度の発掘調査により，寺域の溝跡の一部や創建時のものとされる布目瓦の集中区がみつかっているが，伽藍などの遺構は未発見である。遺物からみる創建年代は奈良時代末期から平安時代初期とされる。国分寺は，最終的には江戸時代の元禄年間(1688〜1704)に再興されたが，明治初年の廃仏毀釈により廃絶した。現在，市街地とその周辺では開発が活発に行われているが，本格的な発掘調査が行われておらず，国府跡も含め広範な調査がのぞまれる。

石造六重層塔(大隅国分寺跡)

舞鶴城跡 ⑯　〈M ▶ P.162, 179〉霧島市国分中央2-8
JR日豊本線国分駅🚶12分

　大隅国分寺跡から東へ50mいくと，左手に野面積みの石垣と堀が

国分のたばこ

コラム

産

　国分たばこは，江戸時代末期には琉球王朝をつうじ，中国皇帝にも献上され，またシーボルトによって遠く西洋にもたらされたほど名を馳せたといわれる。

　国分たばこの歴史は，1606（慶長11）年服部宗重が島津義久の許可を得て，国分市梅木で試作に成功したことにはじまる。江戸時代初期には幕府・藩によって再三取り締りをうけたにもかかわらず，後期には生産が奨励された。薩摩藩も大坂・江戸へ大量に出荷し，貴重な財源となった。しかし生産者数は，1949（昭和24）年の2029人をピークに，2004（平成16）年現在では9軒にまでおちこみ，かつての栄華は「おはら節」の一節に残るのみである。

花は霧島，たばこは国分「おはら節」に歌われた名産

島津義久の居城　国分市街の中心地

みえてくる。舞鶴城跡（国分新城・国分御屋形）である。現在は国分小学校・国分高校がある。1604（慶長9）年ごろ，島津家久に家督をゆずった義久が，隼人町の富隈城からここに移り住んだ。移城の理由に隠居説があるが，関ヶ原の戦い後の徳川方の侵攻に備えるためとする説もある。義久の死後は3女亀寿姫が住み，さらにその後は地頭の館となった。江戸時代をつうじて鹿児島城から舞鶴城に藩主が移る構想もたびたびあり，幕末には島津斉彬の命により国分の測量も行われたが，斉彬の死去により頓挫した。1877（明治10）年の西南戦争ではここに政府軍の参謀山県有朋の屯営所がおかれた。

　城の南側には碁盤目状に城下町が形成された。これは義久がみた京都の町割を参考にしたとされる。当時の町割を残す中央2・4丁目周辺は，石垣に囲まれた屋敷が点在し，武家屋敷の風情を伝えている。これより南側に唐人町跡の石碑がある。明から渡来した林鳳山がこの地で交易をしたといわれている。

　舞鶴城の背後にある戦時の城とされるのが城山である。舞鶴城の北，伊勢神社

舞鶴城跡

隼人の里

(祭神天照大神)から山道を搦手門跡にいくる道がある。途中，正面に島津義久の墓がある。この地は舞鶴城を鎮護した金剛寺跡(真言宗)である。急坂を500mのぼって道路脇のシラスの崖にみえる洞穴は長袋とよばれ，熊襲の住居跡の伝承がある。公園入口の表示の手前に空堀の遺構がある。標高192.2mの頂上は広大な台地であり，城山公園として整備されている。公園建設の際の発掘調査では，4～5世紀の住居跡が発見され，720(養老4)年に反乱をおこした隼人が立てこもった曽於乃岩城(隼人城)とする説もある。公園入口にある霧島市立国分郷土館には，城山山頂遺跡出土の布留式土器，国分市府中の亀ノ甲遺跡出土の環頭大刀や，民具類約1300点などが展示されている。

台明寺跡 ⑰

〈M ▶ P.162, 182〉霧島市国分台明寺1396
JR日豊本線国分駅🚌霧島神宮行止上🚶45分

青葉の笛ゆかりの地 多くの文書を伝える

国分平野の北東端に重久地区がある。バス停止上から東へ，手籠川をすぎたところに隼人の霊を慰めるために創建されたという止上神社(祭神彦火々出見尊)がある。古代末期から中世にかけては在庁官人で，鎌倉幕府御家人でもあった税所氏とつながり，近世には島津氏の熱い庇護をうけた。ここには神舞面や神王面など五十数面(霧島市立国分郷土館保管)が現存しており，「明応六(1497)年」の銘が最古とされる。

神社の西南約600mの水田にあるのが，『三国名勝図会』にもみえる重久の隼人塚である。これは隼人の首塚ともよばれ，毎年1月14日を初猟の日として，猪肉を33本の串に刺してその霊を慰める狩猟儀礼としての民俗行事である贄祭があったと伝えられている。

止上神社から南へ，青葉小学校をすぎて郡田川にでる。川沿いに郡田を経て1.7km，川を渡って150mの民家の敷地が台明寺跡(天台宗)である。台明寺は天智天皇勅願寺の伝承をもち，また大隅国府の鎮守とされる。「台明寺文書」(国重文)は中世におけるその勢力を伝えてお

台明寺跡周辺の史跡

日枝神社

り，止上神社も支配下にあった。近世には薩摩藩の保護下にあり，1853(嘉永6)年12月20日島津斉彬が参拝したことを示す石柱がある。

台明寺跡から500mほどのぼったところに日枝神社(祭神大己貴命)があり，台明寺ははじめこの地にあったとされる。石造の小さな鳥居をくぐり，急な坂道をのぼると，木立に囲まれた拝殿が姿をあらわす。『平家物語』の滝口入道の横笛で知られる宮廷献上品，青葉の笛の原料である台明竹はこの境内に産する。一の谷の合戦で戦死した平敦盛が所持していたものも，青葉の笛と伝えられている。

福山酢の町 ⑱

〈M ▶ P.162, 184〉霧島市福山町福山
JR日豊本線国分駅🚌桜島港行小廻🚶5分

JR国分駅をでたバスは福山方面へ南下する。京セラ国分工場をすぎ，左手に上井城跡をのぞみながら直進する。上井城は島津氏の武将上井覚兼の居城で，『上井覚兼日記』(国重文)は戦国末期の政治・外交・文化を伝える貴重な史料である。

国道220号線を1.6km，高橋川から農道を500mほどはいった山間に薩摩藩の敷根火薬製造所跡がある。操業は1863(文久3)年の設置からわずか十数年であったが，職工にはそのあと東京の陸軍兵器廠の技術指導者となったものもいた。跡地に石垣と記念碑がたっている。

さらに国道220号線を1.2kmいくと，献上品の酢瓶が運搬中に割れたことにちなむ亀割峠がある。峠を右におれて福山へくだると，黒酢づくりで有名な福山町小廻にはいる。黒酢は壺を

あまん壺が並ぶ風景 健康ブームで脚光

福山酢づくり

隼人の里　183

利用した自然発酵の米酢である。鹿児島湾にそびえる桜島をのぞむ傾斜地に、大量の壺が整然と並ぶ。小廻での黒酢づくりの始まりは、文化・文政(1804〜30)のころ、福山の竹之下松兵衛が日置地方でアマンという色酢を知って、その製法を学び福山で製造したことによる。たちまち評判を得て、山川・鹿児島・都城を結ぶ海陸交通の要地だったこともあり、明治以降は販路が各地に広がった。明治中期をピークに生産量は減少したが、町内には7醸造所があり、近年の健康食ブームにも押され、国内外に販路を広げている。

廻城跡 ⑲

〈M ▶ P.162, 184〉霧島市福山町福山
JR日豊本線国分駅🚌桜島行牧之原線上の茶屋🚶20分

ひっそりと残る城跡 島津と肝付の激戦地

小廻から国道220号線を南へ500mいくと麓地区である。現在も福山総合支所・福山小学校などがあり、福山の行政の中心地である。

県道478号線入口に、『延喜式』式内社曽於郡三座の1つ宮浦神社(祭神神武天皇)がある。社殿の両側に樹齢1000年、樹高38mをこす2本のイチョウの大木(県天然)がある。右側の木には1791(寛政3)年の大火による傷痕があり、左の木には西南戦争時の弾痕が残っている。

天窮坂ともいわれた旧日州街道の急坂と交差しながら県道478号線をのぼると、途中に上の茶屋バス停がある。ここから北に1.5kmの地点が廻城(仁田尾城)跡である。1561(永禄4)年、大隅に勢力を張っていた肝付兼続によって廻城は攻略された。城主廻久元と友好関係にあった島津貴久は大軍を率いて応戦、弟忠将を失いながらも奪還に成功した。忠将の墓は茶屋バス停から旧道をのぼったところにある。

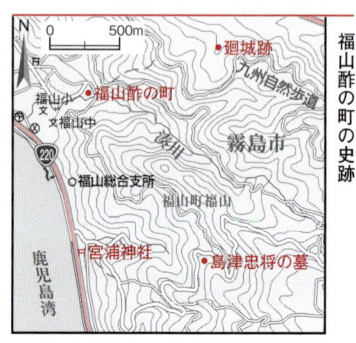

福山酢の町の史跡

県道が鹿屋方面への国道504号線と交差する一帯が、福山町牧之原地区である。1580(天正8)年、島津義久は福山牧を開いた。国道10号線から鹿屋方面に向かう県道脇の小陣ケ丘に、「享和三(1802)年」の銘をもつ「移牧馬神祠記」の石碑がある。碑文には、福山を

中心に周囲13里の馬牧が設けられ、最盛時には2500頭を数えるほどであったことなどが記されている。古くから有名な馬産地で、藩政時代には規模・頭数が薩隅国内20カ所中第1であり、九州一の馬牧としても定評があった。

嘉例川駅 ⑳

〈M ▶ P.162〉霧島市隼人町嘉例川
JR肥薩線嘉例川駅、または鹿児島空港🚗15分

100歳をこえる駅舎かつての幹線の面影

鹿児島国際空港がある台地一帯を、十三塚原という。地名の由来は、国分八幡（鹿児島神宮）を焼討ちにきた宇佐八幡の使者13人が、つぎつぎに死んだという伝承の十三塚に由来している。

空港から県道504号線を北へ3.5kmに、神代三山陵の1つ高屋山上陵がある。『古事記』や『日本書紀』の記述をもとに、彦火々出見尊の陵墓として1874（明治7）年に決定された。

山上陵から空港方向へ戻り、県道56号線を嘉例川トンネルの手前で左折する。小道を進むと右手にJR肥薩線嘉例川駅（国登録）がある。無人駅ではあるが、駅舎は、肥薩線が開通した1903年当時の姿を100年後の今日に伝えている。肥薩線は開業当時、内陸部の吉松・人吉を経由し熊本・福岡方面へつうじる大動脈として敷設され、名称も鹿児島本線であった。内陸部に設けられたのは物資の輸送手段である鉄道を、外国の艦砲射撃からまもる国防上の理由からであった。嘉例川駅から県道56号線を東にいき、交差する国道223号線を右折すると、まもなく新川渓谷温泉郷である。1662（寛文2）年にはじまった改修工事で手籠川と合流し、水路も変わったので、天降川から新川にかわったといわれる。

急峻な渓谷には、約6kmにわたって温泉が点在する。最上流の塩浸温泉は、坂本龍馬が新婚旅行で滞在したことで名高く、下流の安楽温泉は県内最古の温泉地である。最下流の妙見温泉は斎藤茂吉らも

嘉例川駅

隼人の里

訪れた湯治場である。

　妙見温泉のバス停安楽橋から左手に県道470号線をのぼり，中津川沿いに進む。途中，1921（大正10）年建設の妙見発電所を左に，バス停犬飼の滝で左折し100mほどあがると，1937（昭和12）年創建の和気神社（祭神和気清麻呂）がある。769（神護景雲3）年，僧道鏡の皇位継承を阻止した和気清麻呂は，大隅国に流された。清麻呂の配流地は不明であったため，幕末に三条実美の依頼をうけた島津斉彬が調査を命じ，ここを故地とした。1853（嘉永6）年斉彬が訪れ，マツを植樹した。神社の下方に高さ36m・幅18mの犬飼の滝が壮大な景観をみせる。

　新川渓谷沿いにくだった，天降川の両岸の平野に広がる日当山温泉街は，1825（文政8）年の発見で歴史は比較的新しい。頓知話で知られる日当山侏儒どんこと徳田太兵衛は，日当山5代の地頭である。温泉からすぐのJR日当山駅の南400mのところに，大隅国二宮の蛭児神社（祭神蛭児尊）がある。神社の前に，西郷隆盛が逗留したことで知られる竜宝家旧居が移築されている。

霧島神宮 ㉑
0995-57-0001

〈M▶P.162〉霧島市霧島田口　P
JR日豊本線霧島神宮駅　林田温泉行霧島神宮前 7分

霧島神をまつる神社　神宮からの大パノラマ

　JR霧島神宮駅から国道223号線を7kmほどのぼると，壮大な霧島神宮（祭神天津日高彦火瓊瓊杵尊）の大鳥居がみえる。神橋を渡って石段をのぼり，しばらく歩くと正面に社殿がみえる。神宮は往古から天孫降臨の地，霧島連山第2の高峰高千穂峰山頂（標高1574m）に鎮座したと伝えられ，『延喜式』神名帳には日向国諸県郡霧島神社がみえる。6世紀に僧慶胤が高千穂峰の脊門丘に社殿を造営したが，噴火で焼失し，10世紀なかば性空上人が西麓の高千穂河原に再興したと伝えられる。文暦年間（1234〜35）の大噴火で再び全焼，1484（文明16）年僧兼慶が島津忠昌の命をうけて現在地に再興したが，また噴火で炎上した。現在の社殿は，1715（正徳5）年に島津21代吉貴によって再建された。登廊下・拝殿・幣殿（いずれも国重文）を伴った入母屋造の本殿の規模は，全国屈指である。また1930（昭和5）年建築の社務所（国登録）は，大規模な和風建築である。

　神宮の神事は天孫降臨との関係が深いが，11月10日に行われる天

坂本龍馬の湯治旅行

コラム

日本初の新婚旅行記念の銅像がたつ

　1866(慶応2)年1月21日、土佐藩の坂本龍馬・中岡慎太郎の仲介により、京都で薩摩藩と長州藩の薩長同盟が結ばれた。2日後、寺田屋で襲撃され負傷した龍馬は、寺田屋の養女お龍とともに難をのがれた。このとき薩摩屋敷に保護されたことから、西郷隆盛との交流が深まった。

　西郷は湯治による傷の治療をすすめ、龍馬もお龍を伴い鹿児島を訪れた。鹿児島からは海路隼人の浜之市に着き、日当山を経由して塩浸温泉に案内された。龍馬夫妻の滞在は10日余りにわたった。寺田屋でうけた傷を癒すための湯治が目的であったが、合間には釣りをしたり、高杉晋作からもらったピストルで鳥を射ったりしてすごしたという。夫妻はここからさらに犬飼の滝を経て霧島連山の高千穂峰にのぼり、山頂では天の逆鉾を引きぬいたことなどが、姉の乙女に宛てられた手紙に記されている。

　明和・安永(1764〜81)ごろから知られた塩浸温泉は、藩営から町営となり、塩浸温泉福祉の里となっている。施設横には2人の旅行を記念して銅像がたてられている。

坂本龍馬・お龍新婚湯治像

孫降臨御神火祭は、ニニギノミコトが高千穂峰に降臨するとき、道標に火をともしたという伝承に由来する。夕闇迫る高千穂河原の古宮跡では、燃え盛る神火のもとで勇壮な九面太鼓が祭りを盛りあげる。毎年旧暦2月4日に行われる霧島神宮の御田植祭(県民俗)は、境内を田にみたてて疑似的に農作業を行う春祭りで、田の神舞は、県内の田の神舞の原型とされる。

霧島神宮

隼人の里　187

❸ 伊佐路

県内最北部のこの地域は，鹿児島の米どころで焼酎の生産も盛んである。焼酎の落書で有名な，郡山八幡神社もある。

山ヶ野金山 ㉒ 〈M▶P.162〉霧島市横川町上ノ山ヶ野
JR肥薩線大隅横川駅🚗20分

近世日本最大級の金山
岩堂磨崖仏は県文化財

　1903（明治36）年開通した肥薩線の大隅横川駅（国登録）は開通当時の姿のままの駅舎である。駅から200mほど北の池田家住宅主屋・石倉（国登録），400mほど北西の森山家住宅石倉（国登録）は，肥薩線が鹿児島本線として機能していた時期の町の賑わいを伝える。市街地から，県道50号線を宮之城方面へ車で20分ほど走ると山ヶ野金山へ着く。1640（寛永17）年，宮之城領主島津久通によって採鉱が開始された金山で，最盛期には約2万人の鉱夫が働き，佐渡金山と並ぶ江戸時代の二大金山であった。田町には当時遊郭も存在した。夢想谷の徳源社は島津久通をまつる。

　山ヶ野金山から県道50号線を横川町市街地方面へ戻り崎山から北へ約1.5kmいくと上ノ上小脇に安良神社（祭神安良姫）がある。創建は和銅年間（708～15）といわれ，鹿児島神宮・霧島神宮などとともに大隅5社としてあがめられてきた。京からおちのび，この地で自害した安良姫の霊を慰めるために創建されたといわれる。神舞に用いる13個の面が所蔵されている。なかでも，「貞和五（1349）年」銘のものは，記年銘のあるものでは日本最古のものといわれている。

　安良神社から市街地にはいり，横川中学校正門前の丘陵地帯は横川城跡である。1219（承久元）年の築城といわれる。室町時代後期に日向真幸院の領主北原氏の支城となったが，1562（永禄5）年島津義弘・歳久の大軍に攻められ，城主北原伊勢守は自害し落城し

岩堂磨崖仏

た。その後島津・相良両氏の攻防の舞台となり、島津氏占領ののち廃城となった。川北馬場の万亀山仙寿寺跡は、北原氏菩提寺の跡である。

横川町最南部の赤水に岩堂磨崖仏（県史跡）がある。周囲を龕状に彫り、像を浮彫りにした形式が、ほかの磨崖仏と異なる特徴である。建武新政期の1335（建武２）年につくられたもので、鎌倉期の様式を伝えている。保存状況もきわめて良好である。

稲葉崎の供養塔群 ㉓

〈M ▶ P.162, 189〉 姶良郡湧水町稲葉崎330-3
JR肥薩線栗野駅🚉大口行稲葉崎上🚶3分

稲葉崎には大規模な供養塔群大板碑

栗野駅から東へ約10分歩くと、勝栗神社（祭神 仲哀天皇ほか）がある。1197（建久８）年の「大隅国図田帳」に記載されていることから、それ以前の創建であることがわかる。宝物には、平安時代後期の３面を含む40面の銅鏡（県文化）がある。

栗野駅の北側の丘陵上に松尾（栗野）城跡がある。中世には真幸院領主北原氏が居城した。1590（天正18）年には島津義弘が飯野城より移り、約５年間居城した。1592（文禄元）年の朝鮮出兵時はこの城より出陣している。当時の石垣が残る山城跡である。

稲葉崎の供養塔群

勝栗神社より北へ国道268号線にでて、大口方面へ３kmいくと、右手の鶴田山中腹に田尾原の供養塔群があり、1359（正平14）年銘、1360（延文５）年銘の方柱塔婆が、それぞれ２基ある。その約１kmさきに稲

栗野駅周辺の史跡

伊佐路

葉崎の供養塔群(ともに県史跡)がある。いずれも南北朝時代の建立であり，南北両朝の年号が併用されている。稲葉崎のものは県内最大規模で，3mをこす大板碑を中心に板碑が13基あり前面には無数の五輪塔が並ぶ。

町南部，木場の栗野工業高校跡そばの三日月池は，ハナショウブの原種であるノハナショウブ(国天然)の自生南限地である。

永山地下式板石積石室墓群 ㉔

〈M▶P.162〉始良郡湧水町川西須 行
JR肥薩線栗野駅🚶30分

南九州に特徴的な墓 円形周溝墓もある

旧栗野町の市街地から川内川に沿って国道268号線を旧吉松町へ向かう。川添トンネルをでて約1.5km，左折して永山橋を渡ってまもなく永山地下式板石積石室墓群がある。100基ほどの地下式板石積石室墓のうち13基が調査されており，10号墳は円形周溝墓である。4世紀後半から5世紀初頭のものとされている。

石室墓群から県道102号線を北上するとJR吉松駅に至る。かつては八代・熊本方面，隼人・鹿児島方面，都城・宮崎方面を結ぶ要衝の駅として機関区がおかれ，鉄道の町として賑わった。

吉松駅の裏手，川西の四枝に庚申塔(県文化)がある。1729(享保14)年に造立され，きざまれた梵字が信仰の対象であったが，廃仏毀釈後の1871(明治4)年になって裏面を利用して，「猿田彦大神」の道祖神をまつった。

県道102号線をさらに北上すると般若寺に至る。般若寺にある日枝神社境内に，衣冠束帯姿の田の神像(県文化)がある。1772(明和9)年の造立で，宮崎県西諸県郡に多い宮崎型神像に分類される。

箱崎神社 ㉕

〈M▶P.162〉伊佐市菱刈町市山793 🅿
JR肥薩線栗野駅🚌大口方面行西重留🚶25分

元寇以来の神社 国の重要文化財

栗野町から菱刈町にはいり，最初の信号を左折すると湯之尾温泉地区である。湯之尾滝下流にはチスジノリ(国天然)，カワゴケソウ(県天然)などが生育する。湯之尾神社では毎年11月23日神舞(神楽，県民俗)が舞われる。天照大神の天岩戸の故事に由来する舞楽で，無病息災・五穀豊穣などを祈願するために奉納される。約500年前にはじまったとみられ，古い歴史をもつ。

川内川を渡り本城地区にはいると，本城小学校そばに太良城跡

湯之尾神社の神舞

がある。戦国期に島津・相良氏などと覇権をきそった菱刈氏の居城であった。近くの瓜之峯に菱刈氏歴代の墓がある。菱刈市街地をぬけ、再び国道268号線にでて、重留郵便局を右折し約2kmいくと、市山川沿いの水田のなかにこんもりとした森がみえる。そのなかに箱崎神社(祭神応神天皇)がある。境内には木造の本殿と宮殿(国重文)、青面金剛庚申塔・竜形石灯籠がたっている。1281(弘安4)年、元寇の際に筑前筥崎宮に戦勝祈願した武士が、分霊を奉じて帰りまつったのが始まりといわれる。本殿・宮殿の屋根は柿葺きの流造で、本殿正面扉のうえには彫刻がほどこされている。室町時代の建築様式であるが、琉球建築の要素も取りいれたと思われる。

町の北西部下手に水天神社がある。永禄年間(1558～70)、島津氏が菱刈氏を攻めたとき、この神社で義弘が戦勝祈願を行い戦を勝利に導いた。これを祝い奉納されたのが錫杖踊(県民俗)である。以来、11月28日の例祭の奉納踊りとなっている。

旧町役場の東方約7km、山田川上流に国内最大の金山である菱刈鉱山がある。1985(昭和60)年から出鉱を開始し、金品位は世界有数といわれる。

忠元神社 ㉖　〈M ▶ P.162,192〉伊佐市原田1081-1　🅿
JR肥薩線栗野駅🚌大口方面行明光学園前🚶10分

新納忠元ゆかりの地
祁答院家住宅は国重文

国道268号線を菱刈から大口にはいるとすぐ、伊佐市役所の裏手に丘陵がある。大口城跡である。島津貴久・義久・義弘らにつかえた勇将新納忠元の居城である。1569(永禄12)年忠元は大口城の菱刈・相良連合軍を撃ち破った戦功により大口(牛屎・菱刈)の地頭に任命され、以後50年近い年月をここですごした。国道をはさんで南側に忠元の墓がある。

忠元は文武兼備の名将として知られているが、江戸時代この墓所に参詣するものが多かったため、天保年間(1830～44)、近接する台

伊佐路

伊佐市街の史跡

地に忠元神社が創建された。神社の道路の両側に数百株のサクラが植えられ、県内有数のサクラの名所として知られている。

市役所裏の大口小学校に隣接して祁答院家住宅(国重文)がある。薩摩藩の郷士住宅として残された数少ないうちの1つである。祁答院氏が大口に移住したのは1653(承応2)年であるが、現在の住宅は、18世紀前半に建築されたものと推定されている。平時は農耕に従事していた郷士の住宅としての部分、また接客を重視した武家住宅の部分をかね備えた貴重な建築物である。

郡山八幡神社 ㉗
09952-2-3610

〈M▶P.162〉伊佐市大田字郡山1549 P
JR肥薩線栗野駅🚌大口・水俣行郡山🚶3分

焼酎の落書で有名
高熊山は西南戦争激戦地

伊佐市街地から国道268号線を水俣方面へ約3km北上すると、右手の丘陵上に郡山八幡神社(祭神神功皇后)がある。保元の乱(1156年)がおきた際、その軍功により菱刈重妙が菱刈の地に封じられた。当時は大口も菱刈の領域であった。1194(建久5)年、重妙が豊前宇佐八幡宮から勧請し、郡山にまつったのが起源である。本殿(国重文)の建築年代はあきらかではないが、葺板の裏に「永正四(1507)年丁卯再興島津出羽守」とあるのが発見され、1507年以前のものであることがわかった。建築様式からも、室町期の建築であることが推測される。琉球建築の要素がみられるのも、特徴である。

郡山八幡神社

1954(昭和29)年の

焼酎

コラム

焼酎王国鹿児島　数多くの銘柄あり

　鹿児島は焼酎王国として広く知られている。県本土ではサツマイモ（鹿児島では唐芋）を原料としたいも焼酎、奄美群島では黒糖焼酎が飲まれる。

　郡山八幡神社の落書は、1559（永禄2）年のものであるが、それ以前の1546（天文15）年、薩摩半島南端の山川地方に滞在したポルトガル船の船長が、フランシスコ・ザビエルに送った報告書『日本報告』にも焼酎の記事がある。そこには「飲み物として、米からつくるオラーカ（焼酎）」が広く飲まれていたことが記されている。このことから約450年前には薩摩全域で焼酎が飲まれていたことがわかる。

　当時は米の焼酎であったが、シラス台地のため他国より米が貴重であった薩摩では、18世紀前半、琉球よりサツマイモが伝来すると、いも焼酎が普及するようになった。江戸時代には江戸や上方でも販売され、上方の清酒よりも高価なものもあった。

　いも焼酎は香りがよく、それを楽しむため、お湯で好みの濃さに薄めて楽しむのが一般的である。鹿児島の郷土料理、豚骨・さつま揚げ・きびなごの刺身などとの相性は最高である。

　黒糖焼酎は奄美群島が、薩摩藩から黒砂糖生産を強制されていた時代に密造されていたことにはじまる。黒砂糖は薩摩藩の貴重な財源であったため、黒糖焼酎の生産は困難であった。

改修で「其時座主ハ大キナこすてをちやりて一度も焼酎ヲ不被下候　何共めいわくな事□（座主がケチで一度も焼酎を飲ませなかったので不満）」という1559（永禄2）年の大工の落書が発見され、室町時代末期にすでに焼酎があったことがわかった。最古の焼酎の記録として貴重なものである。郡山八幡神社の隣には伊佐市が焼酎資料館木樽を建設し、焼酎発祥の地をアピールしている。

　八幡神社から東へ約2kmいくと、西南戦争の激戦地である高熊山がある。山頂にのぼると人吉からの街道、大口の市街地が一望できる。1877（明治10）年5月、薩軍が人吉方面から追撃してきた政府軍をこの地で迎え撃ち、3日間にわたる激戦の末敗退した。薩軍雷撃隊長辺見十郎太は、ついに要害の地高熊山を糞鎮に奪わると嘆いたという。現在も塹壕跡・弾痕跡などが残る。

　八幡神社から2kmほどいくと平出水の王城に大日如来の田の神

伊佐路

（県民俗）がある。大日如来信仰と田の神信仰が結びついたことがわかる貴重な像である。1721（享保6）年造立とされる。

八幡神社から国道268号線を水俣方面へ約4km進み、小川内集落へ左折すると小川内関所跡がある。ここは薩摩と肥後との国境にあたり、出水の野間関、高岡の去川関と並ぶ薩摩の三関の1つである。廃藩置県で関所が廃止されるまで、多くの旅人がここを通過した。

曽木の滝 ㉘

〈M ▶ P.162〉伊佐市曽木
JR肥薩線栗野駅🚌大口方面行大口バスセンター、乗換え
🚌崎山・田代行曽木の滝入口🚶7分

川内川上流に位置する曽木の滝は、滝幅210m・高さ12mの大滝で、その壮大なスケールから東洋のナイアガラともよばれる。曽木の滝から約1.5km下流へいくと曽木第2発電所遺構（本館とヘッドタンクは国登録）がある。1909（明治42）年に野口遵が、曽木の滝の落差を利用して建設したレンガ造りの水力発電所である。ここでつくられた大量の電力は水俣へも送電され、野口はこれを基盤に日本窒素肥料会社を設立し、第二次世界大戦前の日本化学工業界をリードすることとなった。現在のチッソ・旭化成・積水化学など、日本を代表する化学関連企業の先駆けである。1965（昭和40）年、鶴田ダムの建設により湖底に沈んだが、雨量が多くダムの水位をさげておく毎年5月から9月にかけて、湖底よりその姿をあらわす。

夏に姿をあらわす発電所遺構
秀吉ゆかりの関白陣跡

曽木の滝から約1km上流に大住古墳群がある。5世紀ごろの地下式板石積石室墓が34基並ぶ。この付近の川内川にはカワゴケソウ（県天然）が自生している。

曽木の滝からさらにバスで国道267号線を宮之城方面へ、峠の右手山頂に天堂ヶ尾関白陣跡がある。1587（天正15）年、豊

曽木第2発電所遺構

白木神社本殿

臣秀吉が島津平定のあと川内泰平寺から引き揚げる途中，大口地頭新納忠元を引見した陣営の跡である。大口城に立てこもり徹底抗戦を主張した忠元であったが，主君島津義久の命により降伏し秀吉に会見した。その際，忠元の口ひげをみた秀吉が発句して（一説には細川幽斎）「口のあたりで　鈴虫ぞなく」と下の句を詠んだところ，忠元が「うわひげを　ちんちろりんとひねりあげ」と上の句を即答し，秀吉を感嘆させたといわれている。

　国道267号線を大口方面に戻り，国道447号線を左折して出水方面へ約2kmいくと，左側の森に白木神社がある。本殿（県文化）は1408（応永15）年に白木山長福寺の観音堂として建立された。中世の建築様式を残す貴重な遺構である。神体の白木観音像（県文化）は寄木造で，平宗盛の曽孫清祖が平家没落ののち，都から海路米ノ津を経て運んできたという伝承をもつ。明治初年の廃仏毀釈のおり，天草の住人良眼坊が天草にもち去り難をのがれた。白木神社という名に改められたのもそのときである。

伊佐路

Ōsumiji 大隅路

肝付町南方(旧内之浦町)長坪台地のロケット発射風景

佐多岬灯台

◎大隅路散歩モデルコース

鹿児島湾岸コース JR鹿児島中央駅..25..鴨池港..45..垂水港..5..勝軍地蔵..30..高須の板碑(波之上神社)..30..天神下の笠塔婆..15..川南字部の板碑..30..佐多旧薬園

大隅半島中央コース 末吉インター..10..住吉神社..10..岩川八幡神社..10..岩屋観音..30..土持堀..10..鹿屋城跡..20..吾平山上陵(大隅広域屋城公園)..35..花瀬公園

志布志湾岸コース JR志布志駅..5..宝満寺跡..10..平山氏庭園・天水氏庭園..20..大慈寺..20..横瀬古墳..15..大塚古墳(唐仁古墳群)..10..塚崎古墳群(祚付町立歴史民俗資料館)..5..二階堂家住宅..10..高山城跡..40..内之浦宇宙空間観測所

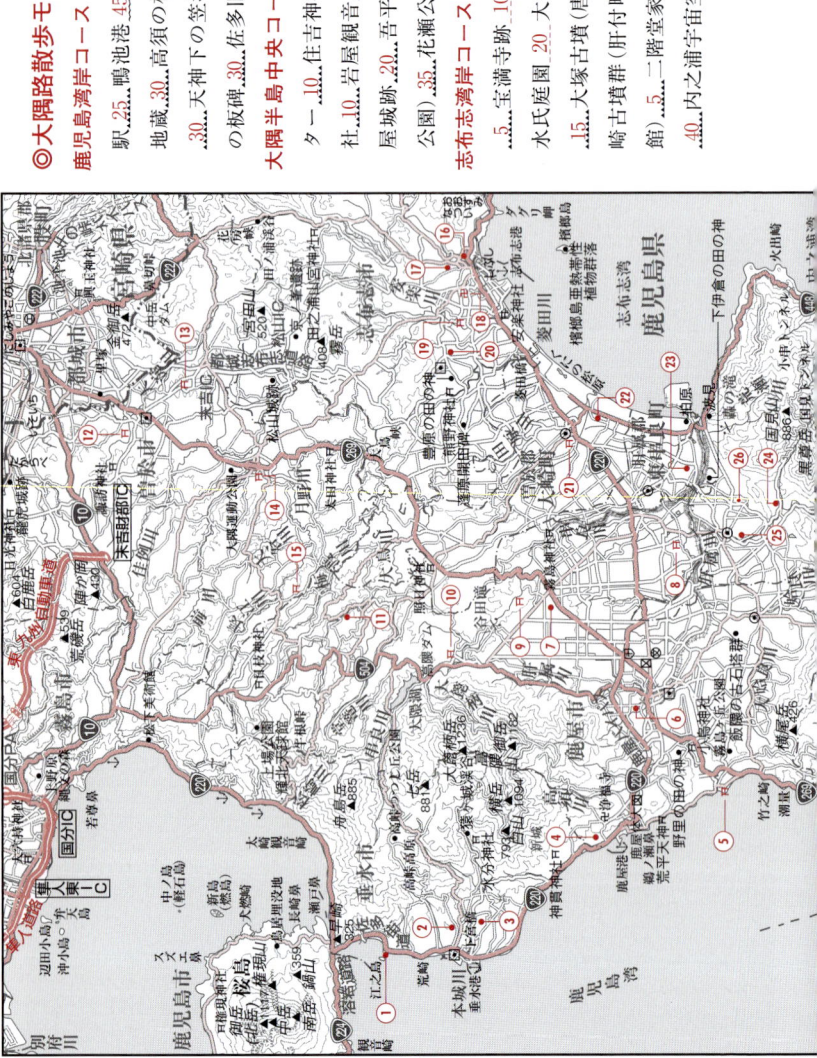

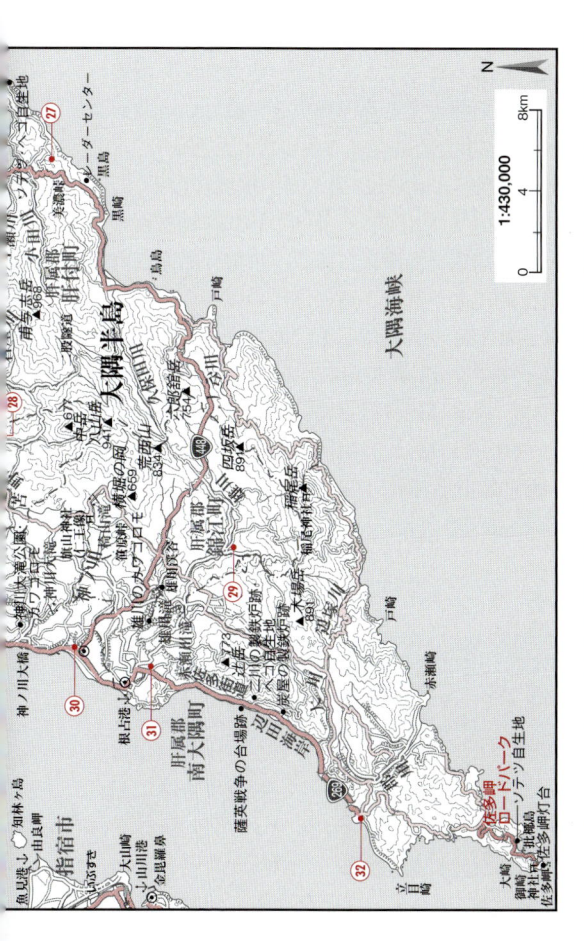

①海渇	⑦土持掘	⑬住吉神社	⑲山宮神社	㉔高山城跡	㉙花瀬公園
②垂水島津家墓地	⑧万人千神社	⑭岩川八幡神社	⑳野井倉開田記念碑	㉕二階堂家住宅	㉚天神下の笠塔婆
③勝軍地蔵	⑨山宮神社	⑮投谷八幡神社	㉑都萬神社	㉖塚崎古墳群	㉛川南宇都の板碑
④鶴羽城跡	⑩中津神社	⑯宝満寺跡	㉒横瀬古墳	㉗内之浦宇宙空間観測所	㉜佐多旧薬園
⑤波乙上神社	⑪加世田城跡	⑰志布志城跡	㉓唐仁古墳群	㉘吾平山上陵	
⑥鹿屋城跡	⑫熊野神社	⑱大慈寺			

桜島から鹿児島湾を南下して

①

鹿児島湾に高隈山地が迫る半島西北部には中世の山城が多い。また近世には，垂水・新城島津家の私領があった。

海潟 ❶ 〈M ▶ P.198, 201〉 垂水市海潟
鹿児島港 桜 島桟橋🚢袴 腰港🚌垂水港行，または鹿児島市鴨池港🚢垂水港🚌桜島・国分方面行海潟天神前🚶すぐ

近衛信尹も愛でた景勝地
早崎・牛根の古戦場

大正溶岩で大隅半島と地続きとなる以前は，桜島口に面する標高約325mの早崎との間は海峡であった。海岸沿いの道が開かれる以前は，牛根麓から山越して垂水の脇 登におりたという。戦国時代末期の1571（元亀２）年には，大隅の有力国人肝付氏・伊地知氏・禰寝氏や日向の伊東氏方と，桜島を押さえる島津氏方との激しい攻防があり，早崎の崖から兵がとびおりたため散花平とよばれたという。

桜島口から国道220号線を東へ３kmほど進んだ牛根麓の山手に，牛根（入船）城跡がある。1572年から1574（天正２）年の同城をめぐる攻防に敗れた肝付氏・伊地知氏は島津氏に降伏，牛根は島津氏直轄となり，地頭仮屋が牛根麓におかれた。麓にはこのほか広田家庭園や，皇位継承権を剥奪されて流された欽明天皇の皇子をまつったと伝える居世神社がある。約３km東の辺田に宇喜多秀家の潜居跡と伝える地があり，潜居中，秀家は毎日居世神社に参詣したという。また幕末安政年間（1854～60）初めには，島津斉彬の造船事業により，桜島の瀬戸村（現，鹿児島市黒神町）に続き，有村（現，鹿児島市有村町）と牛根で洋式船が建造された。

桜島口から国道を鹿児島湾沿いに南下，湾内に弁天島ともいわれた江之島がある。鎌倉の江ノ島に似ていることから，1594（文禄３）年坊津に配流された近衛信尹（信輔）が命名したと伝える。伊地知氏創

牛根（入船）城跡

建と伝える菅原神社（海潟天神）はかつて海浜にあり，神社横の松並木は近世の街道の面影を残す。境内には1779（安永8）年の桜島噴火の様子を伝える焼亡塔がある。

垂水島津家墓地 ❷

〈M ▶ P.198, 202〉垂水市田神
袴腰港🚌垂水行垂水中央🚶5分，または垂水港🚌桜島口行垂水中央🚶5分

　中世，守護島津氏の被官として活動した石井氏・肥後氏・梶原氏・池袋氏・伊地知氏らが，垂水市域内の諸城に割拠した。やがて伊地知氏が勢力を拡大して戦国時代には島津氏に敵対するが，その屈服以後，近世は垂水島津家（島津貴久の弟忠将を祖とする）の所領となる。

　垂水とは市街地北に位置する垂水（荒崎）城の崖下の湧水に由来する地名である。同城には1599（慶長4）年に種子島より移封された島津忠将の子以久がはいるが，1611年には孫の島津久信が田神に領主仮屋として林之城を築き移居した。垂水小学校正門横の「お長屋」はその遺構の一部で，下級武士の詰所だった。

　麓の景観を残す小学校周辺から100mほど東に，洋画家和田英作生誕碑がある。また北方約200mには，1561（永禄4）年肝付氏との合戦中，廻（現，福山町）で討死した島津忠将をまつる殿加神社がある。その東には垂水島津家祈願所の成就院（真言宗）跡，さらに約100mさきの近世垂水郷菩提寺心翁寺（曹洞宗）跡地には，歴代領主夫妻の墓が立ち並んでいる（垂水島津家墓地）。

　墓地から国道220号線にでて南へ約700m，バス停垂水中近くにある鹿児島神社（下宮神社，祭神彦火火出見尊ほか）の境内には，和田英作および『軍艦マーチ』の作曲者瀬戸口藤吉の顕彰碑がある。

桜島から鹿児島湾を南下して

勝軍地蔵 ❸ 〈M ▶ P.198, 202〉垂水市高城 字地蔵の下
垂水港🚌鹿屋行 港平🚶35分

16世紀初期の木像 高城と肥後氏

本城橋から本城川をさかのぼると、右手に本城・高城と中世山城跡が連なる。本城の伊地知氏菩提寺福寿寺跡に古石塔が残る。

本城からさらに約1kmいくと高城跡である。標高約60mの高城を拠点としたのは、鎌倉時代に、北条氏一族の被官として大隅国や種子島に勢力を扶植した肥後氏である。高城山麓本高城の墓地入口の堂に勝軍地蔵(県文化)があり、1506(永正3)年肥後盛明が守護島津忠昌を施主として、高城南西部の金蔵寺において武運長久などを願い、加治木の岩屋寺住持の宝珠坊快扶につくらせたものである。中央に1.98mの地蔵菩薩像、左に1.39mの毘沙門天像、右に1.45mの多聞天像の3体(寄木造り、彩色)の木像で、明治初年の廃仏毀釈の際に裏山に隠され、1879(明治12)年に現在の地に安置されたという。1926(大正15)年の解体で確認された胎内銘から年代や作者が判明した。さらに1979(昭和54)～80年の解体修理で、地蔵菩薩像頭部からも鎌倉～室町期と考えられる経典・仏画などの納入品が発見された。

勝軍地蔵から東へ約3km、本城川上流の猿ヶ城渓谷へ向かう途中の新光寺の水分神社には、元禄～寛保年間(1688～1744)に至るよめじょ川疏水工事で完成した用水の取水口があり、下流には疏水墾田の碑がある。バス停垂水中央から東へ約3kmのバス停上ノ宮近くには、手貫神社(上之宮、祭神応神天皇ほか)がある。垂水郷の宗廟で下宮神

垂水市中心部の史跡

202 　大隅路

垂水島津家と新城島津家

コラム

近世前期の島津氏本宗家家督をめぐる相剋

垂水島津家久信は、島津16代義久の2女新城翁主の実子で、18代家久との間には、家督継承をめぐる深刻な対立が生じたが、義久死去後は家久に押さえられていった。久信の子久敏は垂水本家をついだが、久敏の弟久章は、祖母新城翁主の化粧料3700石と久章室（家久の娘）の化粧料1000石を基に新設された新城島津家（垂水島津分家）の初代となった。

家久は1638（寛永15）年死去、その子光久が島津本家の家督を相続する。光久名代として江戸へ赴いた久章は、帰国の途次突如高野山に出奔、つれ戻されて川辺の宝福寺に監禁され、のち1645（正保2）年に遠島処分のため身柄を移された谷山清泉寺（廃寺）で、護送役人と争い闘死、同家は一時断絶した。

のちに久章の子忠清が垂水家の2男家として再興を許されるが、久敏以降の垂水家同様、忠清以降数代にわたり本宗家の子弟から養子を迎えるのである。

社との関係が深い。手貫神社北約400mの山麓には64余基の古石塔群もある。

垂水市街地から国道220号線を南下する。バス停宮脇より北西約500mに縄文時代晩期の住居跡・土壙墓のみつかった柊原貝塚があり、ほぼ完全な人骨が出土した。

近世、垂水家から分立した新城島津家の私領は、垂水市南部の新城および鹿屋市の一部からなり、松尾城麓に領主仮屋があった。麓より北西約600mにある宗廟神貫神社（通称神木どん）は1395（応永2）年造立とされ、社領は手貫神社との争いに敗れるまでは、垂水市全域におよんでいたと伝える。神社右手の浄珊寺跡（曹洞宗）の前身は、島津義久の2女で垂水島津3代彰久の夫人（新城様）が、父義久（法名貫明）没後に建立した貫明寺であり、新城島津家の菩提寺であった。新城麓から鹿屋市根木原町を経て、近世私領花岡郷の麓へ至る道と、海岸に沿って古江に進む国道220号線に分かれる。かつて分岐点にあった石敢当は公民館前に移されている。

勝軍地蔵

桜島から鹿児島湾を南下して

② 鹿児島湾岸から内陸部へ

大隅半島西岸の高須などの港は、鹿屋や大姶良など半島内陸部の玄関口であり、中・近世の遺跡も多い。

鶴羽城跡 ❹

〈M ▶ P.198, 205〉鹿屋市花岡町鶴羽4250
垂水港🚌鹿屋行鹿屋体育大前🚶30分

花岡島津家の私領
島津岩子の碑

　新城を経て鹿屋市にはいる。市域西北部には、1724（享保9）年に大姶良郷木谷村が、藩主島津継豊の叔父島津久儔の私領となって花岡島津家が創立された。翌年には垂水島津家の野里村の一部をさいて私領花岡郷が成立した。

　鹿屋体育大前バス停でおりて国道220号線から北東へ1km、鶴羽小学校後方の鶴羽城（木谷城）跡を中心に麓の景観が残る。垂水に向かう旧街道はかつて「けどまち」（現、海道町）といわれた。花岡島津家の菩提寺真如院（天台宗）跡には同家歴代の墓石が残る。また浄土真宗本願寺派浄福寺には、領主久誠室の時子が持参した阿弥陀如来像（木像）が寺宝として保存されている。惣鎮守は高千穂神社（当座大明神、祭神瓊瓊杵尊）で、1726年正一位の宣旨をうけたという。神社南西に御手洗池とよばれた場所があり、かつて湧水が白龍滝となって古江浦にそそいだという。海岸部の古江は近世志布志筋への湊とされ、明治末期より整備が進んだ。1923（大正12）年には大隅鉄道も延長され、1936（昭和11）年鹿屋航空隊の舟艇港となり、鹿屋港として大隅の玄関口となった。

　なお、城跡（鶴羽城山公園内）には1773（安永2）年に高須川（野里川）上流から取水して、野里まで約4kmの花岡（木谷）用水を開削して1770（安永9）年の竣工に至らしめた島津岩子の碑がある。水神碑の残る高橋から約2km下流右岸に、2月19日の田打ち神事を伝える小鳥神社があり、対岸には、1751（寛延4）年作で

野里の田の神

島津岩子の碑

鶴羽城跡周辺の史跡

左手に舞用の鈴をもつ神舞型を代表する野里の田の神（県民俗）がある。

波之上神社 ❺

〈M▶P.198, 206〉鹿屋市高須町1052
垂水港🚌根占行高須🚶1分

鎌倉時代の板碑
島津氏の拠点大姶良城

　古江（鹿屋港）から海岸沿いに県道68号線を高須町に向かう。鹿児島湾に浮かぶ天神島に荒平天神（菅原神社）がある。高須川河口の高須は大隅半島西岸の要港で，南北朝時代に高須中学校裏山の高須城をめぐり合戦があった。権現山上の波之上神社（祭神伊弉諾尊ほか）の境内には，1289（正応2）年から1333（元弘3）年にかけての板碑がある。また地域には「だいかんの墓」とよばれる五輪塔や蓮台寺跡の中世石塔群が残る。

　中世後期，高須は倭寇の根拠地の1つとされており，漂泊民や中国人が多数居住した。戦国時代末期の1573（天正元）年，高山の肝付氏攻めに，島津勢はここから大姶良方面に進んでいる。1596（慶長元）年には藤原惺窩が肝属川河口の波見から高須に至り，薩摩半島の山川へ渡っている。近世は鹿屋郷の飛地で，鹿児島城下へ米を搬出する蔵屋敷もあり，肝属地方の材木はこの浦にくだし，筏につくって

波之上神社板碑

鹿児島湾岸から内陸部へ　205

大姶良城跡周辺の史跡

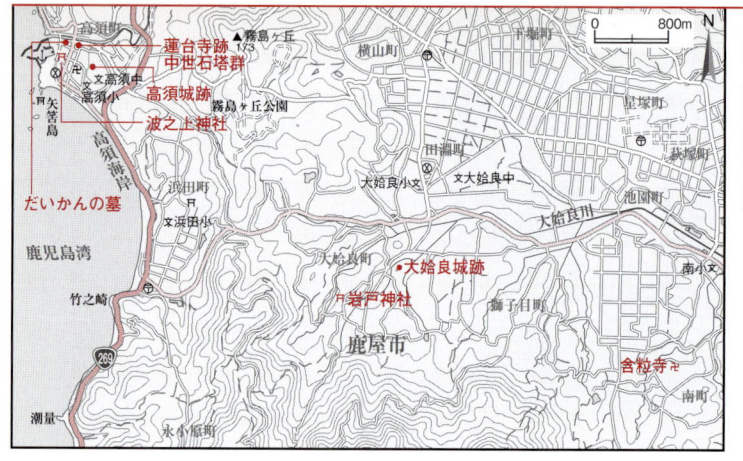

鹿児島城下へ送るなど，物資の集散地であった。鹿屋市各地でつくられた甘藷(サツマイモ)は，当地から城下へ売りだされたので高須甘藷とよばれた。高須川は，花岡用水の取水以前は河口より小舟が岡泉まで遡上したという。1915(大正4)年に高須・鹿屋間に鉄道が開通，順次志布志から垂水に至る鉄道(大隅線)が整備されたが，1987(昭和62)年廃線となった。

鹿屋市南西部と錦江町北部(旧，大根占町)は，中世禰寝院北俣(大禰寝院)に属した。浜田の海岸は，以前は葦箇浜とよばれる湊であったという。東に1300種1万5000株のバラ園がある霧島ケ丘をみながら，県道73号線の瀬筒峠をこえると大姶良である。バス停西牟田から約600m南には，南北朝期に肝付氏や楡井氏・禰寝氏らの争奪の対象となり，島津氏久の大隅・日向方面進出の拠点となった大姶良城跡がある。

当地で誕生した氏久の子元久の息災増福を祈り建立され

大姶良城跡

年貫神社

たのが八幡神社(祭神仲哀天皇ほか)で,黄金の鏡を神体としたという。南西には大根占へつうじる山道のある横尾岳(御在所山)があり,その北麓に,大姶良郷宗廟の岩戸神社(祭神大己貴命ほか)がある。なお大隅・日向に蟠踞した藤原姓富山氏相伝の「志々目文書」(現,鹿児島大学附属図書館所蔵)には,大姶良川右岸の志々女村弁済使職(荘官職)をめぐる激しい争論の経緯が伝わる。

　鹿屋市南東部は中世姶良西俣に属し,近世西俣村は垂水島津家,南村は鎌田氏の持切在であった。飯隈の古石塔群には,南北朝から江戸期までの富山氏・肝付氏・禰寝氏らの名がみえる。大姶良川下流右岸の年貫神社は姶良西俣の宗廟で,2月の初卯と10月30日の例祭では五穀豊穣を祈願・感謝して田の神舞が行われる。含粒寺は島津元久の嫡男仲翁守邦を開基・開山とする曹洞宗寺院で,もともとは鹿屋市吾平町上名にあり,元久夫人らの位牌を安置していたが,明治初年の廃仏毀釈で廃寺後,現在地にあった元朗寺跡に合併・再興された。境内には1565(永禄8)年作とされる六地蔵塔ほか,多くの石像・石塔がある。

3 鹿屋市街地から笠野原台地・串良川流域へ

湧水に恵まれた麓に対して開発困難なシラス台地，近代は中国大陸や南方への軍事拠点でもあった。

鹿屋城跡 ❻ 〈M▶P.198, 206〉鹿屋市北田町11-4
垂水港🚌鹿屋行城山公園前🚶3分

王子遺跡資料館
大隅半島の商業中心地

　肝属川（鹿屋川）右岸沿いに，県道68号線を北西に進むと鹿屋市街地である。中世鹿屋院の中心は現在の田崎町一帯と推定されている。

　海上自衛隊鹿屋航空基地滑走路に隣接する七狩長田貫神社（田崎神社・祭神別雷命ほか）は中世の鹿屋院，近世鹿屋郷の鎮守で，境内には樹齢800年とされる大クスがある。2月17日には神農渡御祭（鹿祭り）が行われ，町内各御旅所を巡幸する。肝属川河口波見から船舶が遡上したといい，神社近くの田崎町老神からは，1962（昭和37）年に，素焼きの甕と約70種類の北宋銭を中心とした大量の中国銭が出土している（鹿屋市中央公民館保管）。肝属川水系を中心とした活発な交易を推測させる。1998（平成10）年の調査では古道状遺構が検出されており，古代においても当地が交通の要衝であったことがうかがえる。鹿屋市役所前の旧鹿屋駅跡には，大隅鉄道の資料を展示する鉄道記念館がある。

　肝付氏屈服後の鹿屋は，島津氏領として当初は重臣伊集院幸侃（忠棟）がはい

鹿屋市の史跡

鹿屋市のおもな古代遺跡

コラム

河川沿い台地縁辺に多くの古代遺跡分布

王子遺跡は現，鹿屋市王子町・下祓川町の笠野原台地北西端に位置する，弥生時代中期末から後期初頭にかけての南九州最大の大規模集落遺跡である。1981（昭和56）〜84年の調査は国道220号線鹿屋バイパス工事区域のみの発掘調査であり，遺跡はさらに南北に広がると推定されている。27軒の竪穴住居跡，掘立柱建物14棟や貯蔵穴などが確認された。また南九州系の土器以外の土器も検出され，多くの磨製石鏃，鉄製品，土製品も出土した。これらは王子遺跡資料館に保存・展示されている。

同じくバイパス建設に伴い，1988〜89年に郷之原町の榎崎A遺跡，1989〜91年に榎崎B遺跡が調査された。いずれも旧石器時代から平安時代にかけての複合遺跡で，旧石器時代の細石刃・磨製石斧や縄文時代の集石遺構，平安時代の周溝墓や竪穴住居跡・掘立柱建物跡，墨書土器などが確認された。

1950年，西祓川町井上の町公民館近くの農道工事中，地下式横穴墓から短甲・衝角付冑（県文化）や直刀などが出土した。このような武具は県内での出土例がまれで，完形品としても貴重とされる（鹿屋市中央公民館に保管）。

ったとされる。1595（文禄4）年に幸侃は都城へ移封，鹿屋の大部分は垂水島津家・新城島津家の私領となるが，新城島津家が一時断絶したあとは藩の直轄となる。鹿屋氏や伊集院幸侃により拡張整備された鹿屋城（亀鶴城）は，本丸を中心に，二ノ丸・中城・今城・

七狩長田貫神社

松尾城・大明城・取添城などから構成され，周囲約2kmの山城で空堀跡などが残る。一部は城山公園となり，園内には図書館・文化会館・中央公民館・王子遺跡資料館などがある。

湧水に恵まれた鹿屋城麓一帯は鹿屋郷の中心で，地頭仮屋と麓集落が形成された。鹿屋は下大隅一の富邑であり，六斎市が開かれる交易の会所，近世鹿屋郷野町は鹿児島・川内に並ぶ藩の三市とし

鹿屋市街地から笠野原台地・串良川流域へ　　209

神雷特別攻撃隊桜花碑

て，大隅各所や南薩の山川・指宿などの人びとが集まったという。

　1753(宝暦3)年には，鹿屋川より取水して笠野原台地西麓を流れる和田用水が築造された。市街地は鹿屋川流域の低地に発達したが，現在は西原や寿の台地上に新市街地が形成され，国道220号線バイパス周辺の開発が進む。バイパスに沿った台地一帯には，かつて藩営の高牧野があった。祓川には1506(永正3)年作という長谷観音や古石塔が残っている。

　<u>海上自衛隊鹿屋航空基地</u>の前身は，1936(昭和11)年設置の海軍佐世保鎮守府所属鹿屋航空隊である。日中戦争以降中国大陸や南方へ向かう軍事拠点として重要な役割をはたし，第二次世界大戦末期には延べ445機・隊員828人が特別攻撃機で出撃，特攻基地としてもっとも多い戦死者をだした。鹿屋から垂水行きのバスに乗り国道269号線航空隊前で下車すると，基地内正面に鹿屋航空基地史料館があり，特攻隊員の遺影や遺品，海軍航空隊資料や零式艦上戦闘機52型の復元機が展示されている。旧国道220号線バス停慰霊塔前の北に<u>特別攻撃隊戦没者慰霊碑</u>がある。また国道269号線野里入口近くの朝日神社隣に，野里小学校創建の碑と神雷特別攻撃隊<u>桜花碑</u>がある。

土持堀 ❼　〈M▶P.198, 211〉鹿屋市串良町細山田5323
　　　　　　垂水港🚌鹿屋行終点，🚌都城行花鎌🚶8分

　笠野原台地はおもに鹿屋市中心部から串良町にかけて広がるシラス台地で，肝属川と串良川にはさまれ，ほぼ二等辺三角形状の地形である。台地は北から南へ，標高約180mから30mの緩斜がある。台地にふった雨水はほとんどが谷を流れくだり，一部が浸透して台地の端の湧水となる。したがって比較的水が得やすい台地周辺部にくらべ，水の確保がむずかしい中央部が開発されたのは，近世の中期以降であった。

全国で稀有の深井戸地帯　大隅湖と台地開発

串良町の史跡

　笠野原台地に集落が形成されたのは，1704(宝永元)年から翌年にかけて苗代川村(現，日置市東市来町美山)からの35戸162人が移住したことにはじまる。当初は世襲の窯業も営まれたので，後世までツボ屋とよばれた。鎮座する玉山神社は美山から分祀したものである。これに続くのは1784(天明4)年大飢饉により下甑島郷士ら48戸が移住したもので，現，鹿屋市串良町有里に富ケ尾の記念碑がある。

　笠野原は水もなく風も強い。人びとは家をたてると，必ず防風林を仕立てる。林に囲まれた集落と周辺の耕地は，開拓主の名がつけられて○○堀とよばれた。開拓は経済力がある島津家一門がまず着手した。花岡堀や垂水堀などがそうである。つぎに藩の重臣たちによる開拓には鎌田堀・伊集院堀などがあり，土持堀(県史跡)もその1つである。薩摩藩では城下士や郷士による開拓地は，私有地の抱地として認められていたので，ほかに近くの裕福な郷士の堀もあった。私領主の堀には家臣が入植したが，その他は西目(薩摩半島)からの入植者で，高須や浜田から内陸部にはいった。

　台地の集落に必要な水は，天水にたよる以外に井戸も掘られたが，帯水層に達するまで数十mを要するため，全国でも稀有の深井戸地帯となった。50m程度までは人力で引いたが，「いやぢゃいやぢゃよ笠の原五十五ヒロの綱を引く」と里謡にうたわれたように大変な

鹿屋市街地から笠野原台地・串良川流域へ

笠野原土持堀の深井戸とつるべの馬場

労力で、それ以上の深さの場合は牛馬に引かせることが多かった。1804（文化元）年以前に掘られた土持堀の深さは64mあり、4枚の囲石を組み合わせている。綱を引く牛馬の往復したつるべの馬場がよく残る。牛馬でも引けない台地北部の堀では、崖下まで馬に桶をのせて水を運んだ。

1944（昭和19）年に串良海軍航空隊飛行場が建設され、のちには特攻基地となり300人以上が出撃した。2本の旧滑走路跡は、平和公園慰霊塔を中心とする東西南北約3kmの直線道路で、約2000本の桜並木通りになっている。第二次世界大戦後、国営の畑地灌漑事業により、1967年串良川上流に高隈ダムが完成し、人造湖の大隅湖がうまれた。この通水により笠野原台地では野菜・園芸・畜産など近代農業が盛んとなった。一方、台地麓では豊富な湧水を利用した養鰻業などが盛んとなった。

万八千神社 ❽ 〈M▶P.198, 211〉鹿屋市串良町下小原4857
串良町より🚌高山行下小原🚶10分

下小原バス停から西へ約500mのところにある万八千神社（祭神別雷神ほか）は、『三国名勝図会』によれば、元寇の際に九万八千大明神が活躍したことによると伝え、元軍退治の吉例によって、11月初午の武者舞神事には国家安全の祈禱を執行したという。肝付氏の守護神として崇敬され、流鏑馬神事もかつて行われていた。1623（元和9）年の王面ほか多くの仮面を蔵す。

神社北約2kmの甫木川右岸には、14世紀中ごろに串良南方地頭の津野氏が築城したという白寒水城跡と、鎌倉時代初期から室町時代に至る古石塔群が残る。

事代主神社（下諏訪大明神・祭神事代主命）は、月読神社（祭神月読命）に合祀された旧上諏訪大明神とともに、肝属郡鎮守の諏訪両大明神として崇敬された。

台地・麓・低地の景観
古墳と山城跡

白寒水の中世古石塔群

　串良の原始・古代の遺跡は河川流域に多く存在する。弥生時代中期の住居跡３基が検出された上小原の吉ケ崎遺跡がある。また岡崎古墳群の４号墳（円墳）は、古墳時代中期５世紀中ごろ以前の築造とされ、周溝内に地下式横穴墓がつくられている点が注目された。事代主神社上の15号墳からは、ヒスイの勾玉や甲の破片も出土した。18号古墳からは、最古級の５世紀前半の地下式横穴墓が発見された。このほか、前方後円墳１基、円墳20基と地下式横穴の存在する上小原古墳群や、円墳10基の大塚原古墳群など、台地縁辺部に集中している。

　中世の串良は地理的位置から諸勢力の交替が著しい。鹿屋・高山・串良線、岡崎バス停近くの鶴亀城（串良城）には15世紀後半に守護島津氏重臣の平田氏がはいっていたが、のちに離反して櫛間（現、宮崎県串間市）の豊州家島津氏に攻略され、さらに志布志の新納氏を経て戦国期には肝付氏の支配下となる。串良麓から串良川右岸を北に約３kmあがった中郷古石塔群には肝付氏の納骨堂とされるものや、宝塔・五輪塔が残る。またその北約300mにある有里の十五社神社（祭神伊奘諾尊など）は、肝付氏一族によって再興されたものという。

　近世の串良郷の麓は、鶴亀城本丸南東の串良小学校にあった地頭仮屋を中心に、低地から台地上にかけて形成された。町民会館前には仮屋跡門などが残る。串良川（高隈川）でも河口の柏原から船が遡上していた。川の上流から台地麓に沿って左岸は林田井堰から串良用水、右岸は川原園から取水する有里用水がつくられ、沖積平野部の開発も進んだ。近代の河川改修以前の串良川流域は、屈曲が激しく洪水の常襲地帯で、鹿屋市串良町・肝付町北部（旧、高山町）と東串良町の各町域の境界線はその名残といえる。

山宮神社 ⑨ 〈M ▶ P.198, 211〉鹿屋市串良町細山田3530
鹿屋市より🚌都城行生栗須🚶15分

2月第3日曜日の春祭
カギヒキ神事の古形

山宮神社のカギヒキ

山宮神社の田打

串良川上流左岸で確認された益畑遺跡は，縄文時代早期としては，大隅半島でははじめての本格的集落跡である。竪穴住居と連穴土坑や集積遺構が出土した。細山田には肝付氏庶流北原氏の築城とされる北原城跡があり，平瀬には古石塔群が残る。山宮神社（祭神素戔嗚命）春祭に伴う芸能（田打，カギヒキ，正月踊，県民俗）は，旧暦正月23日に行われていたが，現在は2月第3日曜日に行われている。細山田の集落から棒踊りが奉納され，その後のカギヒキでは，エノキやサクラの巨木のオカギをメカギにかけ，引き合って三度勝負し豊作を祈る。カギヒキ後は，太郎・次郎が模型の牛に木製馬鍬を引かせて田をならす所作をして，神職が籾種とニワトコの若芽を束ねたものを蒔く。南九州におけるカギヒキ神事の古形を保つとされる。

❹ 大隅半島中央部を北へ

串良川や菱田川などの分水嶺である高隈山地は，豊かな自然とともに山岳信仰の対象でもあった。

中津神社 ❿ 〈M ▶ P.198, 215〉 鹿屋市上高隈町高隈中央759
鹿屋市より🚌百引行高隈 🚶 2分

2月第3日曜日の棒踊り　串良川上流の景観

　下高隈町の自然洞穴には，鎌倉時代から戦国時代にわたる約90基の観音淵古石塔群があり，高隈城（松尾城）跡は南北朝時代以降の築造とされる。戦国時代に肝付氏が島津氏に屈服してのち，高隈は一時期細川幽斎の所領にもなった。近世の高隈郷は1656（明暦2）年に串良郷から分立した。

　バス停の北側，上高隈町の中心地に高隈郷総鎮守の中津神社（祭神中津少童命）がある。2月第3日曜日には棒踊りなどが奉納され，勇壮なカギヒキ祭りが行われる。本殿は1653（承応2）年に再建されたものである。

　高隈山地の主峰は標高約1237mの大箆柄岳で，大隅半島中央部を流れる河川の分水嶺であり，牛根城を救援しようとした肝付勢のように河川沿いに，あるいは高隈の尾根をこえて人びとは移動した。大隅湖畔に国際交流の拠点としてのアジア・太平洋農村研修村があり，民族館には東南アジア諸国の民芸品を展示している。垂水市街地への県道71号線には，途中に鹿児島湾をのぞむ高峠（標高722m）がある。春には100種10万本のサタツツ

アジア・太平洋農村研修村

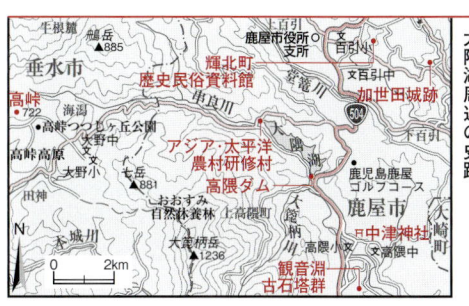

大隅湖周辺の史跡

大隅半島中央部を北へ　215

ジ，秋には50万本のコスモスが高原に咲いて多くの行楽客で賑わう。

加世田城跡 ⓫ 〈M▶P.198, 215〉鹿屋市輝北町平房字城山
鹿児島空港より鹿屋方面輝北町🚗70分

> 中世平島中央の要害
> 上場公園と輝北天球館

　国道504号線を北上すると旧輝北町域に至る。南東の志布志湾岸に流れる堂籠川・大鳥（平房）川に沿った沖積地や台地縁辺に集落が形成された。中世は小河院に属し，北部の市成は正八幡宮領，南部の百引は島津荘のうちにあった。百引村関係史料の「富山文書」（宮崎県総合博物館所蔵）からは島津荘の荘務にあずかった荘政所の構成などがうかがえる。旧役場前から東へ県道72号線を進むと輝北町歴史民俗資料館がある。

　東は平房川に面し，南北も急崖で要害の地である加世田城跡が平房にある。当城をめぐり南北朝時代の1336（建武3）年，南朝の肝付兼重勢と島津貞久勢，1351（観応2）年には南朝の楡井頼仲勢と畠山直顕勢との間で激戦が行われた。山田氏庶流宮里氏・新納氏・肝付氏らの支配を経て近世に至った。

　市成は，室町時代から戦国時代にかけて島津氏庶流の山田氏，新納氏などの支配を経て百引同様に肝付氏の支配領域となった。肝付氏が島津氏と敵対した際には軍事的にも重要な地域であった。近世の旧輝北町域は，藩直轄の肝属郡百引郷と，市成に転封された敷根（市成島津）氏私領の囎唹郡市成郷とになる。

　標高550mの高原に位置する上場公園は，環境庁主催のスターウオッチング（全国星空継続観察）で，1991（平成3）年から4季連続星空日本一となった。1995年には九州最大級の口径65cmカセグレン式反射望遠鏡を備える天文台，輝北天球館がたてられた。

輝北天球館

⑤ 曽於北部を南へ

宮崎との県境にあたるこの地域は、岩川八幡神社の弥五郎どん祭りや住吉神社の流鏑馬など、有名な民俗行事が残る。

熊野神社 ⑫　〈M ▶ P.198, 218〉曽於市末吉町深川
JR日豊本線・吉都線 都城駅 🚌 志布志行末吉駅前 🚶 20分

> 1月7日夜、鬼追いのかぶりものは紙の御幣

バスをおりて旧末吉駅から財部方面へ県道500号線をいくと、左手に末吉城跡がある。1196（建久7）年の築城といわれる。庄内の乱では伊集院方の城となった。1599（慶長4）年、石田三成から、伊集院忠棟に逆心ありと告げられた島津忠恒（家久）は、忠棟を京都の屋敷に招き手討ちにした。このため忠棟の子伊集院忠真が、都城を中心に島津家へおこした反乱が庄内の乱である。このとき末吉城は忠真の弟小伝次がまもっていたが、忠真の降伏により、翌年明け渡された。江戸時代には地頭所がおかれ、1755（宝暦5）年、現末吉中学校付近に移されるまで行政の中心であった。

200mさきの右手に興昌寺跡がある。明治初年の廃仏毀釈で廃寺になったが、鹿児島市の福昌寺の末寺で、有力郷士の菩提寺として栄えていた。仁王像・五輪塔・末吉郷初代地頭村田雅楽助や薩南学派の白尾桃庵らの墓が残り、往時をしのばせる。

県道500号線に戻り財部方面へ進むと、左手に宝珠庵城跡がある。築城年代は不明だが、1560（永禄3）年、飫肥伊東氏との和睦調停のため、将軍足利義輝の使者伊勢貞運と島津貴久が会談し、貴久が拒否したのがこの城である。

約1kmさきの右側に、鬼追い（県民俗）の行事で知られる熊野神社（祭神国常立命ほか）がある。行事は、主催していた光明寺（真言宗）が、廃仏毀釈で廃寺となってから中断していたが、深川の青年たちが再開した。境内には五輪塔があるが、南北朝時代の代官

興昌寺跡の仁王像・五輪塔

曽於北部を南へ　217

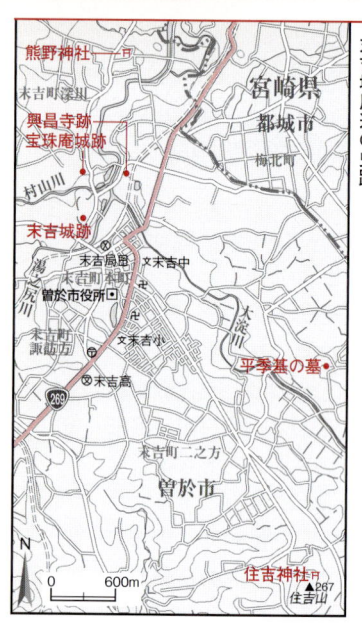

末吉城周辺の史跡

であった深川家祖先の墓といわれている。神社前には光明寺跡がある。廃仏毀釈の難をのがれた仁王像が残されている。

約8km北上すると財部町市街地にはいる。現在の城山運動公園の辺りは龍虎城跡である。庄内の乱では，伊集院忠真の甥甚吉が籠城して島津軍に抵抗，その攻撃にも落城しなかったが，徳川家康の命によって降伏した。財部町北端，宮崎県都城市との県境付近に溝ノ口洞穴（県天然）がある。入口の広さ13.8m・高さ8.6m・全長224mの大規模な洞穴である。

住吉神社 ⓯
0986-76-5878

〈M▶P.198, 218〉曽於市末吉町二之方住吉3995-6 Ｐ
JR日豊本線・吉都線都城駅🚌志布志行末吉駅前乗換え，南之郷行住吉神社前🚶1分

11月23日流鏑馬射手は町内の中高生

末吉市街地から南之郷の方向へ約3kmいくと，標高267mの住吉山があり，中腹に住吉神社（祭神底筒男命ほか）がある。1599（慶長4）年庄内の乱に島津義久が戦勝祈願に参詣し，勝利を得たので，のちの歴代藩主が尊崇した神社である。毎年11月23日の例祭に，五穀豊穣などを祈願して流鏑馬（県民俗）が行われる。県内では末吉・高山・吹上に伝承されている。流儀は，矢を放ったあとに両腕

住吉神社の流鏑馬

熊野神社の鬼追い

コラム

福を招く鬼が暗闇を駆けまわる

　毎年正月7日夜、熊野神社で鬼追い（県民俗）が行われる。三百数十年前、この地をおそった病魔を退治するためにはじまったといわれ、今では1年の無病息災を祈る行事である。鬼には25歳の厄年の青年がなり、この鬼に樫棒をもった2人のつけ（付添役）がつく。鬼のかぶりものは鬼面ではなく、竹や藁でつくった原型に紙の御幣を何枚も取りつけた独特のものである。当日はまず神事が行われ、そのあと奇声とともに鬼が登場する。参道外れの竹筒（7日の早朝行われた鬼火焚きで使用した竹でつくる）にいれた神酒を飲むと、参詣客のなかを暴れまわる。鬼は手で、つけは樫棒で参詣客をたたいて追いまわす。鬼の御幣をとって帰ると1年間無病息災であるといわれている。鬼がお堂へ帰ってから、用意した煎豆が参詣者に配られ、混雑のなかで終了する。

　もとは光明寺の行事であり、仏教的年頭行事である修正会の流れをくむものとされる。

を水平に広げる小笠原流である。射手は町内の中高生から選ばれ、服装は狩衣に綾藺笠という鎌倉時代の巻狩の姿である。神事のあと、参道を鳥居から神社へ約300m馬を馳せ、その間に3つの的を射る。これを、3回繰り返す。矢が的にあたった年は豊年といわれ、当り的をもち帰って家を葺くと家が栄えるといわれる。

　住吉から北へ約1.5kmいくと橋野地区である。若一神社近くに平季基の墓がある。1026（万寿3）年、大宰府の役人であった季基が、日向国島津院（現、都城市）の荒野を開墾し、開墾地の荘園を摂関家の藤原頼通に寄進した。これが島津荘の始まりである。のちに源頼朝の命でこの地の地頭職として下向し、荘名を家名としたのが島津氏である。都城の神柱神社を創建したのも季基である。

　橋野から県道109号線を約1km南へ進むと、右手が国合原古戦場跡である。1573（天正元）年、末吉に侵攻した肝付氏の軍勢を、この地で島津方の北郷時久が迎え撃ち撃破した。この戦い以来、肝付氏はしだいに衰退していった。

　ここからさらに南へ約5km進むと志布志市松山町にはいり、県道110号線とまじわる東手の丘陵に松山城跡がある。1188（文治4）年、平清盛の弟頼盛の孫重頼が築いたという。丘陵上には道の駅松山があり、特産品などが販売されている。ここから県道110号線を

曽於北部を南へ

東へ約4km進むと、南側の丘に京ノ峯遺跡がある。弥生時代中期の円形周溝墓が20基発見されている。円形周溝墓は弥生時代、近畿地方を中心につくられはじめ、九州に伝わったのは古墳時代であると考えられていたため、この地域で弥生時代のものが発見されたことは貴重である。現在は公園として整備されている。

岩川八幡神社 ⑭
0994-82-4459

〈M ▶ P.198, 221〉曽於市大隅町岩川馬場5745 P
JR日豊本線・吉都線都城駅🚌志布志行中森園乗換え、牧之原行中国 🚶 3分

11月3日弥五郎どん祭り神の巨体が練り歩く 5m弱

　末吉から国道269号線を南へくだると岩川の市街地に着く。岩川小学校隣に岩川八幡神社（祭神玉依比売命ほか）がある。1025（万寿2）年、後一条天皇の時代に山城国石清水八幡宮より勧請したという。一時衰退したが、中世肝付氏によって再興された。以前は役場の裏にあったが、1914（大正3）年、洪水の危険をさけるため現在の場所に移転された。毎年11月3日、県内三大祭りの1つである弥五郎どん祭り（県民俗）が行われる。

　岩川八幡神社から東へ約300mいくと官軍墓地がある。1877（明治10）年、西南戦争でえびの方面から敗退してきた薩軍が、この周辺で官軍と激戦を繰り広げた。74基の墓石が残り、遠くは山形・宮城県出身の兵士が眠っている。官軍兵士の墓地保存は県内では珍しい。その後薩軍はこの地で敗れ、宮崎方面へ敗走した。

　岩川市街地から鹿屋方面へ急な坂道をのぼると、東側に八合原とよばれる平地が広がる。その中央に第二次世界大戦末期の1945（昭和20）年、本土決戦に備える目的で建設された旧海軍岩川飛行場跡がある。この基地を使用したのは夜間奇襲を専門とする芙蓉部隊であった。芙蓉部隊は沖縄作戦のため、静岡県藤枝基地から岩川基地へ進出した。終戦まで数

弥五郎どん祭り

岩川八幡神社の弥五郎どん祭り

祭 コラム

900年の伝統を誇る県内三大祭りの1つ

　11月3日，例祭の浜下りで，神職・神輿・神旗・宮司・氏子らを先導して歩くのが弥五郎どんである。竹で編まれた胴体に，梅染めの単衣袴をはき，木綿の鉢巻・帯胴巻を身につけた身長4.85mの巨体が豪快に町中を練り歩く。

　3日午前2時，起こし太鼓で弥五郎どんの身づくろいがはじまる。

　竹でできた胴体部分・衣装は4年に1度つくりかえられる。4.24mの太刀と2.85mの小刀を佩いた弥五郎どんは，午前5時ごろ子どもたちや氏子たちにロープで引かれて，四輪車のうえにおきあがる。本殿祭の間，訪れる参拝客をぎょろりとした目でみおろし迎えたあと，午後1時，百数十段の石段をくだって町へ繰りだしていく。

　弥五郎どんは720(養老4)年，反乱をおこした隼人の首領とも，朝廷側の武内宿禰(岩川八幡神社の祭神)ともいわれているが，定かでない。このように巨人が町を練り歩く行事は，県境をこえた宮崎県北諸県郡山之口町(現，都城市)にもある。

　この日は神社前の旧道沿いに露店がたち並び，浜下り前にはパレードも行われる。また神社隣の岩川小学校校庭では，相撲・剣道・空手など武道大会が開催され，多くの人びとで賑わう。大隅半島最大の祭りである(県民俗)。

多くの攻撃機がとびたち，藤枝基地とあわせて100余人の戦没者をだしている。現在は慰霊碑がたてられている。

　さらに国道269号線を鹿屋方面へ進み，久保崎方面に左折してしばらくいくと，大鳥川沿いの絶壁に岩屋観音がある。「霊岩山仙遊寺」・「南無正観世音菩薩　行仙書」と陰刻があり，洞窟には観世音菩薩がまつられている。行仙は1700(元禄13)年に参籠しているが，1486(文明18)年が開基とされており，このころにはすでに修行僧がいたと思われる。周囲の岩には普賢菩薩像・阿弥陀如来像・経文などがきざまれている。手前にある磨崖仏は1894(明治27)〜97年，岩屋観音の堂主としてこの地で

大隅町の史跡

曽於北部を南へ　221

修行した吉田順道が彫刻したものである。川辺の清水磨崖仏のなかにも順道の作がある。

投谷八幡神社 ⓯

〈M ▶ P.198, 221〉曽於市大隅町宮ヶ原 P
JR日豊本線・吉都線都城駅🚌志布志行岩川乗換え，野方行月野🚌15分

本殿蟇股様式の投谷八幡神社
南九州最大級の日輪城跡

岩川市街地を西へいくと恒吉にはいる。岩川から市成への街道の長江川に恒吉太鼓橋がかかる。長さ15.5m・幅2.8mのアーチ状の石橋で，1790(寛政2)年にかけられた現存する県内最古の石橋である。

太鼓橋の南側の丘陵は日輪城跡である。起源はあきらかでないが，16世紀，戦国期の文献にその名がみえる。島津氏と肝付氏との攻防の舞台となり，両者の間でたびたび城主がかわった。1599(慶長4)年の庄内の乱では伊集院方の城となった。

恒吉から月野方面へ約5km，宮ヶ原の道路左手に投谷八幡神社(祭神神功皇后ほか)がある。708(和銅元)年勧請されたといわれるが，定かでない。中・近世には，肝付氏・島津氏によって手厚く遇されていた。境内には巨大なイチョウがそびえる。本殿(県文化)は蟇股などの様式から，1748(延享5)年のものと考えられる。本殿横にある四所宮・地主社(県文化)などは，棟札より1660(万治3)年の建築とされる。

10月の例祭では御旅所まで王子神幸が行われる。投谷八幡神社の正面には宮ヶ原千人塚がある。1558(永禄元)年，肝付兼続と島津氏の武将北郷時久がこの地で戦い，北郷方が敗れ多くの死者を出した。これを弔う目的で塚が築かれたという。

投谷八幡神社

⑥ 志布志湾を西へ

古くから大隅物流の要地であった志布志は、お釈迦祭りで知られる宝満寺をはじめ、有名な寺社が数多い。

宝満寺跡 ⑯ 〈M ▶ P.198, 224〉志布志市志布志町帖6530
JR日南線志布志駅上バス停🚌港入口行終点🚶3分

4月29日鹿児島三大祭りお釈迦祭り

かつて救仁院とよばれていたこの地域が、志布志という地名で文献に登場するのは鎌倉時代末期、1316(正和5)年のことである。日向・大隅の物資の集積地として、また海上交通の要地として栄え、薩摩藩政下では重要な外城の1つに位置づけられた。藩政末期には千軒町と形容されるほど繁栄していた。

港入口から前川沿いを進むと宝満寺跡(県史跡)に着く。奈良時代、聖武天皇の神亀年間(724〜729)創建と伝えられる勅願寺の1つで、坊津の一乗院と並び称される古刹であった。その後宝満寺(律宗)は1316年、奈良西大寺(真言律宗)の僧忍性の弟子信仙上人英基和尚により再興された。廃仏毀釈で廃寺となったが、1886(明治19)年、大慈寺説教所の名で再興されて、その跡地に大御堂がたてられた。この説教所も1932(昭和7)年廃止されたが、信者たちにより4年後に宝満寺観音堂として再建され、現在に至っている。当時をしのぶものとしては、旧態のまま残された池や、室町時代の作庭様式で復元した池がある。境内には仁王像や歴代住職の墓60基余りが残されている。

鹿児島三大祭りの1つとして知られるお釈迦祭りは、宝満寺を中心にもよおされる。この地方では「しがっじょか」とよばれ、旧暦4月8日にもよおされていたが、現在は4月29日の昭和の日となっている。この日、宝満寺から、稚児行列や花嫁姿の女性を乗せたシャンシャン馬が町に繰りだして、祭りを盛りあげている。

宝満寺跡の観音堂

志布志湾を西へ 223

志布志駅周辺の史跡

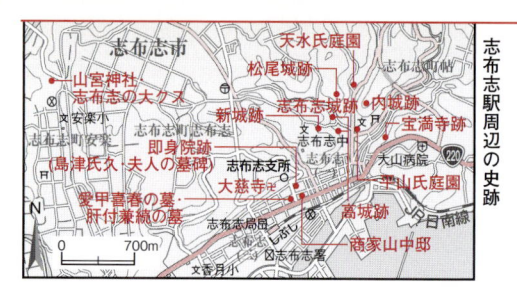

志布志港から約4km沖合いの檳榔島は、日南海岸国定公園の要で、周囲約4kmの無人島である。ビロウ樹を中心に、全島が檳榔島亜熱帯性植物群落（国天然）を形成している。シーズンになると定期船がかよい、海水浴や植物群の鑑賞に最適の地である。

志布志城跡 ⓱　〈M▶P.198, 224〉志布志市志布志町帖
JR日南線志布志駅上バス停🚌港入口行終点🚶10分

宝満寺跡から宝満橋を渡ると、旧志布志郷の武家屋敷地に至る。志布志小学校付近が御仮屋跡であり、この周辺に麓が形成された。現在でも約20軒の武家屋敷がある。

志布志城跡（国史跡）は、志布志小学校の後方に連なる内城を中心に、その西側に松尾城、志布志中学校前の高城・新城をあわせて志布志城と称した。築城年代は定かではないが、中世の争乱期に規模を拡大し、内城本丸の山下に領主の居館をおいた平山城となり、徳川幕府の一国一城令により廃城となった。

代々の領主は、12世紀末の救仁院氏から楡井氏・畠山氏・新納氏・肝付氏などで南北朝時代の正平年間（1346〜70）には、大隅国守護職島津氏久の居城であった。1577（天正5）年島津氏直轄地となり、初代地頭に鎌田出雲守が任命されて外城となった。内城は代々の領主によって手が加えられ、6郭からなり、最後部には空堀、一部には石塁や土塁を構えた県下でも屈指の山城としての機能を備えている。なお鹿児

志布志城跡

石塁や土塁を構えた県下屈指の山城

新大隅開発計画と志布志湾

コラム

開発か環境保全か

鹿児島県は1968(昭和43)年に志布志湾を埋め立てて臨海工業地帯をつくる構想を発表した。国の新全国総合開発計画の1つに位置づけられ、当初の埋立面積はほぼ湾内全域の2343haにもおよび、食品・重機械・石油精製および石油化学関係などの工場を誘致し、一大臨海工業地域をつくるというものであった。

この計画に対して、全国的な反公害運動の高まりもあり、漁民や地域住民の激しい新大隅開発計画反対運動がおこった。結果的には当初の計画を大幅に縮小し、湾東部に港湾・工場用地として106ha、石油備蓄基地用として湾西部に196haの埋立てがなされた。開発と環境保全という今日的課題を提起した計画でもあった。

島市の黎明館において志布志城のジオラマをみることができる。

麓の一角に、江戸時代初期につくられた寺院庭園の平山氏庭園(県名勝)がある。大岩盤を鋭角に切断した自然石の庭園である。また江戸時代中期につくられ、志布志城を借景とした築山枯山水の天水氏庭園(県名勝)

平山氏庭園

もそこから北に約5分ほどの場所にある。付近一帯には角地蔵や石敢当も残されている。武家屋敷や城跡とあわせて当時の景観をしのぶことができる。

大慈寺 ⑱
0994-72-1179

〈M ▶ P.198, 224〉 志布志市志布志町志布志2-1-19
JR日南線志布志駅 🚶10分

1340年創建と伝えられる古刹

志布志駅から国道220号線を八坂神社に向かい、丁字路を左折すると正面に志布志支所がある。その隣に竜興山大慈寺(臨済宗)がある。門前には仁王像がたち、左の阿形像(県文化)は豪快な石造美術品である。大慈寺は1340(暦応3)年の創建と伝えられ、開基は志布志城主楡井頼仲、開山は玉山玄提和尚である。その後、光明天皇から広慧の宸筆を下賜されて、大慈寺広慧禅寺と称し、1444

志布志湾を西へ

阿形の仁王像

大慈寺本堂

(文安元)年には臨済宗十刹に列せられた。

　藩政期には寺領581石，寺域8町四方，末寺は藩内全域におよび，『大慈寺絵図』には，16の寺院僧房が描かれ，学ぶ雲水は100人をこえたという往時の繁栄を今に伝えている。また歴代の住職は学識の深さから藩政にも貢献し，朝鮮出兵や琉球出兵に参加した龍雲和尚，幕末期の勤王僧としても知られ，維新後は田之浦開田事業や砂鉄採掘の産業振興にも活躍した柏州和尚らが有名である。廃仏毀釈で廃寺となったが，柏州和尚の努力で，1879(明治12)年官許を得て寺号を復し，旧大慈寺宝地庵跡に再建され現在に至っている。

　石段をのぼると正面に本堂がある。文化財としては門前の彫刻仁王像一軀，書跡として後柏原天皇御宸翰・大慈寺廣慧禅寺方丈翰縁疏一巻・開山玉山禅師真筆一幅・宋版大般若経・二世剛中和尚戒文・藤織出朱子書対幅，絵画として十六羅漢徳庵筆十六幅(いずれも県文化)などが，宝物殿に保存されている。

　市役所庁舎前の大慈寺支院の1つ即身院跡には，6代島津氏久と夫人の墓碑がある。その南側の商家山中邸(江戸から明治期に建造)近くに，愛甲喜春の墓(県史跡)や島津氏に抗した肝付兼続の墓がある。喜春は志布志若宮に生まれ，医学や朱子学を学んで，1659(万治2)年には島津久光の侍講となり，約30年にわたり藩政と学問に貢献した人物である。

志布志の大クス

山宮神社 ⑲
0994-72-3437

〈M ▶ P.198, 224〉志布志市志布志町安楽1519-2 P
JR日南線志布志駅上バス停🚌都城行山宮神社🚶1分

　安楽小学校の近くに山宮神社（祭神天智天皇ほか5神）がある。社伝によると709（和銅2）年の創建と伝えられ，807（大同2）年に6社を合祀して山口六社大明神と称し，明治以後，郷社山宮神社と改めている。神社境内の入口右には，蒲生のクスや塚崎のクスと並ぶ志布志の大クス（国天然）がある。樹勢は旺盛で樹形もよく，わが国有数の大クスである。

　神社には約100面の古鏡や，能面・神舞面などが宝物として残されているが，とくに平安時代後期（1100年ごろ）の作とされる銅鏡唐草鴛鴦文様一面（国重文）は貴重である。直径24.4cmの中型の和鏡で，2羽のオシドリと唐草の文様は優麗典雅な趣をみせる。その複製は鹿児島県歴史資料センター黎明館でみることができる。

　また山宮神社春祭に伴う正月踊・カギヒキ（県民俗）は有名で，毎年2月の第2土・日曜日に山宮神社と1.5kmほど南の安楽神社で行われる。その年の豊作を祈願する祈年祭で，きわめて古い起源をもつものである。

　志布志の北方約12kmの田之浦宮地にある田之浦山宮神社では，2月の第1曜日にダゴ祭り（県民俗）が行われる。稲穂をかたどった「だご（団子）飾り」と神舞が奉納されたあと，参拝者がだんごを求めて奪いあい，その年の無病息災・五穀豊穣を願う祭りである。

大クスと銅鏡唐草鴛鴦文様　古い起源をもつ正月踊・カギヒキ

野井倉開田記念碑 ⑳

〈M ▶ P.198〉志布志市有明町野井倉
JR日南線志布志駅上バス停🚌野方行局前🚶すぐ

　志布志町の西隣に位置する有明町は開田の町としても知られる。町中央を菱田川が流れ南側は志布志湾に面し，大部分はやせたシラス台地と河川沿岸部の低地からなる。そのためこの地では，明治中期ごろから灌漑・開田事業が進められ，今では畑作・稲作・茶園な

開田事業の記念碑　隣に頌徳碑

志布志湾を西へ

豊原の田の神

ど，有数の農業地帯にうまれかわっている。

安楽川と菱田川にはさまれた野井倉原の開田事業を進めたのが野井倉甚兵衛である。有明小学校・郵便局の前に，野井倉開田記念碑と野井倉甚兵衛頌徳碑が建立され，碑文には椋鳩十の「農夫は土の恵みにひたり陽は金に」の句が刻まれ，先人の偉業をたたえている。

志布志市役所から南西へ約1kmほどの豊原バス停近くの水田に，町内の田の神ではもっとも古い，「寛保三(1743)年」銘の豊原の田の神(県民俗)がある。さらに西へ約2kmほどの蓬原小学校北にある熊野神社の神舞(県民俗)は，毎年秋の例祭日にその一部が奉納されている。菱田川右岸部蓬原台地の開田事業は，馬場藤吉を中心に進められ，その功績をたたえる蓬原開田碑が宇都鼻にある。

都萬神社 ㉑　〈M▶P.198〉曽於郡大崎町仮宿
JR日南線志布志駅上バス停🚌鹿屋(垂水)行大崎上町🚶2分

中世，救仁郷とよばれた大崎は，1577(天正5)年島津氏領となり，近世期には地頭仮屋が現在の大崎小学校の敷地におかれ，その周囲に麓が形成された。町役場付近一帯が仮宿で，国道220号線沿いに旧郷社の都萬神社(祭神木花開耶姫)がある。創建年代は定かでないが，古くは北の原田(有明町)にあり，1540(天文9)年この地に移設されたという。

社宝として多くの銅鏡が残されているが，鎌倉期の作と菊双雀文様の銅鏡ほか，多くの銅鏡を所蔵

都萬神社の銅鏡，籠二菊双雀文様一面

大隅半島初の異形鉄器

コラム

薩摩と大隅の交流の証し

　大隅中央道建設に伴う岡別府下堀遺跡の発掘調査で、縄文期から江戸期までの8000点をこえる遺物が発掘された。

　2003（平成15）年1月には地下式横穴墓から、南九州特有の副葬品である異形鉄器が、大隅地区ではじめて出土した。長さ約20cmで、上からみると、カエルの両足がくの字におれまがった形で、遺体にのせた約50cmの鉄剣に重ねあわせた状態でみつかった。古墳時代に異なる墓制をもつ薩摩・大隅両半島が、同じ異形鉄器を使用して交流していたことをうかがわせる発見であった。

考えられている銅鏡籬ニ菊双雀文様一面（国重文）は、籬越しに咲き誇る菊を描き、下方には流水の紋様を配し、秋の風情をあらわした直径21.1cmの和鏡である。

横瀬古墳 ㉒

〈M▶P.198〉曽於郡大崎町横瀬
JR日南線志布志駅上バス停 🚌 鹿屋（垂水）行大崎三文字 🚶25分

県下最大規模の前方後円墳

　三文字バス停から持留川の第2大橋を渡り、左折して旧国鉄大隅線の廃線道路を進むと、水田のなかに小高い丘が目につく。これが横瀬古墳（国史跡）である。古墳時代中期（5世紀中ごろ〜後半）の築造で、周囲の濠まで含めると全長165m、墳丘の長さが132m、前方部の長さ68m・幅72m、高さ11.5m、後円部径64m・高さ10.5mで、多くの円筒埴輪が使われた鹿児島県最大級の前方後円墳である。後円部のなかほどに竪穴式石室があり、天井石が露出している。

　近隣の志布志湾沿岸部には神領古墳群や飯隈古墳群、南西約6kmの東串良町には鹿児島県最大規模の唐仁古墳群、さらに南の肝付町野崎に塚崎古墳群などがある。宮崎県の西都原古墳群につながるこの志布志湾沿岸部の古墳群は、南九州の古墳文化を考えるうえで重要な意味をもっている。

横瀬古墳

志布志湾を西へ

7 肝属東部から中央部へ

志布志湾岸部には、県下最大規模の古墳が数多く、肝付町（旧高山町）には肝付氏の居城や二階堂家住宅がある。

唐仁古墳群 ㉓　〈M▶P.198〉肝属郡 東 串良町新川西大塚原・大塚・唐仁
垂水港🚌志布志行東串良乗換え、有明橋経由高山行新川西
🚶15分、または鹿屋より🚌25分

140基をこえる県下最大規模の古墳群

　東串良町は大隅半島の中央部にあり、肝属郡の北東部に位置する。串良川と肝属川の沖積平野部では水田が開かれ、河口付近の柏原は藩政時代浦町として栄え、対岸の高山郷波見とともに漁業と交易の中心であった。江戸時代中期以降の柏原浦は、河口より上流10町までが港で、満潮時に500石積の船が出入りしていたという。1828（文政11）年ごろ、調所広郷指導のもとで南西諸島との交易にもかかわり、幕末期には田辺・坪山・堀口などの諸家が貿易商として活躍した記録が残っている。

　柏原港の北側の沖合い500mに、出島方式の志布志湾国家石油備蓄基地が1986（昭和61）年着工された。1993（平成5）年には貯油容量500万kl、総数43基の備蓄基地の全面操業が開始された。

　肝属川河口左岸の古い砂丘上には、140基をこえる鹿児島県最大の古墳時代中・後期の唐仁古墳群（国史跡）がある。バス停新川西から南へ1.2kmほどのところにある最大の大塚古墳は長径185m、墳丘の高さ10.9mの前方後円墳である。後円部の中心は削られ、竪穴式石室の蓋石が露出し、その墳頂部に大塚神社がたっている。石室内の舟型石棺は、上下一枚岩で丹念に細工されたものである。対岸の下伊倉集落中央部に、「文化四（1807）年」銘の下伊倉の田の神（県民俗）がある。

大塚古墳（1号墳前方部）

肝属川水系の八月踊

コラム 祭

　八月踊を川踊り・水神踊りともいう。肝付町新富(旧高山町)の本町地区で旧暦の8月18日に行われる八月踊(県民俗)は、かつては肝属川上流の鹿屋市祓川から河口の波見まで、70余の集落で行われていたという。唄の数も20余りに達し、旧暦の8月にはいると1日の東串良唐仁の踊りを皮切りに、28日の波見でおわるまで、つぎつぎと毎夜踊られていたようである。踊りの起源には違いがあるが、神に収穫を祈願する感謝の祭であると伝えている。

川踊り・水神踊りとも

高山城跡 ㉔

〈M▶P.198〉肝属郡肝付町新富本城
垂水港🚌鹿屋行終点乗換え、高山行終点、さらに乗換え岸良行本城入口🚶15分、または高山より🚗10分

中世期大隅の雄、肝付氏の山城

　大隅半島のほぼ中央南東部に位置する肝付町(旧高山町)は、多くの古墳や史跡に恵まれた町である。肝属川河口の波見は、対岸の東串良町柏原とともに中世以来の港として知られ、また倭寇の根拠地とも伝えられ、近世藩政期には東目の年貢米積出港でもあった。

　肝付町役場前バス停の県道542号線を南東に約5kmほどの本城には、中世期島津氏と抗争を続けた肝付氏の居城高山城跡(国史跡)がある。高山城は肝付城ともよばれ、平安時代末期に肝属郡弁済使(荘官職)に任じられた伴兼貞の子兼俊が肝付姓を名乗り、高山(現、肝付町)を本拠と定めたことにはじまる。肝付氏は、1566(永禄9)年島津氏に屈服し、薩摩国阿多(現、金峰町)に移封されるまで、この山城を居城として大隅半島全域に一大勢力を誇った。城は、南は本城川、北は栗山(木佐貫)川、

高山城跡

肝付町役場周辺の史跡

肝属東部から中央部へ　231

西は高山川に囲まれ、東は急崖のシラス台地につながる天然の要害で、山地から南西方向にのびる丘陵地をたち切って空堀としている。西方には大手門、東方に搦手門の跡が今なお確認できる。城内は本丸・二の丸・三の丸・馬乗馬場など数区に分かれていて、本丸はわずかに原形をとどめ、土塁跡も残っている。

二階堂家住宅 ❷⑤
0994-31-5252 〈M ▶ P.198, 231〉肝属郡肝付町新富5595
垂水港🚌鹿屋行終点乗換え、高山行終点🚶15分

> 1810年ごろの武家住宅
> 雁行型寄棟造

肝付町役場前から南へ進むと、ほどなく高山川右岸に二階堂家住宅(国重文)がある。鎌倉御家人二階堂家は、13世紀末ごろ薩摩国阿多北方(田布施)に下向し、子孫の行盛が1589(天正17)年ごろ、島津義久から屋敷をあたえられ高山郷に居住した。現在の住宅は1810(文化7)年ごろの武家住宅で、「おもて」と「なかえ」の棟が直交した雁行型寄棟造の二棟造である。旧鹿児島藩領域に分布する分棟型民家の発展した形式をもち、南部の特色をよく残した住宅建築である。

近世期の高山郷は外城として地頭が派遣され、高山小学校周辺に麓が形成された。麓の四十九所神社の参道で祭日(10月第3日曜日)に行われる流鏑馬(県民俗)は、国家安泰・悪疫退散・五穀豊穣を祈願する年占いの祭りで、12世紀ごろから続く伝統行事である。疾走する馬上から鏑矢で的を射る神事が、古式ゆかしく行われている。隣接した市街地の本町一帯が、藩政時代の野町である。

四十九所神社流鏑馬

塚崎古墳群 ❷⑥
〈M ▶ P.198, 231〉肝属郡肝付町野崎塚崎
垂水港🚌鹿屋行終点乗換え、内之浦行塚崎🚶5分

> 鹿児島県最南端の古墳群

市街地から東へ約3kmの野崎の台地縁辺部、バス停の右側に、塚崎古墳群(国史跡)がある。前方後円墳4基、円墳39基、地下式横

塚崎のクス（1号墳上）

穴墓10数基が確認され，古墳時代中・後期の築造と考えられている。この古墳群の1号墳上に樹齢1200年をこえるといわれる塚崎のクス（国天然）が根をおろしている。近くに肝付町立歴史民俗資料館があり，周辺の古墳から発掘された考古資料などが展示されている。

　ここからさらに東へ約1.2km，野崎バス停近くの用水溝のそばに，「寛保三（1743）年」と「明和八（1771）年」銘の2体の野崎の田の神（県民俗）がある。

内之浦宇宙空間観測所 ㉗
0994-31-6978（宇宙空間観測所）

〈M ▶ P.199〉肝属郡肝付町南方1791-13
垂水港🚌鹿屋行終点乗換え，内之浦行終点さらに乗換え，町委託🚌ロケット基地前🚶10分（バス便1日1往復），鹿屋バスセンター🚌60分，内之浦🚌15分

1962年東大宇宙空間観測所設置

　肝属郡東端に位置する肝付町南方（旧，内之浦町）は，東と南を太平洋に面し，農漁業に加えて，1962（昭和37）年東京大学生産技術研究所（のち宇宙航空研究所）の付属施設が設置されてから，ロケット基地の町としても脚光をあびている。

　ロケット基地前バス停で下車するとすぐ宇宙空間観測所入口である。この施設は，科学観測ロケットおよび衛星の打ち上げとそれらの追跡やデータ取得の業務を行っている。資料館も設置され，ロケットの歴史や科学衛星について楽しく学ぶことができる。

　2003（平成15）年5月，この基地から打ち上げられた小惑星探査機「はやぶさ」が，多くの困難を乗り越えて，2010年6月に地球に帰還したことで大きな話題になった。

　内之浦は肝付氏の庶流岸良氏の支配地で，中世以来天然の良港として，戦国期から近世初頭にかけて唐船も入港し，琉球やルソンとの交易も盛んに行

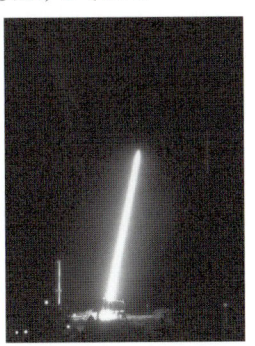

ロケットの夜間試射

肝属東部から中央部へ　　　233

われていた。近世初期には高山郷に属していたが、1640(寛永17)年には小串(北方)、南浦(南方)、岸良の3カ村で1外城となり、麓は南方におかれた。内之浦郷の東端火崎下の海は有数の漁場で、鹿児島藩領内でも1,2の漁獲高を誇っていた。現在でも恵まれた立地条件のもと、イワシやアジなどが漁獲の上位を占め、ハマチやクルマエビなどの養殖漁業も盛んである。また内之浦はソテツ・ヘゴ自生地(国天然)としても知られている。

吾平山上陵 ㉘

⟨M▶P.199⟩ 鹿屋市吾平町上名 小字吾平山

垂水港🚌鹿屋行終点乗換え、吾平経由神野行山陵上🚶5分

県下三陵墓の1つ 陵内面積20ha以上

大隅半島のほぼ中央部に位置する吾平町は、平安時代中期に大隅国正八幡宮領始良荘として成立したことにはじまる。15世紀には肝付氏の勢力下にはいり、近世期島津氏の始良外城となり、役場周辺に麓が、南側の市街地付近に野町が形成された。1889(明治22)年町村制施行に伴い肝属郡始良村へ、1947(昭和22)年町制施行で吾平町と改称され、2006(平成18)年には鹿屋市吾平町となった。

役場前から南へ約5kmの上名に吾平山上陵がある。薩摩川内市の可愛山陵、溝辺町の高屋山陵とともに県内三山陵の1つで、神武天皇の父鸕鷀草葺不合尊と母玉依姫の陵墓と伝えられる岩窟の陵墓である。陵内面積は20haをこえ、もっとも広域な陵墓としても知られる。山陵下の清流やスギの大木などの古木がうっそうとしげり、永年神域としてまもられてきている。

吾平山上陵に隣接した吾平町と肝付町にわたる約96haの丘陵に、大隅広域公園が1994(平成6)年に開園された。面積は47ha余りで、広大な自然のなかでスポーツやレクリエーショ

吾平山上陵

花瀬公園 ㉙　〈M ▶ P.199〉肝属郡錦江町田代川原 P
垂水港🚌大根占（根占・佐多・大泊）方面行大根占乗換え花瀬橋・内牧行花瀬橋🚶すぐ（バス便少なく，鹿屋からタクシー40分）

大隅南部県立自然公園
みごとな石畳の景観

　錦江町田代は大隅半島南部の内陸部に位置し，外周は肝属山系の山々が連なる。とくに旧内之浦町・旧佐多町に隣接した南部の稲尾岳（国天然）周辺は，国の自然環境保全地区に指定され，貴重な照葉樹原生林が残されている。2002（平成14）年3月に花瀬大橋から約10kmのところに稲尾岳ビジターセンターが開設され，照葉樹の森の生態系について学習体験できるように，登山コースやキャンプ施設も整備されている。

　花瀬橋バス停近くの雄川にかかる花瀬大橋付近一帯が，花瀬公園である。溶結凝灰岩が幅約100m・距離約2kmにもわたり，石畳をしきつめたような景観をみせてくれる。瀬を流れる清流のさまが花のようであったことが，花瀬の名の由来になったといわれている。藩政時代には19代光久，24代重年，28代斉彬も訪れ（いわゆる花瀬出張い），その際使用したといわれるお茶亭跡が近くにある。1977（昭和52）年，一帯が大隅南部県立自然公園として指定され，豊かな自然をいかした諸施設が整備されている。

　平安時代後期から戦国時代の田代は禰寝院南俣に属し，約400年間禰寝（建部）氏庶流田代氏の支配下にあった。1595（文禄4）年島津義弘によって第17代禰寝重張が吉利郷（日置市日吉町吉利）に移封されたのち，薩摩藩の一外城となった。地頭仮屋は中世山城の田代城跡の北におかれ，田代小学校周辺に麓集落が形成された。

花瀬公園

肝属東部から中央部へ

8 鹿児島湾沿いを南へ

根占には県下最古の宇都の板碑や大隅最古の田の神像をはじめ，中世南隅地域の雄，禰寝氏関係の史跡が多い。

天神下の笠塔婆 ㉚

〈M ▶ P.199, 237〉 肝属郡錦江町城元
垂水港🚌大根占・根占・佐多・大泊方面行塩屋🚶10分

笠塔婆3m46cmの富山義宗の

垂水港から古江を経て国道269号線を南下すると，およそ30kmで旧大根占町に着く。神川手前のトロピカルガーデン入口付近を左折し，県道561号線を神ノ川沿いに進むと神川大滝公園がある。神ノ川の上・中流域では，清流で発芽成長する熱帯性淡水顕花植物のカワゴロモ（県天然）をみることができる。

神川から鳥浜海岸を南に進むと，鹿児島湾に突出した城ヶ崎に連なる高台先端部に，中世の山城高城跡がある。この山城は富山氏の居城として使用され，南北朝期以後は建部姓禰寝氏の山城として使用された。まわりを108mの絶壁で囲まれた要害の地で，南部と北部に入口があり，空堀跡も確認できる。古くは禰寝院と称されたこの地は，平安後期から鎌倉初期にかけて藤原氏・黒木氏・富山氏・建部禰寝氏の支配をうけている。禰寝院は南北に分かれ，旧大根占町は禰寝院北俣（大禰寝院）に属し，島津荘の寄郡（荘園と国衙に両属する土地）で，1167（仁安2）年弁済使職に藤原（富山）義光が日向国飫肥南郷から移って土着した。

1993（平成5）年1月城元地区で，「文永四(1267)年八月彼岸沙弥道意敬白」ときざまれた天神下の笠塔婆（県文化）が発見された。沙弥道意は，禰寝院北俣の弁済使富山3代義宗の法名である。この笠塔婆は2つにおれているが，上下あわせると3.46mの大型のものであ

天神下の笠塔婆

大隅路

錦江町・南大隅町の史跡

る。

　旧大根占町の市街地をすぎた南はずれの水田に，弥生時代中期の山之口祭祀遺跡があった。遺跡は砂鉄採取のため破壊され，現在は跡地に石碑がたっている。砂浜の軽石の礫を環状に配し，そのかたわらに立石・石棒・陰石・岩偶などをたて，豊作を祈る共同祭壇も設けられていたという。遺跡は対岸の開聞岳の第二次爆発の大量の火山灰（暗紫ゴラ）でおおわれていた。火山灰でおおわれた土器は山ノ口式土器で，年代があきらかな唯一の標識的土器である。出土品の一部は，町教育委員会および鹿児島県立博物館考古資料館に保存されている。

　近世以降の大根占は，第17代禰寝重張の移封後は島津氏の直轄地となり，大根占小学校の東側に地頭仮屋がおかれ，周辺に麓集落が形成された。

川南宇都の板碑 ㉛

〈M ▶ P.199, 237〉肝属郡 南大隅町根占川南諏訪上
垂水港🚍佐多・大泊行諏訪下🚶10分

本県最古の板碑で禰寝氏関係の供養塔

　旧大根占市街地から国道269号線を4kmほど南下すると，南大隅町根占である。古くは大根占地域の大禰寝院に対し小禰寝院とよばれてきた。正八幡宮領のこの地は，平安後期の領主として藤原頼光が，その後13世紀初め建部姓禰寝氏が，院司（郡司）職と地頭職を兼任して統治した。南隅地域の最有力氏として成長していく建部姓禰寝氏の祖は，大宰府から任命された大隅国衙の役人であったといわれる。町内には禰寝氏に関係する文化財が多い。

　戦国期第16代重長のころは，伊東・肝付氏と組み島津氏に対抗したが，のち島津氏と和睦すると，伊東・肝付氏との抗争が続いた。禰寝氏は殖産策に力をいれ，南蛮・中国・琉球などとの交易も行われた。役場前塩入橋の大クスには，雄川河口の湊に出入りする外

鹿児島湾沿いを南へ

川北久保の田の神

国船が艫綱を結んだと伝えられている。17代禰寝重張が島津義弘の命でこの地を去ると，根占郷として地頭仮屋が川北の宮原におかれ，麓集落も形成された。また雄川河口の根占湊付近には，浦町も形成された。

　南大隅町根占川北の鬼丸神社参道入口に大隅半島最古の川北久保の田の神（県民俗）がある。1731（享保16）年9月8日の建立で，右手にめしげ（しゃもじ），左手に擂り粉木をもった，笠冠布型の石像である。

　雄川をこえて北ノ口の宝屋寺跡地に，禰寝氏累代の墓がある。そこから約700mほど南の諏訪神社奥岩林寺（真言宗）跡地に，川南宇都の板碑（県史跡）がある。1293（正応6）年作の本県最古の板碑で，阿弥陀を意味する梵字がきざまれている。年号の両側にきざまれていたであろう文字は摩滅して不明であるが，ほかにも2基の板碑が残されている。禰寝氏4代清親が，初代清重から3代清綱までの供養塔として建立したと推定されている。

　雄川の小川内発電所から上流の牛牧付近では，カワゴロモ（県天然）をみることができる。12月から1月にかけて，白い小さな花を水中で咲かせる珍しい植物である。

　南大隅町根占から国道269号線をさらに南下すると，辺田地区原に薩英戦争で使用されたという台場跡がある。石垣に砲身を構えた凹部が2つ残っている。近

川南宇都の板碑

製鉄の歴史

コラム

砂鉄と木炭で製鉄

　江戸時代以前に行われていた製鉄技法をタタラ吹きという。その製鉄炉はタタラとよばれることが多い。もともとタタラは踏鞴のことであったが，やがてそれを使って金属をとかす炉，つまり銅や鉄の鋳物炉や製鉄炉もタタラとよばれるようになった。近世のタタラは高さ1m，縦横は2m×1mをこえる舟型の炉で，3日かかってつくられる鉧は2tもあるものであった。古代・中世の製鉄法は不明な点が多いが，近世のものより小型のものが多かったようである。西日本では大型の舟型炉が使われた。大きいほど経済効率はよいが，炉内の調整がむずかしかった。二川の炉は水車式，炭屋の炉は鞴式の古い形を残すものであるという。

くの辺田地区二川にはヘゴ自生地（国天然）がある。木生シダとよばれる古生シダの植物で，本土で最初に確認され，自生北限地といわれたが，北薩の長島や宮崎県の鵜戸神宮付近でも発見されている。この辺田地区の海岸線一帯は本県でもっともハゼの木の多いところで，藩政時代は年貢のかわりにハゼの実をおさめていたという。またこの地区の二川・炭屋・野尻野には多量の鉄滓（カナクソ）がみられる。二川と炭屋に残る製鉄炉跡は，第二次世界大戦前後の鉄不足の時期に，砂鉄を原料に素鉄を製造していた炉の跡である。

佐多旧薬園 ㉜

〈M ► P.199〉肝属郡南大隅町佐多伊座敷
垂水港🚌佐多・大泊行薬草園前🚶すぐ

　南大隅町根占から19kmで，本土最南端の旧佐多町に着く。古代は大隅郡に属し，中世には禰寝院南俣の佐多村にあたり，禰寝氏の庶流佐多氏の支配下にあった。近世は禰寝氏移封後，外城佐多郷として伊座敷村に地頭仮屋がおかれ，旧薬園西隣付近に麓が形成された。佐多は地形が複雑なため陸路より海路が主となり，伊座敷浦・

佐多旧薬園

島泊浦・尾波瀬浦・大泊浦などの浦が発達した。とくに太平洋岸の大泊浦は、種子島・屋久島・山川湊などへの渡航地大泊湊として知られている。

　南大隅町役場支所の近く、バス停すぐ前に佐多旧薬園(国史跡)がある。島津25代重豪のとき、薩摩藩が設置した吉野・山川とともに三薬園として知られている。佐多薬園は藩財政再建に尽力した新納時升が藩主へ献上するため、リュウガン樹を植えたことが始まりであるといわれ、そのためこの薬園を竜眼山とも称した。現在約30aほどの園内には、リュウガン・レイシ・アカテツ・オオバゴムノキなどの奇薬珍果の類が生いしげっている。

　支所前の県道68号線を約10kmほど南下すると、佐多岬ロードパーク入口の大泊に着く。1963(昭和38)年大泊・佐多岬間に有料道路が完成し、「本土最南端・北緯31度線佐多岬」に多くの観光客が訪れ賑わったが、現在は観光客減少に伴い、定期観光バス路線は廃止された。

　現在、この地域の自然景観を生かした、観光客再誘致の取り組みが始まっている。大泊から佐多岬までのロードパーク、自然遊歩道は無料で通行できる。

　旧根占町から佐多岬周辺の海岸一帯は、霧島屋久国立公園の一部で多くの亜熱帯性植物が繁茂しており、田尻海岸付近はソテツ自生地(国天然)としても知られている。田尻港には半潜水型水中展望船SATA-DAY-GOが就航し、沖合いの檳榔島周辺のサンゴや熱帯魚などの観察ができる。

　佐多岬灯台は、1866(慶応2)年の改税約書調印に伴い、設置が決定された灯台の1つで、イギリス人技師によって1871(明治4)年完成した日本最古期の灯台である。大隅半島南端100m沖合いの大輪島にある。西は東シナ海、東に太平洋、南の水平線上には遠く種子島・屋久島などの島々を眺望できる。

島津重豪のとき設置された三薬園の1つ

薩南諸島

Satsunan

縄文杉

ロケット発射風景（種子島宇宙センター）

◎薩南諸島散歩モデルコース

種子島コース JR鹿児島中央駅…20…鹿児島港…95…西之表港…10…種子島開発総合センター…5…種子島鉄製作所…30…中種子町歴史民俗資料館…12…古市家住宅…14…千座岩屋…10…種子島宇宙センター…5…宝満神社・たねがしま赤米館…10…門倉岬

屋久島コース 鹿児島港…120…宮之浦港…10…益救神社…5…上屋久町歴史民俗資料館…35…泊如竹の墓…30…ヤクスギランド…55…千尋の滝…50…大川の滝…8…西部林道入口(世界自然遺産登録地域)

奄美大島コース 1．奄美空港…5…城間トフル墓…5…泉家住宅…1…宇宿貝塚展示施設…5…笠利町歴史民俗資料館…15…奄美パーク…30…西郷南洲流謫地
2．名瀬市立奄美博物館…50…住用マングローブパーク…45…瀬戸内町立郷土館…40…諸鈍集落(大屯神社)…30…呑之浦

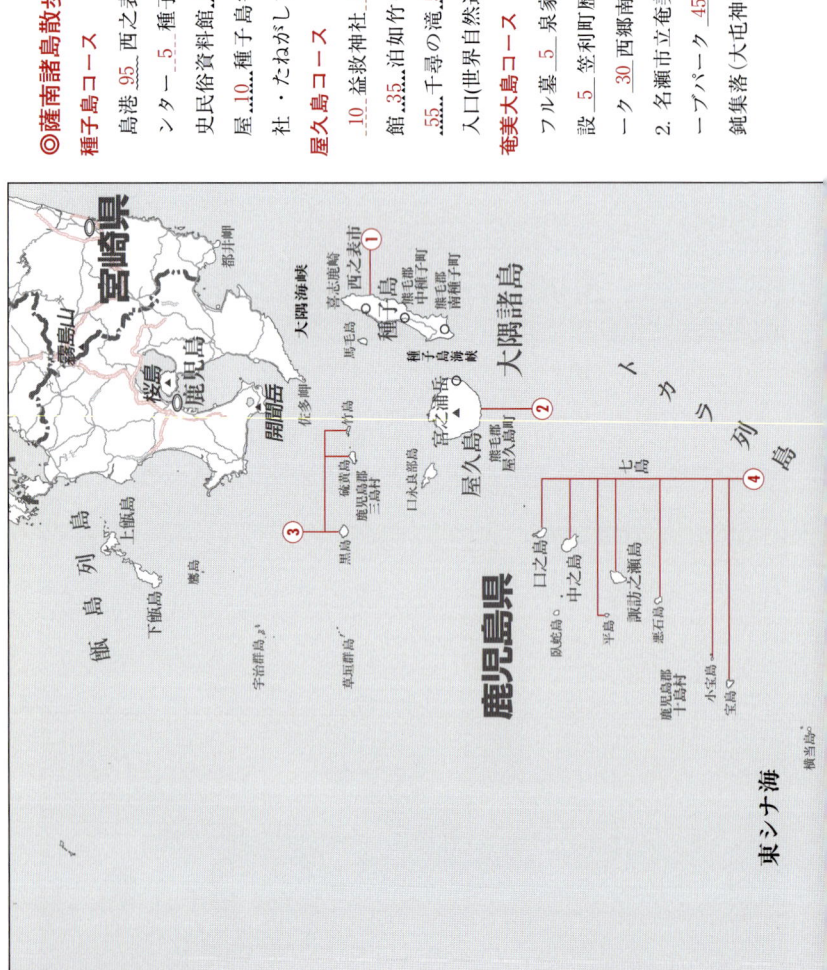

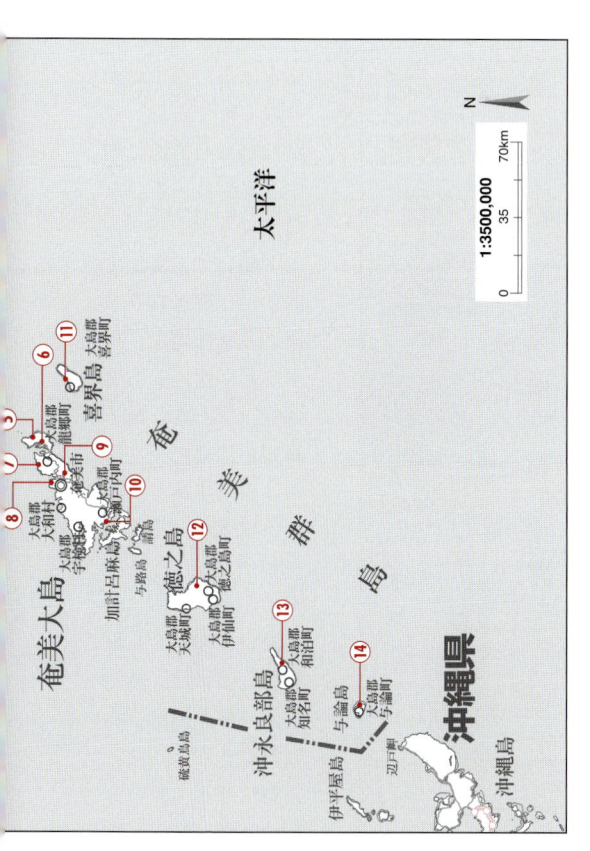

奄美大島

喜界島

太平洋

奄美群島

徳之島

沖永良部島

与論島

沖縄県

大島郡大和村
宇検村＠
大島郡龍郷町
大島郡喜界町
大島郡奄美市
大島郡瀬戸内町
加計呂麻島 請島
与路島
硫黄鳥島
大島郡天城町
大島郡伊仙町
大島郡徳之島町
大島郡知名町
大島郡和泊町
大島郡与論町
伊平屋村
辺戸岬
沖縄島

1:3,500,000
0　35　70km

① 種子島
② 屋久島
③ 三島（竹島・硫黄島・黒島）
④ 七島
⑤ 奄美市歴史民俗資料館
⑥ 奄美パーク
⑦ 西郷南洲流謫地
⑧ 奄美市立奄美博物館
⑨ 小湊フワガネク遺跡
⑩ 古仁屋港
⑪ 喜界島
⑫ 徳之島
⑬ 沖永良部島
⑭ 与論島

種子島と屋久島

1

鉄砲伝来と宇宙開発の種子島。九州一の宮之浦岳や屋久杉原生林，世界自然遺産に登録された屋久島。

種子島 ❶

〈M▶P.242, 244, 245〉西之表市・熊毛郡中種子町・同南種子町
鹿児島本港🚢西之表港（フェリー3時間50分，高速船1時間35分），または鹿児島空港✈種子島空港（35分）

夏を彩る鉄砲祭り
宇宙へ夢を馳せるロケット基地

鹿児島港から115km，黒潮洗う**種子島**は，周囲166km，南北に細長く比較的平坦（へいたん）な島である。歴史的には鉄砲伝来の地，現在はロケット基地で脚光をあびている。海の玄関西之表港に近づくと，西之表市街地（**赤尾木**）が一望に見渡せる。**赤尾木**は島主種子島家の城下町である。史跡などは市街地に集中しており，歩いて散策できる。

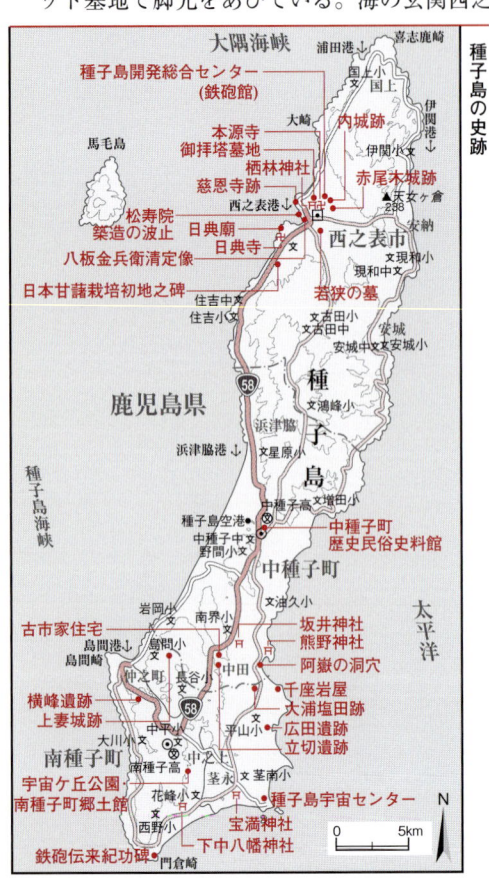

下船して市街地に向かい，突き当りの西之表郵便局を左折すると，西之表旧港（漁港）である。種子島家が治めていたころは赤尾木港とよばれ，**松寿院**（しょうじゅいん）（23代島主種子島久道室（ひさみち））**築造（はと）の波止**がある。旧港沿いの農協・八坂神社一帯には，島内最古の種子島家祈願寺**慈恩寺**（じおんじ）があった。宿坊にザビエルらも宿泊したといわれて

244　薩南諸島

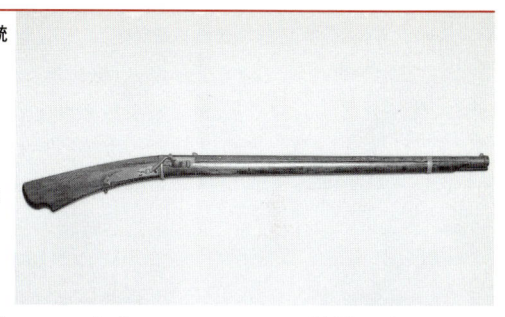

ポルトガル伝来銃

いる。明治初年の廃仏毀釈で廃寺となり、今は慈恩寺ときざんだ手水石鉢だけが名残りをとどめている。

郵便局の裏手の国道58号線から本源寺坂をのぼると、西之表市役所がある。市役所北側に、種子島家の菩提寺本源寺(法華宗)がある。11代時氏が建立し、開山は日良である。

本源寺の西隣が、栖林神社(祭神19代久基)である。栖林は久基の号であり、カライモ(甘藷)の神として島民に親しまれている。神事の大的始式(県民俗)は、36本の矢を射て無病息災を祈願する伝統行事である。

栖林神社の北隣に御拝塔墓地がある。11代時氏以降の種子島家の墓地である。墓地内を散策すると、キリシタン弾圧で種子島に流された永俊尼(洗礼名カタリナ)、鉄砲伝来時の14代時堯、幕末、夫の死後島の経済開発につとめた松寿院の墓塔などが目を引く。墓地北東隣には、南蛮船を模した種子島開発総合センター(鉄砲館)がある。必見はポルトガル伝来銃(県文化)と、伝八板金兵衛作火縄銃である。そのほか、奥ノ仁田遺跡出土品・鬼ケ野遺跡出土品(県文化)、「種子島家文書」(県文化)も注目に値する。

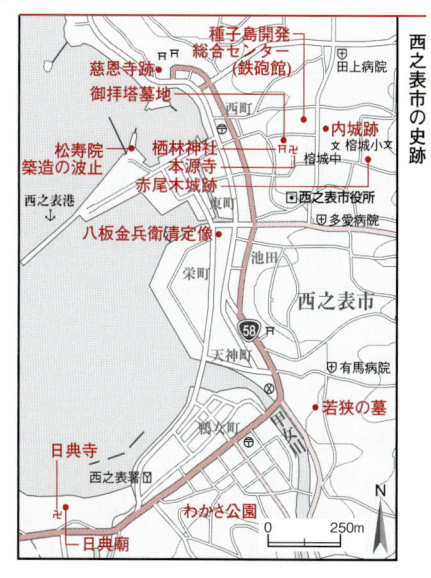

センター向かいは時堯築城の内城跡(現、榕城中学校)である。高台にたつ種子島時堯公像は西之表市街地をみおろしている。榕城中学校の東隣は赤尾木城跡(現、榕城小学校)である。赤尾木城は17代忠時が1624(寛

西之表市の史跡

種子島と屋久島

鉄砲祭り

永元)年に築き、1869(明治2)年の版籍奉還まで島主の居城となった。

市役所から南西の産業会館まで徒歩5分、会館南側に八板金兵衛清定像がある。時堯の命で清定は鉄砲づくりに専念した。清定像近くでは刀鍛冶・鉄砲鍛冶の技法をうけついだ種子鋏が製造・販売されている。

清定像から南西へ徒歩10分、天神橋手前の曇之城墓地に若狭の墓がある。若狭は鉄砲製作技術の伝授と引きかえに、ポルトガル人に嫁したといわれる、悲劇の主人公である。種子島の夏を彩る最大の行事は、鉄砲祭りである。火縄銃伝来当時を再現したという南蛮行列や、轟音とどろく火縄銃試射などがみられる。

天神橋を渡ってわかさ公園をすぎ、川迎バス停西側に、日典寺と日典の遺骨をおさめた日典廟がある。日典は島内の律宗を法華宗に改宗しようとして人びとの怒りを買い、川迎の砂浜で生き埋めにされたという。日典の遺志をついで、全島を法華宗に改宗したのが本源寺開山の日良であった。川迎バス停から国道を南へ3km、下石寺集落入口道路脇に、日本甘藷栽培初地之碑がある。1698(元禄11)年、久基は琉球王尚貞より贈られた甘藷を、家臣に命じて下石寺の地で試植させた。日本で初めての栽培という。

下石寺から国道を約22km南下すると、中種子町の中心地野間に至る。国道沿いに中種子町歴史民俗資料館がある。1階は丸木舟・農具・焼き物などの生活用具、2階は考古遺物などを展示している。野間からは種子島空港まで近い。国道を再び南へ約7km、左手に坂井神社がある。鳥居前には日良に関する矢止石・御墓所跡などがあり、境内にはいると日本一大ソテツがしげっている。推定樹齢600年以上、高さ10mほどあり、みごたえがある。神社から国道58号線を約1km南へいくと、左手に旧石器時代の立切遺跡がある。そのまま国道を南下すれば南種子町の中心地上中に至る。

立切遺跡から神社さきの坂井三文字バス停に引き返すと、近くに

古市家住宅

古市家住宅(国重文)がある。1846(弘化3)年にたてられた木造瓦葺き平屋建てで,古市家は代々庄屋をつとめる家柄であった。坂井三文字バス停から約2.5km東下すると熊野浦である。集落の東方に,10代幡時が紀州熊野権現を勧請した熊野神社がある。海岸は種子島を代表する景勝地で,南端には縄文人の住居に利用された阿嶽の洞穴がある。

熊野十文字から県道75号線を南へ3.8km,南種子町平山の浜田入口バス停に至る西側の湿地帯には,松寿院によって完成された大浦塩田跡がある。東側へ1.4kmいくと海蝕洞窟で知られる千座岩屋がある。浜田入口バス停からさらに県道を進み,東側にそれると広田浜に至る。浜には,弥生から古墳時代の埋葬遺跡である広田遺跡(国史跡)がある。貝輪・貝符などの出土品(国重文)は黎明館で保存・展示されている。

広田浜から約3kmに,種子島の東南端に位置する宇宙航空開発機構の種子島宇宙センターがある。広大な敷地内にはロケット発射場・指令管制棟・宇宙科学技術館などがある。宇宙センターが面する竹崎海岸から茎永の松原集落にはいる。道路の右には古代米の赤米を紹介するたねがしま赤米館,左には赤米の御田植祭で知られる宝満神社(祭神玉依姫)がある。宝満神社赤米御田植祭(県民俗)は,毎年4月初めに行われる。神域には淡水海跡湖といわれる宝満の池がある。

宝満神社から南西へ4.6km,バス停右手に下中八幡神社がある。宝物として「応永三十三(1426)年」銘の鰐口(県文化)がある。神社からさらに県道を南西へ,西之之崎原十文字から約5kmで,種子島最南端の門倉岬に至る。岬沖に,日本に初めて鉄砲を伝来したポルトガル人や,五峰らを乗せた大船が漂着した。岬公園には鉄砲伝来紀功碑がある。展望台にたてば,西は屋久島,東は宇宙センターの竹崎まで続く白砂青松の浜辺を眺望できる。

種子島と屋久島

鉄砲伝来紀功碑

　岬から北上して，上中の南種子町役場まで約9kmである。上中バス停から南へ約2km，宇宙ケ丘公園がある。眺望がよいので，ロケット発射の様子をみるのには絶好の地である。公園内の南種子町郷土館は無料で観覧できる。

　上中から再び国道58号線を北西へ約6km，左に旧石器時代の横峰遺跡（県史跡）がある。発見された礫群（炉跡）は，立切遺跡（中種子町）の礫群と似ている点が多い。横峰から島間港まで約1km，屋久島が目の前にみえる。島間港は，多禰国（島）時代から屋久島を結ぶ重要な港であった。港近くの島間小学校から豊受神社一帯は，多禰・屋久統治の拠点と考えられる上妻城跡である。土塁や堀切は曲輪を形成している。

　上中に引き返し，国道58号線を約45km北上して西之表港に戻る。

屋久島 ❷　〈M▶P.242, 249〉熊毛郡屋久島町
鹿児島港🚢宮之浦港，または鹿児島空港✈屋久島空港

原生林の縄文杉　山岳・渓谷の大自然

　鹿児島から130km，周囲127kmの屋久島は，九州最高峰（1935.3m）の宮之浦岳をはじめとする山々が連なり，多くの屋久杉原生林が存在している。推定樹齢7200年の縄文杉は，屋久島の象徴となり，西海岸の西部林道一帯は，1993（平成5）年12月世界自然遺産に登録された。歴史的には南島との海上航路の標識としての役割をはたし，また寄港地として重視されてきた。屋久島が種子島氏の領地から島津直轄地となると，屋久島奉行所が宮之浦におかれ，行政の中心地となった。史跡も集中する宮之浦中心部は，徒歩で巡検できる。

　宮之浦港に下船して徒歩5分で，屋久島環境文化村センターに着く。センターから8分，宮之浦川河口西側に益救神社（祭神天津日高彦火火出見命）がある。『延喜式』神名帳にも記載されている古社であるが，中世末に廃され，江戸時代末期に再建された。山岳信仰と航海安全を祈る社である。境内には「天保二（1831）年」銘の阿

吽の金剛力士石像と，「慶応四(1868)年」銘の手水石鉢がある。

宮之浦河口をさかのぼると，宮之浦大橋と旧橋がある。この両橋の西側一帯が，出入港許可の手形発行や民政を司る屋久島奉行所跡と推定されている。旧橋から川上に，屋久島町歴史民俗資料館がみえる。館内ではビデオや展示物で，山と海に生きた屋久島民の生活史を学習できる。資料館裏の宮之浦川上流には唐船淵がある。密貿易の唐船の隠れ場所であったという。

旧橋から旧道を西へ，突き当りに九本寺(法華宗)がある。境内に法華経三千部供養塔，島津義久七回忌供養塔などの石塔群がある。寺の後方の宮之浦共同墓地に旦那墓がある。在任中に死没した藩の役人たち(旦那)の墓所である。屋久島奉行(以前は押役)は，1708(宝永5)年から派遣されていた。

宮之浦大橋を渡り，白谷林道を12km進むと，白谷雲水峡に至る。屋久杉原生林には，樹齢3000年の弥生杉もみられるが，なかにはたくさんの切り株が目につく。藩政時代に伐採された跡という。島民は屋久杉の平木を年貢として納入した。油脂分が豊富な屋久島平木は腐食しにくく，屋根板として最適であった。屋久杉は平木のほかに帆柱・榑(板)などにも用いられた。

白谷林道を引き返し，県

屋久島の史跡

旦那墓

種子島と屋久島

弥生杉

道77号線を時計まわりに約3km進み，城之川橋を渡ると，右手に楠川城跡がある。1524(大永4)年，12代種子島忠時が築城し，屋久島支配の拠点となった。楠川集落の公民館には藩政時代から昭和20年代までの文書・記録類を整理した「楠川区有文書」が保管されている。

楠川から屋久島町役場，屋久島空港のある小瀬田をすぎて15.6km，安房に至る。屋久島最大の安房川があり，河口左手に泊如竹の墓(県史跡)がある。如竹は儒学(薩南学派)を代表する1人であり，島津綱久らの侍講となった。1647(正保4)年，安房に帰郷後は，屋久杉の利用，用水路(如竹堀)の建設など，農林業の改良に大きな功績を残し，屋久島の聖人とよばれた。

安房大橋から700m，右折して県道592号線を進むと屋久杉自然館がある。館内には平木などが展示されている。さらに県道を北上すること約10kmで荒川三差路に至る。北へいくと荒川登山口，徒歩4時間で樹齢7200年の縄文杉をみることができる。三差路を西へ2km進むとヤクスギランドがあり，屋久杉原生林を満喫できる。

安房から麦生をすぎて約9km，鯛之川バス停そばに，遣唐副使吉備真備上陸之地の標柱がある。753(天平勝宝5)年12月，鑑真の乗った遣唐使第2船と，吉備真備の第3船が屋久島に漂着したが，漂着地ははっきりしない。鯛之川橋を渡り，右折すること3kmに千尋の滝がある。鯛之川がV字型の谷底へ落下するさま，巨大な花岡岩の一枚岩などを遠望できる。

旧屋久町役場のあった尾之間をすぎて約6kmで小島に着く。小島神社手前から，海岸のほうにくだると神父シドッチ上陸記念碑がある。1708(宝永2)年，唐ノ浦に上陸したシドッチは，とらえられて江戸に護送され，新井白石の尋問をうけた。白石はシドッチの情報をもとに『西洋紀聞』をあらわした。小島から平内海中温泉，湯泊温泉を経て約14kmで栗生に着く。バス停手前の台地に栗生共同

神父シドッチ上陸記念碑

墓地がある。墓地には山川石の古墓が散在し、享保の年号がもっとも古い。形態としては祠堂型・五輪塔型が多い。納骨堂化が進むなかで、古墓群が保存されているのは珍しい。

栗生から4.5kmで大川橋に着く。橋上から落差80mの大川の滝を遠望できる。さらに進んで瀬切大橋を渡ると、世界自然遺産登録地域の西部林道にはいる。急峻な断崖に、南北に移りかわる植生の変化が垂直分布としてみられ、ところどころで屋久猿・屋久鹿をみることができる。栗生から約22km、屋久島灯台入口に着く。約1kmさきの屋久島最西端永田岬にたつ白亜の灯台からは、間近に口永良部島がみえる。

灯台入口をくだると永田集落にはいる。永田小中学校裏の顕寿寺の庭に「弘化四(1847)年」銘の梵鐘がある。廃仏毀釈以前の梵鐘としては島内唯一のものである。

永田から県道77号線を約11km進んだところにある、一湊入口バス停近くの屋久島測候所入口付近は、一湊松山遺跡である。縄文時代後期出土の松山式土器・一湊式土器は屋久島で発達した土器である。遺跡をすぎると、左手に西郷隆盛上陸地の碑がある。西郷は徳之島に流される途中、この地で潮待ちしたという。沖には硫黄島と竹島がみえる。一湊から志戸子へ。志戸子にはガジュマル園がある。園内では樹齢200〜300年といわれる古木がみられる。志戸子をすぎると宮之浦である。屋久島1周は約100kmである。

永田岬の西方12kmの洋上に、周囲48kmの活火山の島、口永良部島がある。宮之浦港から上屋久町フェリーで約100分、口永良部島本村港に入港する。本村は島の主邑である。藩政時代は津口番所や御倉があり、密貿易の交易所もあったといわれる。島内には番屋ケ峰の地名や、平家伝説がある。

港から徒歩5分、金岳中学校内に口永良部島歴史資料館がある。エラブオオコウモリ(国天然)の剝製や民俗資料などが展示してある。

種子島と屋久島

2　三島・七島

平家伝説と温泉の島々。硫黄島の安徳天皇・俊寛伝説，口之島のタモトユリ，中之島のトカラ馬，宝島の宝島事件などは有名。

三島(竹島・硫黄島・黒島) ❸

〈M ▶ P.242, 253〉鹿児島郡三島村(役場は鹿児島市名山町)
鹿児島港🚢(週に3便)

竹島の大名竹、黒島の三島牛
硫黄島の露天風呂温泉

竹島は鹿児島港から94km，周囲は約9.7kmあり，島全体がリュウキュウチク(大名竹)におおわれた平坦な島である。竹島港(長瀬浦)から急な坂道をのぼると集落がある。坂道の途中から枝道にはいると，竹島船居場成就供養碑がある。1710(宝永7)年，長瀬浜に港が完成したことを示す碑である。

集落近くに聖大明神神社(創立年代・祭神は不明)がある。神社入口に「正徳五(1715)年」銘の阿吽の獅子と，「享保元(1716)年」銘の石灯籠がある。反対側の南海岸には，天然の入江籠港がある。口伝によると，遣唐大使大山下高田首根麻呂らの船が籠港に入港しようとしたが難破し，115人が溺死した。生き残った5人は死者をとむらい，大使の高田根麻呂の霊を大山神社としてまつったという。神社は竹島縦貫道東端にあり，向かい側は佐田浦放牧場で，みしま牛がみられる。

硫黄島は竹島港から約14kmの距離にある。白い噴煙を吐く硫黄岳の山肌は険しく，周辺の海の色は赤茶けている。周囲約14.5kmの硫黄島は景観と伝説の地である。港入口から海岸道路を左にいくと，三島村開発総合センターがある。センターの庭には俊寛立像と歌舞伎上演記念碑がある。

1996(平成8)年5月29日，銅像前の砂浜を舞台にして，歌舞伎役者中村勘九郎(18代中村勘三郎)が「俊寛」を熱演した。1177(治承元)年，

俊寛立像

薩南諸島

鹿児島の俊寛伝説

コラム 伝

真実は？俊寛伝説地の旅

　鹿児島市中町，御着屋通りに俊寛の碑がある。一帯は古くは俊寛堀とよばれた。1177(治承元)年，平氏打倒に失敗，流罪となった僧俊寛・藤原成経・平康頼らは，俊寛堀(港)から船出した。流罪地の鬼界ケ島(別名硫黄島)は，現在三島村の硫黄島と大島郡の喜界島(鬼界ケ島)の2説がある。

　硫黄島には喚きさけぶ悲壮な俊寛立像がある。また，俊寛の庵跡に俊寛堂(墓)がたてられ，そのほか，足摺石・俊寛石(一字一石経)・俊寛の涙石・俊寛の投筆石などがある。8月15日の夜は俊寛をいたんで，今でも送り火を焚く柱松という行事がある。

　喜界島の中里には，坊主前の前に俊寛の墓と俊寛座像がある。墓の発掘調査では，人骨が出土している。

　またほかの説によると，1179(治承3)年に俊寛僧都は弟子有王丸に助けられて，ひそかに鹿児島の阿久根の地に着き，脇本港近くの漁師の家で静養した。俊寛が住んだ屋敷を僧都屋敷，俊寛が発見した井戸を僧都川という。

　その後，野田町の山内寺で没し，境内に葬られたという。塚の後ろに僧俊寛碑がある。入来町の清色橋の近くにも俊寛塚があったという。

　平家打倒を企てたとして平康頼・藤原成経・俊寛らは鬼界ケ島(硫黄島)に流された。赦免船は康頼・成経2人だけを乗せて遠くへ去り，俊寛はひとり孤島に残された。銅像は俊寛の悲壮な雄叫びの姿である。センターでは勘三郎名演技のビデオをみることができる。

　港入口から海岸道路を横断すると，目の前に熊野神社の鳥居がある。鳥居手前の近くには御番所跡の説明板がある。藩政時代の在番所は硫黄島から硫黄，竹島から大名竹，黒島からは木綿などを貢租として取りたて，三島の諸政にあてた。熊野神社(祭神伊弉冉尊)は，流人の俊寛ら3人が，赦免を願って紀州熊野権現を勧請し建

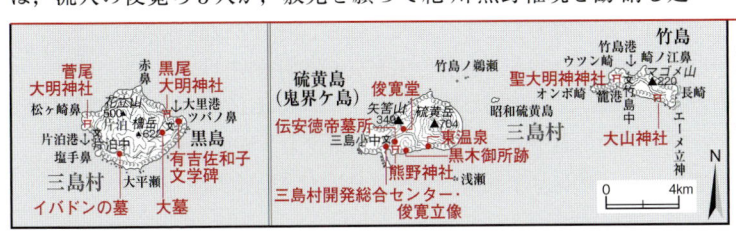

三島の史跡

三島・七島　253

安徳帝墓所

立したという。八朔太鼓踊りや九月踊り（ともに県民俗）も奉納され、島の歴史・文化を伝える神社である。

港入口から海岸道路を右へいくと、左手に黒木御所跡がある。伝承によると、壇ノ浦からのがれた安徳天皇と資盛ら平家一門は硫黄島に到着し、天皇の住居として黒木の御所を造営した。御所は四方を石垣で囲まれ、周辺には重臣たちが住み、御所を守っていたという。現在の屋敷庭の神勤所には、「長濱家文書」などが保管されている。

御所跡近くの三島小中学校前の松林を御前山とよび、安徳帝墓所と伝えられるものがある。天皇の墓石は1m四方の石積みのなかにあり、五輪塔は風輪と空輪だけである。火輪以下は地下に埋没しているという。墓所の奥地には、安徳天皇の皇后と伝えられる櫛匣局の墓がある。高さ165cmある角柱板碑である。

学校から北へ約1km、十字路を左折すると左手に道標がある。竹林のなかの苔道をくだると、俊寛堂がある。俊寛の庵跡にたてられた堂は6角形で、屋根・壁ともに大名竹でできている。堂のなかの石殿には、自然石3個を俊寛・成経・康頼の霊としてまつってある。俊寛の孤独な死を哀れんだ島民は、毎年8月15日に「柱松（俊寛灯籠）」をつくり、送り火を焚いて、霊を慰めている。

港入口から黒木御所跡をすぎ、坂道をのぼると旧小学校跡地がある。跡地のマツの大木の根元に、鎌倉時代末期の天授の板碑がある。島民からはイボの神としてまつられている。旧小学校跡地のさきの右手に、応永年間（1394〜1428）の平家墓の説明板が目にはいる。竹藪のなかに五輪塔・板碑が整然と並び、年号もはっきりしたものが多い。在地勢力の墓であろうが、その財源となったのは島でとれる硫黄である。硫黄は日宋貿易、日明貿易の重要な輸出品の1つであった。

薩南諸島

柱松

　硫黄岳東海岸に露天風呂東温泉がある。白波打ち寄せる岩場にあり，眺めもよい。

　硫黄島港から黒島の大里港まで36km，黒島は三島のなかでいちばん大きく，周囲は15.2kmである。港から急な坂をのぼったところに集落がある。大里中学校から健康広場へいく途中に，黒尾大明神社（黒島神社）がある。平家の落人をまつってあるといわれているが，神体は13個の石である。棟札では1595（文禄4）年がもっとも古い。旧盆には種々の踊りが奉納される。集落の南西に大里の墓地がある。古い墓が当時のまま残っており，大墓は鎌倉時代の日高権之丞吉為のものといわれている。また神社後方の大里ふるさとセンター前には，黒島を舞台にした小説『私は忘れない』を発表した有吉佐和子文学碑がある。大里から県道を西へ約6km，右手に平家城跡の道標がある。伝説によると，壇ノ浦に敗れた平氏の落人は，黒島に安住の地を求めて平家城ですごした。その後，片泊や大里に移り住んだという。

　平家城跡道標からさらに西へ4kmいくと，大里港からの村営船みしまの最終寄港地片泊港である。港から急坂をのぼると左手に，菅尾大明神社（祭神不明）の第一鳥居がある。平氏の落人をまつっているともいわれ，棟札は1629（寛永6）年がもっとも古い。港から南へ約5kmのところに，イバドンの墓がある。平家追討に黒島へきた源氏の大庭三郎家政は，平家の娘に恋をし，妻として島で暮らした。宝塔2基は三郎夫婦の墓と伝えられ，大庭殿がなまって，イバド

大墓

ンとよばれるようになったという。

七島 ❹   〈M▶P.242, 257〉鹿児島郡十島村(役場は鹿児島市泉町)
鹿児島港🚢(週2〜3便)

南北に縦走する島々島旅で自然にふれよう

　トカラ七島(口之島・中之島・平島・諏訪之瀬島・悪石島・小宝島・宝島)の藩政期は，各島に島役(郡司・横目など)があり，口之島・中之島・宝島には津口番所がおかれて，鹿児島から役人が派遣された。各島は年貢船を所有し，鰹節などを納入していた。1908(明治41)年，島嶼町村制が施行され，七島に三島(竹島・硫黄島・黒島)を加えて十島村が発足した。1952(昭和27)年，米軍に占領されていた七島が返還されると，七島は十島村として発足し，三島は三島村として分村した。三島・七島の各島に平家の落人伝説がある。

　口之島はトカラ列島最北の島で，鹿児島から約204km，周囲18kmの島である。平家の落人が，英彦山山伏の協力を得て島にやってきたといわれる。その際につれてきた牛は野生牛となり，袂にいれてきた種子はタモトユリ(県天然)として固有種になったいう。潮見峠手前の山中には，源氏の追手とまちがえられて殺されたといわれている慶元和尚の墓もある。

　中之島は口之島から南西へ約18km，周囲は約28km，トカラ列島最大の島である。港の近くには，七島の中心的役割をになう十島村役場支所がある。中央には列島最高峰の御岳(979m)がそびえ，第二次世界大戦前までは硫黄の採掘が行われた。御岳麓の高尾地区には十島村立歴史民俗資料館がある。漁具・農具・丸木舟製作用具・祭りと芸能などが紹介され，悪石島の仮面神ボゼもみることができる。隣は天体観測所で，周囲の牧草地にはトカラ馬(県天然)が放たれている。牧場から村へくだる途中に与助岩がある。大岩の下

仮面神ボゼ

にはトカラの島々を荒らしまわった海賊与助が埋められたという。島の東部七つ山には，縄文時代の住居址群が発見されたタチバナ遺跡がある。

　平島は中之島から南西へ約30km，周囲約4.5kmで平家の落人が最初に流れ着いた島であるという。集落の診療所近くに島建神社がある。漂着し島主となった平有盛の子小松小弐をまつっているといわれる。赤牛山には見張台（城塞）があり，源氏軍の来襲に備えたといわれ，東部海岸の崖下には平家の穴といわれる大きな洞窟があり，源氏を監視する平家の見張り穴だという。

　諏訪之瀬島は周囲24.5kmの火山の島である。島の中央にそびえる御岳（799m）が1813（文化10）年大噴火し，島民はほかの島に避難した。一時無人島となっていたが，明治時代になって奄美大島の藤井富伝らが入植し，開拓に成功した。旧集落跡に墓がある。切石港後方台地に，1813年の大噴火で埋もれた祭祀遺跡の切石遺跡がある。

　悪石島は周囲8.8km，断崖絶壁の火山島である。やすら浜港近くに対馬丸慰霊碑がある。1944（昭和19）年8月，沖縄からの疎開児童を乗せた船が悪石島沖で，アメリカの潜水艦に撃沈され，島には多くの溺死体が漂着した。その慰霊碑である。港の海岸近くには湯泊温泉があり，施設も整っている。上集落に総社としての八幡神社がある

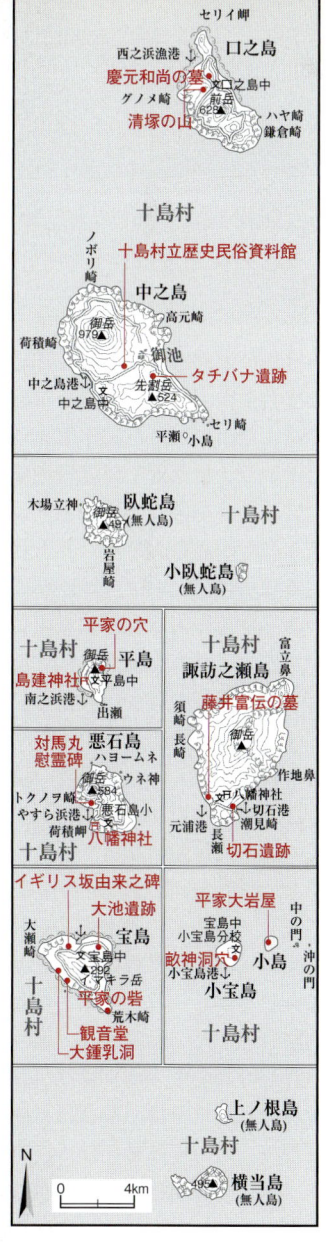

イギリス坂由来の碑

が，七島のなかでは，悪石島はもっとも神社が多く，神事も多い。旧暦7月16日の<u>十島村悪石島の盆踊り</u>（県民俗）には<u>仮面神ボゼ</u>があらわれ，島民の災厄を払う。

<u>小宝島</u>は周囲3.8kmの隆起珊瑚礁の島で，別名小島という。港におりて右手に，自然の大岩を神格化した赤立神がみえる。港から直線で結んだ山のところに<u>平家大岩屋</u>がある。平家の落人が生活した跡だという。集落近くには珊瑚礁岩場に葬る風葬跡地（テラ）がある。海岸寄りには奇妙な岩山があり，岩山の洞穴を畝神洞穴という。海賊東与助らが島をおそったとき島民の隠れた穴だという。

<u>宝島</u>は周囲12.1km，小宝島と同じように珊瑚礁が隆起してできている。集落の入口付近に浜坂貝塚，発電所の近くの砂丘に大池遺跡がある。いずれも縄文時代に属するが，大池遺跡では竪穴住居跡群，土器・石器のほかに大量の貝輪が発見されている。平家伝説では，東南端の荒木崎灯台の下に平家の砦があり，ここでも源氏の追手をみはったという。西南の大間泊海岸に面して大鍾乳洞がある。この洞窟入口のそばに，1472（文明4）年建立の観音堂があり，島民の信仰の対象になっている。

前籠漁港から集落に向かう坂道をイギリス坂という。坂の左脇に<u>イギリス坂由来之碑</u>がある。1824（文政7）年7月，イギリス捕鯨船の乗組員は宝島原野の牧牛をみかけると，前籠港に上陸し，威嚇射撃をしながら，牧場の牛を強奪した。その際，番所役人吉村九助に乗組員の1人が射殺され，即死した。島民に被害はなかったが，奪われたのは生牛2頭，射殺牛1頭であった。

射殺された乗組員の遺体は，鹿児島から長崎に送られ遺体改めが行われた。この宝島事件は，江戸幕府の対外政策にも影響を及ぼし，翌1825年，異国船打払令が発布された。

3 奄美大島から与論島へ

全国で3番目に大きな島。亜熱帯の森が広がり、ヤマトの文化と琉球の文化が交錯している。

奄美市歴史民俗資料館 ❺
0997-63-9531

〈M ▶ P.243,260〉奄美市笠利町須野670
P
奄美市名瀬より🚌佐仁行アヤマル🚶5分

弥生時代の母子の人骨出土した夜光貝の数々

　鹿児島空港から約50分で奄美空港に到着する。1988(昭和63)年に開港した空港で、奄美群島内や東京・大阪・沖縄を結ぶ便がある。

　奄美大島は鹿児島市の南々西約400kmに浮かぶ、面積約710km²の日本で3番目に大きな島である。空港から県道を2kmほど北にいくと、城間トフル墓(県史跡)がある(城間バス停下車徒歩5分)。隆起したビーチロックの小丘陵にある9基からなる横穴墓群で、風葬や洗骨後の再葬に使用された。南西諸島のトフル墓の北限とされる。

　県道を北に向かうと宇宿小学校がある(宇宿局前バス停下車)。宇宿小学校構内遺跡は、縄文時代の遺跡である。宇宿小学校近くには泉家住宅(国文化)がある。明治時代初期にたてられたもので、座敷棟のおもてと台所棟のとぉごらが別棟になっており、土塁と防風林に囲まれた敷地内には高倉と井戸もある。

　北方300mほどにある砂丘一帯が宇宿貝塚(国史跡)である。縄文時代中期から中世の複合遺跡で、縄文時代晩期の石組住居跡、弥生時代の母子の埋葬跡などが検出された。司祭者とみられる20歳くらいの母体は、ガラス製の丸玉や小玉などの首飾りをしていた。遺構を覆屋でおおった宇宿貝塚展示施設がある。

　県道をさらに約1km北に向かうと左手に旧石器時代の喜志川遺跡、右手に夜光貝の集積・加工で知られる土盛マツノト遺跡がある。さらに約1km北に進み、アヤマル岬のほうにまがると、**奄美市歴史民俗資料館**

城間トフル墓

奄美大島から与論島へ

があり，旧笠利町内遺跡出土の遺物やノロの衣装(県文化)などが所蔵されている。アヤマル岬の下にはアヤマル第2貝塚がある。2006(平成18)年，笠利町・名瀬市・住用村が合併して，奄美市ができた。

　県道を約3km北に進むと，大笠利教会がある。奄美群島にはカトリック教会が多い。1891(明治24)年以来熱心な布教が行われたが，満州事変以降激しい排撃運動がおこったこともあった。

　さらに北に約3kmいき，県道をそれて笠利崎灯台方面に約1.5km進む。長島(ながしま)植物園内にある用(よう)ミサキ遺跡では，大量の夜光貝が出土し，唐(とう)の開元通宝(かいげんつうほう)も出土した。

　県道に戻り用から山をこえて西海岸へでると佐仁である。ここは八月踊りが有名である。佐仁は大島で唯一p音の残っているところで，古老たちは花をパナ，春をパルという。共通語のh音は，p音

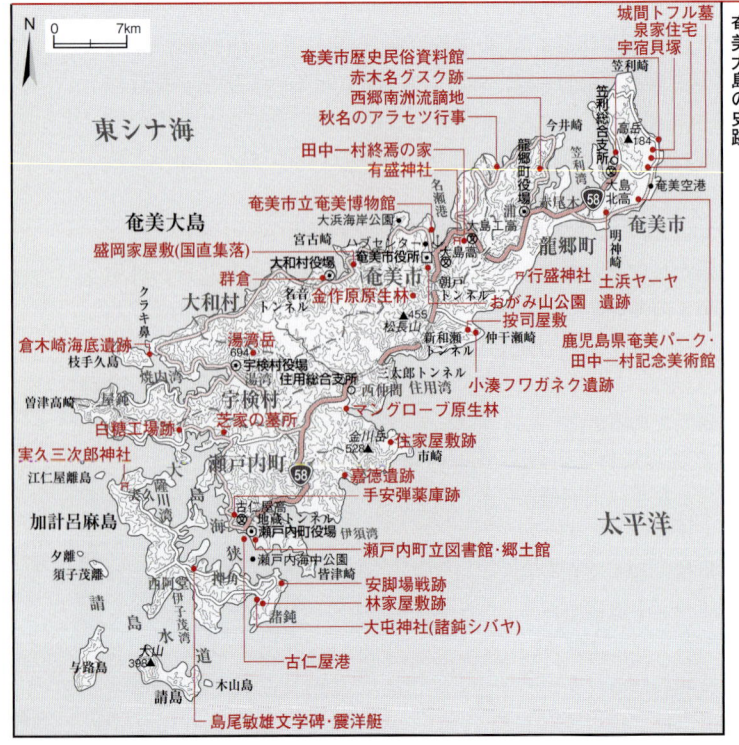

（古代）→ f音（中世）→ h音と変化してきたとされており，古い音韻を残している。

　佐仁から屋仁を過ぎて，1kmほどの地点を右手にいくと，蒲生崎観光公園がある。奄美には各地に平家伝承がある。落人平行盛は，配下の蒲生左衛門と今井権太夫を，源氏の船をみはるために大島北部に配したという。その名にちなんだ蒲生崎と今井崎（笠利湾の対岸）には，それぞれ蒲生神社，今井神社がある。

　県道に戻り南にいくと，赤木名に至る。近世の大島は，笠利・名瀬・古見・屋喜内・住用・西・東という間切からなっていた。これは，琉球王国統治時代の行政単位を踏襲したものである。1609（慶長14）年に琉球王国を服属させ，奄美群島を直轄領とした薩摩藩は，120年余の間赤木名に代官所をおいたので，赤木名は近世北大島の中心地となった。現在も奄美市役所笠利総合支所がある。赤木名中学校の裏山が赤木名城跡（国史跡）である。標高約100mを最高点とし，南北125m，東西220mの堀切や竪堀などをもつ大規模な山城で，12世紀ごろにつくられはじめたとする説もある。

　笠利町には，ほぐした鶏肉などをのせたご飯に，熱い鶏のスープをかける鶏飯という郷土料理があり，各地に専門店がある。

　赤木名から国道を南下した手花部は，1609年の島津氏による侵攻の際，笠利大親が手勢3000人余を率いて対戦した地である。

奄美パーク ❻
0997-55-2333
〈M▶P.243,260〉奄美市笠利町節田1834　P
奄美空港🚌名瀬行奄美パーク🚶すぐ

田中一村の描いた奄美／奄美群島の概要紹介

　奄美空港から県道を南にくだると鹿児島県奄美パークがある。奄美の自然・歴史・文化を紹介する奄美の郷や，田中一村記念美術館，ほかに展望台・野外ステージなどの施設がある。

　奄美パークの西の山頂に，自衛隊の通信基地のパラボラアンテナがみえる。そこが奄美の創世神話の，アマミコ・シレニクという神が降臨したとされる天孫岳である。天孫岳にはほかに宇検村の湯湾岳をあてる説もある。

　奄美パークから少し南の節田には，「節田まんかい」という正月行事がある。室内で男女が2組に分かれ，相互に歌をかけあう古式を残している。

奄美大島から与論島へ

奄美パークから県道を2kmほど南にくだった右手に，土浜ヤーヤ遺跡がある。2万数千年前に堆積した姶良火山灰をはさんで上下から文化層が確認され，奄美における旧石器文化の存在があきらかになった。

　さらに3kmほど進むと用安の海岸線に，ばしゃ山村というリゾート施設がある。ばしゃ山とは芭蕉山のことで，バショウの芯から細い繊維の上布（芭蕉布・バシャギン）ができ，江戸時代には租税として藩へおさめた。そこから約2km進むと国道58号線の丁字路に至る。ここが赤尾木である。東側には第二次世界大戦中海軍が用いた巨大な無線塔が，弾痕をつけたまま並びたっている。

　国道を西へ，屋入トンネルの手前を左におれ，1kmほどで奄美大島紬村に至る。大島紬の生産工程を見学できる施設である。

西郷南洲流謫地 ❼

〈M▶P.243, 260〉 大島郡龍郷町龍郷166-1
奄美市名瀬より🚌秋名行龍郷🚶すぐ

茅葺きの西郷流謫地
愛加那の眠る龍家墓地

　屋入トンネルをぬけると，龍郷町の中心浦である。中央公民館前には，中国船が用いたと伝えられる，長さ3mの大きな碇石がおかれている。浦から笠利湾の西岸を約7km北上した本龍郷には，西郷南洲流謫地（県史跡）がある。安政の大獄後，西郷隆盛が3年余りを生活したところである。その間，オトマガネ（愛加那）を島妻にして1男1女をもうけた。復元修築された西郷の家がある。そばにユカリッチュ（由縁人・名望家・豪農）として知られる龍家の墓所があり，愛加那もここに眠っている。大島各地の新田開発を行った田畑佐文仁は，1726（享保11）年奄美ではじめて郷士格を得た。しかし藩は1784（天明4）年，田畑氏に一字姓の龍を名乗ることを命じた。

　本龍郷から安木屋場をとおり，東シナ海側にでて南下すると秋名に至

西郷南洲流謫地

ノロとユタ

コラム

ノロ祭祀が示す古い琉球の精神文化

　ともに神につかえる神女である。ノロは琉球の首里王府から辞令書によって任命され、シマ（集落）の農耕儀礼、年中行事を司祭した。原則として血縁で継承され、兄弟の政治支配などを精神面から支援した。

　一方、ユタは突然の神がかりによってなるもので、まぶり寄せや、祈禱によって病災を取りのぞく仕事をした。ノロとユタへの島民の信仰は深い。

　ケンムンは、木のモノ・花のモノが変化したともいわれる奄美の妖怪である。ケンムンへの畏怖もあって、各地に禁忌の場所・樹木があった。

　ノロの祭祀は年間30回近くあったらしく、江戸時代後期、こうした祭祀や禁忌は、藩のキビ開墾政策に大きな障害となっていた。そこで藩は、これらの信仰を排除するため、ノロ・ユタへの弾圧をはじめた。

る。秋名では旧暦8月の初丙の日（新節）に行われる民俗行事ショチュガマとヒラセマンカイ（ともに県民俗）が有名である。ショチュガマとよばれる片屋根の小屋のうえで、男たちが稲霊をよぶ歌をうたって日の出を迎え、その小屋をゆさぶり倒し、そのうえで八月踊りを踊る。一方、ヒラセマンカイは夕方の満潮時に、海岸の岩（神ヒラセ・女童ヒラセ）に白衣のノロとよばれる神女5人があがり、「マンカイ（招き）」の手振りをして、歌をかけあう。海の彼方から稲霊を招くのだという。これらの秋名のアラセツ行事（国民俗）は、南島の八月正月ともよばれ、日本の芸能の古い要素を残している。

奄美市立奄美博物館 ❽　〈M ▶ P.243, 260〉奄美市名瀬長浜町517　P
0997-54-1210　　　　　　　　奄美市名瀬市街地より🚌平松町行ほか長浜🚶5分

　浦に戻り、国道を名瀬方向に約3km進む。中勝から国道をそれて東海岸へ向かうと戸口に至る。大島の各地に○○勝という地名があるが、カチとは川の流域に広がる平坦地をいう。戸口には平家の落人平行盛をまつった行盛神社がある。

田中一村終焉の家

奄美大島から与論島へ

名瀬の中心市街

海を渡るイタツケ 豊かな奄美の自然展示

　国道に戻り，本茶トンネルをぬけ名瀬市浦上に至る。国道の左手に，同じく平家の落人平有盛をまつった有盛神社がある。

　浦上地区には，中央画壇を離れて，奄美の自然を題材に日本画を描き，その死後に大きく評価された田中一村の終焉の家が保存されている。

　名瀬湾の東岸に位置する大熊湊は，大島西岸航路の要港であった。1587(万暦〈中国年号〉15)年に琉球国王から，「なせまきりのたいくまののろ」宛にだされた辞令書が知られている。ここに1635(寛永12)年から十数年間大島代官所がおかれた。代官所はその後赤木名などに移転するが，1799(寛政11)年以降は名瀬湾奥の伊津部村におかれた。現在の名瀬は明治以降，伊津部村・金久村におかれた国・県の出先機関を中心に，政治・商業都市として発展した。カネクは砂丘をさす言葉である。名瀬市街の中央に位置し，市街を一望できるおがみ山は，伊津部村の拝所であり，現在はおがみ山公園として整備されている。公園には復帰運動のリーダーで，のちに名瀬市長となった泉芳朗の像と日本復帰記念碑がたてられている。奄美群島は1946(昭和21)年2月，アメリカの施政権下にはいり，1953年12月本土復帰が実現した。

　名瀬湾の塩浜の名瀬新港は，鹿児島・那覇・東京を結ぶ旅客船が発着する海の玄関となっている。その北にあたる長浜に，奄美市立奄美博物館がある。『南島雑話』・名越左源太関係資料，小湊フワガネク遺跡出土資料，復帰運動関係資料・ノロ関係資料(県文化)を所蔵し，自然・考古・歴史・民俗などを展示している。

　長浜から朝仁トンネルをぬけると小宿に至る。1850(嘉永3)年の嘉永朋党事件(お由羅騒動)で流罪となった名越左源太時行謫居跡がある。名越左源太がまとめた『南島雑話』は，近世奄美研究の基本史料である。

薩南諸島

大和浜の群倉

　小宿から奄美中央林道を車で40分ほどいくと金作原原生林に着く。大きなもので8mをこえるシダのヒカゲヘゴなどがしげる亜熱帯の森のなかを散策できる。
　奄美市根瀬部から宮古岬の峠をこえて大和村にはいると，最初の集落国直が眼下にみえる。国直は浜辺にある奄美の典型的集落である。集落の中心にアシャゲ(神殿)・ミャー(広場)，ノロが住んでいるトネヤがある。神の道もよく保存され，キュラゴ(聖なる川)もある。集落は防風・防火のためのフク木におおわれているが，西はずれに大屋とよばれる盛岡家がある。近世の盛岡家は津口や与人の島役をつとめていた。幕末の盛岡家はヤンチュ(家人，身売りした農民)を40人ほどかかえ，砂糖を1万数千斤も生産していた。藩に3万数千斤の献上糖を行ったが，ついに郷士格はとれなかった。
　県道を宇検方面に進むとまもなく津名久に至る。津名久はかつて砂糖の積出港であった。県道を進むと大和浜に至る。役場をすぎてまもなく，右手に群倉がみえる。群倉は防鼠・防風・防湿のための高倉(高床倉庫)群で，集落から離れてたてられていた。大和浜にはかつて3群20余棟があり，7棟現存する。群倉は奄美群島各地にあったが，現存するのはここだけである。
　大和浜の和家に写しの形で伝わる1529(嘉靖8)年の琉球辞令書は，奄美最古のものである。太家や和家はユカリッチュとして近世も大きな力をもち，たくさんのヤンチュをかかえて大規模な農業経営を行った。大和浜村では総人口570〜580人中，220人がヤンチュであったという。
　大和浜から県道を西に進み嶺山公園の手前を左におれると，8kmほどで福元盆地に至る。現在は奄美フォレストポリスとして，キャンプ場などが整備されているが，江戸時代中期に，龍郷の田畑佐文仁によってつくられた用水路のトンネルなどが残っている。

奄美大島から与論島へ

県道に戻りさらに海岸沿いを進むと,今里を経て宇検村にはいる。大和村・宇検村・住用村にかけての神屋・湯湾岳(国天然)には,亜熱帯の照葉樹林が広がっている。またここには,アマミノクロウサギ(国特別天然)・カラスバト・ルリカケス(国天然)などの貴重な動物も生息している。標高694mの湯湾岳は奄美群島の最高峰であり,頂上にはアマミコ・シレニクをまつる。

宇検村は焼内湾を取り囲むように位置するが,焼内湾の東北端の倉木崎と枝手久島の海峡に倉木崎海底遺跡がある。遺跡は長さ約900m,幅約200mの広がりをもち,12世紀後半〜13世紀前半の中国産陶磁器が多数引き揚げられた。海底遺跡にもっとも近い宇検集落では,2つの碇石が引き揚げられていることから,枝手久海峡に中国の貿易船が沈没している可能性が高いとされる。中国から南西諸島を経由して九州に至る日宋貿易のルートがあったことを示すとも考えられる。生勝や焼内湾の対岸の阿室・屋鈍には,ノロ関係の装束・道具・辞令書(県文化)などが残っていたが,現在はさきの碇石とともに宇検村教育委員会が保管している。

小湊フワガネク遺跡 ❾

〈M ► P.243,260〉奄美市名瀬小湊
奄美市名瀬より🚗20分

砂丘上に残る遺跡 遺物は奄美博物館

名瀬から国道58号線を南へ向かう。朝戸トンネルをぬけ,左へ大川沿いにくだる。この辺りを古見方という。大川の河口にあるのが小湊である。ここに按司(土豪)屋敷が残る。周囲にはカミミチ(神道)・ミャー(広場)・グジ(ノロの補佐役)屋敷がある。

近年,奄美看護福祉専門学校の敷地内で小湊フワガネク(外金久)遺跡が発掘調査され,ヤコウガイ製貝匙の加工過程などがあきらかになった。貝匙は島外と交易されたと考えられており,6〜10世紀の奄美群島は,日本・中国・朝鮮などと交易を行い,その交易を司る首長が統率する社会であったことがあきらかになりつつある。

国道に戻り南に進むと奄美市住用町(旧住用村)にはいる。まもなく内海に面した川内川を中心とした小デルタ地帯に至る。国道はかつて大島最大の難所とされた三太郎峠をこえて住用地区に至っていたが,トンネルが開通し,峠道には自然が戻りつつある。

住用地区には住用川と役勝川の合流地にデルタ地帯が広がる。こ

マングローブ原生林

こはメヒルギとオヒルギが群生する県内最大，全国でも2番目に大きなマングローブ原生林(紅樹林)であり，住用川には，沖縄では絶滅したリュウキュウアユが生息している。

　国道から左折すると奄美アイランド・原野農芸博物館がある。入口には龍郷町で引き揚げられたという大きな碇石がある。さらに住用湾に沿って進むと市に至る。かつての住用方(方は間切の下位の行政単位)の砂糖積出港で，住用一の富農住家があった。その屋敷跡に市小学校がある。近くにある住家の墓は富有ぶりを示してりっぱである。また市の後背地には，龍郷出身の田畑佐文仁による干拓地が広がっている。住用湾にあったサワラ突き漁の様子は，鹿児島県立歴史資料センター黎明館にジオラマで再現されている。

古仁屋港 ⑩ 〈M▶P.243, 260〉 大島郡瀬戸内町
奄美市名瀬より🚌古仁屋行終点🚶すぐ

波静かな大島海峡　数々の戦跡

　名瀬からバスで国道58号線を南下すると，住用地区を経て瀬戸内町にはいる。名瀬から古仁屋港まで約1時間半の行程である。嘉徳入口から県道を東におれて，坂を5kmほどくだると嘉徳に至る。集落入口の嘉徳遺跡からは，縄文時代後期(約3500年前)の土器・叩石・石皿・石斧などが出土した。

　国道に戻って南下し，地蔵トンネルをぬけると，大島海峡に面する瀬戸内町の中心部古仁屋に至る。瀬戸内町立図書館・郷土館には，島尾敏雄の文学コーナー，ノロの衣装・祭具(県文化)・島唄などの民俗資料，土地台帳・戦跡などの歴史資料の展示が行われている。

　大島と加計呂麻島間の大島海峡は，規模の大きなリアス式海岸に囲まれた景勝地で，奄美群島国定公園の一部である。明治以降，しばしば海軍連合艦隊の集結地として利用されるなど，戦略的要地とされ，戦争遺跡も多い。1922(大正11)年，奄美大島要塞司令部が現在の古仁屋高校の地に開設された。古仁屋から西の手安には弾薬庫

奄美大島から与論島へ

呑之浦の震洋艇

跡が残されている。

　手安から西古見方面へ県道を約3km進む。油井では，旧暦8月15日に集落の祭場ミャーで，さまざまな行事・芸能が行われ，油井の豊年踊り（県民俗）とよばれている。さらに約5kmほど進んだ篠川には，18世紀後期に砂糖40万斤，さらに20万斤を藩に献上したことで，郷士格に取りたてられたユカリッチュ芝家の墓所がある。さらに西の久慈には，1865（慶応元）年にオランダ製白糖製造器を導入した工場跡が残っている。西端の西古見は天然の良港である。

　古仁屋港から生間・瀬相を交互に結ぶフェリーで加計呂麻島に渡る。生間から南に峠をこえると諸鈍集落に至る。中世まで奄美の玄関であった。映画「男はつらいよ」最終作の舞台となった場所でもある。ここには奄美一の富豪といわれた林家屋敷跡がある。また大屯神社は平家の落人平資盛をまつっており，旧暦9月9日に境内で諸鈍シバヤ（芝居・国民俗）が行われる。

　生間から東へ向かうと安脚場の戦跡に至る。ここは現在公園となっているが，弾薬格納庫跡や海軍防備衛所跡などをみることができる。生間から西に向かうと，呑之浦に至る。ここに島尾敏雄文学碑がある。島尾は呑之浦におかれた震洋艇（特攻艇）部隊の隊長として，その体験を戦後『魚雷艇学生』などの作品にあらわした。遊歩道沿いに格納庫や復元された震洋艇がおかれている。このほか，三浦・久慈にも震洋艇部隊が配置されていた。

　加計呂麻島の西端に実久集落がある。実久三次郎神社は，伊豆大島に流された源為朝が琉球へ渡る途中実久に立ち寄り，地元の娘との間に生まれたという実久三次郎をまつっている。なお，町内の古仁屋小学校・節子小中学校・池地小中学校・薩川小学校・須子茂小学校と廃校となった木慈小学校には，種々のタイプの奉安殿が残っている（国登録）。

島唄

コラム 芸

奄美の豊かな文化生活からうまれた島唄

島唄は，シマ（集落）の歌であり，三線を伴った遊び歌である。奄美大島・喜界島・徳之島では，裏声でうたわれる。奄美大島では北部のカサン（笠利）唄，南部のヒギャ（東）唄に大別されるが，集落ごとにうたい方が異なるともいう。仕事歌や葬送歌，古代の歌垣にもつうじる掛け合い，日本本土や沖縄からもたらされた音階や詞形の影響をうけている。

喜界島 ⓫ 〈M ▶ P.243, 269〉 大島郡喜界町

鹿児島港🚢湾港（定期船14時間），奄美空港✈喜界空港（15分）

為朝・俊寛伝説の島オオゴマダラも生息

　喜界島は奄美大島の東25kmに位置する周囲約49km，面積約57km²の平坦な島である。日本最大の蝶オオゴマダラの北限生息地であり，喜界町は，その保護のため条例を制定している。喜界空港・湾港は，奄美大島，鹿児島を結ぶ空と船の便が発着する。かつて特攻機が飛び立った空港近くには，戦闘指揮所跡が残る。

　島は4つの段丘からなりたっている。海抜150m以上の上位段丘が百之台（最高点は標高224m）とよばれ，110m前後の中位段丘には，城久など3集落がある。80〜20mの下位段丘には，山田などの集落があり，20m以下の第四段丘は，隆起珊瑚石灰石によって形成された平地で，海岸線に沿って24集落がある。集落には，今でも白い珊瑚礁の石垣が残り，とくに阿伝集落の石垣は見事である。坂嶺・中里には水を得るためのウリガー（降り井）が残る。湾頭原地区には地下ダムが完成し，灌漑用水を供給している。サトウキビ栽培が盛んで，白ゴマ生産は日本一である。

　島には源為朝・僧俊寛・平家落人の伝説も伝えられている。保元の乱（1156年）で伊豆に配流された為朝が，沖縄へ渡る途中に放った矢を抜いた所が，小野津の雁俣の泉という。小野津には，「五つの甕」の伝説もあり，現存する3つ

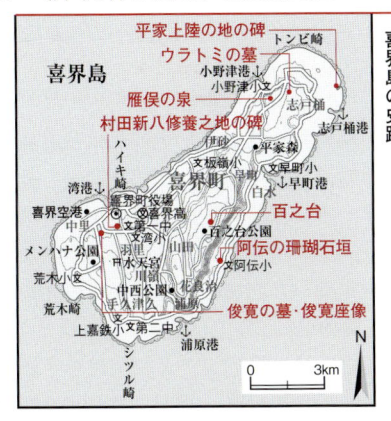

喜界島の史跡

奄美大島から与論島へ

269

俊寛座像

の甕は喜界町歴史民俗資料館で展示されている。また、小野津のウラトミ・ムチャカナ親子の伝説は、島唄にも歌われており、ムチャカナの碑がたてられている。

　志戸桶には、壇ノ浦に敗れた平資盛らが上陸したと伝える平家上陸の地の碑があり、近くの七城には立派な土塁が残る。

　湾には坊主前とよばれる墓があり、鹿ケ谷事件で配流された俊寛の墓とする伝承がある。その隣には、1975(昭和50)年と翌年の調査で出土した人骨をもとにした俊寛座像が設置されている。2004(平成16)年に始まった城久集落を中心とする城久遺跡群の調査では、9世紀以降の中国や朝鮮半島産の陶磁器、滑石製石鍋、カムィヤキ類須恵器が出土し、12世紀ごろの建物跡もみつかっており、南西諸島の歴史に再考を迫る重要な遺跡として、全国的に知られている。

　喜界島は、1466(文正元)年激戦の末琉球王国の版図となり、1609年薩摩藩の支配に入り、6間切がおかれた。代官所がおかれた湾には、幕末、村田新八が遠島人として滞在しており、その修養之地の碑がある。

徳之島 ⑫

〈M ▶ P.243,271〉大島郡徳之島町・天城町・伊仙町
鹿児島新港🚢名瀬新港経由亀徳新港(定期船15時間)、鹿児島空港✈徳之島空港(1時間)

> 南島交易で注目されるカムィヤキ古窯跡群

　名瀬新港を出航した定期船は徳之島北部から南下し、徳之島町の亀徳新港に着岸する。亀徳新港から神戸・大阪方面へのフェリー、喜界・古仁屋を経て天城町の平土野港に着く航路もある。徳之島空港は天城町浅間にあり、鹿児島空港便のほかに奄美空港便がある。島内定期バスがあり、空港から徳之島町亀津まで約50分で結ぶ。全島1周約84kmあり、車でまわるほうが便利である。

　徳之島は、東アジアとの交流をうかがえる遺跡や、伝承が各地に残る。近世には東・西目・面縄の3間切とされていた。

徳之島町の中心亀津に藩政時代は代官所があった。新港ができるまで定期船の着岸した亀徳港(旧秋徳湊，藩政時代以前からの要港)北の丘には，第二次世界大戦末期，米軍により沈められた輸送船富山丸，および強制疎開船武州丸の慰霊碑がある。

　亀津から徳之島町を北上する。諸田には1701(元禄14)年に文書調査のため来島，翌年死去した伊地知重張の墓碑がある。その北にある井之川も徳之島の要港で，藩の役人たちが鹿児島に帰る際に滞在する施設があった。井之川夏目踊り(県民俗)は，旧暦の盆をすぎた戊の日に行われる。浜下りのあと，集落中の家々をまわって踊られる。左手に島内最高峰井之川岳(約645m)がみえる。

　母間では，1816(文化13)年に母間騒動という出米賦課反対の強訴があり，拘留された首謀者の奪還と鹿児島への越訴など一連の抵抗運動がおこった。

　花徳集落南の海岸部には按司の居城宮城跡がある。手々には琉球辞令書やノロ関係文書を伝えた深見家があり，それらは現在，徳之島町立郷土資料館に「深見家文書」として保管されている。

　西部の天城町にはいる。松原の天城岳麓からは，かつて大量の古銭が発見された。また1903(明治37)年採掘開始，1928(昭和3)年閉山した松原銅山跡が残っている。浅間の湾屋川河口が要港湾屋湊であった。徳之島空港南に西郷隆盛の上陸記念碑，岡前に謫居記念碑がある。慰霊碑が残る旧

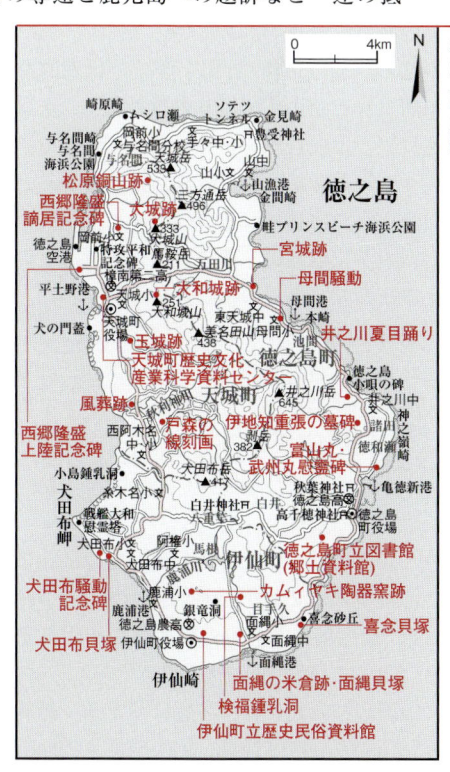

徳之島の史跡

奄美大島から与論島へ

徳之島カムィヤキ陶器窯跡出土の南島陶質土器（類須恵器）

浅間飛行場は，第二次世界大戦末期特攻機の中継基地だった。天城には天城町歴史文化産業科学資料センターがある。また松原に大城，平土野港に隣接する玉城，玉城の見張り所とされる大和城跡などがある。瀬滝の戸森に舟・矢の岩絵があり，ほかには三京・馬根・犬田布岳山頂などにも線刻画が残る。通行の難所であった秋利神渓谷は，1996（平成8）年に架橋が完成した。浸食の激しい河岸に風葬跡がある。

南部の伊仙町は鍾乳洞が多く，代表的なものに伊仙町小島や検福の洞穴などがある。遺跡の数も多く，犬田布貝塚（県史跡）のほか，面縄貝塚・佐弁貝塚・喜念貝塚などがある。とくに阿三の徳之島カムィヤキ陶器窯跡（国史跡）は，南島の交易と徳之島のはたした役割を知るうえで注目される。

面縄小学校敷地は，藩政時代の米倉跡といわれる。薩摩藩の支配強化のなかで，島民の抵抗運動もおこった。戦艦大和慰霊碑のある犬田布岬に向かう途中の前泊右手台地には，1862（文久2）年におこった犬田布騒動記念碑がある。伊仙には奄美の本土復帰の指導者泉芳朗記念碑があり，また伊仙町立歴史民俗資料館がある。

沖永良部島 ⑬

〈M ▶ P.243, 273〉大島郡和泊町・知名町
鹿児島新港🚢和泊港（定期船16時間），鹿児島空港✈沖永良部空港（1時間40分）

どこまで続く昇竜洞 琉球式の世之主の墓

沖永良部島は，鹿児島から南へ約536kmに位置する島で，大島本島と沖縄本島とのほぼ中間に位置する。周囲49.3km，面積約94.5km²で，北東部の知名町と南西部の和泊町からなる。平坦な島で，最高位の大山（知名町）でも245mである。

大山周辺の斜面には，各所に湧水池や鍾乳洞がみられる。知名町の昇竜洞は1963（昭和38）年に発見されたもので，全長3.5kmのう

徳之島カムィヤキ陶器窯跡群

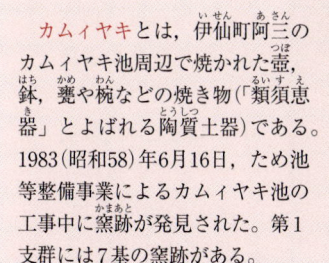

コラム

南島陶質土器の生産地 中世南島社会のネットワークを伝える

　カムィヤキとは、伊仙町阿三のカムィヤキ池周辺で焼かれた壺、鉢、甕や椀などの焼き物(「類須恵器」とよばれる陶質土器)である。1983(昭和58)年6月16日、ため池等整備事業によるカムィヤキ池の工事中に窯跡が発見された。第1支群には7基の窯跡がある。

　2005(平成17)年度までの調査で、東西約1.4km、南北0.8kmの範囲に17支群・100基以上が発見された。これらの窯の活動年代は11世紀から14世紀ごろとされている。

　カムィヤキは、北は鹿児島県薩摩半島の南さつま市持躰松遺跡や栫城跡(いちき串木野市)・出永貝塚などから、トカラ列島、南は沖縄県の八重山諸島の与那国・波照間島での出土が確認されており、分布範囲は約1000kmにもおよぶ。徳之島以外の窯跡は発見されていない。琉球王国が成立する以前に、徳之島がカムィヤキの一大生産地として、南九州から奄美・沖縄諸島全域におよぶ交易の中心地であったことを示す。またカムィヤキの成立と韓半島(高麗陶器)との関係も指摘されている。

　カムィヤキの開窯から閉窯までに至る歴史的背景、海上交易など人・モノ・情報の交流、本土や琉球との関係の解明など、中世の南島社会の解明に重要な位置を占める遺跡である。

　そのため2007(平成19)年2月には、国史跡に指定された。

ち、600mが一般公開されている。

　隆起珊瑚礁石灰岩を主として形成されている地質から、雨水などはすぐに地下へ浸透する。集落は湧水池や暗川などの水源地を中心に発達した。暗川というのは暗い地下を流れる川のことで、1961(昭和36)年簡易水道ができるまでは、住吉・正名(知名町)などの集落は、暗川が唯一の水くみ場で、飲料水や洗濯・水浴の場としていた。住吉集落には住吉暗川がある。住吉貝塚(国史跡)では、縄文時代後期後半から弥生時代初頭の14基の住居跡と貝塚が確認されている。

沖永良部島の史跡

奄美大島から与論島へ

世之主の墓

知名町久志検の中甫洞穴遺跡は、縄文から弥生時代の遺跡である。また、大津勘には縄文時代後期の神野遺跡がある。

琉球王朝成立後、三山(北山・中山・南山)王対立時代の沖永良部は、北山王の支配下にあり、北山王の2男真松千代が世之主となり統治したとの伝承がある。世之主をまつる世之主神社と世之主の墓が和泊町内城にある。

世之主には、屋者真三郎・西目国内兵衛左・国頭弥太郎・後蘭孫八の四天王とよばれる家来がいたといわれている。しかし、近年の調査研究によれば、世之主時代と少し違う時代の按司たちであった可能性もでてきている。和泊町後蘭には、珊瑚の切石を積んだ城壁をもつ後蘭孫八の城跡がある。

近世には罪人を流す遠島でもあったようで、常時遠島人が100人前後いた。遠島人は幕府・藩・私領の流人に大別できる。そのひとりが西郷隆盛で、1862(文久2)～64(元治元)年の約1年半この島にいた。この地で「敬天愛人」の思想を確立した西郷隆盛は、島をでて新しい国づくりに奔走した。和泊町には南洲翁流謫跡地や南洲神社もある。知名町上平川の大蛇踊り(県民俗)は、劇仕立てになっており、現在は、数年に1回演じられる。

1904(明治37)年に和泊で商売をしていた鹿児島の市木崎甚兵衛が野生ユリの球根を買い集め、エラブユリと銘打って横浜から外国に送った。以来ユリ栽培は島の重要産業となっていった。

与論島 ⓮ 〈M ▶ P.243, 275〉 大島郡与論町
鹿児島新港⛴与論港(定期船20時間)、鹿児島空港✈与論空港(1時間50分)

与論島は鹿児島県最南端の島で、周囲を美しい珊瑚礁に囲まれた、熱帯魚のエンジェルフィッシュのような形をした島である。周囲は22km、南北5km・東西6km・総面積20.8km²、最高位が97.1mの

北山築城の与論城十五夜踊は国指定

地主神社

平坦な島である。沖永良部島へ32.5km，沖縄の辺土岬までは23kmで，沖縄のほうが近い。かつては沖縄の山原(やんばる)までは，手漕ぎ船で行き来していた。『おもろさうし』には，与論島のことを，「かいふた」と表現している。

沖縄では，北山・中山・南山の三山王が対立していたころは，与論島は北山王の支配下にあった。与論島に北山王怕尼芝(はにじ)の3男王舅(おうしゃん)が来島し，与論城を築城して与論の世之主になったという。

城跡は茶花(ちゃはな)港の南方2km，標高94mの高台にある。ここにたつと，島内はもちろん沖縄本島も間近にみえる。

与論島の史跡

城内には琴平(ことひら)神社と地主(とこぬし)神社がある。長男は今帰仁城の北山王となり，2男は沖永良部島の世之主となったといわれている。このため，与論と沖永良部は兄弟島であるともいう。この三山王対立の時代は，按司とよばれる首長たちが活躍していたようである。

朝戸(あさと)集落には按司根津栄(にっちぇ)神社がある。今から350年ほど前にいたと伝えられている按司の根津栄をまつった神社で，琉球兵1000人を相手にたたかい，追い返したと語り伝えられている。ほかに，サービ・マートゥイ・大道那太(だいどうなた)という英雄の伝承もある。

与論の十五夜踊(豊年踊・国民俗)は，地主神社に奉納される島中安穏(あんのん)・五穀豊穣(雨乞い)の祈願と感謝の意味をもつ奉納踊りで，一番組(本土系の狂言)と二番組(琉球系の踊り)からなる。

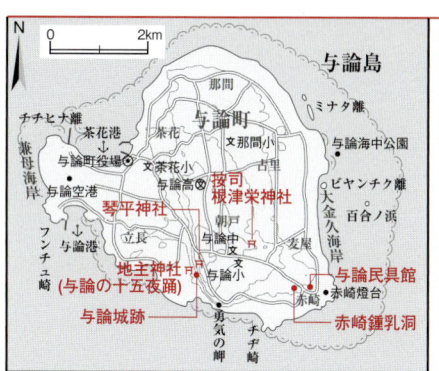

奄美大島から与論島へ　　275

あとがき

　『鹿児島県の歴史散歩』全面改定の依頼を受けて予備会議を開いたのが，2002(平成14)年7月25日の九歴協31回研究大会川内大会の時であった。編集委員長は当時の県高等学校歴史分科会長が兼ねることになり，自分がその任にあたることになった。早速，執筆・編集委員を選定し，8月3日に第1回の執筆・編集者会議を行った。編集目的は，史跡・遺跡の紹介，道案内だけでなく，歴史遺産の大切さを訴えること，編集方針は，現地に直接赴いて文化財や関係物を調査・確認のうえ，客観的に執筆し，鮮明な写真を掲載することであった。執筆の過程でいちばん頭を悩ましたのが市町村合併であった。2004年に薩摩川内市などが誕生したが，刊行では市町村名は2005年7月，第4刷では2013年9月現在とした。

　今回の全面改定にあたって現地に直接足を運んだが，文化財の放置・破壊・移設・修復，新たな文化財の指定など，多くのことを学び，また，考えさせられた。たとえば，石造眼鏡橋は，甲突川架橋の五大石橋のうち，西田橋・玉江橋・高麗橋は移設・保存されたが，新上橋・武之橋は流失し，大乗院橋(稲荷川)・実方太鼓橋(楠木川)も存在しない。唯一残っていた潮見橋(和田川)も2006年に解体されてしまった。鹿児島市内の石造眼鏡橋は，架橋地からすべて姿を消した。

　私たちは先人が残した歴史的・文化的遺産を身近に感じながら生活していくなかで，潤いのある生活ができているのではないだろうか。そういう意味で，1996年10月，文化財登録制度が導入され，以後貴重な建築物が登録有形文化財として保護されるようになり，また，2013年は国指定の鹿児島紡績所技師館(旧異人館)を，技師館を含めて紡績所敷地の範囲を指定し，名称を「鹿児島紡績所跡」と変更したことなどは歴史的に意義がある。本書を通して，歴史的・文化的遺産を大切にして郷土を愛する心が育まれるなら，望外の慶びである。

　最後に写真・資料等を提供してくださった教育委員会・市役所・町村役場，その他関係機関の皆様に，心よりお礼を申し上げたい。

　　2013年9月

　　　　　　　　　　　　　『鹿児島県の歴史散歩』編集委員長　　神園紘

【鹿児島県のあゆみ】

鹿児島県の風土

　鹿児島県の風土を示すキーワードとして，火山と「南北600km」という言葉をあげることができる。鹿児島県の空の玄関鹿児島空港に離発着する飛行機からは，間近に霧島山系や桜島をみることができる。また，薩摩半島から南に点々と連なる島々のなかにも火山島は多い。有史以前から繰り返されてきた噴火活動は，人びとに厳しい自然環境をあたえる一方で，硫黄をはじめとする重要な交易品をもたらすことにもなった。

　「南北600km」におよぶ県域は，火山灰土におおわれた鹿児島県本土部から亜熱帯気候の奄美群島までを含み，豊かな自然と多様な文化を育んできた。屋久島は世界自然遺産に登録されており，また奄美群島を含む琉球諸島を世界遺産に登録する動きも高まっている。

　古代国家の成立以降，鹿児島県域は辺境として位置づけられ，国郡制がおよんだのは種子・屋久地域までであった。奄美群島は，15世紀に琉球王国の支配下にはいり，17世紀初頭実質的に薩摩藩の直轄支配をうけることになった。明治以降，鹿児島県に属したものの，1946(昭和21)年以降北緯29度以南は米軍統治権下におかれ，トカラ列島は1951年に，奄美群島は1953年に返還された。県内を国境（あるいは境界領域）が何度も南へ北へと移動した歴史をもつ県は，数少ない。また，生物相に関しても渡瀬ラインがあり，またヤマト文化と琉球文化の境がみられるなど，「日本」を相対的に眺めることのできる，きわめて重要な地域であるということができる。

原始

　今から約2万5000年前におこった始良カルデラの噴火は，南九州一円にシラス台地を形成し，遠く千島列島にまでその火山灰の地層を残す，大規模な噴火の1つであった。分厚いシラスの下に位置する旧石器文化の存在を知ることは難しかったが，1965(昭和40)年の出水市上場遺跡の調査以降，鹿児島市喜入町や種子島・奄美大島・徳之島などで始良カルデラ噴火以前の遺跡が調査されている。2万5000年より新しい旧石器時代の遺跡は数多く調査されている。

　1万3000年ほど前に縄文時代草創期がはじまる。縄文文化は，氷河時代からしだいに温暖化し，変化をみせてきた動植物相に対応する形で登場したと考えられている。堅果類のアク抜き用の土器，中小型動物をとるための弓矢，海に乗りだすための丸木舟などである。日本列島の南に位置する鹿児島県内は，動植物相の変化がもっとも早い段階であらわれた地域であり，縄文文化の様相ももっとも早い段階であらわれた。「縄文文化は南から」といわれる所以である。縄文時代早期の上野原遺跡出土の土器・装身具など遺物は，縄文人の精神文化の豊かさを示し

てくれる。

このように繁栄した縄文文化がみられた鹿児島県域の多くを，6500年ほど前におこった鬼界カルデラの噴火による火砕流や，アカホヤ火山灰が飲み込んだ。

しかし，縄文前期には中九州の土器が流入し，鹿児島県域の縄文文化は回復してくる。そして，縄文後期になると，在地色の強い市来式土器が，遠く奄美大島・徳之島・沖縄本島でも出土しており，市来式土器を用いた人びとの広い活動範囲を示している。

縄文晩期に北部九州にはいった稲作は，あまり時をおかずに鹿児島県域にもはいってきた。弥生時代にはいると，山ノ口遺跡（錦江町）や王子遺跡（鹿屋市）など規模の大きな集落があらわれた。また，奄美群島以南でとれるゴホウラ・オオツタノハなどの貝が，北部九州で盛行した貝輪の材料として運ばれ，薩摩半島西岸はその加工・中継地点としての役割をはたした。

古墳時代にはいると，南九州から薩南諸島にかけての文化は独自色を強める。南九州では成川式土器が，奄美群島では兼久式土器が用いられる。5世紀に大隅半島に九州3位の大きさを誇る唐仁大塚古墳が築かれたものの，薩摩半島北部地方を中心に地下式板石積石室墓，川内川上流から志布志湾沿岸には地下式横穴墓という特徴的な墓制がみられる。古墳文化は薩南諸島におよばなかった。

古代

記紀神話には，天皇家の祖とされる山幸彦に服属を誓う隼人の祖とされる海幸彦がみえる。また，景行天皇やヤマトタケルのクマソ「征討」説話がみえる。こうした神話や説話は，記紀がまとめられた時期の情勢や政府の認識を反映しているといわれる。

7世紀の前期にはヤク人が，後期にはいるとタネ人が大和との通交をはじめ，682年には大隅・阿多隼人が朝貢を開始した。7世紀末には，タネ・ヤク・アマミなどが南島というまとまりで把握されるようになった。隼人や南島人は蝦夷とならぶ「夷狄」と位置づけられ，隼人は定期的に朝貢を行った。政府は702（大宝2）年には薩摩国と多褹嶋を，713（和銅6）年には大隅国を設置して，隼人居住地と南島の一部への律令制度の浸透をはかった。これに対して抵抗がおこったが，なかでも720（養老4）年の大隅国守殺害事件に端を発する軍事衝突は大規模であり，大伴旅人を大将軍とする1万人以上の政府軍により，1年余りをかけて鎮圧された。しかし，こののち，この地域への律令制度の完全適用は留保され，800（延暦19）年に至ってようやく大隅・薩摩両国に対して班田制が導入されることになった。

9世紀初頭，南九州に住んでいた隼人は姿を消し，8世紀には南島人の朝貢や遣唐使の入唐航路の中継地として重要であった多褹嶋も，824（天長元）年に廃止され大隅国に編入されて，明治半ばまで続く国郡制の大枠が定まった。

近年，9～10世紀段階の遺跡の発掘があいついでいる。薩摩川内市京田遺跡では，「嘉祥三(850)年三月十四日」の年紀をもつ木簡が出土し，薩摩国内における条里制の施行が確認された。指宿市橋牟礼川遺跡では，『日本三代実録』にみえる貞観16(874)年の開聞岳の噴火災害に対する状況が確認できる。また姶良町城ヶ崎遺跡では官道の跡が確認され，県内各地で多量の墨書土器が検出されるなど，9世紀段階ではかなり律令制が浸透し，在地有力者が成長している様子がうかがえる。

　11世紀前期段階，大宰府の官人の平季基が関白藤原頼通に寄進することで，島津荘が現在の宮崎県都城市付近に成立し，一時大隅国に拡大する動きがあったが，薩摩・大隅両国への本格的拡大は，荘園整理政策が放棄された鳥羽院政期以降となる。12世紀半ば，平忠景が薩摩国阿多郡を拠点として大きな勢力を誇った。近年万之瀬川河口付近の遺跡から，多量の輸入陶磁器が出土し，対外貿易の利が忠景の富強の源泉となったとも考えられている。

　南島では6世紀以降，ヤコウガイ大量出土遺跡があらわれ，貝匙や螺鈿材料として島外と交易された。また赤木・檳榔も重要な交易品であった。こうした交易に関するトラブルとして，10世紀末の奄美島人による九州島襲撃事件がおこっている。11世紀には徳之島でカムィヤキとよばれる類須恵器が焼かれるようになり，南西諸島一円に流通した。また，同じころから硫黄が輸出品として重用視されるようになり，珍重される品々を産することから，南島はキカイジマ(貴界島)・イオウガシマとよばれ，また十二島ともよばれるようになった。

中世

　11世紀の半ば以降南九州の地でも，古代とは異なるあらたな中世的郡郷制が確立し，すでに成立していた島津荘・大隅国正八幡宮領・国衙領などから構成される荘園公領制を基礎とした中世社会が成立する。

　鎌倉幕府からの命令で作成された1197(建久8)年6月の「建久図田帳」は，薩摩・大隅・日向3カ国の分が完全な形で伝わっており，当時の南九州の土地制度・在地領主などの研究に欠かせない史料である。

　この3カ国にまたがる日本一広大な荘園島津荘は面積が8000町をこえ，荘園の本家は近衛家，領家は一乗院，惣地頭は島津忠久がつとめた。内部の構造は，新立荘(一円荘・一円御領)と寄郡からなり，前者は領家の一円支配が行われる地であるのに対して，後者は所当を国衙と領家で二分し，雑公事は領家側が収納した特殊型半不輸領である。

　大隅国一宮正八幡宮は，大隅国の総田数の4割以上を占めるほど中世では強大であった。本家は石清水八幡宮(京都府八幡市)で，平安時代末期には宇佐弥勒寺の末宮になっている。

　鎌倉時代以降，南九州には西遷御家人が多く移住し，土着の豪族たちと在地支

配をめぐって幾度となく相論を繰り返した。西遷御家人でおもなものは，島津氏・渋谷氏・二階堂氏・鮫島氏・莚目氏・小川氏・大井氏・千竈氏らで，彼らは守護職や惣地頭職などを有することが多く，鎌倉幕府の権威を背景に在地支配にのぞんだ。

一方の南九州土着の豪族には，谷山氏・肝付氏・禰寝氏らがあり，多くは郡司・名主・弁済使職などを帯して西遷御家人の支配に対峙した。この争いは南北朝の動乱期にももちこされ，おおむね西遷御家人が北朝方に，在地豪族たちは南朝方につくことが多かった。

この動乱以後，守護島津氏も総州家と奥州家に分裂し，奥州家がしだいに優位にたつようになり，1409(応永16)年奥州家の元久が総州家の薩摩国守護職をあわせることとなり，日向・大隅とあわせて3カ国守護となる。しかし，元久の死後家督をめぐり一族の内乱はさらに激しさを増した。

このようななかで，伊作の相州家島津氏の忠良が頭角をあらわし，1526(大永6)年嫡子貴久を本宗家勝久の養子とすることになった。貴久の子義久・義弘・歳久らの働きで，薩摩・大隅・日向の三州統一を成し遂げた。

この時代につくられた中世山城は，県内で1000をこえると推測される。国指定史跡の高山城(肝属郡肝付町)・知覧城(南九州市知覧町)・志布志城(志布志市志布志町)・清色城(薩摩川内市入来町)，県指定史跡の亀丸城(日置市吹上町)など見応えのある山城が多い。これらの山城は南九州独特のシラス台地を削って，急峻な崖をつくりだし，各曲輪を独立的に配置する特徴を備えている。近年各地で山城の発掘調査も実施され，他の中世遺跡の発掘調査とあいまって，文献史料の常識をこえるような多くの成果があがっている。

鹿児島は周囲を海に囲まれていることから，古来より南に向かって大きく開かれてきた。中国・朝鮮と盛んに交易が行われていたことが，文献や考古遺物からあきらかにされている。近年進められている万之瀬川下流域遺跡群(南さつま市金峰町)からは，滑石製石鍋・常滑焼・備前焼・カムィヤキなどの国内産遺物のほかに，中国製の貿易陶磁器も多数出土している。台明寺(霧島市国分)・大慈寺(志布志市志布志町)・一乗院(南さつま市坊津町)などの古文書・教典・肖像画等の貴重な文化財も一部残されており，また福昌寺跡(鹿児島市)・弥勒院跡(霧島市隼人町)・薩摩国分寺跡(薩摩川内市)などでは発掘調査が実施されていて，失われた中世仏教文化の復元がしだいに明らかになりつつある。

15世紀半ば，奄美群島は南から勢力を拡大してきた琉球王国の版図に入った。

16世紀になると，鉄砲とキリスト教があいついで鹿児島に伝えられ，これ以後の日本史の展開に大きく影響をあたえる重要な出来事であった。

近世

三州統一を達成し，強大となった島津氏は九州統一をめざして軍を進めた。義

久・義弘兄弟は水俣の相良氏を降伏させ、さらに肥前の龍造寺隆信を島原の戦いで敗死させた。1586(天正14)年には、島津氏は、大友氏の城下町府内を占領し、九州統一にあと一歩と迫った。国東半島に逃れた大友氏は、当時、全国統一に乗りだしていた豊臣秀吉に救いを求めた。島津軍が強かったおもな原因は、種子島時尭が献上した鉄砲を、いち早く、戦場で利用したからだといわれる。

1587(天正15)年、秀吉が九州に進軍すると、羽柴秀長と日向の根白坂で戦い敗れた義久は、降伏を決意した。同年、秀吉は肥後路から薩摩にはいり、川内の泰平寺に本陣をおくと、義久は剃髪し秀吉に降伏を申しでた。秀吉は義久に薩摩国、弟義弘に大隅国、義弘の息子久保に日向国諸県を領地として認めた。

秀吉の命にしたがって、1592(文禄元)年、1597(慶長2)年の2度にわたって、朝鮮に出兵したのは義弘であった。泗川の戦いでは明軍を撃破したが、秀吉の死をもって全軍、撤退した。この際に義弘らは朝鮮人陶工を連れ帰り、陶工たちは各地に窯を築いた。彼らは苗代川(日置市 東市来町美山)で朝鮮の生活習慣を維持しながら、藩の保護をうけ、薩摩焼の発展に従事した。朝鮮出兵の最中、1594(文禄3)年から翌年にかけて3州でも太閤検地が実施された。この検地によって、薩摩・大隅・日向諸県郡にまたがる島津氏の領地は、石高(籾)60万5000石余りと算出された。

1600(慶長5)年、関ヶ原の戦いがおこると、義弘はやむなく石田三成(西軍)方に属した。敗色濃くなると義弘は、敵陣突破で薩摩に戻り、桜島に蟄居した。関ヶ原の敗戦後、1601年、忠恒(義弘の次男、のちの家久)は城山の麓に鹿児島城を築城し、以前の上町とは別に、あらたな城下町として下町の建設に着手した。他方、1602年、忠恒は対立していた庄内(都城)の伊集院一族を滅ぼすと上洛し、徳川家康に拝謁した。その結果、忠恒は島津家18代当主に認められ、初代薩摩藩主となった。さらに、家康から一字を賜り、家久と改めた。1609(慶長14)年、家康の許可を得て家久は琉球に出兵した。尚寧王は降伏し、琉球王国12万石が加えられて薩摩は72万5000石となり、与論島以北の奄美大島などは島津直轄地となった。

九州平定に失敗したのち、多くの武士を抱え込んだ薩摩藩がその対策としてとったのが、外城制度であった。一部の上級武士を鹿児島城下に移し、大半の武士は領内の110余の外城(のち郷、行政区域)に土着させ、農業や防衛に従事させた。外城は数カ村からなり、中心となる村に衆中(郷士、半農半武士)集落(麓)があった。外城には藩直轄の地頭所と一門・一所持の私領とがあり、地頭所の支配は地頭仮屋で、噯(郷士年寄)・組頭・横目の役職についた衆中によって行われた。また、農民支配は門割制度によって行われた。農家5〜6戸ぐらいを農業経営単位(門)とし、門ごとに耕地や貢租が割り当てられた。門は長の名頭と複数の名子という農家から構成された。また、宗教政策ではキリスト教だけでなく一

向宗も禁止した。1635(寛永12)年には、はじめて領民一人ひとりに名前や宗旨などを記した宗門手札を交付し、宗門手札改を実施した。

1753(宝暦3)年、突然、幕府は木曽川の治水工事を薩摩藩に命じた。家老平田靱負は工事の総奉行となって難工事に取りくんだ。堤防は1755年に完成したが、靱負は藩財政に迷惑をかけたことなどの全責任をとって切腹した。参勤交代の途中、工事を視察した24代重年もまもなく病死した。

25代重豪は徳川家との婚姻関係を深めた。重豪は11代将軍家斉の姉を夫人に迎え、娘茂姫を家斉の御台所(夫人)とし、将軍の岳父として権勢をほこった。また、藩においては開化政策を推進した。藩校造士館・演武館・医学院・明時館(天文館)などを創設し、『島津国史』『成形図説』『質問本草』などの書籍編纂も命じた。この開化政策や重豪の交際費の支出増加は藩財政の窮迫をもたらした。重豪は26代斉宣・27代斉興の2代にわたって、藩政に大きな影響力を及ぼし、1828(文政11)年、調所広郷に財政改革を命じた。

調所は、三都(大坂・京都・江戸)の商人への借金500万両を、無利子の250年賦償還とした。また、砂糖・はぜろうなどの特産品の専売、琉球の朝貢貿易を利用した密貿易などの増収策により、藩の財政危機を乗りこえた。財政改革は成功したものの藩内では27代斉興の後継者争いがおこり、嫡子斉彬の早期藩主就任の実現をはかろうとした一派が切腹させられる嘉永朋党事件(お由羅騒動)がおきた。斉彬派は打撃をうけたが、幕府の老中阿部正弘は、斉興らの処置に不満をもち、斉興に隠居を迫った。1851(嘉永4)年、28代斉彬が藩主に就任した。斉彬は幕政を補佐しながら磯の別邸跡に反射炉・溶鉱炉などのほかに、硝子工場・金物細工所などの工場群(集成館)を建設し、藩の近代化をはかった。

1858(安政5)年、大老に井伊直弼が就任すると、徳川慶福を将軍後継者に決定し、日米修好通商条約の違勅調印を強行、反対派を弾圧した(安政の大獄)。一橋慶喜擁立派の斉彬は急死したため、弾圧を免れた。斉彬死後、29代忠義が襲封し、斉興が1年間後見し、その後、実父久光が後見役となった。

1862(文久2)年、公武合体を推進していた老中安藤信正が坂下門外の変で失脚すると、久光は藩兵を率いて上洛し、倒幕派の有馬新七らを討ち(寺田屋事件)、勅命をもって幕府改革を断行した(文久の改革)。帰路、イギリス人を殺傷する生麦事件をおこし、これが原因で翌年、薩英戦争となった。双方ともに損害を被ったが、生麦事件の賠償金を支払い和解した。以後、薩摩はイギリスに接近し、長州藩は四国連合艦隊下関砲撃事件で外国の威力を知り、両藩は尊王開国倒幕へと藩論が転換していった。1865(慶応元)年、坂本龍馬の仲介で桂小五郎(のちの木戸孝允)と西郷隆盛の間で薩長同盟が成立した。その後、薩摩藩は西郷隆盛・大久保利通らの指導のもとに、1867(慶応3)年には朝廷から倒幕の密勅を引きだし、王政復古の大号令についで、小御所会議をリードし、幕府を崩壊に導いていった。

近代

鹿児島は明治初年の廃仏毀釈が徹底的に実施された，全国でも数少ない藩で，当時1000をこすほどであった寺院のすべてが破棄された。現在残る寺院は，この後たてられたものばかりで，近世の寺院と同一名の寺院もあるが，往時の面影はない。

明治以後の藩政改革で，従来の門閥家老にかわって藩政の指導権を握ったのは，戊辰戦争に戦功のあった凱旋兵士たちである。一部の者は中央にでて新政府の要職についたが，残ったものは閥族にかわって藩政の要職についた。1871(明治4)年の廃藩置県で，薩摩地方は鹿児島県，大隅地方は都城県になり，73年都城県が廃止されて，ほぼ現在の県域となった。明治六年政変で敗れた西郷隆盛が下野して私学校が創設されると，県令大山綱良の協力で，県行政の枢要部に私学校関係者がついた。県内の郷村にも私学校の分校がおかれ，私学校党一色の観があった。76年には，宮崎県が鹿児島県に吸収された。

1877年2月西郷軍が鹿児島を発ち，西南戦争が始まった。熊本城包囲戦に失敗，田原坂でも敗れ，その後転戦した宮崎方面から9月1日ようやく鹿児島に帰ったが，薩軍はすでに戦闘能力を失っていた。政府軍の9月24日の総攻撃で西郷は自刃，9カ月余の内乱はおわった。

西南戦争が残した傷痕は大きかった。県令岩村通俊により戦後の再建策がたてられ，中断していた地租改正も再着手されて，1881年に終了した。県政面で特筆すべきは，1883年宮崎県が分離独立し，85年に大島庁が設置されたことである。以後，大島郡の予算は，1935(昭和10)年まで本土と分離され，小婦模財政を強いられた。

鹿児島の自由民権運動は，西南戦争で投獄されていた人びとが，恩赦で出獄しはじめた1880年代から，徐々に推進されるようになった。1894年から就任した知事加納久宜は，勧業知事の名で長く鹿児島県民の尊崇を集めた。農業技術の改良や中等教育機関が整備されたのもこのころからである。

大正時代の鹿児島は桜島の大噴火で明け，甚大な被害をこうむった。ついでおこった第一次世界大戦によって日本の産業界が好況時代にはいると，県内でも織物業・養蚕業が盛んになったが，戦後恐慌にはいると農村は困窮し，社会不安が増大した。この間道路や港湾の整備も進められ，1919(大正8)年鹿児島港が開港し，海外との取引が増大した。鉄道も1914(大正3)年に川内線が通じ，八代まで全通した。1927(昭和2)年には鹿児島本線となった。

昭和初期の恐慌は，農業県の本県にも深刻な影響をあたえた。県や市町村財政の逼迫，失業者の増加，米価・繭価の低落によって農村は厳しい不況に見舞われた。その後満州事変の戦争景気はあったが，日中戦争から第二次世界大戦に突入すると，県民の苦しい生活が続いた。本土決戦に備えて県内全域に地下壕陣地が

つくられ、沖縄戦の前線基地として鹿屋・知覧・万世など十数カ所の飛行場から特攻機が出撃し、県内の各地は繰り返し米軍の空襲にさらされた。

現代

1946(昭和21)年2月2日、北緯30度以南のトカラ・奄美群島は日本の施政権から切り離された(二・二宣言)。1952年北緯29度以北のトカラ列島(十島村)が日本に返還されたが、奄美群島は、大きな盛り上がりをみせた復帰運動のすえ、1953年12月25日に日本復帰が実現した。以後、奄美群島復興特別措置法や奄美群島振興開発特別措置法などにより、社会基盤の整備が続けられている。

戦後の農地改革が実施されると、寄生地主制は一掃されて自作農が増えたが、経営規模5反歩未満の弱小農家が多く、戦後の食糧危機と悪性インフレで苦しい生活が続いた。朝鮮戦争で日本経済が復興しはじめると、その影響をうけて鹿児島県の経済も立ち直りはじめた。農業面においても、米作一辺倒からの脱却をめざし、果樹・園芸・畜産などが奨励されてきた。黒牛・黒豚など、日本一の生産を誇るが、農業を取り巻く厳しい環境への対応を迫られている。

1955年にはじまった神武景気から、73年秋の第一次石油危機に至るまで、日本経済は急速な高度経済成長を遂げた。鹿児島県も集団就職などで多数の人びとを都会へと送り出し、経済成長を支えたが、農山村の過疎化はとどまることなく進行していった。過疎化を防ぐために、県や市町村では工場の誘致が進められた。鹿児島湾を埋め立て、大規模な用地を造成したり、鹿児島湾や志布志湾に石油備蓄基地を誘致し、県民所得の増加をめざして工業立地化が推進されたが、環境保全を求める反対運動も起こり、大きな政治問題になった。

1993(平成5)年洋上アルプスともよばれる屋久島は、日本初の世界自然遺産に指定された。また、現在は奄美群島を含む琉球諸島の世界自然遺産指定を進める動きもある。

鹿児島県には宇宙への扉が2つある。肝付町内之浦長坪台地に、1962(昭和37)年東京大学生産技術研究所の付属施設として宇宙空間観測所が建設され、1970年には日本初の人工衛星が打ち上げられ「おおすみ」と命名された。現在は、宇宙航空研究開発機構(JAXA)の内之浦宇宙空間観測所となっている。JAXAの種子島宇宙センターは1969(昭和44)年に設置され、現在は大型人工衛星の組立から発射までを行っている。

交通面でみると、1995年九州自動車道が全通し、現在南九州自動車道・東九州自動車道の建設が進んでいる。また、2004年九州新幹線が新八代まで部分開通し、2011年3月博多まで全通した。

鹿児島県に96あった市町村は、2004(平成16)年の薩摩川内市の誕生を皮切りに、いわゆる平成の大合併により、43市町村(19市20町4村)になっている。

【地域の概観】

県都鹿児島市

　県都鹿児島市は、近世薩摩藩の城下町を母胎に発展してきた。藩内は藩庁所在地の鹿児島城下と、地頭や私領主が支配した外城に大別できる。

　鹿児島城下は、鹿児島城（鶴丸城）を中心に道路が整備され、武家屋敷街（上方限・下方限、のち農村部へ広がる）、町人町（上町6町・下町12町のち15町・西田町3町）、近在とよばれる農村（25村）、ほかに浦village横井野町などから構成されていた。1826（文政9）年の人口は7万2000人余である。

　1872（明治5）年、鹿児島は県庁所在地となり府下とよばれ、上町・下町・西田町の3町に編成された。1873年の大区制で3町は三大区に編成され、中央部の下町が第一大区、甲突川南部の西田町が第二大区、旧上方限の上町が第三大区となり、旧村村はそれぞれ小区の番号がつけられた。

　1889（明治22）年4月の市制施行で、城下の村々のうち、西武田村（旧西別府村・武村・田上村）、中郡宇村（旧中村・郡元村・宇宿村）、伊敷村、吉野村の4村が分離独立したので、鹿児島市は47町3村となり、人口は4万7000人余に減少した。

　やがて分村独立していた村々や周辺の町村を合併して、人口も増加していく。合併の第一次は1911（明治44）年、西武田村のうち武、伊敷村のうち草牟田を合併して、人口7万3000人余。第二次は1920（大正9）年、伊敷村のうち原良・永吉・玉里を合併して、人口10万3000人余。第三次は1934（昭和9）年、中郡宇村・西武田村・吉野村を合併して、人口17万4000人余。第四次は1950（昭和25）年、伊敷村（残り）と東桜島村を合併して、人口23万人をこえた。第五次は1968（昭和43）年谷山市と合併して、人口38万人余。第六次は2004（平成16）年、隣接の吉田町・桜島町、日置郡松元町・郡山町、揖宿郡喜入町を合併した。新鹿児島市の面積は5万4680km²、人口は60万1000人余となった。

南薩摩路

　鹿児島県の南西部に位置する薩摩半島は、低い山地とシラス台地とからなり、坊津や山川などの良港をもち、古くからの遣唐使船や勘合船の寄港地でもあり、また倭寇船や密貿易の基地ともなっていた。さらに琉球・奄美を経て南方文化の流入の拠点でもあり、南の玄関口でもあった。

　古代は日本に律宗を伝えた鑑真が秋目に着岸した。秋目はまた、遣唐使船の寄港地でもあった。三津の1つ坊津は南島路コースの要衝の地となり、ここにたつ一乗院は、中世までその南方文化や仏教文化の受容に、大きな役割をはたした。山川は、島津氏の琉球出兵の出発地であり、以後琉球・奄美からの船がよく来航した。幕末、西郷隆盛も島流しの際に風待ちしてすごした港である。

　また南薩地区最大の河川である万之瀬川は、河口が吹上浜の南端部に位置し、

東シナ海に注ぐため，この河口一帯にも1つの文化圏が存在していたと思われる。たとえば高橋貝塚(南さつま市金峰町)の出土品から，南西諸島や九州西海岸との繋がりがみえるし，持躰松遺跡(南さつま市金峰町)からは，南九州では最大量の中国製陶磁器が出土し，この地域を古代に支配した阿多隼人や平安時代末期に薩摩国を事実上支配下においた阿多忠景の勢力を推察できる。

中世には阿多・揖宿・河辺・頴娃氏ら鎮西平氏の在地土豪は，しだいに島津氏の支配に屈し被官化していく。

近世には，薩摩藩独特の外城制度や郷士制度によって，麓を中心に城下町建築が行われる。いまでも加世田や知覧の麓には武家屋敷群や庭園がみられる。

西目といわれる薩摩半島は人口過密地帯で，阿多桶結(樽・桶屋)や加世田鍛冶，笠沙の杜氏など古くから副業や出稼ぎに従事するものが多かった。台風銀座といわれるほど台風がよく通過する枕崎や山川はカツオ漁や鰹節製造の生産地でもある。

指宿地区は開聞岳や池田湖を中心に明るい南国的風景がみられ，揖宿温泉の温泉源がある海岸線一帯は，とくに摺ヶ浜の砂蒸し温泉が観光客に好評である。

北薩摩路

鹿児島県の北西部に位置する北薩摩には国道3号線が南北に走り，北部には主峰紫尾山や出水平野，中部には県内最大の河川川内川が流れ，西側東シナ海には長島，甑島など大小の島々がある。

古代，川内川流域や出水には，南九州特有の地下式板石積石室墓が多く分布する。長島には高塚古墳もみられ，早くから畿内の文化的影響をうけたことがわかる。薩摩川内市には天孫瓊々杵尊の陵墓とされる可愛山陵や瓊々杵尊をまつる新田神社がある。律令期には薩摩国府がおかれ，国分寺・国分尼寺が建立され，蒙古襲来後新田神社は事実上薩摩国一宮として栄えた。国分寺跡に隣接する京田遺跡からは，全国的にも珍しい郡司が田の差し押さえを告知した木簡が出土し，川内は国政の中心であったことがわかる。

中世には関東から移住してきた渋谷氏一族がこの地域で活躍したが，鎌倉時代の初期に島津氏は薩摩国守護として高尾野に木牟礼城を築き，入来院氏ら他の豪族を押さえながら薩摩・大隅・日向3カ国の統一に向かった。

近世には藩の直轄地や島津氏の一族と有力家臣にあたえられた私領からなる外城(郷)がおかれ，国境の出水には大規模な麓が形成された。2003(平成15)年，出水とともに入来麓も国選定伝統的建造物群保存地区に指定された。江戸時代，交通網も整備され，参勤交代では伊集院・川内・阿久根をとおる出水筋や川内川河口の港京泊が使われた。同じく河口の久見崎には藩政時代軍港がおかれ，朝鮮出兵では島津氏が率いる約1万人の兵士がここから出港している。串木野では芹ヶ野金山が開発され，幕末羽島から藩の留学生が英国へ向け出港した。

地域の概観　　287

近代以降は，鉄道や国道3号線の開通に伴い，産業も発展しこの地域の重要性は高まった。

　薩摩川内市には原子力発電所やパルプ工場，出水市には電子部品工場などができ産業構造も大きく変化した。

　出水平野に冬到来するツルは全国的に知られている。また伝統行事に伊集院の妙円寺詣り，川内の十五夜大綱引きがある。2004（平成16）年3月，九州新幹線（鹿児島中央・新八代間）が部分的に開通した。同時に，川内・新八代間の在来線は肥薩おれんじ鉄道にかわり，第3セクター経営となった。

姶良・伊佐路

　鹿児島市の磯地区をあとにし，鹿児島湾の西岸を北に進む。左にはシラス台地の急崖が迫り，右には養殖いけすの並ぶ穏やかな鹿児島湾に雄大な桜島が浮かんでみえる。しばらくいくと，右手前方に姶良・加治木・隼人・国分と続く平野がみえてくる。

　この地域には，古代から各時代にわたる歴史文化財が多く散在する。713（和銅6）年に日向国の4郡をさいて設置された大隅国の中心地であり，豊後国などからの移民によって桑原郡をおき，大隅国府が設けられ，国分市の名前の由来となる国分寺もたてられた。

　近年，この地域では，上野原遺跡という縄文時代を代表する全国的に著名な遺跡が調査された。また，古代から中世にかけての遺跡の発掘調査もあいついで行われ，多くの新知見が得られている。

　平安時代の後期から展開する荘園公領制のなかで，島津荘や大隅正八幡宮領が展開していき，大隅国の政治・経済の中心だけあって，在地の武士やほかからはいってきた武士たちが，支配をめぐって争った。弥勒院跡，桑幡家・留守家屋敷跡など中世の寺社関連の遺構も多く残されており，また，蒲生城・建昌城・加治木城など数多くの山城がつくられている。割拠していた在地領主たちは，ときには対立しときには同盟を結び，激しく争った。戦国時代後期になると，島津氏がこの地方の有力武士たちをつぎつぎに退けて大隅合戦に勝ち抜き，覇権をにぎることになる。この過程で，種子島に伝わった鉄砲が初めて本格的に用いられた。

　いわゆる日向神話の天孫降臨の舞台とされた霧島は日本最初の国立公園であり，山麓には天降川渓谷と温泉郷がある。その山懐深く鎮座する霧島神宮は，島津氏が篤く信仰し，今も県内外の崇拝をうける大社である。

　伊佐路には島津氏の開発した日本有数の山ヶ野金山があった。また菱刈金山（湧水町）は，現在日本一の金産出量を誇っている。豪快な瀑布曽木の滝はナイアガラの滝にたとえられ，焼酎の神で知られる郡山八幡など史跡は多い。

大隅路

　鹿児島湾をはさみ、東側にほぼ南北につきでた大隅半島は、全体が美しく豊かな自然に恵まれている。半島西側には、雄大な活火山の桜島、景勝地の旧大根占・根占海岸一帯、本土最南端の地で亜熱帯性植物の群落地としても知られる佐多岬が霧島屋久国立公園の一部を構成している。半島東側には、白砂青松の志布志湾が日南海岸国定公園に指定されている。また半島背骨部には、肝属山地の標高1000m前後の山々が北東にのび、太平洋に面する海岸線まで迫っている。

　高隈・国見山系の山々の間には、大隅特有の火山灰土壌のシラス台地の地形が多くみられ、肝属川と串良川にはさまれた半島中央部分に笠野原台地が広がっている。半島のほぼ中央部に位置する鹿屋市と古来大隅物流の中心でもあった志布志市が、大隅における経済活動の中核となっている。北部の曽於郡一帯は日本でも有数の畜産地帯として、南部肝付町内之浦は東京大学宇宙航空研究所の付属施設がおかれたことを機に、ロケットの町としても脚光を浴びている。

　大隅の地は遺跡に恵まれ、志布志市の前川流域一帯は、縄文時代草創期の遺跡である東黒土田遺跡を含む、縄文時代の多くの遺跡が分布している。弥生中・後期の南九州最大規模の集落遺跡が、鹿屋市の王子遺跡である。

　古墳時代にはいると志布志湾沿岸部に横瀬・唐仁・塚崎などの畿内型高塚古墳が多く築造されるとともに、隼人特有の墓制の1つとされる地下式横穴墓も共存している。2003(平成15)年1月に大崎町の下堀遺跡地下式横穴墓のなかから、南九州特有の副葬品である異形鉄器が大隅地区ではじめて出土した。これは古墳時代に異なる墓制をもつ、薩摩・大隅両半島が同じ異形鉄器を使用し交流していたことを裏づける発見となった。

　また、畿内型高塚古墳の存在は、大和の王権がこの地域まで進出したことを物語るが、713(和銅6)年肝坏・曽於・大隅・姶羅の4郡を割いて大隅国を設置したとき、隼人の抵抗がおこっている。800(延暦19)年、律令政府は大隅・薩摩国に班田制度を導入することとし、このころ隼人の公民化が終了し、南九州にも律令制が施行されたと考えられる。

　中世期には、島津忠久が薩摩・大隅・日向3カ国の守護職に任じられたことをはじめ、東国出身の武士が入部することに伴う在地領主との対立が表面化した。高山を拠点として活躍した伴姓肝付氏や田代氏、禰寝氏・佐多氏らの諸豪族が割拠した。南朝方で島津氏と対抗した肝付兼重、禰寝氏と組んだ肝付氏が戦国時代末期まで島津氏の領国化に抵抗したが、1566(永禄9)年屈服し、薩摩国阿多(現、南さつま市金峰町)に移封された。また禰寝氏も、1595(文禄4)年島津義弘によって吉利郷(現、日置市日吉町吉利)に移封されたことで、大隅全域が薩摩藩政に組み込まれることとなった。

　近世期には島津氏の直轄領(大隅国35)や私領(大隅国7)としての支配をうけ、

明治初期の廃藩置県で、大隅半島の大方は都城(みやこのじょう)県に所属したが、1873(明治6)年鹿児島県に編入された。

薩南諸島

　鹿児島県本土の最南端、佐多岬から海上の道をたどり与論(よろん)島に至る島々を薩南諸島とよぶ。薩南諸島は、大隅諸島・トカラ列島・奄美(あまみ)群島に分けられる。この島々の海上を流れる海流は黒潮である。黒潮は奄美群島の東シナ海側を通過し、さらにトカラ列島を横断して、日本海流と九州西岸を北上する対馬(つしま)海流に分かれる。黒潮は海上の道に敷かれたベルトコンベヤーのようなものである。この流れに乗り、東西両洋文化が日本にもたらされた。これらの海上の道は、貝・絣(かすり)・薬・遣唐使(けんとうし)・陶磁器の道でもあった。鹿児島は外来文化流入の、南の玄関口である。

　中世には奄美群島に按司(あじ)とよばれる首長が誕生し、グスクとよばれる城が形成された。1429(永享(えいきょう)元)年、沖縄を統一した琉球(りゅうきゅう)王朝が成立すると、しだいに奄美群島はその勢力下にはいり、ノロ(司祭神女)制度などが浸透してきた。沖永良部(おきのえらぶ)島の世之主(よのぬし)の墓(世之主城跡)は、琉球王朝の支配を示す遺跡として貴重である。

　近世には大隅諸島やトカラ列島ではカツオ漁なども盛んに行われ、屋久(やく)島では屋久杉の平木と鰹節(けいちょう)が特産品であった。1609(慶長14)年島津家久(しまづいえひさ)が琉球を支配すると、与論島以北の奄美群島は薩摩藩の直轄領となり、道之島ともよばれた。奄美4島には代官所がおかれ、強力な支配統制のもとに、砂糖キビ栽培の強制、黒糖収奪が行われた。島民の苦しみは奄美の島唄にも歌いこまれている。薩摩藩が明治維新に活躍したのは、道之島の砂糖専売制に負うところが大きい。

　明治以降は道之島全域は鹿児島県に編入されたが、離島ゆえに経済発展は進まなかった。1935(昭和10)年から大島郡振興計画が実施されるようになり、諸事業が推進された。第二次世界大戦の結果、北緯30度以南のトカラ・奄美群島は、米軍の統治下にはいった。1951年十島(としま)村の下七島(しもしちとう)が返還され、翌年下七島は十島村、上三島(かみみしま)は三島(みしま)村として新村が発足した。1953年には離島振興法が成立し、同年、奄美群島返還日米協定公布・発効により、ようやく奄美群島の日本復帰が実現した。

　作家島尾敏雄(しまおとしお)は、日本の歴史が大きく動こうとするときには、ざわめきが南島でおこるとのべた。日本の歴史に転換期をもたらした鉄砲の伝来、ペリーの来航、第二次世界大戦におけるアメリカ軍の沖縄上陸などがそれである。島尾は、「ヤポネシア」という表現で、薩南の島々は日本の端ではなく中心である、という視点も説いた。

　屋久島の豊かな自然は1993(平成5)年の第17回世界遺産会議において、世界自然遺産に登録された。近年は奄美群島も候補にあがっている。

【文化財公開施設】

①内容，②休館日，③入館料

鹿児島県歴史資料センター黎明館　〒892-0853鹿児島市城山町7-2　TEL099-222-5100・FAX099-222-5143　①考古・歴史・民俗・美術・工芸，②月曜日，毎月25日，年末年始，③有料

かごしま近代文学館・かごしまメルヘン館　〒892-0853鹿児島市城山町5-1　TEL099-226-7771・FAX099-227-2653　①鹿児島ゆかりの作家と作品，世界の童話と人形，②火曜日，年末年始，③有料

鹿児島市立美術館　〒892-0853鹿児島市城山町4-36　TEL099-224-3400・FAX099-224-3409　①美術，②月曜日，年末年始，③有料

尚古集成館　〒892-0871鹿児島市吉野町9698-1　TEL099-247-1511・FAX099-248-4676　①島津家に関する歴史資料，②無休，③有料

鹿児島市立西郷南洲顕彰館　〒892-0851鹿児島市上竜尾町2-1　TEL・FAX099-247-1100　①西郷隆盛と西南戦争に関する資料，②月曜日，年末年始，③有料

鹿児島市維新ふるさと館　〒892-0846鹿児島市加治屋町23-1　TEL099-239-7700・FAX099-239-7800　①幕末～維新史関係，②無休，③有料

財団法人長島美術館　〒890-0045鹿児島市武3-42-18　TEL099-250-5400・FAX099-250-5478　①絵画・彫刻・薩摩焼，②無休(ただし，12月31日午後～1月1日午前休み)，③有料

鹿児島市立ふるさと考古歴史館　〒891-0144鹿児島市下福元町3763-1　TEL099-266-0696・FAX099-284-5274　①考古・歴史，②月曜日，年末年始，③有料

財団法人児玉美術館　〒891-0144鹿児島市下福元町8251-1　TEL099-262-0050・FAX099-268-7717　①絵画・陶磁器，②月曜日，年末年始，③有料

奄美の里　〒891-0122鹿児島市南栄1-8　TEL099-268-0331・FAX099-267-7419　①大島紬・民俗，②無休，③有料

財団法人三宅美術館　〒891-0141鹿児島市谷山中央1-4319　TEL099-266-0066・FAX099-266-0066　①絵画・陶磁器，②月曜日，年末年始，③有料

石橋記念館　〒892-0812鹿児島市浜町1-3　TEL099-248-6661・FAX099-248-6662　①甲突川五石橋，②月曜日，年末年始，③無料

桜島ビジターセンター　〒891-1419鹿児島市桜島横山町1722-29　TEL・FAX099-293-2443　①桜島火山・自然・歴史，②無休，③無料

日置市吹上歴史民俗資料館　〒899-3301日置市吹上町中原2568　TEL099-296-2124・FAX099-296-4711　①考古・歴史・民俗，②土・日曜日，祝日，年末年始，③有料

元外相東郷茂徳記念館　〒899-2431日置市東市来町美山1690-4　TEL・FAX099-274-4370　①東郷茂徳の遺品・薩摩焼，②月曜日，年末年始，③有料

歴史交流館「金峰」　〒899-3405南さつま市金峰町池辺1535　TEL0993-58-4321・FAX0993-58-4322　①考古・歴史・民俗，高橋貝塚・持躰松遺跡など，交易・交流に関する展示が特色，②月曜日，年末年始，③有料

南さつま市加世田郷土資料館　〒897-0003南さつま市加世田川畑2650-1　TEL0993-53-2111・FAX0993-52-0026(市教育委員会)　①考古・歴史・民俗，②月曜日，第3日曜日，祝日，年末年始，③無料

南さつま市坊津歴史資料センター輝津館　〒898-0101南さつま市坊津町坊9424-1　TEL0993-

67-0171・FAX0993-67-0131　①歴史・民俗・美術工芸，②無休(燻蒸による臨時休館あり)，③有料

ミュージアム知覧　〒897-0302南九州市知覧町郡17880　TEL0993-83-4433・FAX0993-83-3055　①考古・歴史・民俗，②水曜日，7月1～3日，年末，③有料

頴娃町歴史民俗資料館　〒891-0701南九州市頴娃町郡9278　TEL0993-36-1110・FAX0993-36-1124　①考古・歴史・民俗，②月曜日，祝日，年末年始，③有料

枕崎市文化資料センター南溟館　〒898-0013枕崎市山手町175　TEL・FAX0993-72-9998　①美術，②月曜日，年末年始，③無料

指宿市考古博物館時遊館COCCOはしむれ　〒891-0403指宿市十二町2290　TEL0993-23-5100・FAX0993-23-5000　①考古・歴史，②無休，③有料

財団法人岩崎美術館　〒891-0403指宿市十二町3755　TEL0993-22-4056・FAX0993-24-3017　①美術・工芸，②無休，③有料

阿久根市立郷土資料館　〒899-1622阿久根市高松町2　TEL0996-72-0607・FAX0996-72-0856　①自然・考古・歴史・民俗，②月曜日，年末年始，③無料

出水市立出水歴史民俗資料館　〒899-0205出水市本町3-14　TEL0996-63-0256・FAX0996-62-9439(中央図書館)　①考古・歴史・民俗，②月曜日，祝日，年末年始，③無料

出水市ツル博物館クレインパークいずみ　〒899-0208出水市文化町1000　TEL0996-63-8915・FAX0996-62-8915　①自然・歴史，②4～10月の月曜日(11～3月は無休)，③有料

出水市高尾野郷土館　〒899-0401出水市高尾野町大久保158-5　TEL0996-82-5452・FAX0996-82-4885(高尾野図書館)　①考古・歴史・民俗(東南アジア)，②土・日曜日，祝日，年末年始，③有料

出水市野田史料館　〒899-0501出水市野田町上名6094-1　TEL0996-84-3100・FAX0996-84-4015(野田図書館)　①歴史・民俗，②金曜日，祝日，年末年始，③無料

長島町歴史民俗資料館　〒899-1303出水郡長島町指江1560　TEL0996-88-5160・FAX0996-88-6501(町教育委員会)　①考古・歴史・民俗，②月曜日，祝日，年末年始，③有料

日本マンダリンセンター　〒899-1401出水郡長島町鷹巣3786-14　TEL0996-86-2011・FAX0996-86-2014　①歴史・自然，②火曜日，③有料

薩摩川内市川内歴史資料館　〒895-0072薩摩川内市中郷2-2-6　TEL0996-20-2344・FAX0996-20-2848　①考古・歴史・民俗・美術，②無休，③有料

薩摩川内市下甑郷土館　〒896-1601薩摩川内市下甑町手打1031　TEL09969-7-0419・FAX09969-7-0391　①考古・歴史・民俗・美術，②火曜日，祝日，年末年始，③有料

薩摩川内市上甑郷土館　〒896-1201薩摩川内市上甑町中甑481-1　TEL09969-2-0001・FAX09969-6-1018　①考古・歴史・民俗，②土・日曜日，祝日，年末年始，③無料

薩摩川内市樋脇郷土館　〒895-1203薩摩川内市樋脇町市比野2442-1　TEL0996-38-0009・FAX0996-38-0706　①考古・歴史・民俗・美術，②月曜日，第3日曜日，祝日，年末年始，③無料

薩摩川内市入来郷土館　〒895-1402薩摩川内市入来町浦之名33　TEL0996-44-3111・FAX0996-44-3117　①考古・歴史・民俗・美術，②月曜日，第3日曜日，祝日，年末年始，③有料

さつま町宮之城歴史資料センター　〒895-1811薩摩郡さつま町虎居5228　TEL・FAX0996-52-3340　①考古・歴史・民俗・美術，②月曜日，年末年始，③有料

さつま町ふるさと薩摩の館	〒895-2201薩摩郡さつま町求名12753-3　TEL0996-57-0970・FAX0996-57-0822　①考古・歴史・民俗，②月曜日，年末年始，③有料
姶良歴史民俗資料館	〒899-5421姶良市東餅田498　TEL0995-65-1553・FAX0995-66-5820　①考古・歴史・民俗，②月曜日，毎月25日，年末年始，③有料
加治木郷土館	〒899-5214姶良市加治木町仮屋町250　TEL・FAX0995-62-2605　①考古・歴史・民俗，②月曜日，祝日，年末年始，③無料
椋鳩十文学記念館	〒899-5231姶良市加治木町反土2624-1　TEL0995-62-4800・FAX0995-62-4801　①椋鳩十に関する遺品・著書，②月曜日，年末年始，③有料
霧島市立横川郷土館	〒899-6303霧島市横川町中ノ192-7　TEL0995-72-1596・FAX0995-72-1875　①歴史・民俗，②月曜日，年末年始，③無料
霧島市立隼人歴史民俗資料館	〒899-5116霧島市隼人町内2496　TEL・FAX0995-43-0179　①考古・歴史・民俗，②月曜日，年末年始，③有料
霧島市立隼人塚史跡館	〒899-5106霧島市隼人町内山田287-1　TEL・FAX0995-43-7110　①隼人塚・考古，②月曜日，年末年始，③有料
霧島市立霧島歴史民俗資料館	〒899-4201霧島市霧島田口148-1　TEL0995-57-0316　平日0995-57-0390（土・日曜日，祝日）　①考古・歴史・民俗，②月曜日，年末年始，③有料
霧島市立国分郷土館	〒899-4316霧島市国分上小川3819　TEL0995-46-1562　①考古・歴史・民俗・美術，②月曜日，年末年始，③有料
鹿児島県上野原縄文の森	〒899-4314霧島市国分上野原縄文の森1-1　TEL0995-48-5701・FAX0995-48-5704　①考古，②第1・3月曜日（4月29日～5月5日，7月21日～8月31日は無休），年末年始，③有料
鹿児島県立埋蔵文化財センター	〒899-4318霧島市国分上野原縄文の森2-1　TEL0995-48-5811・FAX0995-48-5821　①考古，②土・日曜日，祝日，年末年始，③無料
財団法人松下美術館	〒899-4501霧島市福山町福山771　TEL0995-55-3350・FAX0995-55-3351　①絵画・陶磁器，②無休，③有料
菱刈町立郷土資料館	〒895-2701伊佐郡菱刈町前目2019-1　TEL0995-26-3000・FAX0995-26-4121　①考古・歴史・民俗，②月曜日，年末年始，③無料
伊佐市歴史民俗鉄道記念資料館	〒895-2511伊佐市里2845-2　TEL0995-22-1613・FAX0995-22-9420（市教育委員会）　①考古・歴史・民俗，②月曜日，年末年始，③無料
曽於市財部郷土館	〒899-4101曽於市財部町南俣460-1　TEL0986-72-1111・FAX0986-72-3730　①考古・歴史・民俗・美術，②月曜日，祝日，年末年始，③無料
曽於市立歴史民俗資料館	〒899-8605曽於市末吉町二之方2019　TEL0986-28-8051・FAX0986-28-8054　①考古・歴史・民俗，②月曜日，第3水曜日，祝日，年末年始，③無料
大隅郷土館	〒899-8103曽於市大隅町中之内9146　TEL0994-82-1211・FAX0994-82-1148　①考古・歴史・民俗，②月曜日（第3日曜日・学校の休業期間中は日曜日），祝日，年末年始，③無料
松山歴史民俗資料館	〒899-7602志布志市松山町泰野3410　TEL0994-87-8154・FAXなし　①考古・歴史・民俗，②土・日曜日，祝日，年末年始，③無料
輝北歴史民俗資料館	〒893-0201鹿屋市輝北町上百引2635　TEL0994-86-0505　①考古・歴

史・民俗，②土・日曜日，祝日，年末年始，③無料

鹿屋市王子遺跡資料館　〒893-0007鹿屋市北田町11110-1　TEL0994-31-1167(文化課)　①考古，②祝日，年末年始，③無料

肝付町立歴史民俗資料館　〒893-1201肝属郡肝付町野崎1936　TEL・FAX0994-65-0170　①考古・歴史・民俗・美術，②月曜日，祝日，年末年始，③有料

屋久島町歴史民俗資料館　〒891-4292熊毛郡屋久島町宮之浦1593　TEL0997-42-1900・FAX0997-42-1605(町教育委員会)　①考古・歴史・民俗，②月曜日，年末年始，③有料

種子島開発総合センター　〒891-3101西之表市西之表7585　TEL0997-23-3215・FAX0997-23-3250　①考古・歴史・民俗・美術，②毎月25日(7・8月は除く)，年末年始，③有料

中種子町立歴史民俗資料館　〒891-3604熊毛郡中種子町野間5173-2　TEL0997-27-2233・FAX0997-27-2226　①考古・歴史・民俗，②月曜日，展示替え期間・燻蒸日，年末年始，③有料

南種子町郷土館　〒891-3701熊毛郡南種子町中之下1937-4　TEL0997-26-1030・FAX0997-26-2240(町教育委員会)　①考古・歴史・民俗，②月曜日，年末年始，③無料

奄美市立奄美博物館　〒894-0036奄美市名瀬長浜町517　TEL0997-54-1210・FAX0997-53-6206　①考古・歴史・民俗，②第3月曜日，年末年始，③有料

県立図書館奄美分館　〒894-0012奄美市名瀬小俣町20-1　TEL0997-52-0244・FAX0997-52-9634　①考古・歴史，②月曜日，整理研修日(毎月25日)，年末年始，③無料

奄美市歴史民俗資料館　〒894-0624奄美市笠利町須野670　TEL・FAX0997-63-9531　①考古・歴史・民俗，②12月28〜31日，③有料

鹿児島県奄美パーク　〒894-0504奄美市笠利町節田1834　TEL0997-55-2333・FAX0997-55-2612(奄美の郷)，TEL0997-55-2635・FAX0997-55-2613(田中一村記念美術館)　①奄美の郷(民俗)・田中一村記念美術館(美術)，②水曜日(4月29日〜5月5日，7月21日〜8月31日は開園)，年末年始，③有料

瀬戸内町立図書館・郷土館　〒894-1508大島郡瀬戸内町古仁屋1283-17　TEL0997-72-3799・FAX0997-72-3999　①考古・歴史・民俗，②月曜日，4月1日，年末年始，③無料

伊仙町立歴史民俗資料館　〒891-2082大島郡伊仙町伊仙83-4　TEL0997-86-4183・FAX0997-86-2373　①考古・歴史・民俗，②月曜日，年末年始，③無料

和泊町歴史民俗資料館　〒891-9121大島郡和泊町根折1314-1　TEL0997-92-0911・FAX0997-81-4023　①歴史・民俗・美術，②水曜日，祝日，年末年始，③有料

【無形民俗文化財】

国指定

諸鈍芝居　　大島郡瀬戸内町諸鈍　旧暦8月15日・9月9日
甑島のトシドン　　薩摩川内市下甑町手打・片野浦・青瀬・瀬々野浦　12月31日
東郷文弥節人形浄瑠璃　　薩摩川内市東郷町斧淵
南薩摩の十五夜行事　　枕崎市・南さつま市坊津町・南九州市知覧町　旧暦8月15日
市来の七夕踊　　いちき串木野市大里　8月11日
秋名のアラセツ行事　　大島郡龍郷町秋名　旧暦8月アラセツ
与論の十五夜踊　　大島郡与論町字城　旧暦3月8日・10月15日

県指定

吉左右踊・太鼓踊　　姶良市加治木町西別府　8月16日
鷹踊　　薩摩郡さつま町求名下手　10月1日
川辺町上山田太鼓踊　　南九州市川辺町上山田　5月12日
士踊（稚児踊，二才踊）　　南さつま市加世田武田17932（竹田神社）　7月23日
羽島崎神社春祭に伴う芸能（田打，船持祝）　　いちき串木野市羽島5944　旧暦2月4日
深田神社春祭に伴う芸能（田打）　　いちき串木野市下名20967　旧暦2月2日
南方神社春祭に伴う芸能（田打）　　薩摩川内市高江町　3月2日
山宮神社春祭に伴う芸能（田打，カギヒキ，正月踊）　　鹿屋市串良町細山田　2月17日
山宮神社春祭に伴う芸能（カギヒキ，正月踊）　　志布志市志布志町安楽1519-2　2月17・18日
野田町熊野神社の田の神舞　　出水市野田町熊陳　不定（ホゼ祭）
肝付町本町の八月踊　　肝属郡肝付町本町　旧暦8月18日
高尾野町の兵六踊　　出水市高尾野町　9月23日
菱刈町の錫杖踊　　伊佐市菱刈町下手　11月28日
大浦町の疱瘡踊　　南さつま市大浦町　2月11日
野田町の山田楽　　出水市野田町上名青木　旧暦7月8日
鹿児島市中山町の虚無僧踊　　鹿児島市中山町　10月19日
入来町の疱瘡踊　　薩摩川内市入来町浦之名　不定期
新田神社の御田植祭に伴う芸能（奴踊，棒踊）　　薩摩川内市宮内町1935-2　6月11日
大田太鼓踊　　日置市伊集院町大田　8月7日
津貫豊祭太鼓踊　　南さつま市加世田津貫　10月27日
源太郎踊　　熊毛郡中種子町野間町山崎　旧暦10月16日
吹上町の伊作太鼓踊　　日置市吹上町湯之浦　8月22日
出水市の種子島楽　　出水市籠町　旧暦7月1日
阿久根市波留南方神社の神舞　　阿久根市波留　旧暦7月28日（8年目ごと）
西之表市現和の種子島大踊　　西之表市現和　10月24日
西之表市横山の盆踊　　西之表市横山　旧暦7月7日
南種子町平山の座敷舞　　熊毛郡南種子町平山　1月15日夜
南種子町平山の蚕舞　　熊毛郡南種子町平山　1月14・15日
西之表市の面踊　　西之表市住吉深川　10月24日

久見崎盆踊（想夫恋）　　薩摩川内市久見崎町　8月16日
蓬原熊野神社の神舞　　志布志市有明町蓬原　11月23日
知覧の十五夜ソラヨイ　　南九州市知覧町中部地区　旧暦8月15日夜
吹上大汝牟遅神社の流鏑馬　　日置市吹上町中原東宮内　11月23日
末吉住吉神社の流鏑馬　　曽於市末吉町二之方住吉　11月23日
高山四十九所神社の流鏑馬　　肝属郡肝付町新富　10月19日
秋名のショチュガマ及びヒラセマンカイ　　大島郡龍郷町秋名　旧暦8月最初の丙の日
油井の豊年踊り　　大島郡瀬戸内町油井　旧暦8月15日・9月25日
上平川の大蛇踊り　　大島郡知名町上平川　旧暦1月15日・5月15日・9月15日
大隅町岩川八幡神社の弥五郎どん祭り　　曽於市大隅町岩川5745　11月3日
菱刈町湯之尾神社の神舞　　伊佐市菱刈町川北2461　11月23日（3年に1回）
十島村悪石島の盆踊り　　鹿児島郡十島村悪石島　旧暦7月7日〜16日
三島村硫黄島の八朔太鼓踊り　　鹿児島郡三島村硫黄島　旧暦8月1日
三島村硫黄島の九月踊り　　鹿児島郡三島村硫黄島　旧暦9月9日
霧島神宮のお田植祭り　　霧島市霧島町田口2608-5　旧暦2月4日
志布志町田之浦の山宮神社のダゴ祭り　　志布志市志布志町田之浦559　2月1日
西之表栖林神社の大的始式　　西之表市西之表7597-1　1月11日
伊集院町徳重大バラ太鼓踊り　　日置市伊集院町徳重1787　10月第4日曜日
末吉町熊野神社の鬼追い　　曽於市末吉町深川　1月7日
宝満神社のお田植え祭り　　熊毛郡南種子町茎永　4月上旬
徳之島町井之川夏目踊り　　大島郡徳之島町井之川　旧暦盆のあとの戌の日
甑島の内侍舞　　薩摩川内市里町里八幡神社　旧暦9月18日〜19日
古田獅子舞　　西之表市古田　10月第3日曜日
川内大綱引　　薩摩川内市　9月22日
佐多の御崎祭り　　肝属郡南大隅町佐多　2月第3土・日曜日
屋久島の如竹踊り　　熊毛郡屋久島町安房　旧暦5月25日

【おもな祭り】（国・県指定民俗文化財をのぞく）
鬼火たき　　県下一円　1月7日
破魔投げ大会　　鹿児島市　1月15日
藤川天神大祭　　薩摩川内市東郷町　2月25日
鹿児島神宮の初午祭　　霧島市隼人町　旧暦正月18日
宝満寺お釈迦祭　　志布志市志布志町　旧暦4月8日
ひなじょ祭り　　阿久根市　旧暦4月8日
曽我どんの傘焼　　鹿児島市　旧暦5月28日前後の土曜日
八幡神社お田植え祭・せっぺとべ　　日置市日吉町　6月第1日曜日
加治木の蜘蛛合戦　　姶良市加治木町　6月第3日曜日
豊玉姫神社六月灯・カラクリ人形　　南九州市知覧町　7月9日
照国神社六月灯　　鹿児島市　7月15日前後の土・日曜日
竹田神社夏祭り　　南さつま市　7月23日

おぎおんさあ(鹿児島祇園祭)　鹿児島市　7月下旬
奄美八月踊り　奄美諸島一円　旧暦8月中旬
新田神社大祭　薩摩川内市　9月15日
十五夜大綱引　薩摩川内市　旧暦8月15日
妙円寺詣り　日置市伊集院町(徳重神社)　旧暦9月15日
おはら祭り　鹿児島市　11月3日
赤穂義士伝輪読会　鹿児島市　旧暦12月14日

【有形民俗文化財】

県指定

入来町仲組の田の神　薩摩川内市入来町副田　薩摩川内市
鹿児島市山田町の田の神　鹿児島市山田町2275-7　鹿児島市
金峰町宮崎の田の神　南さつま市金峰町宮崎山の上50　金峰町
鹿児島市川上町の田の神　鹿児島市川上町830-3　鹿児島市
肝付町野崎の田の神(寛保3年)　肝属郡肝付町野崎大園　肝付町
肝付町野崎の田の神(明和8年)　肝属郡肝付町野崎大園　肝付町
吹上町中田尻の田の神　日置市吹上町中田尻　日置市
入佐の田の神　鹿児島市入佐町字巣山谷　鹿児島市
東市来養母の田の神　日置市東市来町養母元養母　日置市
東市来湯之元の田の神　日置市東市来町湯之元中央　日置市
蒲生町漆の田の神　姶良市蒲生町漆365　蒲生町
蒲生町下久徳の田の神　姶良市蒲生町下久徳413-1　蒲生町
加治木町木田の田の神　姶良市加治木町木田　加治木町
隼人町宮内の田の神　霧島市隼人町内山田1805　隼人町
湧水町般若寺の田の神　姶良郡湧水町般若寺　湧水町
伊佐市山野の田の神　伊佐市山野平出水　伊佐市
鹿屋市野里の田の神　鹿屋市野里岡村　鹿屋市
南大隅町川北の田の神　肝属郡南大隅町根占川北久保　南大隅町
東串良町新川西の田の神　肝属郡東串良町新川西下伊倉　東串良町
有明町野井倉の田の神　志布志市有明町野井倉3235-5　有明町
蒲生町漆の庚申塔　姶良市蒲生町漆1798-1
さつま町虎居の庚申塔　薩摩郡さつま町虎居1781
さつま町鶴田の庚申塔　薩摩郡さつま町鶴田3830　さつま町
湧水町川西の庚申塔　姶良郡湧水町川西560-1
知覧の水車カラクリ　南九州市知覧町郡16510　知覧水車カラクリ保存会
加世田の水車カラクリ　南さつま市加世田武田17932(竹田神社)　竹田神社カラクリ保存会
奄美大島のノロ関係資料　大島郡宇検村・瀬戸内町・奄美市笠利町, 奄美市, 大和村
甑島の植物繊維衣料　薩摩川内市下甑町手打1031　薩摩川内市下甑郷土館
喜界島のノロ関係資料　大島郡喜界町赤連18-2　喜界町中央公民館
安良神社の仮面　霧島市横川町中ノ192-7　横川郷土館

山宮系神舞の仮面及び衣装　　志布志市志布志町安楽, 田之浦・有明町伊崎田

【無形文化財】

県指定

薩摩琵琶　　薩摩琵琶同好会(鹿児島市紫原6-44-12)
妙音十二楽　　妙音十二楽保存会(日置市吹上町田尻中島)
天吹　　天吹同好会(鹿児島市上之園町20-17)

【散歩便利帳】
［県外に所在する観光問い合わせ事務所］
かごしま遊楽館　〒100-0006東京都千代田区有楽町1-6-4 千代田ビル1～3・9階
　　TEL03-3506-9177・FAX03-3506-9178
鹿児島県大阪事務所　〒530-0001大阪市北区梅田1-3-1-900 大阪駅前第1ビル9階11号
　　TEL06-6341-5618・FAX03-6341-7210
鹿児島県福岡事務所　〒812-0012福岡市博多区博多駅中央街8-36 博多ビル8階
　　TEL092-441-2852・FAX092-441-2863
［鹿児島県のおもなホームページ］
鹿児島県の観光のホームページ　　http://www3.pref.kagoshima.jp/kankou/top.htm
鹿児島県のホームページ　　http://www.pref.kagoshima.jp/
鹿児島県観光課　　E-mail:kanko@pref.kagoshima.lg.jp
［県内の観光課］
鹿児島県観光課　〒890-8577鹿児島市鴨池新町10-1
　　TEL099-286-5050・FAX099-286-5580
奄美市紬観光課　〒894-8555奄美市名瀬幸町25-8　TEL0997-52-1111・FAX0997-52-1001
　笠利総合支所産業振興課　〒894-0595奄美市笠利町中金久141
　　TEL0997-63-1111・FAX0997-63-2440
　住用総合支所産業建設課　〒894-1292奄美市住用町西仲間111
　　TEL0997-69-2111・FAX0997-69-2701
阿久根市水産商工観光課　〒899-1696阿久根市鶴見町200
　　TEL0996-73-1211・FAX0996-72-2029
出水市商工観光課　〒899-0292出水市緑町1-3　TEL0996-63-2111・FAX0996-63-0680
　高尾野支所地域振興室　〒899-0492出水市高尾野町大久保7
　　TEL0996-82-1111・FAX096-82-4234
　野田支所地域振興室　〒899-0502出水市野田町下名7035
　　TEL0996-84-3111・FAX0996-84-2078
いちき串木野市商工観光課　〒896-8601いちき串木野市昭和通133-1
　　TEL0996-33-5638・FAX0996-32-3124
　市来支所産業経済課　〒899-2192いちき串木野市湊町1-1
　　TEL0996-21-5124・FAX0996-36-3092
指宿市商工観光課　〒891-0497指宿市十町2424　TEL0993-22-2111・FAX099-23-4987
　開聞支所産業振興課　〒891-0692指宿市開聞十町2867
　　TEL0993-32-3111・FAX0993-32-4513
　山川支所産業振興課　〒891-0504揖宿市山川新生町84
　　TEL0993-34-1111・FAX0993-35-2982
大口市地域振興課　〒895-2511大口市里1888　TEL0995-22-1111・FAX0995-22-5344
鹿児島市観光振興課　〒892-8677鹿児島市山下町11-1　TEL099-216-1327・FAX099-216-1320
　喜入支所総務市民課　〒891-0203鹿児島市喜入町7000

TEL0993-45-3766・FAX0993-45-2600
　郡山支所総務市民課　　〒891-1192鹿児島市郡山町141
　　TEL099-298-2111・FAX099-298-2835
　桜島支所総務市民課　　〒891-1415鹿児島市桜島藤野町1439
　　TEL099-293-2346・FAX099-293-3744
　松元支所総務市民課　　〒899-2703鹿児島市上谷口町2883
　　TEL099-278-2112・FAX099-278-4097
　吉田支所総務市民課　　〒891-1392鹿児島市本城町1696
　　TEL099-294-1210・FAX099-294-3352
鹿屋市商工観光課　　〒893-8501鹿屋市共栄町20-1　　TEL0994-31-1121・FAX0994-44-3730
　吾平総合支所産業振興課　　〒893-1192鹿屋市吾平町麓3317
　　TEL0994-58-7111・FAX0994-58-8415
　輝北総合支所産業振興課　　〒893-0292鹿屋市輝北町上百引3914-ロ
　　TEL099-486-1111・FAX0996-85-1057
　串良総合支所産業振興課　　〒893-1692鹿屋市串良町岡崎2059
　　TEL0994-63-3111・FAX0993-63-5565
霧島市観光課　　〒899-4394霧島市国分中央3-45-1　　TEL0995-45-5111・FAX0995-47-2522
　霧島総合支所地域振興課　　〒899-4292霧島市霧島田口8-4
　　TEL0995-57-1111・FAX0997-57-0408
　隼人庁舎支所隼人地域振興課　　〒899-5192霧島市隼人町内山田1-11-11
　　TEL0995-42-1111・FAX0995-42-0273
　福山総合支所地域振興課　　〒899-4501霧島市福山町福山2466
　　TEL0995-55-2111・FAX0995-64-7500
　牧園総合支所地域振興課　　〒899-6592霧島市牧園町宿窪田2647
　　TEL0995-76-1111・FAX0995-76-1137
　溝辺総合支所地域振興課　　〒899-6493霧島市溝辺町有川341
　　TEL0995-59-3111・FAX0995-59-3907
　横川総合支所地域振興課　　〒899-6303霧島市横川町中ノ263
　　TEL0995-72-0511・FAX0995-72-9366
薩摩川内市観光課　　〒895-8650薩摩川内市神田町3-22
　　TEL0996-23-5111・FAX 0996-20-5570
　入来支所産業建設課　　〒895-1492薩摩川内市入来町浦之名33
　　TEL0996-44-3111・FAX0996-44-3117
　鹿島支所産業建設課　　〒896-1392薩摩川内市鹿島町藺牟田1457-10
　　TEL09969-4-2211・FAX09969-4-2672
　上甑支所産業建設課　　〒896-1201薩摩川内市上甑町中甑481-1
　　TEL09969-2-0001・FAX09969-2-1490
　祁答院支所産業建設課　　〒895-1595薩摩川内市祁答院町下手67
　　TEL0996-55-1111・FAX0996-55-1021
　里支所産業建設課　　〒896-1192薩摩川内市里町里1922　　TEL09969-3-2311・FAX09969-3-

2912
下甑支所産業建設課　〒896-1696薩摩川内市下甑町手打819
TEL09969-7-0311・FAX09969-7-0753
東郷支所産業建設課　〒895-1106薩摩川内市東郷町斧淵362
TEL0996-42-1111・FAX0996-42-0767
樋脇支所産業建設課　〒895-1202薩摩川内市樋脇町塔之原1173
TEL0996-37-3111・FAX0996-37-2252
志布志市港湾商工課　〒899-7492志布志市有明町野井倉1756
TEL099-474-1111・FAX0994-474-2281
志布志支所地域振興課　〒899-7192志布志市志布志町志布志2-1-1
TEL099-472-1111・FAX099-473-2203
松山支所地域振興課　〒899-7692志布志市松山町新橋268
TEL099-487-2111・FAX099-487-2593
垂水市商工観光課　〒891-2192垂水市上町114　TEL0994-32-1486・FAX0994-32-6625
西之表市経済観光課　〒891-3193西之表市西之表7612
TEL0997-22-1111・FAX0997-22-0295
日置市商工観光課　〒899-2592日置市伊集院町郡1-100
TEL099-273-2111・FAX099-273-3063
東市来支所地域振興課　〒899-2292日置市東市来町長里87-1
TEL099-274-2111・FAX099-274-4074
日吉支所地域振興課　〒899-3192日置市日吉町日置377
TEL099-292-2111・FAX099-292-3055
吹上支所地域振興課　〒899-3301日置市吹上町中原2847
TEL099-296-2111・FAX099-296-3299
枕崎市水産商工課　〒898-0012枕崎市千代田町27　TEL0993-72-1111・FAX0993-73-1870
南九州市知覧支所商工観光課　〒897-0392南九州市知覧町郡6204　TEL0993-83-2511・
FAX0993-83-4658
頴娃支所地域振興課　〒891-0702南九州市頴娃町牧之内2830　TEL0993-36-1111・
FAX0993-36-3136
川辺支所地域振興課　〒897-0215南九州市川辺町平山3234
TEL0993-56-1111・FAX0995-56-5611
南さつま市商工観光課　〒897-8501南さつま市加世田川畑2648
TEL0993-53-2111・FAX0993-52-0113
大浦支所商工観光課　〒897-1201南さつま市大浦町2071
TEL0993-62-2111・FAX0993-62-2364
笠沙支所商工観光課　〒897-1301南さつま市笠沙町片浦808
TEL0993-63-1111・FAX0993-63-1114
金峰支所商工観光課　〒899-3492南さつま市金峰町尾下1650
TEL0993-77-1111・FAX0993-77-0119
坊津支所坊泊庁舎商工観光課　〒898-0101南さつま市坊津町坊9422-2

TEL0993-67-1441・FAX0993-67-0927
姶良市商工観光課　〒899-5492姶良市宮島町25
　TEL0995-66-3111・FAX0996-65-7112
天城町企画課　　〒891-7692大島郡天城町平土野2691-1
　TEL0997-85-5149・FAX0997-85-3110
伊仙町企画課　　〒891-8293大島郡伊仙町伊仙1842
　TEL0997-86-3111・FAX0997-86-2793
宇検村地域振興課　〒894-3392大島郡宇検村湯湾915
　TEL0997-67-2211・FAX0997-67-2987
大崎町総務課　〒899-7305曽於郡大崎町仮宿1029　TEL099-476-1111・FAX099-476-3979
加治木総合支所地域振興課　〒899-5294姶良市加治木町本町253
　TEL0995-62-2111・FAX0995-62-3699
蒲生総合支所地域振興課　〒899-5392姶良市蒲生町上久徳2399　TEL0995-52-1211・
FAX0995-52-1219
喜界町産業振興課　〒891-6292大島郡喜界町湾1746　TEL0997-65-1111・FAX0997-65-4316
肝付町企画課　〒893-1207肝属郡肝付町新富98　TEL0994-65-2511・FAX0994-65-2521
　内之浦総合支所管理課　〒893-1402肝属郡肝付町南方2643
　TEL0994-67-2111・FAX0997-67-4117
錦江町産業振興課　〒893-2392肝属郡錦江町城元963　TEL0994-22-0511・FAX0994-22-
1951
　田代支所地域振興課　〒893-2492肝属郡錦江町田代麓827-1
　TEL0994-25-2511・FAX0994-25-2668
さつま町商工観光課　〒895-1803薩摩郡さつま町宮之城屋地1565-2
　TEL0996-53-1111・FAX0996-52-3514
　薩摩総合支所総務管理課　〒895-2201薩摩郡さつま町求名12837
　TEL0996-53-1111・FAX0996-57-0492
　鶴田総合支所総務管理課　〒895-2102薩摩郡さつま町神子663-1
　TEL0996-53-1111・FAX0996-59-2837
瀬戸内町商水観光課　〒894-1592大島郡瀬戸内町古仁屋船津23
　TEL0997-72-1114・FAX0997-72-1120
曽於市経済課　〒899-8692曽於市末吉町二之方1980　TEL0986-76-8808・FAX0986-76-1122
　大隅支所産業振興課　〒899-8102曽於市大隅町岩川5629
　TEL099-482-5950〜52・FAX0994-82-4690
　財部支所産業振興課　〒899-4192曽於市財部町11275
　TEL0986-72-0940・FAX0986-72-0830
龍郷町産業振興課　〒894-0192大島郡龍郷町浦110　TEL0997-62-3111・FAX0997-62-2535
知名町産業政策課　〒891-9295大島郡知名町知名307
　TEL0997-93-3111・FAX0997-93-4103
徳之島町企画課　〒891-7101大島郡徳之島町亀津7203
　TEL0997-82-1111・FAX0997-82-1101

十島村企画観光課　〒892-0822鹿児島市泉町14-15　TEL099-222-2101・FAX099-223-6720
中種子町企画課　〒891-3692熊毛郡中種子町野間5186
　TEL0997-27-1111・FAX0997-27-2830
長島町水産商工課　〒899-1498出水郡長島町鷹巣1875-1
　TEL0996-86-1111・FAX0996-86-0950
　指江庁舎水産商工課　〒899-1395出水郡長島町指江787
　TEL0996-88-5511・FAX0996-88-5198
東串良町企画課　〒893-1693肝属郡東串良町川西1543
　TEL0994-63-3131・FAX0994-63-3138
菱刈町企画課　〒895-2701伊佐郡菱刈町前目2106
　TEL0995-26-1111・FAX0995-26-1202
三島村経済課　〒892-0821鹿児島市名山町12-18　TEL099-222-3141・FAX099-223-1832
南大隅町商工観光課　〒893-2501肝属郡南大隅町根占川北226
　TEL0994-24-3111・FAX0994-24-3119
　佐多支所管理課　〒893-2601肝属郡南大隅町佐多伊座敷3844
　TEL0994-26-0511・FAX0994-26-1920
南種子町企画課　〒891-3792熊毛郡南種子町中之上2793-1
　TEL0997-26-1111・FAX0997-26-0708
屋久島町企画調整課　〒891-4205熊毛郡屋久島町小瀬田469-45
　TEL0997-43-5900・FAX0997-43-5905
　宮之浦支所商工観光課　〒891-4292熊毛郡屋久島町宮之浦1593
　TEL0997-42-0100・FAX0997-42-1505
　尾之間支所商工観光課　〒891-4404熊毛郡屋久島町尾之間157
　TEL0997-47-2111・FAX0997-47-2117
大和村産業振興課　〒894-3192大島郡大和村大和浜100
　TEL0997-57-2111・FAX0997-57-2161
湧水町栗野庁舎商工観光課　〒899-6292姶良郡湧水町木場222
　TEL0995-74-3111・FAX0995-74-4249
　吉松庁舎地域総務課　〒899-6192姶良郡湧水町中津川603
　TEL0995-75-2111・FAX0995-75-2456
与論町商工観光課　〒891-9301大島郡与論町茶花32-1
　TEL0997-97-4902・0997-97-4197
和泊町企画課　〒891-9192大島郡和泊町和泊10　TEL0997-92-1111・FAX0997-81-4477
［県内のおもな観光案内所］
(財)鹿児島観光コンベンション協会　〒890-0053鹿児島市中央町10 キャンセ7F
　TEL099-286-4700・FAX099-286-4710
(社)鹿児島県観光連盟　〒890-0053鹿児島市名山町9-1
　TEL099-223-5771・FAX099-225-7484
鹿児島中央駅前観光案内所　鹿児島中央駅前　TEL099-253-2500
鹿児島駅前観光案内所　鹿児島駅前　TEL099-222-2500

鹿児島空港ビルディング総合案内所　　鹿児島空港国内線ビル1階　℡0995-58-4686
指宿市観光案内所　　JR指宿駅構内　℡0993-22-4144
桜島観光案内所　　桜島港フェリーターミナル2階　℡099-293-2525
霧島温泉観光案内所　　〒899-6603姶良郡牧園町高千穂3311-3　℡0995-78-2541
妙見温泉観光協会　　〒899-5113姶良郡隼人町嘉例川4403　℡0995-77-2818・FAX0995-78-2808
屋久島観光センター　　〒891-4205熊毛郡上屋久町宮之浦799　℡0997-42-0091
奄美空港ターミナル㈱総合案内　　奄美空港内　℡0997-63-2295

[外国人への観光案内全般]

「i」案内所　　鹿児島県観光連盟内　℡099-223-5771
　　　　　　　鹿児島中央駅前観光案内所内　℡099-253-2500
国際交流プラザ　　鹿児島商工会議所ビル11階　℡099-225-3279

[県内のおもな駅]

鹿児島中央駅　℡099-256-1585
鹿児島駅　℡099-222-7101
伊集院駅　℡099-273-2805
川内駅　℡0996-25-5450
阿久根駅　℡0996-73-0101
串木野駅　℡0996-32-2005
出水駅　℡0996-62-0123
指宿駅　℡0993-22-3776
隼人駅　℡0995-42-0021
国分駅　℡0995-46-0047
霧島神宮駅　℡0995-57-0053
吉松駅　℡0995-75-2013

[定期観光バス・会員制バス案内所]

〈鹿児島市内観光〉
鹿児島市交通局　℡099-257-2111
鹿児島中央駅前観光案内所　℡099-253-2500

〈鹿児島市内・桜島〉
鹿児島交通　℡099-259-2888
JR九州バス　℡099-247-2057

〈桜島〉
桜島町自動車課　℡099-293-2525

〈霧島〉
いわさきバスネットワーク　℡099-259-2888

〈種子島〉
種子島交通　℡09972-2-0450

〈屋久島〉
屋久島交通　℡09974-6-2221

〈奄美大島〉
奄美交通　　　℡0997-52-3231
[空港バス]
〈鹿児島市内〉行
南国交通　　　℡099-255-2141
いわさきバスネットワーク　　　℡099-259-2888
〈山川・指宿〉〈加世田・知覧〉〈枕崎・加世田〉〈鹿屋〉〈垂水〉〈志布志〉行
鹿児島交通　　　℡099-259-2888
大隅交通ネットワーク　　　℡0994-42-3131
〈国分〉〈霧島〉〈串木野〉〈川内〉行
いわさきバスネットワーク　　　℡099-259-2888
〈阿久根〉〈大口〉行
南国交通　　　℡099-255-2141
[航空路]
〈東京・大阪・神戸・徳之島・名古屋～鹿児島〉
日本航空（JAL）　　　℡0120-25-5971
〈大阪, 名古屋(中部), 岡山, 広島西, 高松, 松山, 種子島, 屋久島, 喜界島, 沖永良部, 与論, 福岡, 奄美大島〉
日本エアコミューター（JAC）　　　℡0120-25-5971
〈東京, 大阪, 名古屋, 那覇〉
全日本空輸（ANA）, エアーニッポン（ANK）　　　℡0120-029-222
〈東京〉
スカイネットアジア航空（SNA）　　　℡0120-737-283
〈長崎〉
オリエンタルエアブリッジ（ORC）　　　℡0120-84-8909
[鹿児島市発着の近距離航路]
桜島桟橋～桜島港(フェリー)　　　鹿児島市船舶部営業課　℡099-293-2525
鴨池港～垂水港(フェリー)　　　南海郵船　℡099-256-1761
[鹿児島市発着の遠距離航路]
鹿児島南埠頭～種子島(フェリー)　　　コスモライン　℡099-226-6628
鹿児島南埠頭～種子島・屋久島(指宿経由あり, 超高速船)　　　鹿児島商船
　　℡099-226-0128(予約センター)
鹿児島南埠頭～屋久島(フェリー)　　　折田汽船　℡099-226-0731
鹿児島南埠頭～三島村(竹島・硫黄島・黒島〈大里・片泊〉経由, フェリー)　　　三島村船舶課　℡099-222-3141
鹿児島南埠頭～十島村(口之島・中之島・平島・諏訪之瀬島・悪石島・小宝島・宝島経由, 名瀬便あり, フェリー)　　　十島村経済課　℡099-222-2101
鹿児島北埠頭～奄美群島・沖縄(喜界島・奄美大島・徳之島・沖永良部島経由, フェリー)
　　奄美海運　℡099-222-2338
鹿児島新港～奄美群島・沖縄(奄美大島・徳之島・沖永良部島・与論島・本部・那覇経由,

フェリー)　　マリックスライン　℡099-225-1551
　　　　　　　　大島運輸　℡099-226-4141
[その他の航路]
串木野～甑島　　甑島商船　℡0996-32-6458
種子島～屋久島　　鹿児島商船　℡099-255-7888
種子島～屋久島・口永良部島　　屋久島町商工観光課　℡0997-42-0100
古仁屋～加計呂麻島／請島・与路島　　瀬戸内町商水観光課　℡0997-72-1114・1115
[県外からの航路]
天草～長島(フェリー)　　三和商船　℡0996-88-5689
　　　　　　　　　　　　天長フェリー　℡0996-86-0775
東京～志布志～奄美～沖縄(フェリー)　　マルエーフェリー　℡03-5643-6170・098-861-1886
神戸～大阪～奄美～那覇(フェリー)　　マルエーフェリー　℡0996-6341-8071
大阪～志布志(フェリー)　　ダイヤモンドフェリー　℡06-6441-1411・099-473-0661

【参考文献】

『姶良町郷土誌』　姶良町郷土誌改訂編さん委員会編　姶良町　1995
『阿久根市誌』　阿久根市誌編さん委員会編　阿久根市　1974
『阿久根の文化財』　阿久根市郷土誌編集委員会編　阿久根市　1982
『天城町誌』　天城町役場編　天城町　1978
『奄美大島史(復刻版)』　坂口德太郎　丸山学芸図書　1984
『奄美まるごとハンドブック』　奄美群島広域事務組合編　奄美群島広域事務組合　2005
『有明町誌』　有明町郷土史編さん委員会編　有明町　1980
『石橋記念館展示解説書』　鹿児島県土木部都市計画課編　鹿児島県　2000
『出水の文化財　史跡と文化財・改』　出水市教育委員会社会教育課　出水市教育委員会　1994
『伊仙町誌』　伊仙町誌編さん委員会編　伊仙町　1978
『大石兵六物語』　鹿児島県高等学校歴史部会編　鹿児島県高等学校歴史部会　1972
『大根占町誌』　大根占町誌編さん委員会編　大根占町　1971
『改訂名瀬市誌』1～3　改訂名瀬市誌編纂委員会編　名瀬市　1996
『街道の日本史54　薩摩と出水街道』　三木靖・向山勝貞編　吉川弘文館　2003
『街道の日本史55　鹿児島の湊と薩南諸島』　松下志朗・下野敏見編　吉川弘文館　2002
『鹿児島県史』1～2　鹿児島県　近藤出版　1980(第三次復刊)
『鹿児島県史料　旧記雑録拾遺　家わけ二』　鹿児島県歴史資料センター黎明館編　鹿児島県　1991
『鹿児島県史料　旧記雑録拾遺　家わけ十』　鹿児島県歴史資料センター黎明館編　鹿児島県　2005
『鹿児島県統計年鑑』(平成11年版)　鹿児島県企画部統計課編　鹿児島県統計協会　2000
『鹿児島県のおいたち』　鹿児島市編　鹿児島市　1955
『鹿児島県の戦争遺跡　航空基地編』　八巻聡　2000
『鹿児島県の歴史』　原口泉・永山修一・日隈正守・松尾千歳・皆村武一　山川出版社　1999
『鹿児島県の歴史』　原口虎雄　山川出版社　1973
『鹿児島県の歴史散歩』　鹿児島県高等学校歴史部会編　山川出版社　1992
『鹿児島県風土記』　芳即正・塚田公彦監修　旺文社　1995
『鹿児島市史』Ⅰ～Ⅳ　鹿児島市史編纂委員会編　鹿児島市　1969-90
『鹿児島市内の史跡めぐり』1～6　鹿児島市教育委員会社会教育課　鹿児島市教育委員会　1981
『鹿児島市の史跡めぐり(四訂版)』　鹿児島市教育委員会編　鹿児島市教育委員会　1999
『鹿児島大百科事典』　南日本新聞社鹿児島大百科事典編纂室編　南日本新聞社　1981
『鹿児島の鉄道・百年』(かごしま文庫64)　久木田末夫　春苑堂出版　2000
『鹿児島の伝統製法食品』(かごしま文庫67)　蟹江松雄・藤本滋生・水元弘二編　春苑堂出版　2001
『かごしまの天然記念物データブック』　財団法人鹿児島県環境技術協会編　南日本新聞社　1998

『鹿児島の歴史』　鹿児島県高等学校歴史部会編　鹿児島書籍　1958
『かごしま文化財事典』　鹿児島県教育委員会編　鹿児島県教育委員会　2002
『加治木郷土誌(改訂版)』　加治木郷土誌編さん委員会編　加治木町　1992
『角川日本姓氏歴史人物大辞典46　鹿児島県姓氏家系大辞典』　鹿児島県姓氏家系大辞典編纂委員会編　角川書店　1994
『角川日本地名大辞典46　鹿児島県』　「角川日本地名大辞典」編纂委員会編　角川書店　1983
『鹿屋市史』上・下　鹿屋市史編さん委員会編　鹿屋市　1995
『上屋久町郷土誌』　上屋久町郷土誌編集委員会編　上屋久町教育委員会　1984
『カムィヤキ古窯群シンポジウム資料集』　奄美群島交流推進事業文化交流部会編　伊仙町教育委員会　2002
『カムィヤキ古窯跡群Ⅲ』　伊仙町教育委員会編　伊仙町教育委員会　2001
『蒲生郷土誌』　蒲生町郷土誌編さん委員会編　蒲生町　1991
『輝北町郷土誌』　輝北町郷土誌編纂委員会編　輝北町　2000
『郷土は博物館　家族で訪ねる笠利町の文化財』　笠利町歴史民俗資料館編　笠利町　2002
『霧島神宮』(かごしま文庫28)　窪田仲市郎　春苑堂出版　1995
『串良郷土誌』　串良町郷土誌編纂委員会編　串良町　1973
『国分郷土誌』上・下・資料編　国分郷土誌編纂委員会編　国分市　1997・98
『古代文化』第55巻第2号　財団法人古代学協会　2003
『古地図に見るかごしまの町』(かごしま文庫30)　豊増哲雄　春苑堂出版　1996
『桜島大噴火』(かごしま文庫13)　橋村健一　春苑堂出版　1994
『桜島町郷土誌』　桜島町郷土誌編さん委員会編　桜島町　1988
『三国名勝図会』1～5　原口虎雄監修　青潮社　1982
『志布志町誌』上・下　志布志町役場編　志布志町　1972・84
『島津家おもしろ歴史館』　尚古集成館編　尚古集成館　1991
『島津家おもしろ歴史館』2　尚古集成館編　尚古集成館　1998
『島津斉彬の挑戦　集成館事業』(かごしま文庫73)　尚古集成館編　春苑堂出版　2002
『尚古集成館』　尚古集成館編　尚古集成館　1987
『尚古集成館　島津氏800年の収蔵』(かごしま文庫12)　田村省三編　春苑堂出版　1993
『城山物語』　毎日新聞鹿児島支局編　毎日新聞社　1969
『瀬戸内町文化財を訪ねて』　瀬戸内町教育委員会編　瀬戸内町教育委員会　2001
『先史・古代の鹿児島遺跡解説(資料編)』　鹿児島県教育委員会編　鹿児島県教育委員会　2005
『川内市史』上巻　川内郷土史編さん委員会編　川内市　1975
『川内市文化財ガイドブック』　川内市教育委員会文化課編　川内市教育委員会　2001
『せんだい歴史絵日記』　川内市教育委員会文化課・川内市歴史資料館編　川内市教育委員会　2001
『中世西日本の流通と交通』　市村高男・橋本久和編　高志書院　2004
『十島村誌』　十島村誌編集委員会編　十島村　1995
『長島の古墳―付出水地方の古墳―』　池水寛治　長島町教育委員会　1982

『南洲神社・墓地由緒』(かごしま文庫99)　鶴田正義　春苑堂出版　2003
『中種子町郷土誌』　中種子町郷土誌編集委員会編　1971
『日本城郭大系18　福岡・熊本・鹿児島』　児玉幸多・坪井清足監修　新人物往来社　1979
『日本の古代遺跡38　鹿児島県』　河口貞徳　保育社　1988
『日本歴史地名大系47　鹿児島県の地名』　芳即正・五味克夫監修　平凡社　1998
『根占郷土誌』　根占郷土誌復刻編さん委員会編　根占町　1996
『隼人郷土史』　三ツ石友三郎・隼人町役場編　隼人町　1985
『隼人町立歴史民俗資料館年報』　隼人町立歴史民俗資料館　1995・96
『ハヤト・南島共和国』(かごしま文庫29)　中村明蔵　春苑堂出版　1996
『人づくり風土記46　ふるさとの人と知恵　鹿児島』　芳即正監修　社団法人農山漁村文化協会　1999
『日吉町郷土誌』上・下　日吉町郷土誌編さん委員会　日吉町　1982・88
『福山町郷土誌』　福山町郷土誌編集委員会編　福山町　1978
『ふるさとのお社―鹿児島県神社誌―』　鹿児島県神道青年会編　鹿児島県神道青年会創立四十周年記念事業実行委員会　1995
『ふるさとの文化財』第1集　長島町教育委員会編　長島町教育委員会　1986
『文化財の知識』　鹿児島県教育委員会編　鹿児島県教育委員会　1983
『文化まきぞのNo.9』　牧園町教育委員会編　牧園町教育委員会　1989
『三島村誌』　三島村誌編纂委員会編　三島村　1990
『南種子町郷土誌』　南種子町郷土誌編纂委員会編　南種子町　1987
『用と美―南日本の民芸―』　南日本新聞社編　未来社　1966
『黎明館常設展示図録』　鹿児島県歴史資料センター黎明館企画　黎明館　1996
『歴史の道調査報告書』第1～5集　鹿児島県教育委員会　徳田屋書店　1993-97
『わがまち川内―SENDAI―』　かまくら春秋社編　川内市　2001

【年表】

時代	西暦	年号	事項
旧石器時代			中種子町立切遺跡，曽於市耳取遺跡，出水市上場遺跡
縄文時代		草創期	西之表市奥ノ仁田遺跡，南さつま市椿ノ原遺跡，志布志市東黒土田遺跡
		早期	鹿児島市加栗山遺跡，霧島市上野原遺跡，霧島市城ケ尾遺跡
		前期	枕崎市深浦遺跡，知名町中甫洞穴遺跡
		中期	志布志市前谷遺跡，屋久島町一湊松山遺跡
		後期	加治木町千迫遺跡，いちき串木野市市来貝塚，奄美市宇宿貝塚
		晩期	日置市黒川洞穴，十島村タチバナ遺跡，薩摩川内市中町馬場遺跡
弥生時代		前期	鹿児島市魚見ケ原遺跡，日置市東昌寺遺跡
		中期	鹿屋市王子遺跡，錦江町山ノ口遺跡
		後期	南さつま市松木薗遺跡，霧島市本御内遺跡
古墳時代		前期	阿久根市鳥越古墳，指宿市成川遺跡
		中期	大崎町横瀬古墳，東串良町唐仁大塚古墳
		後期	指宿市弥次ケ湯古墳・橋牟礼川遺跡
飛鳥時代	616	(推古24)	掖玖人が来朝
	655	(斉明元)	隼人，衆を率いて上京
	681	(天武11)	隼人上京し方物を献じ，阿多・大隅両隼人が天覧相撲をとる
	699	(文武3)	多禰・夜久・菴美・度感ら方物を献ずる
	702	大宝2	薩摩国・多禰国を設置
奈良時代	713	和銅6	日向国より4郡を割き，大隅国設置
	715	霊亀元	奄美・夜久・度感・信覚・琉球，方物を献ずる
	720	養老4	大隅隼人反乱し国守を殺害。大伴旅人，征夷大将軍となる
	730	天平2	薩摩国・大隅班田未実施，墾田を認める
	753	天平勝宝5	唐僧鑑真，薩摩秋目に上陸
	769	神護景雲3	和気清麻呂，大隅(現，牧園町)に配流
平安時代	800	延暦19	薩摩・大隅両国に班田制を実施
	850	嘉祥3	薩麻公(薩摩公)，九条三里一曽(現，薩摩川内市中郷町京田遺跡)の水田を差し押さえる
	874	貞観16	開聞岳噴火
	968	安和元	伴兼行，薩摩総追捕使に補任され，翌年入国
	1026	万寿3	大宰大監平季基，島津荘を開発
	1177	治承元	鹿ケ谷の変，僧俊寛ら鬼界島(硫黄島)に流罪
	1185	文治元	島津忠久，島津荘下司職に補任
鎌倉時代	1193	建久4	忠久，薩摩・大隅・日向3カ国の守護職補任
	1197	8	薩摩・大隅・日向3カ国の「図田帳」作成

	1248	宝治2	渋谷定心，入来院に下向
	1275	建治元	島津久経，薩摩に下向し，異国警固番役につく
	1284	弘安7	鹿児島に浄光名寺建立
南北朝時代	1334	建武元	島津貞久，薩・隅・日の守護職に補任される
	1342	康永元 興国3	懐良親王，谷山より，北朝方の島津氏とたたかう
	1343	康永2 興国4	島津貞久，鹿児島の東福寺城を陥し居城とする
	1387	嘉慶元 元中4	島津元久，東福寺城から清水城に移る
室町時代	1394	応永元	鹿児島に玉龍山福昌寺建立，開山は石屋真梁
	1395	2	島津元久，倭寇の朝鮮人を送還し貿易開始
	1465	寛正6	日良，種子島に日蓮宗を広める
	1476	文明8	桜島大噴火
	1478	10	桂庵玄樹来薩，『大学章句』を刊行（文明版大学）
	1492	明応元	『大学章句』を再版（延徳版大学）
	1527	大永7	島津貴久（伊作家），家督を継ぐ
	1543	天文12	中国船種子島に漂着，乗船していたポルトガル人により鉄砲伝来
	1549	18	ザビエル鹿児島に来航，キリスト教伝来
	1550	19	貴久，伊集院から鹿児島に移り，内城を築城
	1554	23	島津氏，岩剣城攻撃にはじめて鉄砲を使用
安土・桃山時代	1577	天正5	島津貴久により，薩・隅・日三州統一がほぼ完成する
	1584	12	家久，島原で龍造寺隆信に戦勝する
	1587	15	豊臣秀吉の九州征討により，島津義久，川内の泰平寺で秀吉に降伏する
	1592	文禄元	島津義弘，兵1万を率いて朝鮮半島に出兵
	1595	4	薩・隅・日の検地終了，検地奉行は石田三成
	1598	慶長3	島津義弘，再度朝鮮半島に出兵し，泗川の戦いで明軍に大勝
	1599	4	朝鮮の陶工を串木野に移住させる
	1600	5	関ヶ原の戦い，島津義弘の敵中突破
	1602	7	島津家久，内城から鶴丸城にはいる。ドミニコ派宣教師一行，甑島に上陸，布教
江戸時代	1606	11	服部宗重，国分にたばこを栽培。川内京泊の天主堂ではじめてミサを行う
	1609	14	島津家久，琉球を征服。以後，琉球は日中両国に服属する。奄美大島・徳之島・喜界島・沖永良部島などを直轄とする
	1610	15	直川智，奄美大島大和村でサトウキビを栽培
	1635	寛永12	宗門手札改めにより切支丹と一向宗を取り締まる
	1636	13	加治木銭の鋳造停止

1637	寛永14	島原の乱おこる。天草に対し獅子島出陣
1640	17	山ヶ野金山を開発し、幕府に989万両余献金
1655	明暦元	谷山錫鉱山を開発
1705	宝永2	前田利右衛門が山川児ケ水に甘藷を栽培する
1708	5	イタリア人宣教師シドッチ、屋久島に上陸
1722	享保7	封内の検地に着手(1726年終了)
1754	宝暦4	木曽・長良・揖斐3河川の治水工事に着手
1755	5	治水工事完成し、総奉行平田靱負以下多数の自殺者をだす。工事関係の借財40万両におよぶ
1773	安永2	島津重豪、造士館・演武館を創設し、医学院建設に着手する
1779	8	桜島大噴火。吉野村に薬園、城下に明時館(天文館)を設ける
1784	天明4	毛利正直の『大石兵六夢物語』なる
1792	寛政4	高山彦九郎来薩
1797	9	イギリス測量船が琉球那覇に寄港
1804	文化元	『成形図説』成稿、その一部30巻を上木する
1808	5	樺山久信・秩父太郎ら切腹(秩父崩れ、文化朋党事件)
1810	7	伊能忠敬、薩摩領内の測量を開始
1816	13	徳之島の母間村に百姓一揆おこる
1824	文政7	イギリス捕鯨船、宝島で野牛を奪取する
1827	10	島津重豪、調所広郷に財政改革を命じる
1830	天保元	大島・徳之島・喜界島3島、砂糖惣買入に着手
1835	6	三都(江戸・京都・大坂)藩債500万両の250年賦返済を実行
1837	8	アメリカ船モリソン号を山川沖で砲撃
1839	10	肥後の岩永三五郎ら、西田橋の建設に着手
1840	11	天保改革ほぼ終了、200万両余の蓄債を残す
1843	14	『三国名勝図会』60巻なる
1847	弘化4	島津氏、琉球王国へ英・仏との開港を内示
1849	嘉永2	山田清安ら自刃を命ぜられ、お由羅騒動落着(嘉永朋党事件)
1854	安政元	島津斉彬、磯に反射炉建設、常平倉設置、軍艦昇平丸と洋型帆船伊呂波丸を建造。斉彬の建議により、幕府は日の丸を日本船章に決定
1857	4	磯の施設を集成館、城内の施設を開物館とする
1858	5	安政の大獄に西郷隆盛帰藩、僧月照と鹿児島(錦江)湾に入水、蘇生した西郷は菊地源吾と改名して奄美大島に潜居する
1860	万延元	桜田門外の変に有村治左衛門参加
1862	文久2	西郷隆盛、再び沖永良部島に配流。有馬新七ら尊攘派壊滅(寺田屋事件)。島津久光、大原重徳を奉じ幕政改革、帰途生麦事件おこる
1863	3	薩英戦争により集成館と上町の民家焼失
1864	元治元	徳之島に犬田布一揆、禁門の変で長州と合戦

	1865	慶応元	五代友厚・松木弘安(寺島宗則)ら16人,いちき串木野市羽島より欧州留学へ出航
	1866	2	幕府に対する薩長同盟なる。パリの万国博覧会に琉球国名で出品
	1867	3	薩長へ討幕の密勅くだる。磯に紡績工場設立
明治時代	1868	明治元	戊辰戦争がはじまり,薩摩藩は総力をあげて参戦
	1869	2	版籍奉還により島津忠義が鹿児島藩知藩事となる。常備隊設置,藩内寺院を全廃,英人医師ウィリス赴任し医学校設立
	1870	3	西郷隆盛らによる藩政改革,検地実施
	1871	4	廃藩置県により鹿児島県設置,参事大山綱良
	1872	5	明治天皇来鹿。琉球,鹿児島県から分離独立
	1873	6	西郷隆盛ら征韓論に破れて下野
	1874	7	私学校創設,台湾出兵に鹿児島藩士族参加
	1876	9	宮崎県廃止,鹿児島県管轄へ。地租改正着手
	1877	10	西南戦争開始,敗れた西郷隆盛ら城山で自刃する
	1878	11	地租改正再着手。鹿児島県授産場設置
	1880	13	県議会議員選挙。第1回県会開会
	1881	14	地租改正終了。『鹿児島新聞』発行
	1889	22	市町村制の施行により鹿児島市誕生
	1890	23	鹿児島で九州同志会大会開催。衆議院議員選挙
	1893	26	鹿児島第一中学校設立。市立鹿児島病院創立
	1900	33	政友会発足,鹿児島政友会はその支部となる
	1901	34	第七高等学校造士館設立。鹿児島・国分間の鉄道開通。太平橋工事完成
	1904	37	鹿児島・谷山間にバス運行開始
	1908	41	鹿児島高等農林学校・県立商船学校設立
	1909	42	鹿児島・八代間鉄道全線開通(肥薩線)
	1911	44	鹿児島電気軌道株式会社設立(のち市電)
大正時代	1914	大正3	桜島大爆発,流出溶岩で大隅半島と地続きとなる。川内線鉄道開通,鹿児島・武之橋間電車運行開始
	1919	8	鹿児島港開港
	1920	9	加治木町で小作争議おこる
	1921	10	栗野・山野間鉄道開通
	1924	13	東襲山村・清水村・国分村に大小小作争議おこる
昭和時代	1926	昭和元	宮之城線開通。郡制廃止
	1927	2	現,鹿児島本線全線開通し,旧線を肥薩線とする
	1934	9	霧島国立公園指定。鹿児島築港竣工
	1935	10	鹿児島放送局開設。星塚敬愛園創立
	1940	15	川内市誕生。紀元2600年記念式典挙行
	1941	16	鹿屋市誕生。大政翼賛会県支部発足

1942	昭和17	鹿児島新聞・鹿児島朝日合併して鹿児島日報となる
1943	18	県医学校設立,県下各地に飛行場開設
1945	20	敗戦,全県下米軍が占領。枕崎台風
1946	21	桜島噴火。奄美群島,米軍の占領下におかれる
1947	22	民選知事・市町村長選挙。第1次農地改革
1949	24	鹿児島大学発足(文理・教育・農・水産学部)
1951	26	ルース台風による県下の被害甚大
1953	28	県立公園指定(阿久根・蘭牟田・吹上・坊・野間・志布志)。北緯27度以北(奄美群島)の日本復帰
1955	30	錦江湾国定公園指定。名瀬市大火
1957	32	鹿児島市鴨池空港開設。笠野原畑地灌漑申請
1959	34	鶴田ダム着工
1962	37	内之浦東大宇宙空間観測所起工
1964	39	霧島・屋久国立公園指定。奄美空港開港
1965	40	鶴田ダム完工。鹿児島市郡元町大火
1966	41	種子島竹崎に科学技術庁実験用衛星基地決定
1967	42	鹿児島市喜入町に日石原油基地起工
1968	43	明治百年記念式典挙行。溝辺町十三塚原に新鹿児島空港開港決定
1970	45	内之浦基地より国産衛星1号あがる
1971	46	新大隅開発計画第1次試案発表
1972	47	第22回国体(太陽国体)県下各地で実施。平川動物公園開園
1973	48	九州縦貫自動車道,加治木・吉田間開通
1974	49	黒の瀬戸大橋開通。石川島播磨重工業と用地売買契約調印
1975	50	種子島宇宙センター,技術試験衛星「きく」打ち上げ成功
1976	51	新大隅開発計画第2次試案発表
1977	52	西郷隆盛没後百年記念行事,県および各市町村で開かれる。川内原子力発電所1号機原子炉の設置を許可
1978	53	活動火山対策特別措置法が成立。大久保利通没後百年記念式典挙行
1980	55	鹿児島市の人口が50万をこえる。新大隅開発計画決定
1981	56	種子島宇宙センター,実用気象衛星「ひまわり2号」打ち上げ成功
1982	57	全国高校総体(20回)開催。中国長沙市から代表団来鹿,鹿児島市と友好都市を締結
1983	58	加世田川堤防決壊,市街地が床上・床下浸水。九州電力川内原子力発電所1号機運転開始
1984	59	鹿児島交通南薩線廃止。平川動物公園でコアラの飼育開始
1985	60	市電,上町・伊敷線廃止
1986	61	鹿児島刑務所吉松町へ移転。7月10日集中豪雨で鹿児島市内崖

			崩れ
	1987	昭和62	国鉄民営化でJR九州となり，宮之城線・大隅線(国分・志布志間)・志布志線(志布志・都城間)廃止。奄美大島のウリミバエ根絶
	1988	63	三島村硫黄島が25年ぶりに爆発。JR山野線廃止
平成時代	1990	平成2	新幹線鹿児島ルート起工式
	1991	3	九州新幹線鹿児島ルート着工
	1993	5	県下に集中豪雨，鹿児島市の甲突川氾濫，五石橋のうち新上橋・武之橋流出。屋久島を世界自然遺産に登録
	1995	7	人吉・えびの間が完成して，九州縦貫自動車道全線開通
	1997	9	鹿児島県北西部地震，川内市・阿久根市・宮之城町など被害
	1998	10	薩摩焼400年記念行事
	1999	11	フランシスコ・ザビエル鹿児島上陸450年記念行事
	2004	16	九州新幹線，鹿児島中央・新八代間部分開業。薩摩川内市，鹿児島市(新)誕生
	2005	17	さつま町，湧水町，錦江町，南大隅町，日置市，曽於市，肝付町，いちき串木野市，霧島市，南さつま市誕生
	2006	18	鹿屋市(新)，志布志市，指宿市，出水市，奄美市，長島町誕生
	2007	19	屋久島町，南九州市誕生
	2010	22	姶良市誕生

【索引】

—ア—

愛甲喜春の墓	226
吾平山上陵	234
姶良町歴史民俗資料館	166
赤尾木城跡	245
赤倉の跡碑	24
赤崎海門誕生地	68
秋名のアラセツ行事	263
悪石島	256-258
阿久根大島	138, 139
阿久根港	137, 138
阿久根市立郷土資料館	137
阿久根砲	137
アジア・太平洋農村研修村	215
按司根津栄神社	275
按司(土豪)屋敷	266
阿多貝塚	108
阿多忠景	107
阿嶽の洞穴	247
厚地松山製鉄所跡	93
天城町歴史文化産業科学資料センター	272
奄美アイランド・原野農芸博物館	267
天水氏庭園	225
奄美市立奄美博物館	263, 264
奄美市歴史民俗資料館	259
奄美パーク	261
阿弥陀堂(長嶺公民館)	135, 136
荒田八幡宮	49, 50, 61-64
荒平天神(菅原神社)	205
有馬新七の墓	118
有馬正文	117
有盛神社	264
有吉佐和子文学碑	255
安国寺	173, 174
安徳帝墓所	254

—イ—

飯倉神社	98
硫黄島(鬼界島)	4, 251-254, 256
「医王宝殿」扁額	111
医学院跡の碑	7
碇山城跡	132
毓英館跡	172
池田湖	84, 90
伊佐智佐神社	69
石神神社・オガタマノキ	133
石郷洞窟	23
伊地知重貞	55, 174
石橋記念館	24
伊集院忠真(実)	72, 217, 218
伊集院忠棟(幸侃)	72, 209, 217
伊(井)尻神力坊	104, 105
維新ふるさと館	36, 41, 42
出水貝塚	146, 273
泉家住宅	259
出水市ツル観察センター	144
出水市ツル博物館クレインパークいずみ	145
出水地頭御仮屋門	145
出水市立歴史民俗資料館	146
出水麓の武家屋敷群	144-146
伊仙町立歴史民俗資料館	272
磯工芸館・磯珈琲館	32
樟野(市比野)駅跡	150
一宇治城(伊集院城・鉄丸城)跡	117
市来氏	120, 121
一乗院跡	100
一之宮神社	64, 65
市比野温泉	150
市杵島神社	102
一湊松山遺跡	251
稲尾岳	235
稲葉崎の供養塔群	189
稲荷神社(鹿児島五社の第三)	28
伊邇色神社	54
犬飼の滝	186, 187

犬田布貝塚 …………………………272
犬田布騒動記念碑 …………………272
井之川夏目踊り ……………………271
イバドンの墓 ………………………255
指宿城(松尾城)跡 ………………84, 85
指宿神社 …………………………85, 86
今和泉島津家墓地 …………………84
蘭牟田池 ………………………127, 157
入来院氏歴代当主の墓 ……………152
入来温泉 ……………………………152
入来麓 ……………………………151, 152
いろは歌 ……………………………104
岩川八幡神社 …………………220, 221
岩剣城跡 ……………………………165
岩堂磨崖仏 …………………………189
岩戸神社 ……………………………207
岩永三五郎 ……………25-27, 85, 136
岩屋観音 ……………………………221

── ウ ──
上野原遺跡 ………………106, 178, 179
上野原縄文の森展示館 …………107, 179
牛掛公園 ……………………………66
牛根(入船)城跡 ……………………200
宇宿貝塚 ……………………………259
大住古墳群 …………………………194
内城跡(西之表市) …………………245
内之浦宇宙空間観測所 ……………233
宇宙ケ丘公園 ………………………248
鰻池 …………………………………88
梅ケ淵観音像(名突観音) …………56
梅君ヶ城(鶴ヶ城)跡 ………………157
上井覚兼 ……………………………183
上井城跡 ……………………………183
上場遺跡 ……………………………147
上場公園 ……………………………216

── エ ──
永源寺跡 ……………………………158
榎木崎A遺跡・B遺跡 ……………209
江之口橋 ……………………………136
可愛山陵 ………………………130, 234

烏帽子岳神社 ………………………71
煙硝倉跡 ……………………………67
演武館跡 ……………………………6, 7

── オ ──
王子遺跡資料館 ……………………209
桜洲尋常高等小学校埋没跡 ………76
大姶良城跡 …………………………206
大池遺跡 ……………………………258
大浦塩田跡 …………………………247
大川の滝 ……………………………251
大口城跡 ……………………………191
大久保利通 ………10, 13, 41, 42, 50, 62
大隅湖 ………………………………212
大隅国府跡 …………………………180
大隅国分寺跡 ………………………180
大屯神社 ……………………………268
大塚古墳 ……………………………230
大汝牟遅神社 ………………………110
大墓(日高権之丞吉為の墓[伝]) ……255
大的始式 ……………………………245
大宮神社 ……………………………152
大村古城跡 …………………………158
大山巌(弥助) …………………36, 43
大山神社 ……………………………252
大山祇神社 …………………………74
岡崎古墳群 …………………………213
岡別府下堀遺跡 ……………………229
おがみ山公園 ………………………264
沖永良部島 ……………………272, 275
お釈迦祭り …………………………223
お茶亭跡 ……………………………235
鬼追い ……………………………217, 219
鬼丸神社 ……………………………112
小野神社 ……………………………135
斧淵城跡 ……………………………149
御拝塔墓地 …………………………245
小浜崎古墳群 ………………………141
御番所跡 ……………………………253
折田兼至 ……………………………9, 92

── カ ──

索引　317

海潟	200
貝殻崎城	108
海軍航空隊鹿児島基地跡	64
海上自衛隊鹿屋航空基地	210
開聞岳	78, 86, 89, 237
カギヒキ	214, 215, 227
椿ノ原遺跡	105
かごしま近代文学館	8, 10, 17
鹿児島県政記念館	14
鹿児島県文化センター	8, 9, 13
かごしま県民交流センター	8, 13, 14
鹿児島県立博物館	8, 9, 11, 12, 237
鹿児島県立吹上浜海浜公園	107
鹿児島県立埋蔵文化財センター	131, 179
鹿児島県立吉野公園	23
鹿児島県歴史資料センター黎明館	7, 8, 11, 12, 14, 15, 17, 36, 48, 169, 176, 227, 267
鹿児島市教育総合センター	8, 14
鹿児島市中央公民館	8, 13
鹿児島城(鶴丸城)跡	11, 12, 31
鹿児島市立美術館	8-10, 31, 49
鹿児島市立ふるさと考古歴史館	45, 70
鹿児島神宮	63, 176, 177, 185, 188
鹿児島神社(鹿児島市)	51
鹿児島神社(下宮神社, 垂水市)	201, 202
かごしま水族館	24
鹿児島戦没者墓地(陸軍墓地)	55
かごしま文化ゾーン(歴史と文化の道)	8, 13
鹿児島紡績所跡	30, 31
かごしまメルヘン館	8, 11, 17
笠野原台地	211
加治木郷土館	171, 172
加治木島津家の館跡	171
加治木城跡	174
加紫久利神社	148
春日神社(鹿児島五社の第四)	27, 28
加世田城跡	216
加世堂古墳	142
勝栗神社	189
嘉徳遺跡	267
加納久宜	15
鹿屋航空基地史料館	210
鹿屋城(亀鶴城)跡	208, 209
上水流遺跡	106
神貫神社(神木どん)	203
神野遺跡	274
神屋・湯湾岳	261, 266
亀井山城跡	143
亀城跡	126
亀徳新港	270
亀丸城(伊作城)跡	109
蒲生一族歴代の墓石群(蒲生どんの墓)	171
蒲生城(龍ヶ城・本城)跡	170
蒲生八幡神社	169-171
臥竜梅の古木群	149
嘉例川駅	185
川上(市来)貝塚	121
カワゴケソウ	153
川路利良	56, 64
川田城(馬越城)跡	58
川田堂園供養塔群	57
河辺氏屋形跡	95
川南宇都の板碑	237, 238
官軍砲陣跡の碑	48
官軍墓地(曽於市)	220
鑑真記念館	102
鑑真和上上陸記念碑	101, 102
感応寺	142, 143
観音淵古石塔群	215
神舞	139, 143, 152, 177, 187, 207, 227, 228
冠岳	123

―キ―

喜入氏累代の墓	99
祇園社(鹿児島五社の第二)	26, 37
祇園洲砲台跡	25, 26
喜界島	253, 269, 270
義臣伝輪読会	47
北原城跡	214

亀甲城跡	92
木之牟礼城跡	143
輝北町歴史民俗資料館	216
輝北天球館	216
君野権現洞窟	98
木村探元誕生碑	49
肝属兼重卿奮戦之跡碑	29
肝付兼続	184, 222, 226
肝付兼盛	165
肝付町立歴史民俗資料館	233
旧出水海軍航空隊跡	147
旧海軍岩川飛行場跡	220
旧鹿児島刑務所正門(鹿児島アリーナ)	54, 55
旧参勤交代道	45
旧上水道遺跡	17
旧島津氏玉里邸庭園	53
九本寺	249
京田遺跡	131
京泊天主堂跡	133
京ノ峯遺跡	220
清色城跡	151
清水磨崖仏群	95, 96, 222
切石遺跡	257
霧島市立国分郷土館	182
霧島神宮	186-188
桐野利秋君誕生地碑	21, 22
金作原原生林	265
金峰山	107

―ク―

九月踊り	254
草野貝塚	70
串木野城(亀ヶ城)跡	122
串木野窯跡	123
楠川城跡	250
楠木神社	153
口永良部島	251
口之島	256
熊野神社(出水市野田町)	143
熊野神社(鹿児島郡三島村)	253

熊野神社(熊毛郡中種子町)	247
熊野神社(志布志市有明町)	228
熊野神社(曽於市)	217-219
久見崎軍港跡	133, 134
倉木崎海底遺跡	266
倉野磨崖仏	150, 151
蔵之元港	142
苦辛城跡	72
栗生共同墓地	250, 251
黒尾大明神社	255
黒川洞穴遺跡	112
黒木御所跡	254
黒島	89, 252, 253, 255, 256
黒之瀬戸	140
桑幡氏館跡	177
軍役高帳	146

―ケ―

桂庵玄樹	20, 55, 88
花倉御仮屋跡	38
月照	5, 39, 59
祁答院家住宅	192
祁答院良重	165
顕寿寺	251
建昌城(瓜生野城)跡	166
遣唐使船漂着の記念碑	140
遣唐副使吉備真備上陸之地	250

―コ―

広済寺跡	116, 117
興昌寺跡	217
興詮寺跡	155
上妻城跡	248
皇徳寺跡	72, 73
高山城跡	231, 232
高麗橋	25-27, 42, 62
郡山八幡神社	192-194
小川内関所跡	194
護国神社(鹿児島市)	8, 51
甑島列島	125, 137
甑大明神	127
甑どんの墓	169

索引 319

小瀬戸遺跡	166
小宝島	256, 258
琴平神社	275
古仁屋港	267, 268
近衛信輔(信尹)	100, 103, 200
近衛屋敷跡	100
小松帯刀	13, 46, 112
小湊フワガネク(外金久)遺跡	264, 266
虚無僧踊	72, 158
籠港	252
是枝柳右衛門誕生地	68
金蔵院観音寺跡	107, 108

―サ―

西郷従道誕生の地碑	42
西郷隆盛(南洲)	5, 8, 10, 13, 15, 18, 20, 22, 23, 38, 39, 42, 43, 47-49, 59, 61, 62, 88, 118, 174, 186, 187, 251, 262, 270, 271, 274
西郷武屋敷跡(西郷公園)	47
西郷南洲顕彰館	19, 20, 39, 48
蔵王権現社	107
坂井神社	246
坂本龍馬	46, 63, 185, 187
桜島国際火山砂防センター	78
桜島爆発記念碑	78
桜島ビジターセンター	77
指江古墳群	140-142
佐多旧薬園	239, 240
薩英戦争記念碑	26
薩州島津家の墓地	145
薩藩水軍港跡	28
薩摩義士の墓	179
薩摩義士碑	16, 17
薩摩国府跡	130
薩摩国分寺跡	130, 131
薩摩川内市川内歴史資料館	131, 134
実久三次郎神社	268
ザビエル教会	6
ザビエル上陸記念碑	6, 26
ザビエル滞麑記念碑	5, 6
士踊(稚児踊・二才踊)	9, 104

沢家墓碑群	177
三条小鍛冶遺跡	73, 74
三方限出身名士顕彰碑	61, 62

―シ―

塩釜神社	67
潮見橋	68
慈恩寺跡	244
私学校跡	14, 15
敷根火薬製造所跡	183
慈眼寺跡(慈眼寺公園)	69, 70
四十九所神社	232
日新寺	104
芝原遺跡	106
紫尾神社(出水市高尾野町)	144
紫尾神社(薩摩郡さつま町)	155, 156
志布志城跡	224
島唄	267, 269
島尾敏雄文学碑	268
島建神社	257
島津家久(忠恒)	10, 11, 20, 30, 70-72, 87, 129, 173, 181, 203, 217
島津岩子の碑	204
島津氏久	21, 206, 226
島津貞久	29, 66, 118, 122, 132, 142, 143, 216
島津重豪	4, 6, 7, 12, 22, 25, 27, 45, 50, 68, 77, 172, 240
島津貴久	6, 20, 22, 28, 36, 59, 69, 71, 73, 75, 104, 110, 111, 117, 120, 165, 170, 174, 184, 191, 201, 217
島津貴久・ザビエル会見記念碑	117
島津忠長	148, 153, 154
島津忠久	36, 47, 57, 84, 111, 121, 142-144
島津忠昌	55, 186, 202
島津忠将	71, 165, 166, 184, 201
島津忠宗	84, 93, 142
島津忠良(日新)	70, 71, 95, 103-105, 110, 165, 174
島津忠義	8, 30, 33, 34, 36
島津立久	120, 121
島津歳久	22, 39, 117, 153, 157, 164, 188

島津斉彬(照国)	7, 8, 21, 26, 30, 31, 33-36, 39, 48, 55, 59, 61, 62, 67, 71, 74, 84, 158, 181, 183, 186, 200, 235
島津斉興	27, 37-39, 48, 52, 64, 85, 103, 150
島津久章	71, 203
島津久豊	69
島津久通	154, 188
島津久光	8, 52, 67, 118, 126, 226
島津墓地(西福寺跡)	92
島津光久	30, 36, 71, 92, 135, 139, 150, 152, 203, 235
島津元久	20, 116, 206, 207
島津師久	21, 96
島津吉貴	37, 38, 152, 186
島津義久	10, 20, 22, 29, 117, 132, 153, 164, 165, 173, 178, 181, 182, 184, 191, 195, 203, 218, 232, 249
島津義弘	10, 22, 35, 37, 47, 62, 72, 80, 109, 116, 117, 119, 122, 129, 133, 135, 146, 148, 164, 165, 167, 169, 171-173, 188, 189, 191, 235, 238
島津義弘の居館跡(御屋地跡・古帖佐屋敷)	167
ジメサア(持明院様)	10
下中八幡神社	247
錫杖踊	191
石體神社	177
時遊館COCCOはしむれ(指宿市考古博物館)	86
十五社神社	213
十五夜ソラヨイ	95
俊寛	4, 252-254, 270
正月踊	214, 227
勝軍地蔵	202
尚古集成館(旧集成館機械工場)	7, 9, 31-33, 36
松寿院築造の波止	244
浄福寺	204
縄文杉	248, 250
常楽院	111
正龍寺跡	88
昇竜洞	272
諸鈍シバヤ	268
徐福	124
女郎墓	74
白銀坂	164
白金酒造の石蔵	164
白木神社	195
白寒水城跡	212
白谷雲水峡	249
城野神社	169
城間トフル墓	259
城山(鹿児島市)	17, 18, 63
新上橋	4, 17, 27, 50
新日本石油基地喜入基地	75
真如院跡(花岡島津家墓地)	204
神父シドッチ上陸記念碑	250
神雷特別攻撃隊桜花碑	210

—ス—

水車カラクリ	94, 104
水天神社	191
末吉城跡	217
菅尾大明神社	255
菅原神社(海潟天神)	201
調所広郷	27, 50, 62, 63, 86, 87, 119, 230
錫山	74
住吉暗川	273
住吉神社(霧島市隼人町)	178
住吉神社(曽於市)	218
摺ヶ浜温泉	86
諏訪之瀬島	256, 257

—セ—

征西府将軍懐良親王行在所跡	69
清泉寺跡	70, 71
西南役官軍戦没者慰霊塔	25
西南役薩軍本営跡の碑	17
製綿紡績所跡	64
栖林神社	245
石敢当	203, 225
雪窓院跡	117

索引　321

せっぺとべ	112
瀬戸内町立図書館・郷土館	267
瀬戸口藤吉の顕彰碑	201
芹ヶ野金山跡	125
仙巌園	32, 36, 37
戦艦大和慰霊碑	272
千眼寺跡	45, 46
川内港	133
川内まごころ文学館	131

――ソ――

双剣石	100, 103
宗功寺墓地	154
造士館跡	6, 7
「想夫恋」	134, 135
曽我どんの傘焼き	47
曽木第2発電所遺構	194
曽木の滝	194
即身院跡	226

――タ――

大翁寺跡	157
大願寺跡墓塔群	155
大慈寺	225, 226
大通寺跡	90
大德院長嶋寺跡	98
大日寺跡	120
泰平寺	111, 132, 194
台明寺跡	182, 183
大門口砲台跡	60
平島	256, 257
平季基の墓	219
大竜遺跡	20
大龍寺之遺跡碑	28
田打	136, 214
田尾原の供養塔群	189
鷹踊	158
高隈城(松尾城)跡	215
高隈ダム	212
高城跡(肝属郡錦江町)	236
高城跡(垂水市)	202
高須城	205
高田磨崖仏	98
高千穂神社	204
高千穂峰	186, 187
高峠	215
高橋貝塚	108
田上水車館機織場跡	48
高屋山上陵	185, 234
宝島	256, 258
竹島	89, 251-253, 256
竹島船居場成就供養碑	252
竹田神社	104, 105
武之橋	27, 28, 32, 62, 63
建部神社	48
ダゴ祭り	227
忠元神社	192
立切遺跡	246, 248
タチバナ遺跡	257
立原墓石群	156
竜門司坂	174
田中一村記念美術館	261
田中一村の終焉の家	264
谷山郷地頭館(仮屋)跡	67
谷山城本城跡	69
手貫神社(上之宮)	202, 203
種子島	9, 24, 37, 89, 201, 240, 244, 247
たねがしま赤米館	247
種子島宇宙センター	247
種子島開発総合センター(鉄砲館)	245
種子島楽	147
種子島時堯	245, 246
田の(之)神像	49, 56, 64, 73, 107, 112, 152, 156, 171, 173, 177, 190, 194, 205, 228, 230, 233, 238
駄馬落の碑	22
多宝寺跡	110
玉江橋	26, 27, 55
玉里邸跡	52
玉里別荘	67
玉山神社(鹿屋市串良町)	211
玉山神社(日置市)	119

為朝伝説	269
太良城跡	190
垂水(荒崎)城	201
垂水島津家墓地	201
太郎太郎踊り	136
太郎太郎祭り	123
探勝園跡	7, 8, 17
旦那墓	249

― チ ―

千竃文書	141
千座岩屋	247
長善寺跡	99
朝鮮出兵記念碑	134
長福寺古石塔群	158
頂峯院跡	124
知覧城跡	93, 94
知覧の武家屋敷群	91
沈壽官	47, 119

― ツ ―

塚崎古墳群	232, 233
対馬丸慰霊碑	257
土浜ヤーヤ遺跡	262
土持堀	210-212
恒吉太鼓橋	222
都萬神社	228
鶴ヶ岡城跡	149
鶴亀城(串良城)	213
鶴城跡	126
鶴田ダム	156, 157
ツルの越冬地(出水平野)	144
鶴羽城(木谷城)跡	204
鶴丸城跡	120
鶴峯窯跡	131

― テ ―

泥炭形成植物群落	157
鉄道記念館	154, 208
鉄砲伝来記功碑	247
寺師臥竜梅	168, 169
寺島宗則の生家・誕生碑	139
寺山公園	23

照国神社	7, 8, 12, 17, 49, 51
天授の板碑	254
天上墓	127
天神下の笠塔婆	236
電信使用ノ地碑	8
天堂ヶ尾関白陣跡	195
天保山砲台跡	63
天文館跡の碑	4
天文館通り	4, 5, 59

― ト ―

東郷茂徳の生誕地	120
東郷文弥節人形浄瑠璃	149
東郷平八郎	16, 20, 23, 29, 43, 71
東郷墓地公園	28, 29
堂崎城跡	140
唐人石	142
唐仁古墳群	229, 230
東福寺城跡	30
道路開削の記念碑	49
止上神社	182, 183
徳源社	188
徳重神社(妙円寺跡)	47, 116, 117
徳之島	251, 269-271, 273
徳之島カムィヤキ陶器窯跡	272, 273
徳之島町立郷土資料館	271
特別攻撃隊戦没者慰霊碑	210
地主神社	275
トシドン	128
利永神社	89
年貫神社	207
十島村歴史民俗資料館	256
特攻魚雷艇倉庫	80
徳光神社(からいも神社)	89
特攻平和会館・特攻平和観音堂	94
轟の瀬	154
殿様湯跡	85
富ケ尾の記念碑	211
泊如竹の墓	250
富隈城跡	72, 178, 179
土盛マツノト遺跡	259

豊玉姫神社	91, 94
豊臣秀頼の墓[伝]	68
虎居城跡	153
虎居の庚申塔	154
鳥越古墳群	138
ドン広場	17

― ナ ―

長崎堤防	134, 135
長崎鼻	88, 89, 123
長島町歴史民俗資料館	141
中種子町歴史民俗資料館	246
中津神社	215
長門城(横山城・三角城)	77
永野金山(胡麻目坑)跡	159
中之島	256
中原猶介宅跡	61
中甫洞穴遺跡	274
長目の浜	126
永山地下式板石積石室墓群	190
投谷八幡神社	222
名越左源太時行	21, 264
夏蔭城跡	51
七狩長田貫神社(田崎神社)	208
涙橋	65
波之上神社	205
波之平刀匠の遺跡	66
成川遺跡	88
南洲寺	39, 59
南洲神社(大島郡和泊町)	274
南洲神社(鹿児島市)	19
南洲墓地(南洲公園・浄光明寺跡)	19, 20
南浦文之	20, 88, 173
南林寺由緒墓	59

― ニ ―

新納忠元	191, 194, 195
仁王堂の水	27, 28
二階堂家住宅	232
西田橋	24, 27, 45
西本願寺(浄土真宗本願寺派鹿児島別院)	4, 13

日羅	100, 101
日良	245, 246
日輪城跡	222
新田神社	90, 129, 151
日典廟	246
日本甘藷栽培初地之碑	246
日本マンダリンセンター	142
人形岩(西方海岸)	136

― ヌ・ネ・ノ ―

温之浦古墳群	142
禰寝氏累代の墓	238
野井倉開田記念碑	227, 228
野間神社(野間権現宮)	102
野間の関跡	147, 148
ノロ	263, 265-267, 271

― ハ ―

博多浦	101, 102
箱崎神社	190, 191
橋口五葉誕生地	60
羽島崎神社	123
橋牟礼川遺跡	86
長谷場純孝	122
八月踊	231
八幡神社	112
赤木名グスク	261
八朔太鼓踊り	254
八田知紀の閑居跡	46
花尾かくれ念仏洞	57
花尾神社	56, 57
花瀬公園	235
林家屋敷跡	268
林芙美子文学碑・像	78
隼人塚	175, 178, 182
祓戸神社	180
腹五社神社の埋没鳥居	79
伴(肝付)兼俊	231
伴掾館跡	53
番所小路の碑	45
万世特攻平和祈念館	107

― ヒ ―

日枝神社(霧島市)	183
菱刈鉱山	191
菱刈氏歴代の墓	191
比志島城跡	56
聖大明神神社	252
別府原古墳	158, 159
兵六踊	144
平川動物公園	71
枚聞神社(開聞宮)	65, 85, 89, 90
平佐城跡	132
平佐焼窯跡	132
平田靱負正輔	16, 17, 49, 50, 179
平松城跡	164
平松神社	164
平山氏庭園	225
平山城(平安城・帖佐本城)跡(姶良郡姶良町)	168
平山城跡(南九州市川辺町)	96
蛭児神社	186
檳榔島	224, 240
広田遺跡	247

― フ ―

福昌寺跡・福昌寺墓地	20, 21
福山酢	183, 184
福山牧	184, 185
藤井富伝	257
藤川天神	149, 150
藤崎家武家門	80
蓬原開田碑	228
船間島古墳	133
古市家住宅	247
古城(鶴田城)跡	157
文之和尚記念碑	20, 28

― ヘ ―

平家大岩屋	258
平家城跡	255
平家墓	254
平和公園慰霊塔	212
辺田学館跡	71
別府城	104, 105
別府晋介君誕生地碑	21
紅硝子製造所跡	64

― ホ ―

棒踊	129, 158, 214, 215
宝光院跡	95
宝珠庵城跡	217
坊主前(ボーズンメー)	253, 270
疱瘡踊	152, 158
坊津	100-103, 200
坊津歴史資料センター輝津館	100
宝満寺跡	223
宝満神社	247
ボゼ	256, 258
本源寺	245
北郷時久	153, 219, 222

― マ ―

舞鶴城跡	180, 181
枕崎港	99
益畑遺跡	214
松尾(栗野)城跡(姶良郡湧水町)	189
松尾城跡(南九州市川辺町)	95, 97
松方正義誕生地跡	62
松木少将(松木宗隆)の墓	125
松之尾遺跡	99
松原銅山跡	271
松山城跡	219
万之瀬川下流域遺跡群	106
万亀山仙寿寺跡	189
マングローブ原生林	266
万八千神社	212
万葉の川筋散策の路(万葉の散歩道)	131

― ミ ―

三重野観音像	74
溝下古墳群	147
溝ノ口洞穴	218
水上坂	45, 46, 49
南方神社(鹿児島五社の第一，鹿児島市)	27
南方神社(阿久根市)	139
南方神社(薩摩川内市)	136

南方神社(日置市) ……………………118	山宮神社(志布志市志布志町田之浦宮地)
南さつま市加世田郷土資料館 …104, 106	……………………227
南種子町郷土館 ……………………248	山本権兵衛の誕生地……………………44
宮ヶ原千人塚 ………………………222	弥生杉 ………………………………249
宮田ヶ岡瓦窯跡 ……………………166	―ユ―
宮浦神社 ……………………………184	油井の豊年踊 ………………………268
宮之城歴史資料センター ……152, 154	行盛神社 ……………………………263
ミュージアム知覧 ……………………94	ユタ …………………………………263
妙円寺詣り …………………46, 47, 116	湯田(宮之城)温泉 …………………155
妙音十二楽 …………………………111	湯田原古墳 …………………………156
明神古墳群 …………………………142	湯之尾神社 …………………………190
明信寺 …………………………111, 155	―ヨ―
―ム・メ・モ―	用水トンネル ………………………157
村田新八修養之地の碑 ……………270	用ミサキ遺跡 ………………………260
明楽寺…………………………………73	横川城跡 ……………………………188
廻城(仁田尾城)跡 …………………184	横瀬古墳 ……………………………229
持躰松遺跡 ………………103, 106, 273	横峰遺跡 ……………………………248
森有禮子生誕地記念碑…………………28	吉ケ崎遺跡 …………………………213
―ヤ―	吉野薬園跡 ………………………22, 23
八板金兵衛清定像 …………………246	米山薬師 …………………………166-168
屋久島……………24, 68, 89, 240, 247-251	世之主神社 …………………………274
屋久島町歴史民俗資料館 …………249	世之主の墓 …………………………274
屋久島奉行所跡 …………………248, 249	よめじょ川疏水工事, 疏水墾田の碑 …202
益救神社 ……………………………248	与論城跡 …………………………274, 275
屋久杉自然館 ………………………250	与論島 ……………………………274, 275
ヤクスギランド ……………………250	与論の十五夜踊 ……………………275
弥五郎どん祭り …………………220, 221	―ラ・リ・ル・レ―
安良神社 ……………………………188	来迎寺跡墓塔群 ……………………121
奴踊 ……………………………129, 151	龍虎城跡 ……………………………218
山ヶ野金山 …………………74, 159, 188	留守氏館跡 …………………………177
山川港 …………………………27, 87, 88	蓮台寺跡 ……………………………205
山川薬園跡……………………………88	―ワ―
山崎郷御仮屋跡 ……………………152	若き薩摩の群像…………………………40
山田凱旋門 …………………………168	若狭の墓 ……………………………246
山田楽 ………………………………143	若宮神社(鹿児島五社の第五)………28
山田昌巌の墓 ………………………146	脇本古墳群 ………………………137, 139
大和浜の群倉 ………………………265	和気神社 ……………………………186
山ノ口祭祀遺跡 ……………………237	和田英作生誕碑 ……………………201
山宮神社(鹿屋市串良町) …………214	渡畑遺跡 ……………………………106
山宮神社(志布志市志布志町安楽) …227	湾屋湊 ………………………………271

【執筆者】

編集・執筆
宮下満郎 みやしたみつろう(元県立甲南高校)
神園紘 かみぞのひろし(元県立松陽高校)
辻原敬隆 つじはらたかと(元県立岩川高校)
難波経健 なんばつねたけ(県立開陽高校)
永山修一 ながやましゅういち(ラ・サール高校)
山崎克之 やまざきかつゆき(県立末吉高校)
日髙勝博 ひだかかつひろ(県立加世田高校)

執筆
尾口義男 おぐちよしお(元県立末吉高校)
林匡 はやしただす(鹿児島県歴史資料センター黎明館)
栗林文夫 くりばやしふみお(鹿児島県歴史資料センター黎明館)
崎山健文 さきやまたけふみ(鹿児島県歴史資料センター黎明館)
出村卓三 でむらたくぞう(元県立沖永良部高校)

【写真所蔵・提供者】(五十音順, 敬称略)

いちき串木野市教育委員会
大崎町教育委員会
鹿児島県教育委員会
鹿児島県立埋蔵文化財センター
姶良市企画課
鹿屋市教育委員会
屋久島町企画調整課
肝付町管理課・企画課
串良町教育委員会
薩摩川内市教育委員会下甑島教育支所
薩摩川内市川内歴史資料館
志布志市教育委員会
尚古集成館
仙巌園
竹田神社
龍郷町教育委員会
都萬神社
鶴嶺神社
照国神社
十島村教育委員会
日置市役所吹上支所
南さつま市教育委員会
坊津歴史資料センター輝津館
三島村教育委員会
峰山地区コミュニティ協議会
ミュージアム知覧
明信寺
与論町教育委員会

(2005年10月現在)

本書に掲載した地図の作成にあたっては,国土地理院長の承認を得て,同院発行の50万分の1地方図,20万分の1地勢図,5万分の1地形図,数値地図25000(空間データ基盤),数値地図2500(空間データ基盤)を使用したものである(平15総使,第46-3061号)(平15総使,第47-3061号)(平15総使,第48-3061号)(平15総使,第108-3061号)(平15総使,第184-3061号)。

歴史散歩㊻
鹿児島県の歴史散歩
かごしまけん　れきしさんぽ

| 2005年10月25日　1版1刷発行　　2013年12月30日　1版4刷発行 |

編者─────鹿児島県高等学校歴史部会
　　　　　　かごしまけんこうとうがっこうれきしぶかい
発行者────野澤伸平
発行所────株式会社山川出版社
　　　　　〒101-0047　東京都千代田区内神田1-13-13
　　　　　電話　03(3293)8131(営業)　03(3293)8135(編集)
　　　　　http://www.yamakawa.co.jp/　振替　00120-9-43993
印刷所────図書印刷株式会社
製本所────株式会社ブロケード
装幀─────菊地信義
装画─────岸並千珠子

Ⓒ　2005　Printed in Japan　　　　　　　　ISBN 978-4-634-24646-1
・造本には十分注意しておりますが，万一，落丁・乱丁などがございましたら，
　小社営業部宛にお送りください。送料小社負担にてお取り替えいたします。
・定価は表紙に表示してあります。

鹿児島県全図
都道府県界
市郡界
町村界
JR線
高速道路
有料道路
国道
県庁
熊本県
宮崎県
鹿児島県
天草市
下島
天草諸島
獅子島
産島
伊唐島
長島
大島
魚貫崎
出水郡
長島町
水俣市
みなまた
しんみなまた
津奈木町
芦北町
球磨村
山江村
相良村
湯前町
多良木町
西米良村
あさぎり町
錦町
人吉市
ひとよし
国見山
▲960
白髪岳
▲1417
九州自動車道
えびの市
小林市
綾町
矢筈岳
▲687
いずみ
出水市
伊佐市
阿久根市
肥薩おれんじ鉄道
紫尾山
▲1067
九州新幹線
薩摩郡
さつま町
よしまつ
姶良郡
湧水町
えびのJct.
吉都線
こばやし
栗野岳
韓国岳
1102
▲1700
霧島山
高原町
▲1574
烏帽子岳
▲988
高千穂峰
宮崎自動車道
都城市
岩瀬川
大淀川
烏帽子岳
▲703
肥薩線
霧島市
鹿児島空港
鹿児島県
姶良市
川内川
薩摩川内市
せんだい
弁財天山
▲519
遠目木山
▲423
上甑島
中甑島
薩摩川内市
尾岳
▲604
甑島列島
下甑島
釣掛埼
八重山
▲677
白鹿岳
604▲
日豊本線
三股町
みやこのじょう
くしきの
いちき串木野市
九州自動車道
隼人道路
こくぶ
東九州自動車道
曽於市
宇治島
宇治向島
宇治群島
桜島
▲1117
かごしま
かごしまちゅうおう
南九州自動車道
(鹿児島道路)
日置市
鹿児島市
垂水市
高隈山
▲1182
志布志市
串間市
しぶし
菱田川
川辺郡
笠沙町
吹上浜
金峯山
▲636
蔵ヶ岳
590▲
指宿枕崎線
鹿児島湾
(錦江湾)
曽於郡
大崎町
日南線
草垣群島
鷹島
野間岬
野間岳
▲591
志布志湾
東串良町
上ノ島
下ノ島
南さつま市
南九州市
鹿屋市
肝付町
枕崎市
指宿市
南与志岳